KB141959

클라우드머니

클라우드 머니

브렛 스콧 **화폐의 최후** 장진영 옮김
지음 이진우 감수

이제
당신의 돈은

빅브라더가
소유한다

CLOUD MONEY

쌤앤파커스

이 책은 지폐와 동전이 점점 사라지고 미래형 디지털화폐(클라우드머니)로 바뀌어 가는 흐름을 막아야 한다는 다소 급진적인 주장을 담고 있다. 그러나 이 책의 매력은 주장 그 자체가 아니라, 그 주장을 펴는 과정에서 끌고 들어오는 화폐의 본질에 관한 통찰과 그것을 전하기 위해 쓰인 놀랄 만큼 명쾌한 비유와 사례들에 있다.

그 덕분에 우리는 한국은행권 5만 원과 내 은행계좌에 들어있는 5만 원은 전혀 다른 성격의 돈이라는 것을 알게 되고 세상에 돈이 어떤 방식으로 풀리고 어떻게 늘어나는지도 알게 되며 비트코인과 이더리움이 어떤 원리로 작동하는 개념인지, 그것은 어떤 자체적 모순을 갖고 있는지를 쉽게 이해하게 된다. 저자는 스스로를 시민운동가라고 부르지만 내가 보기엔 금융 분야에 특화된 타고난 이야기꾼이다. 그의 주장에 동의하든 그렇지 않든 이 책은 금융을 바라보는 눈을 훨씬 더 밝게 만들어줄 것이다.
_이진우 (경제평론가, 유튜브 채널 〈삼프로TV〉 대표이자 진행자)

《클라우드머니》는 '경제에 영양분을 공급하는 혈관'이라는 디지털금융의 가면을 벗기고, 우리 사회를 완전히 지배할 새로운 중추신경, 즉 빅브라더가 되려 하는 디지털금융의 속내를 까발린다. 이 책을 통해 나는 화폐의 미래를 가늠할 수 있었고, 개인과 기업의 생존에 작용할 디지털금융의 놀라운 영향력에 대해 다시금 깨닫게 되었다.
_박세익 (체슬리투자자문 대표, 《투자의 본질》 저자)

《클라우드머니》는 우리가 기존에 가지고 있던 현금·디지털화폐·암호화폐에 대한 믿음과 환상을 깨버리는 책이다. 금융과 기술의 만남을 상징하는 핀테크산업에 대한 이야기를 내부자의 관점과 인류학적 통찰을 이용해 누구나 이해할 수 있게 풀어냈다. 기술과 금융이 자본주의를 어떻게 강화할 수 있는지 궁금하다면, 디지털화폐가 가져올 새로운 세계를 준비하고 살아남고 싶다면, 이 책을 읽어볼 것을 추천한다.
_홍기훈 (홍익대 경영대 교수, 《NFT 미래수업》 저자, JTBC 〈차이나는 클라스〉 강연자)

전 세계적인 주목을 받았던 하버드대학교 케네스 로고프 교수의 《화폐의 종말》 과 여러 가지 면에서 대비되는 책. 우선 그 책에 비해서 훨씬 쉽고 흥미롭다. 유 튜브 세대의 눈높이에 맞춘 덕분이다. 이 책의 비유와 이야기들은 대학교 경제 학 강의에서 딱딱하게 다루는 내용을 당의정을 발라 먹기 좋게 만든 것이다. 논 리학 문제들을 동화로 각색한 루이스 캐럴의 《거울나라의 앨리스》에 비유할 만 하다. 그런 점에서 이 책의 부제는 '구름나라의 현찰'이라고 해도 좋으리라. 학자 인 로고프 교수가 저서에서 슬쩍 언급하지 않고 넘어갔던 금융계의 하부구조와 IT 문제들도 다룬다.

금융계에 잔뼈가 굵은 저자 브렛 스콧은 현실을 이해하고 설명하는 재주가 탁월 하다. 현금과 포커 칩, 자전거와 자동차, 계단과 엘리베이터, 위스키와 맥주 등 평범한 소재들을 통해 복잡한 개념과 사상을 흥미진진하게 풀어간다. "현찰은 여전히 중요하다"는 마지막 메시지가 조금 싱겁게 느껴질 수도 있지만, 위트 넘 치는 비유와 설명을 읽다 보면 무릎을 치게 된다. 졸음이 달아날 정도다. 막연히 금융계의 '현금 없는 사회' 미사여구에 홀린 사람들이라면, 금융계를 공부하고 반격을 대비해야 한다. 특히 암호자산 투자자, 금융 프로그래머라면 반드시 읽 어야 할 책이다.

_차현진 (한국은행 자문역, 《금융 오디세이》 저자)

새로운 시대에 펼쳐질 금융산업에 대한 중요한 통찰이다. 브렛 스콧은 블록체 인·암호화폐·현금 없는 사회 속에서 전개될 빅테크와 빅파이낸스의 거대한 힘 에 관한 한 최고의 전문가이다.

_리오넬 바버 (저널리스트, 전 〈파이낸셜타임스〉 편집자)

머지않은 미래에 빅파이낸스와 빅테크가 결합한 압도적 힘에 우리가 어떻게 권 리를 지킬 수 있는지 알려주는, 매력적이고 흡입력 있는 가이드.

_그레이스 블레이클리 (경제학자, 저널리스트, 《투자의 본질》 저자)

천재적이고 도전적이고 매력적이면서도 이해하기 쉽게 쓰인 책이다. 급속도로 변하는 글로벌 경제 네트워크 속에서 우리가 정치적으로 어떤 행동을 할 수 있는지 알려준다. 문화인류학적인 통찰과 전문적인 경제 감각을 모두 가진 브렛 스콧은 빅테크와 빅파이낸스가 어떻게 빠르게 합병을 거쳐 기업자본주의를 강화했는지를 서사로 풀어낸다. 만약 당신이 돈이 무엇이며 지금 우리의 돈이 어떤 위험에 처해 있는지 알고 싶다면 이 책을 펼쳐라.
_케이트 레이워스 (도넛경제학행동연구소 설립자, 《도넛 경제학》 저자)

반동적이고 충격적인 동시에 재밌다. 브렛 스콧은 돈·디지털화폐·암호화폐에 관한 신화를 깨부수고 우리가 우리의 돈을 지키기 위해 어떤 싸움을 해야 하는지 여실히 알려준다.
_스테파니 켈튼 (경제학자, 미국 바이든 정부 경제 관료, 《적자의 본질》 저자)

타당하고 명료하다.
_〈커커스 리뷰〉

만약 화폐가 만들어지는 과정을 사람들이 속속들이 알게 된다면 분명 반란이 일어날 것이다. 특히 그 과정이 디지털화된 지금이 그러하다. 이런 관점에서 이 시의적절하고 흥미진진한 책은 또한 혁명적이기도 하다.
_야니스 바루파키스 (경제학자, 그리스 전 재무장관)

우리는 화폐에 대해 왜곡되고 혼란스러운 관념을 가지고 있다. 이 영리한 책은 그런 의도적 왜곡의 과정이 어떻게 진행되는지, 누가 그 과정에서 이득을 취하는지, 우리가 그에 어떻게 대응해야 하는지 알려준다. 이 책의 빛나는 통찰과 신뢰도 높은 명확함은 우리를 더 멀고 넓은 곳으로 인도할 것이다.
_라즈 파텔 (경제학자, 《저렴한 것들의 세계사》 저자)

현금 없는 사회로의 이행은 편리의 관점이 아닌 정치의 관점에서 조명되어야 한다. 브렛 스콧은 전에 없던 통찰을 제시하며 디지털화폐와 핀테크 제국의 부상을 영리하게 비판한다. 대중들에겐 이 책을 읽을 권리가 있다.
_제이슨 히켈 (경제학자, 《적을수록 풍요롭다》 저자)

또 하나의 모던클래식. 참고로, 이 책은 반드시 현금으로 구매할 것.
_니컬러스 색슨 (경제 저널리스트, 《부의 흑역사》 저자)

어서 데이터 수면실에서 깨어나 이 책을 읽어라. 우리는 빅파이낸스와 빅테크가 연합한 핀테크 소용돌이에 빨려들어 갈 위험에 처했다. 우리는 결제앱을 통해 핀테크 주체들에게 감시당하고 있으며 이들은 우리의 모든 경제활동에 개입하여 정치적 영향력과 금전적 이득을 취하려 하고 있다. 저자는 지금 무슨 일이 일어나고 있는지를 보여준다. 우리는 그와 함께 거대한 힘의 결합에 맞설 준비를 해야 한다.
_앤 페티포 (경제학자, 영국 거시경제정책연구소장)

조용하지만 급진적이면서 아름답다. 이 책은 화폐 그 이상의 이야기를 하고 있다. 브렛 스콧은 유머러스하게 현대 자본주의의 이해를 돕는다. 이 책의 정보들은 독점적이고, 설명은 친절하며, 정치적 분석은 날카롭고, 어조는 따뜻하다. 당신은 나처럼 어느 순간 저자의 주장에 사로잡혀 있을 것이다.
_사라 자페 (사회학자, 《일은 당신에게 보답하지 않는다》 저자)

《클라우드머니》는 현금 없는 사회로의 이행을 대중들이 (그렇지 않음에도 불구하고) 어떻게 자연스러운 진보로 이해하게 되었는지 보여준다. 저자는 디지털 시대의 핵심적인 맹점을 건드리고 있다.
_〈파이낸셜타임스〉

어머니와 아버지, 크레이그와 앤트에게,

사랑을 가득 담아서

목차

거대한 힘의
결합

이 책의 주제는 거대한 세력 간의 합병과 인수에 관한 것이다. 여기서 말하는 합병은 금융권의 거대한 세력인 빅파이낸스와 IT기술 중심의 빅테크 사이의 융합을 의미하며 인수는 그 결과로 나타나는 권력의 이전을 의미한다. 이런 합병이 마무리되면 빅파이낸스와 빅테크는 인류 역사상 유례없는 큰 영향력을 전 인류를 대상으로 행사하게 될 것이다.

　두 업계의 만남은 전 세계적으로 끊임없이 회자되고 있다. 하지만 이 책은 지금까지 들어온 이야기와는 완전히 반대되는 이야기를 들려줄 것이다. 언론은 아무개 스타트업이 이런저런 혁신적인 핀테크 앱을 출시했고, 이제 금융생활이 혁명적으로 바뀔 것이라는 보도로 연일 부산스럽다. 예를 들어서 아마존이 디지털결제 플랫폼업체와 새롭게 파트너십을 맺는다거나 시티그룹이 구글페이와 손을 잡는다고 발표하면, 언론은 이를 최첨단 기업들의 만남이라 환영하고 연일 기사를 쏟아낸다. 그리고 미래주의자는 디지털금융의 최신 유행에 저마다 한마디씩 보태며 핏대 높여 의견을 피력하기 바쁘다. 그들은 마치 앞다퉈서 왕을 칭송하는 시인 같다.

지금부터 디지털화폐와 금융의 진보가 불가피하다는 주장을 신뢰할 수 없는 이유를 설명하겠다. 이를 듣고 나면 금융산업과 기술산업이 매일 쏟아내는 이야기를 듣길 거부하고 CEO와 그들의 시종들이 하는 말을 무시하고 싶은 기분이 들 것이다. 서퍼는 (보드 위에서 똑바로 서는 팁을 제공하면서) 자신의 서핑 무용담을 들려주길 좋아한다. 하지만 그들은 해풍과 산호초 등 커다란 너울을 만들어내는 숨은 힘들의 융합에는 별 관심을 기울이지 않는다. 너울은 우리의 눈에 보이지 않는 거대한 판들의 이동으로 인해 발생하는 원지지진$의 결과인지도 모른다. 이쯤에서 서핑 이야기는 관두고 세계 경제의 판구조론으로 넘어가자.

우리는 세계 금융의 자동화를 목도하고 있다. 그 첫 단계는 우리 지갑에 있는 지폐와 동전을 은행업계가 관리하는 디지털화폐로 대체하는 것이다. 우리는 이를 '현금 없는 사회the cashless society'라고 부른다. 금융산업과 각국 정부는 지난 20여 년 동안 지폐와 동전을 악마로 만들려고 혼신의 노력을 다해왔다. 코로나19 팬데믹이 그들의 이야기에 힘을 실었고, 금융산업과 기술산업은 이 기회를 놓치지

$ 진원지가 매우 먼 지진. 2,000~5,000km 범위 안에서 일어나는 지진을 이른다. (옮긴이 주)

않고 현금과의 전쟁에 박차를 가하고 있다. 그들은 현금은 더럽다는 사람들의 우려 섞인 오해를 이용해서 지폐와 동전을 디지털화폐로 대체하자고 밀어붙이고 있다. 현금은 사생활을 보호하고, 자연재해가 발생하거나 은행 시스템이 고장을 일으키더라도 큰 문제 없이 사용할 수 있다. 하지만 저들은 현금을 진보를 방해하는 걸림돌이자 디지털화폐 또는, 내 표현대로 하면 '클라우드머니cloudmoney'에 자리를 내어줄 수밖에 없는 퇴물로 그린다.

결제수단의 디지털화는 금융의 디지털화로 연결되고 금융의 디지털화는 기업 중심의 자본주의를 더욱 고도화시킬 것이다. 이미 이런 흐름은 핀테크라고 불리는 금융에 특화된 테크기업들에 의해 주도되고 있다. 이미 아마존·우버·구글 등과 같은 대기업이 결제 디지털화를 하나의 사업모델로 받아들였다(중국의 텐센트와 알리바바도 마찬가지다). 거의 모든 대형 기술기업은 금융기관과 제휴를 맺고 있다. 왜냐하면 세계적 디지털결제시스템과 결합하지 않으면 세계적인 디지털 제국을 구축할 수 없기 때문이다.

이런 와중에 스마트폰 화면 이면에서는 금융통제를 자동화하는 데 기반이 될 인프라가 조성되고, 이 과정에서 과점(소수 대기업이 지배하는 시장)이 형성되고 있다. 과점 기업들은 기하급수적으로 증가하는 앱 뒤로 몸을 숨긴다. 그들은 수많은 앱들 가운데 하나일 뿐으로 보이기도 하지만 이것은 눈 가리고 아웅하는 식이다. 복잡하게 얽힌 디지털시스템들 사이에 수십억 명의 사람들이 붙들려 있다. 그것들은 지금까지 상상 불가능했던 수준의 감시와 데이터 추출을 가능케 하며, 잠재적으로 금융적인 배제·조작·혼동을 야기할 새로운 주범으로 떠오르고 있다. 사람들을 디지털시스템에 의존하도록 만드는 싸움은 이제 강대국들이 대기업을 등에 업고 벌이는 지정학적 싸움으로 변하고 있다.

얼핏 대기업과 정부가 디지털금융시장을 손아귀에 넣기 위해서 서로 경쟁하는 듯 보일 것이다. 하지만 자세히 들여다보면 그들은 전 지구적 디지털금융시장에서 유리한 자리를 잡기 위해서 서로를 밀쳐내기 바쁘다. 이 거대한 디지털금융시장은 계속 성장하고 있다. 이제는 규모가 너무 커서 완전히 이해하기도 어렵다. 하지만 우리가 일상적으로 사용하는 스마트폰·컴퓨터·각종 센서는 우리로부터 습득한 다양한 개인정보를 멀리 떨어진 데이터센터로 보낸다. 여기서 불편한 감각이 스멀스멀 목덜미를 타고 올라온다. 우리는 상호연결의 중앙집권화가 심화될 수밖에 없는 세상에서 살고 있는 것이다. 이것은 너무나도 불편한 사실이다.

디지털네트워크가 현실 세계를 옥죄어 온다는 것을 의식하는 순간 폐쇄공포까지 느끼는 사람들이 있다. 나 역시 그런 부류다. 나의 행동을 학습하고 이내 조정하려고 시도할 게 뻔한 디지털기기의 편리함을 홍보하는 광고에 갈수록 몸서리가 쳐진다. 스마트폰을 내려다보고 있으면 문득 궁금해진다. 이것은 공식적인 규제에 저항하려는 나의 든든한 동반자가 아니라 내 삶의 일거수일투족을 감시하는 악마적 세력의 대리인이 아닐까?

그렇다고 디지털 세상이 완전히 나쁘다거나, 나쁜 디지털 세상을 좋은 비디지털 세상과 대척점에 놓아야 한다고 주장할 생각은 없다. 사람들은 이 둘 중에 어느 쪽이 옳은지를 따지는 흑백논리에 빠져들곤 하지만 나는 둘 다 모순을 안고 있다고 생각한다. 우리는 모두 복잡한 디지털네트워크에 걸려서 옴짝달싹 못 하는 거미줄의 파리 신세다. 경제적·문화적·정치적 거미줄 말이다. 디지털금융은 우리를 해방하는 동시에 감금한다. 이 책의 목적은, 우리를 자유롭게 한다는 측면만 강조되다 보니 한쪽으로 왜곡된 디지털금융담론을 바로잡는 것이다. 지금부터는 디지털금융을 밝은 양지와 대조되는 어두운 음지라고 생각하길 바란다.

돈과 기술이
안고 있는 모순

어렸을 때 아버지는 우리 형제에게 지형도 읽는 법을 가르쳤다. 그리고 우리에게 나침반만 덜렁 쥐여주고 남아프리카의 드라켄스버그산맥으로 등산을 보냈다. 우리는 이 경험이 우리를 진정한 사나이로 만들어줄 것이라 생각했다. 500년 전에 산에 살던 원주민들은 나침반과 같은 기술의 도움을 전혀 받지 않고 드라켄스버그산맥을 누볐다. 그들은 별자리와 경험과 직감을 나침반 삼아서 산속에서 길을 찾았다.

여기에는 모순이 있다. 나침반이 세상에 우리의 의지를 보여주는 수단이라는 것처럼 우리 형제는 귀중한 나침반을 손에 꼭 쥐고 앞으로 성큼성큼 나아갔다. 아니나 다를까, 우리는 나침반으로 길을 찾아서 어둠이 내리기 전에 동굴에 도착했고 스스로가 너무나 자랑스러웠다. 그러나 여기서 우리가 놓쳐서는 안 될 사실은 그런 도구들은 장점도 있지만, 그 대가로 우리를 몹시 의존적으로 만든다는 점이다. 과거의 원주민들처럼 우리 내면에도 나침반이 있었겠지만, 아버지의 나침반을 요긴하게 사용한 뒤로 우리는 내면의 나침반이 있다는 사실을 깡그리 잊어버렸거나 그것을 발전시키려고 노력하지 않았다.

기술은 양면성을 지닌다. 기술은 우리의 힘을 강화하지만, 동시에 의존도를 높인다. 이제 인간활동을 지원하는 외적 도구들이 인간의 행동과 생각을 형성하는 지경까지 이르렀다. 처음에는 새로운 선택지였던 혁신적 도구들이 이제 의무적으로 사용해야 하는 필수품이 됐다. 대도시 사람들은 스마트폰 브랜드를 선택할 수 있지만, 스마트폰 사용 '여부'를 선택할 수는 없다. 스마트폰을 사용하지 않으면 대도시에서 살아가는 데 꼭 필요한 주변의 사회경제적 네트워크에서 쉽게 배제되고 말 것이다.

모순은 우리가 그 강력한 기술을 **직접 소유하고 있지 않을 때** 심화된다. 이게 무슨 말이냐면, 예를 들어 구글맵은 사실상 내가 사용하는 스마트폰에 설치된 것이 아니며, 일상어로는 '클라우드'라고 불리는, 내가 보통 스마트폰을 통해 접속하는 디지털데이터센터에 존재한다. 말하자면, 구글맵은 우리의 방향타를 저 멀리 떨어진 거대한 외부 존재로부터 그때그때 빌려다 쓰는 방식의 서비스다.

우리가 구글맵에 의존한 지는 불과 수십 년밖에 안 됐다. 하지만 요즘 런던 사람들은 1%밖에 남지 않은 스마트폰 배터리를 보면, 심장이 요동치기 시작한다. 먼 곳으로부터 통제되는 디지털신탁을 받지 못할 것이라는 불안감이 곧 엄습해온다. 우리는 이러한 기술들을 중심으로 삶의 터전을 마련했다. 이 디지털기술들이 우리의 삶과 완전히 융합된 것처럼 느껴질 정도다. 내가 만약 하루 동안 스마트폰을 사용하지 못한다면, 장거리 운항 비행기에서 내리자마자 공항 밖으로 뛰쳐나가 담배를 피울 생각밖에 없는 골초마냥 불안하고 초조할 것이다.

이러한 모순적 패턴은 **돈**에 있어서도 나타난다. 하지만 그 수준은 훨씬 더 심각하다. 오늘날 돈은 생명유지에 필수적인 요소로 여겨진다. 또한 소득수준이 높은 사람에게 돈은 곧 권력이기도 하다. 돈을 이용한 금융거래가 이뤄지기 이전의 세상은 사람들의 기억에서 오래전에 잊혔고, 심지어 그것이 어떤 모습인지 상상할 수조차 없게 됐다. 5,000년 전 금융시스템은 작고 고립되어 있었지만, 이제는 우리 문명을 완전히 집어삼킬 정도로 거대해졌다. 컴퓨터부터 신발까지, 수입 파스타부터 이 책까지 거의 모든 물건이 세계 금융 거래시스템을 통해서 거래된다.

인간과 돈의 관계는 기술에 대한 인간의 애착보다 훨씬 더 깊고 심오하다. 사람들은 은행 잔고가 거의 바닥나서 곧 시장접근성을 잃게 될 것이라는 생각이 들면 공황 상태에 빠진다. 내게도 시장접근성을 잃는 것은 장거리 운항 비행기에 탄 골초가 되는 것보다 훨씬 더 끔찍하다. 시장접근성을 잃으면 메마른 땅 위에서 물을 향해 몸을 파닥거리면서 서서히 질식해 죽어가는 물고기가 된 기분일 것이다. 돈은 우리가 생존을 위해 의존하는 모든 것들에 대한 접근을 가능케 하기 때문이다. 고로 돈은 궁극적인 의존대상이다.

여기서 중요한 것은 우리가 우리의 돈을 직접 보관하지 못한다는 것이다. 이건 전혀 다른 차원의 이야기다. 은행계좌에 찍힌 디지털 화폐는 은행이 통제하는 원거리 데이터센터에 존재한다. 우리는 스마트폰·컴퓨터·결제카드 등을 통해 은행의 데이터센터와 소통한다. '현금 없는 사회'는 우리의 금융거래 능력을 금융기관이 위탁받아 관리하는 세상이라고 할 수 있다. 지금 대형 금융기관들은 이미 구글과 같은 대형 위탁 기술기업들과 손을 잡기 시작했고, 그들의 관계는 시너지 효과를 내고 있다. 편리함으로 포장되어 보도되는 것이 바로 이 시너지 효과다. 금융산업과 기술산업의 만남으로 대기업의 힘이 한 곳으로 집중되고, 그 집중된 힘에 대한 우리의 의존도는 극단적인 수준으로 심각해지고 있다. 이것이 이 시대의 주요한 모순이며 이 책은 이 모순에 대한 안내서가 될 것이다.

개인적 의문

지난 14년 동안 나는 세계 금융산업의 최전선에서 활동했다. 나는 런던의 금융스타트업에 입사했고, 2008년 금융위기가 한창이던 시기에 '이색 파생상품exotic deriva-tives'으로 알려진 무모한 금융상품의 거래를 중개했다. 2년 동안 나는 대기업의 재무책임자들, 대형 펀드의 관리자들, 투자은행의 트레이더들과 하루 종일 통화했다. 내가 다니던 회사는 세계 금융시장의 변동성이 발생시키는 부담을 못 이기고 결국에 도산했지만, 내가 빅파이낸스의 흑마술을 익히기에 충분한 시간 동안은 건재했다.

금융산업은 인터넷보다 최소한 1,000년 앞서서 등장했다. 금융산업은 매일 수억 건의 경제적 상호작용과 금융계약을 처리하는 세계 금융시스템을 도맡아 관리해왔다. 그것은 중앙은행·은행·미국 금융중심지 '월스트리트'·영국 금융중심지 '시티오브런던' 그리고 역내금융센터와 역외금융센터의 세계적인 네트워크로 구성된 세계다. 시티오브런던에는 양복 차림의 금융산업 종사자들을 단골로 둔 술집들이 즐비해 있다. 기차 화통을 삶아 먹은 듯한 트레이더·능구렁이 같은 투자은행가·세련된 자산관리사·걸걸한 헤지펀드 매니저가 시티오브런던의 어느 술집에서 왁자지껄 떠들어댄다. 하지만 은밀한 고급주택단지인 '메이페어Mayfair'에서는 오일머니로 막대한 부를 쌓은 중동의 왕족들이 돈을 굴릴 투자 조언을 구하는 동시에 러시아 올리가르히(러시아의 신흥재벌)가 채굴사업을 위한 자금을 조달한다.

2013년 나는 《이단자의 글로벌 금융 가이드: 돈의 미래를 해킹하라》를 출간했다. 인류학을 전공한 나는 빅파이낸스를 낱낱이 파헤치는 데 인류학적 접근법을 사용했다. 그리고 금융산업의 힘에 이의를 제기하기 위해서 복잡한 시스템에 침투하는 법을 탐구하는 해커들의 철학에도 기댔다. 책을 출간한 뒤에 나는 세계를 넘나들면서 금융혁명을 꿈꾸거나 개혁의 열쇠를 발견했다고 주장하는 다양한 인사들을 만났다.

그들은 극좌 성향의 무정부주의자·생태활동가부터 뉴에이지 영성주의자·시장자유주의자·정부 기술관료까지 다양한 사람들이었고, 그들의 관점은 서로 크게 달랐다. 나는 히피들과 로컬통화를 설계했고, 기후운동가들이 연금펀드를 상대로 로비할 때 도움을 줬으며, 회계사들을 도와서 회계의 미래를 재해석했고, 통화정책 입안자들에게 이의를 제기했다. 나는 빈의 어느 미술관 아티스트 레지던스에 입주한 금융 작가이고 MIT 미디어랩의 공동 연구자다. 내가 사는 세상은 말레이시아중앙은행 관료들과 미국의 IMF 관계자들, 독일의 민간인 사찰 반대운동가들과 세르비아의 반정부 인사들이 활동하는 세상이다. 나는 심지어 극우단체와 한 테이블에 앉아서 이야기를 나눈 적도 있다. 그들 중 일부는 심지어 파시즘의 색채를 띠기도 했다. 나는 그야말로 행운아다. 현재 경제시스템의 문제를 바라보는 다양한 시각, 경제시스템을 어떻게 바꿀 수 있는지에 대한 수많은 의견을 접했다. 그리고 그들의 최종 목표를 알게 되었다.

2015년부터 나는 소위 디지털자동화의 귀족들에 관심을 기울이기 시작했다. 그들은 실리콘밸리의 기술기업들이다. 책상이 대오를 엄격히 맞춘 금융회사의 사무공간과 달리, 그곳은 빈백 소파와 포스트잇이 붙어 있는 화이트보드와 형형색색의 컴퓨터 코드가 적힌 검은색 화면이 보이는 오픈플랜 방식의 사무공간이었다. 그곳에서 스타트업 CEO들은 헤드셋 마이크를 쓰고 무대를 돌아다니며 자신들이 개발한 최신 앱을 투자자들에게 소개했다. 그곳은 혁신의 언어로 가득한 공간이었다. 구글(알파벳)·페이스북·애플·아마존·마이크로소프트 등 대형 기술기업들은 일종의 디지털결합세포다(중국의 알리바바·텐센트·바이두도 마찬가지다). 우리는 그들을 통해서 디지털금융시장에 접근한다. 디지털금융시장과 소비자를 연결하는 결합세포로서 그들은 막대한 데이터를 수집할 수 있고, 그렇게 수집한 데이터로 자신들이 개발한 인공지능을 학습시킨다.

금융산업과 디지털기술산업의 상층부는 자신들의 행동이 세상을 이끈다고 믿는 서로 대조되는 다양한 문화를 지닌 사람들로 채워진다. 1987년 영화 '월스트리트'의 탐욕스러운 기업 사냥꾼 고든 게코가 보여주듯이, 금융산업은 피도 눈물도 없는 이기적인 세계다. 하지만 기술산업은 이상을 좇는 괴짜 프로그래머들로 가득한 세계다. 애플의 상징적인 1984년 슈퍼볼 광고가 기술산업의 정신을 그대로 대변했다. 다채로운 색상의 운동복을 입은 운동선수가 회색의 강압적인 체제를 향해서 대형 해머를 집어 던진다. 이것은 전통적인 권력구조로부터의 해방에 대한 약속을 상징했다.

이때는 1980년대였다. 지금 금융산업과 기술산업의 문화합병이 일어나고 있다. 빅파이낸스와 빅테크 사이의 직원 이동이 이러한 추세를 실질적으로 보여주는 사례. J. P. 모건에서 퀀트로 일했던 친구는 파생상품의 가격을 계산하는 일을 했다. 참고로 퀀트는 수학과 통계에 기반해 투자모델을 만들거나 금융시장 변화를 예측하는 애널리스트로 컴퓨터 알고리즘을 설계해 투자에 활용한다. 지금 그는 구글의 인공지능 연구개발부서 딥마인드에서 일하면서 모든 곳에 적용할 수 있는 인공지능기술을 개발하고 있다.

두 업계의 융합은 핀테크산업에서 나타나는 금융과 기술의 하이 브리드화에서도 목격된다. 핀테크는 두 업계의 애매모호하지만 친 밀한 관계를 보여주는 대표적인 사례다. 2008년 금융위기로 인해 은행업계의 명성은 바닥을 쳤다. 디지털스타트업이 금융산업을 뒤 흔들고 금융의 민주화를 이끌 것이라는 기술이상주의가 등장했다. 디지털기술은 나쁜 금융산업을 혼쭐내서 정신이 번쩍 들도록 만들 어줄 백마 탄 백기사로 소개됐다. '핀테크'라는 용어가 대유행했다. 전통적인 은행업계에서 일했던 은행원과 기업가정신을 지닌 기술 자들이 핀테크산업으로 몰려들었다. 은행원들은 금융서비스를 어 떻게 디지털화할 것인가에 관한 아이디어를 갖고 있고, 기술자들은 외부인의 시각으로 금융서비스를 바라본다.

처음부터 핀테크산업은 빅파이낸스의 오래된 힘에 붙어 있다는 인상 때문에 다른 기술산업보다 따분한 영역으로 느껴졌다. 하지만 역동적인 실리콘밸리와의 연관성을 따져보면 전통적인 금융산업보 다는 다채로울 것 같았다. 지금도 핀테크라고 하면 금융시스템을 뚝딱뚝딱 고치는 기술산업과 비명을 지르며 새로운 디지털 세계로 질질 끌려가는 금융산업이 떠오른다. 기술산업의 언어를 빌리면, 미래는 반드시 현실로 구현되어야 하고 옛것은 반드시 과거가 되어 사라져야 한다. 그러므로 오래된 금융시스템은 최신식으로 바뀌어야 하고, 은행지점·현금거래 등 오래된 방식은 사라져야 마땅하다. 하지만 한발 물러나서 핀테크산업을 찬찬히 들여다보면, 빅파이낸스를 변혁하려는 시도는커녕 오직 그것을 **자동화**하려는 시도만 보인다. 그런데 이 두 시도는 좀처럼 잘 구분되지 않는다. 왜일까?

조작된 진보, 자동화

사람들은 직관적으로 미래를 예측한다. 그리고 그 모습에 뭔가 불확실한 부분이 있다면, 어떤 미래가 펼쳐져야 하는지를 논의한다. 이것이 정치의 영역이다. 우리가 그럴싸한 미래를 받아들이는 대신에 원하는 미래를 열렬히 요청하는 영역 말이다. 지역에 국한된 정치적 요구에는 학교 예산 인상이나 친환경인프라 건설 등이 있지만, 초국가적 정치적 요구에는 이보다 훨씬 더 원대하고 충족시키기 어려운 것들이 포함된다. 이상하게 사람들은 초국가적 세계 경제가 어떻게 디지털화·자동화되어야 하는지에 대해서는 입을 꾹 닫아버린다. 자신이 무엇을 원하든지 디지털화·자동화는 거스를 수 없다는 인식이 있다.

왜일까? 초국가적인 경제시스템은 개인을 하찮게 만든다. 그리고 대다수가 경험칙으로 초국가적 경제시스템은 적극적으로 만들어나가야 할 대상이라기보다 대응하는 법을 배워야 하는 대상이라고 여긴다. 그 누구도 자신이 세계 경제를 '견인'한다고 느끼지 않는다. 우리는 그저 자동항해모드로 움직이는 거대한 세계 경제를 경험할 뿐이다. 이는 당연한 일이다. 대기업들은 더 커지고, 그들의 무기는 더 강력해지고, 자원은 고갈되고, 디지털연결성은 더 조밀해진다.

괴상하게도 세상은 1970년대 사이버펑크 공상과학소설 작가들이 상상했던 대로 흘러가고 있는 것 같다. 이 소설 속 등장인물들은 최첨단 세계에 산다. 숲은 제멋대로 퍼져나가는 거대도시들 때문에 파괴됐고, 각국 정부는 대기업과 완전히 융합했다. 정부와 대기업이 융합되어 탄생한 조직은 얼빠진 인간들이 다람쥐 쳇바퀴처럼 굴러가는 고단한 현실에서 벗어날 수 있도록 꿈같은 공간이 펼쳐지는 가상현실에 접속할 기회를 제공하고, 소수의 반란세력이 그들에게 저항한다.

가끔 디스토피아적 공상과학소설이 기술기업에게 영감을 주는 것처럼 느껴진다. 왜냐하면 소설의 플롯이 빅테크들이 내놓은 기술혁신에 힘입어 현실에서 실제로 구현되고 있기 때문이다. 영화 '마이너리티 리포트'의 안면인식 기술과 '블레이드러너'의 생체기술부터 공상과학소설 《스노 크래시》의 '가고일'까지 공상과학소설에 등장한 기술이 현실에서도 등장하고 있다. 참고로 《스노 크래시》의 가고일은 시청각 데이터를 인터넷으로 전송하는 장치를 만들어낸 사람들이다. 하지만 굳이 그와 같은 일을 현실화하기 위해 공상과학소설에서 '영감'을 받을 필요는 없다. 사이버펑크는 거대한 자본주의시스템에 이미 내재한 현상들을 기반으로 쓰였다. 그래서 마치 소설에서 현실로 관성이 작용한 듯, 소설의 일이 현실에도 벌어지는 것이다.

이런 관성을 느끼는 사람들을 일시적으로 불안하게 만드는 사건이 일어났다. 코로나19 팬데믹은 전 세계 사람들이 정신이 번쩍 들게 한 심각한 사건이었다. 잠시 동안 모든 시스템이 중단된 듯했다. 이로 인해서 일부는 불안감을 느꼈고, 다른 일부는 행복감을 느꼈다. 하지만 시스템은 쳇바퀴가 돌듯이 다시 예전과 같은 패턴으로 움직이기 시작했다(게다가 쳇바퀴 도는 속도는 오히려 이전보다 더 빨라졌다). 기술 낙관론자들은 이런 무력감을 긍정적으로 바꾸려고 노력한다. 이들은 우리가 주체적 창의력으로 다 함께 경제 프로세스에 생기를 불어넣고 '진보'를 견인하여 그 규모와 속도를 확장한다고 주장한다.

이러한 이야기들이 디지털금융 곳곳에 스며든다. 예를 들어서 전문가들은 현금 없는 사회는 불가피하다고 주장한다. 공공의 구성원인 '우리'는 속도의 계속적 증가·자동화·연결성과 편의성의 가치를 이미 깨달았고, 그래서 금융 디지털화가 더욱 진행되길 원하기 때문이다. '우리' 모두가 금융 디지털화를 원하기 때문에 그 누구도 여기에 반기를 들 수 없다. 금융 디지털화에 반대하는 자는 **세상에 뒤처질 뿐**이다. 마케팅산업이 이러한 메시지를 강화한다. 그들은 '빠르게 변하는 세상'에서 뒤처지고 싶지 않다면 우리가 견인하고 있는 **변화를 준비하라**고 말한다. 이러한 메시지는 금융산업과 기술산업이 만든 거의 모든 상품에 다 들어 있고 그런 메시지에는 다분히 상업적 목적이 있지만, 이 변화는 우리 모두에 이로운 것이며 멈출 수 없는 자연스러운 흐름으로 포장된다.

나는 런던의 지하철 플랫폼에서 '미래가 여기 있다The Future is Here'라는 문구가 적힌 디지털결제 광고를 봤다. 그리고 싱가포르의 어느 고층 건물에 설치된 광고판에서는 '다음은 바로 지금Next is Now'이라는 삼성 스마트폰 광고를 봤다. 카자흐스탄 아스타나에서 개최된 컨퍼런스 무대에 오른 어느 기업가는 머지않아 '모든 것'이 디지털 혁신을 맞이하게 될 것이라고 예언했다.

내 고향 남아프리카의 어느 정치인은 방송에 출연해서 '4차산업 혁명'에 대비해야 한다고 말하며 위와 유사한 메시지를 사람들에게 전달했다. 그 정치인은 드론·로봇·스마트시티·바이오테크놀로지·인공지능 등 복잡한 첨단기술에 대비해야 한다고 열변을 토했다. 나의 아버지는 짐바브웨의 어느 시골에서 태어났고, 전직 군인이며, 12년 된 컴퓨터를 사용하고 있는데, 그의 이야기는 아버지에게 백색소음에 불과했고, 아버지는 그런 기술들이 등장하길 단 한 번도 원했던 적이 없었다.

도대체 그 정치인은 어디서 그 이야기를 듣고 그런 말을 했을까? 전 세계에는 첨단기술의 중심지들이 있고 대체로 소위 선진국이라고 불리는 곳에 위치한다. 막대한 이해관계가 걸려 있는 그곳에서 공식적으로 기술혁신에 관한 이야기가 제일 처음 흘러나온다. 남아프리카에서 1만 6,000km 떨어진 실리콘밸리가 그런 지역 중 하나다. 그곳에서 사람들은 투자자들로부터 자금을 조달받고 자신들이 개발한 디지털플랫폼으로 대중을 끌어들이기 위해서 마케팅 전략을 수립한다. 그들의 이야기는 샌프란시스코 실리콘밸리 있는 어느 기업의 임원실이나 술집에서 테크놀로지 전문 기자에게로 흘러든다. 혁신기술 전문기자가 쓴 기사를 다보스 세계경제포럼 관계자가 읽고 그에 맞춰 패널을 구성한다. BBC 방송국은 다보스 세계경제포럼을 취재하고 방송을 내보낸다. 요하네스버그에서 어느 트렌드세터가 그 방송을 본다. 그는 현지 정치인이 국제 정세에 뒤처지지 않도록 최신 소식을 전하는 역할을 맡고 있다. 1,000여 개 채널에 이르는 이런 경로를 통해 기술에 관한 이 시대의 신조는 내 아버지가 느긋하게 휴식을 취하는 거실까지 흘러들어온다. 새로운 미래에 대비해야 한다는 말을 들은 아버지는 대부분 사람들처럼 동료들을 통해서 새로운 기술을 경험하게 될 것이고, 결국에는 직접 기술을 받아들이지 않을 수 없게 될 것이다.

집단적으로나 개별적으로나 거의 모든 사람은 기술의 발전 방향을 선택할 힘이 자신들에게 있다고 느끼지 않는다. 혹자들은 기술적 진보를 응원하는 역할에 심리적으로 더 편안함을 느끼면서 디스토피아적 미래의 잠재적 위험은 외면한 채 달콤한 사탕발림을 한다. 기술적 진보에 대한 입에 발린 소리로 금전적 보상을 받는 것도 나쁘지 않다. 실제로 많은 주류 미래학자들이 자신을 다가오는 미래를 미리 내다보는 예언자로 칭하며 큰 돈을 번다. 예를 들어서 2016년 IT 전문지 〈와이어드〉를 창간한 케빈 켈리^{Kevin Kelly} 편집자는 《인에비터블 미래의 정체》를 출간했다. 책 제목은 마치 미래를 날씨인 양, 그저 우리에게 예정된 단순한 일인 양 취급한다. 그는 우리가 '모든 인류와 기계가 세계적인 네트워크들로 연결된 하나의 세상'으로 흡수될 것이라는 예측을 12번째 '일기예보'로 내놨다.

그렇다면 이러한 세계적인 네트워크들은 어떻게 형성될까? 소수의 대형 기술기업들이 지배하는 디지털기술시장이 있다. 그들의 디지털플랫폼은 수십억 명의 삶과 완전히 융합되고, 핀테크인프라를 통해서 소수의 대형 금융회사들이 지배하는 디지털금융시장으로 연결된다. 이러한 연결고리를 통해서 디지털화폐가 수십억 명의 삶으로 융합되고, 디지털기술시장과 디지털금융시장이 (도시·기계·우리의 몸 등) 다른 모든 것들과 이어져서 세계적인 네트워크가 형성된다. 여기서는 소수 과점 기업들의 이해관계에 따라서 우리를 둘러싼 모든 환경이 조작된다. 이것은 우리 스스로가 야기한 불가피하고 반가운 혁명이다. 이에 저항하는 사람은 과거에 갇힌 쓸모없고 시대에 뒤처진 러다이트$들이고, 기술적 진보가 선사하는 미래로 함께 나아가도록 회유하거나 과거에서 구해내야 할 대상에 지나지 않는다.

암호화폐의
등장

하지만 이것 말고도 세계적인 네트워크를 구축할 다른 방법이 있다. 2008년 새로운 방법이 제시되었다. 익명의 누군가가 9페이지 분량의 PDF 문서를 인터넷 포럼에 올렸다. 문서 제목은 〈비트코인: P2P 전자화폐시스템〉이었다. 해당 문서는 '사토시 나카모토'라는 가명을 쓰는 정체를 알 수 없는 인물이 작성했다. 문서에는 인적 네트워크가 은행 없이 디지털화폐를 발행하고 서로 거래하는 방법이 적혀 있었다. 보통은 비대면으로 결제카드 번호를 디지털금융시스템에 입력하면 은행이 개입해서 대신 금융거래를 처리한다. 사토시 나카모토와 그의 조력자들은 문서로 제안했던 시스템을 구축했고, 2009년 오픈소스 프로토콜 첫 번째 버전을 세상에 공개했다. 사람들은 그 프로토콜을 사용했고, 이로써 세계 최초의 '암호화폐'가 등장했다. 그것이 바로 우리가 아는 비트코인이다.

2011년 나도 역시 시험 삼아 비트코인을 사용하기 시작했고, 그와 관련 2건의 블로그 게시글을 작성했다. 구글에서 비트코인을 검색하면 내가 작성했던 게시글 중 하나가 결과 페이지에 나왔다. 2013년경에 BBC 제작진과 여타 신문·방송사는 미친 듯이 비트코인에 관한 정보를 긁어모으기 시작했다. 이 시기에 나에게 이메일로 TV와 라디오 방송에 출연해서 비트코인에 대해 이야기해달라는 제의가 많이 들어왔다. 나는 비트코인을 결제수단으로 사용하기 시작했다. 주로 나의 첫 번째 책과 비트코인을 교환했고, 그렇게 획득한

$ 19세기 초에 산업 혁명으로 대량 생산이 가능해지자 사람의 노동을 대신하는 기계가 노동자의 일자리를 빼앗는다고 생각하여 이러한 기계를 파괴하는 운동을 이끈 사람. (옮긴이 주)

비트코인으로 런던 술집에서 피자를 시켜 먹거나 불가리아에서 민트티를 주문하거나 심지어 '크립토섹스토이'라는 성인 사이트에서 성인용품을 주문하기도 했다. 나는 돈이 없을 때 비트코인으로 방세를 받아달라고 동거인에게 부탁했고, 가사도우미에게 비트코인으로 비용을 지불했다. 비트코인의 성공에 힘입어 암호화폐시장이 발전하기 시작했고, 이어서 새로운 암호화폐들이 등장했다. 암호화폐는 재미있고 실험적인 시도였다. 2013년 인터넷에서 인기를 끌던 밈 마스코트인 일본 시바견 이미지를 내세워 장난삼아 설계된 암호화폐 '도지코인'이 이러한 암호화폐시장의 분위기를 잘 보여준다.

하지만 분위기는 곧 반전됐다. 암호화폐의 기술적 참신함에 흥미를 느낀 투기세력이 암호화폐시장에 몰려들었고 암호화폐를 거래하기 시작했다. 암호화폐시장을 지탱하는 블록체인기술이 매우 중요해졌고, 블록체인기술 자체가 2015년 화두로 떠올랐다. 혁신기술 전문가들은 신이 나서 입에 침이 마르도록 블록체인기술을 칭찬했다. 블록체인기술은 중개인을 거치지 않고 일면식도 없는 사람들의 상호작용을 조정하는 디지털시스템을 설계하는 데 사용되는 기술이다. 여기에는 (비트코인시스템이 조율하는) 암호화폐 거래도 포함될 수 있지만 그 이외의 다양한 분야에도 적용될 수 있다. 완전히 밝혀지지 않은 블록체인의 무한한 기술적 잠재력이 강한 촉매제가 되어 새로운 기술들의 등장을 촉진했다. 모든 기술이 '탈중앙집권화'란 개념에 기초해서 설계됐다. 시스템의 핵심부에 소수의 대형 행위자들이 존재하는 '중앙집권'시스템은 블록체인기술과 그것으로부터 영감을 얻어 등장한 새로운 기술들로 와해될 위기에 놓였다. 여기에는 사법시스템·저작권시스템·세계 무역시스템뿐만 아니라 금융시스템도 포함됐다.

이것은 흥미로운 전개였다. 하지만 블록체인 솔루션의 막연함이 기존 시스템에 대한 얕은 이해도와 결합하면서, 블록체인기술로 화폐와 금융과 경제를 근본적으로 바꿔놓겠다는 얼토당토않은 방법론들이 등장하기에 이르렀다. 지적재산권 전문변호사부터 무정부주의적 자본주의 자유주의자까지, 신파시스트부터 뉴에이지 요가 수련자까지, 암호화폐시장에서 세계 화합 실현의 자생적인 가능성을 읽어낸 사람들이 너도나도 블록체인기술을 찬양하기 시작했다.

블록체인에 대한 관심이 폭발하면서, 주요 기관들도 주의를 기울이기 시작했다. 나는 여러 곳에서 블록체인 도입을 도와달라거나 방송에 출연해달라거나 강의를 해달라는 이메일을 받았다. 나는 암호화폐에 관한 첫 번째 유엔 보고서를 작성했고, 나중에 유럽연합 위원회와 유럽의회에도 보고서를 제출했다. IMF 관계자들은 블록체인으로 국제 결제시스템에서 발생하는 문제를 해결할 수 있는지를 내게 이메일로 물었다. 나는 블록체인 파도를 타고 네덜란드 암스테르담부터 미국 샌프란시스코, 케냐 나이로비부터 일본 도쿄까지 세계 곳곳을 누볐다.

사실 나는 블록체인기술에 대해서 아는 것이 거의 없었다. 하지만 다른 사람들도 마찬가지였다. 블룸버그통신과 CNBC 방송에 출연해서 블록체인기술에 대해서 귀에 콱 꽂히는 인상적인 발언만 읊

조리는 기회주의자들이 수두룩했다. 식민주의의 복잡한 역사를 경험하지도 이해하지도 못하는 기업가들이 블록체인기술이 '아프리카의 빈곤을 끝낼 것'이라고 주장했고, 수많은 암호화폐 대가들은 은행업계가 어떻게 돌아가는지도 모르면서 은행업계의 종말을 예견했다. 블록체인기술에 어떻게 접근해야 하는지를 전혀 몰라서 심각한 고민에 빠진 수석 은행원들도 있었다.

블록체인기술은 전반부에서 잠깐 언급하고 지나갔던 갈수록 심각해지는 금융시장과 기술시장의 과점 현상을 해소할 탈중앙집권적 대안을 제시하겠노라고 본래 약속했다. 초기에는 현금 없는 사회가 도래하면 민간인의 사생활 침해가 심각해질 수 있다는 우려와 디지털 시대에 국가와 기업의 힘이 어느 한 곳으로 지나치게 집중되는 위험을 해소하기 위해서 블록체인기술이 개발되기 시작했다. 하지만 블록체인기술은 그 자체로 애매한 모순점들을 많이 갖고 있다. 그중에 하나는 금융기관과 대기업이 블록체인기술에 진저리치기보다는 그 기술을 자신들의 시스템에 흡수시키지 못해서 안달이 났다는 것이다. 금융기관과 대기업들은 분산된 개인들의 네트워크를 조화롭게 연결하는 바로 그 블록체인기술을 자체 조직 내부의 과점 현상을 조율하는 목적으로 사용할 수 있기 때문이다.

2021년 블록체인기술에 관한 관심은 또다시 극에 달했다. 세계 자본주의시스템이 블록체인기술을 집어삼키기 시작했다. 일론 머스크와 같은 거물급 기업가들이 암호화폐를 열렬히 지지하기 시작했고, 벤처캐피탈리스트들은 암호화폐 스타트업에 대규모로 투자를 시작했으며, 비자와 같은 세계적인 결제회사들이 일반적인 결제시스템에 암호화폐를 통합하기 위해서 새로운 결제서비스를 출시하기 시작했다. 블록체인기술은 빅파이낸스와 빅테크에 대한 반발로 등장했지만, 현실에서는 두 업계와 융합했고 디스토피아적 미래의 등장에 맞서기보다 미래를 더욱 암울하게 만들 위험 요인이 됐다.

우리는 어디로 가고 있나?

과연 우리가 끌려가고 있는 곳에도 희망의 빛이 있을까? 물론이다. 하지만 희망의 빛에 대해서 논하기에 앞서, 현재의 금융시스템을 둘러볼 필요가 있다. 나는 먼저 금융시스템이 어떻게 변해왔는지 그리고 화폐시스템이 어떻게 약화되어왔는지를 설명할 생각이다. 현재의 금융시스템을 전반적으로 살펴보고 나서, 핀테크산업의 힘을 자세히 살펴볼 것이다. 핀테크가 기존 금융시스템의 '겉모습'을 어떻게 바꾸고 있는지, 그리고 그것이 실리콘밸리와 어떻게 교집하게 됐는지를 살펴볼 필요가 있다. 그러고 나서 나는 여러분을 현재 금융시스템의 대안으로 일컬어지는 암호화폐와 블록체인기술의 복잡한 세계로 안내할 것이다. 은행업계가 암호화폐를 급습하고, 반대로 암호화폐도 은행업계를 급습하면서 두 영역의 하이브리드화가 진행되고 있다. 이 역시 자세히 살펴볼 필요가 있는 주제다. 이야기는 자연스럽게 현재로 이어질 것이다. 지금 새로운 방향으로 조정대를 틀지 않으면, 우리는 이러한 힘들에 포위당할 수 있다.

그 과정에서 나는 국가와 대기업에서 스타트업과 이념단체에 이르기까지 많은 조직을 비판할 것이다. 하지만 분명히 짚고 넘어가는데, 이 책은 현재 시스템 내부의 **당사자**들을 비난하기 위해서 쓰인 것이 아니다. 우리 모두는 이 세상에서 일단 살아남는 게 목적이며 그러기 위해서는 기존 조직 안에서 움직여야 한다. 그런데 이런 기존 조직의 논리는 때때로 그 조직의 구성원들이나 그 조직의 경영자가 가진 선한 의도와는 다르게 작동하는 경우가 많다는 걸 자주 목격하게 된다. 현재의 시스템을 어떻게 뜯어고칠지 고민하기에 앞서, 비판적으로 현재의 시스템을 들여다봐야 한다. 그러기에 지금은 가장 좋은 시기다. 코로나19 팬데믹이 초국가적 디지털인프라에 대한 의존도를 심화시켰다. 집에 갇힌 채 컴퓨터 화면 앞에서, 디지털시스템 안에서 우리는 공허함을 느꼈지만, 융성하는 숨겨진 힘 역시 감지했다.

1장

신경계

나는 영국에서 두 번째로 높은 고층 건물의 39층에서 창밖을 내다보고 있었다. 사람들은 이곳을 '레벨 39'라고 부른다. 이곳은 핀테크 스타트업의 허브로 대형 금융회사들이 밀집한 금융중심지인 런던 카나리워프Canary Wharf에 위치해 있다. 이 일대를 소유한 카나리워프 그룹은 세균배양접시에서 세균을 배양하듯이 핀테크 스타트업을 육성하려고 레벨 39를 만들었다. 레벨 39에 입주한 스타트업은 100개가 넘고, 대부분이 디지털결제 앱과 보험 봇부터 AI 신용평가와 '로보어드바이저robo-adviser'까지 다양한 금융자동화기술을 개발한다.

이렇게 스타트업들로 가득한 공간은 '인큐베이터' 또는 '액셀러레이터'라고 불린다. 하지만 좀 더 정확하게 이곳의 이미지를 묘사하자면, 스타트업 전용 고급 피트니스센터에 가깝다. 이곳에서 스타트업은 집중관리 프로그램에 따라서 운동하고, 스테로이드제(벤처투자금)를 주입받고, 마무리로 선베드에 누워서 1시간 동안 휴식을 취한다. 그러면 그들의 얼굴에 화색이 돈다. 나는 이 핀테크 스타트업 세상에 자주 초대받는다. 이번에는 레벨 39에서 '돈의 미래'를 논하는 워크숍에 초대됐다.

하지만 내가 카나리워프에 위치한 고층 건물에서 창밖을 내다본 것은 이번이 처음이 아니다. 처음 창밖을 내다봤던 게 10년도 더 됐다. 그날은 2008년 6월의 어느 날이었다. 나는 투자은행 리먼브라더스의 35층 사무실에서 면접을 보고 있었다. 운 좋게 2차 면접까지 올라갔지만, 내가 3차 면접을 보기도 전에 리먼브라더스는 파산했다. 이 파산은 전 세계를 금융위기로 몰아넣었다.

금융위기가 악화일로를 걷던 시기에 나는 파생상품 브로커로 활동했다. 그 덕분에 카나리워프에 빼곡히 들어선 고층 건물들을 자주 방문했다. 이 시기에 나는 일하는 건물이 높을수록 비현실적으로 생각해야 한다고 배웠다. 예컨대 맷돌로 갈아 만든 밀가루로 빵을 직접 굽기 위한 공간으로 35층 사무실을 사용하는 사람은 없다. 그곳에서는 밀 선물 가격에 베팅하는 엄청난 돈들이 오간다. 이런 선물 거래에는 국제 밀 가격의 변동 위험을 피하려는 투자자들도 모이고 밀 가격의 변동 그 자체에서 수익을 거두려는 투기적 거래자들도 몰려든다.

그런데 런던에만 이렇게 고층 건물들이 즐비한 것은 아니다. 싱가포르·뉴욕·상하이·도쿄·프랑크푸르트 등 어디든지 수많은 금융회사가 모여 있는 곳이면 고층 건물이 밀집해 있다. 프랑크푸르트에도 그 지역을 대표하는 상징적인 고층 건물들이 많이 있다. 그중에 코메르츠방크 타워Commerzbank Tower가 있다. 내겐 어느 늦은 밤에 경비원의 삼엄한 경계 속에서 코메르츠방크 타워 사진을 찍은 기억이 있다.

거대한 코메르츠방크 타워는 '반지의 제왕'에 등장하는 타락한 마법사 사루만의 요새를 연상시켰다. 루프탑까지 이어지는 깎아지른 듯한 수직 벽은 강렬한 조명에서 쏟아지는 으스스한 느낌의 노란빛에 뒤덮여 있었다. 보안문부터 햇살 속에서 반짝이는 한쪽 면에 설치된 판유리까지 코메르츠방크 타워를 구성하는 요소 하나하나가 보는 사람으로 하여금 엄청난 압도감을 느끼게 했다. 이러한 건축양식은 우리 같은 일반인들이 대형 금융회사들과 어떻게 관계하는지를 보여준다. 사람들은 자신을 위에서 내려다보는 이 거대한 조직의 발아래에서 살아간다.

코메르츠방크 타워에는 비밀이 하나 있다. 남자 화장실에 세라믹 소변기들이 도시 전경을 한눈에 볼 수 있도록 설치되어 있다. 그래서 소변기 앞에 서서 소변을 보면서 건물 아래에서 생계를 위해 열심히 살아가는 사람들을 내려다볼 수 있다.

이 말을 듣는 순간에 건물 밖을 내려다보며 목에 힘이 뻣뻣하게 들어간 은행원이 세상 위에 소변을 갈기는 모습이 머릿속에 떠오를지도 모르겠다. 하지만 대형 금융회사에서 오랫동안 일한 나의 머릿속에는 그보다 더 복잡한 그림이 그려진다. 그 허세를 한 꺼풀 들춰내

| 코메르츠방크 타워 | 코메르츠방크 타워 남자화장실

면, 자기 조직을 좀처럼 통제하지 못하는 무력한 은행원의 모습이 드
러난다. 그들은 개인의 가치를 초월하는 조직의 논리에 따라서 움직
이는 로봇이다. 법인 소유의 고층 건물에는 뭔가 비인간적인 구석이
있다. 은행원들에게 교복이나 다름없는 양복은 그들을 보호하는 갑
옷 같다. 고층 건물에서 화장실은 갑옷에 좁은 틈이 생기는 유일한
장소다. 그들은 좁은 화장실 칸에서 마침내 갑옷을 내리고 숨겨져 있
던 뽀얀 엉덩이를 드러낸다. 이 순간이 그들이 속살을 드러내며 자신
이 따뜻한 피가 흐르는 인간임을 보여주는 유일한 순간일 것이다.

결국에 우리는 모두 지역사회와 공동체에 기대서 살아가는 생명체
다. 심지어 하늘과 가장 가까운 곳에서 근무하는 은행원들도 저녁마
다 되돌아갈 친구·가족·반려동물·공동체가 없다면 다음 날 아침에
이 차디찬 고층 건물 안으로 들어설 엄두를 내지 못할 것이다. 그 누
구도 코메르츠방크 타워에 놓인 침대에 몸을 뉘고 싶지 않을 것이다.

코메르츠방크 타워 50층에서 아래를 내려다보면 분주하게 움직이는 사람들이 보인다. 하지만 그들의 냄새를 맡거나 목소리를 들을 순 없다. 그러므로 고층 건물은 몸속에 따뜻한 피가 흐르는 인간이 자연스레 살 수 있는 보금자리가 아니다. 하지만 대기업을 자생력 있는 하나의 생명체로 본다면, 고층 건물은 몸속에 피 한 방울 흐르지 않는 **법인**(대기업)에게 자연스러운 서식지다. 법인에게 이런 철탑은 집과 같은 편안한 곳이고, 50층에서 내려다보이는 사람들을 스프레드시트로 처리해야 하는 한낱 데이터 조각이다.

총괄적으로 보면 세계 금융회사 공동체는 경제적 약속의 집합체이자 겹겹이 구축된 돈의 제국의 신경 세포가 밀집된 신경 중추다. 해저 광케이블을 통해서 의사소통하고 역외금융센터를 통해 멀리 떨어진 곳에 모인 다른 기업들과 연결된다. 레벨 39는 대형 금융회사들이 있는 고층 건물의 꼭대기 층에 자리한다. 대형 금융회사들은 잘 모르겠지만, 아이러니하게도 고층 건물 꼭대기에서 핀테크 전문가들이 경제의 신경 중추를 자동화하기 위해서 분주하게 움직인다.

돈은 피가 아닌
자극이다

나는 여기서 의도적으로 '신경 중추'란 용어를 사용했다. 하지만 경제학자들이 돈을 흔히 '피'에 비유한다. 피가 우리 몸 구석구석을 흐르듯이, 돈을 경제 구석구석을 '흐르는' 가치 있는 물질로 표현하기 위해서다. 금융인들은 이런 비유를 무척이나 사랑한다. 자신들이 몸담은 업계가 세계 경제의 '팔딱팔딱 뛰는 심장'으로 보이게 하니까. 하지만 이렇게 금융산업을 순환계에 비유하면, 참된 본질이 가려져 그 속을 알 수가 없게 된다.

인간의 몸에서 신경계는 모든 세포와 근육에 내장된 뉴런들의 네트워크다. 신경계를 통해서 자극이 전달되면 근육이 활성화된다. 신경계는 척수와 (신경 밀도가 가장 높은) 뇌처럼 특정 장소에 집중되어 있다. 이와 유사하게 세계에 존재하는 금융시스템들은 대체로 눈에 보이지는 않지만 지구 반대편까지 널리 퍼진 서로 연결된 네트워크들을 형성한다. 세포에 뉴런이 내장되듯이, 이러한 금융시스템을 구성하는 금융회사들도 우리의 일상에 내장되어 경제를 움직인다. 금융시스템은 먼지가 풀풀 날리는 작은 마을까지 뻗어 있지만, 주로 대형 금융회사들이 모인 고층 건물이 빼곡히 들어선 곳에 집중되어 있다.

금융전문가들이 방송에 출연해서 금융전문가들이 미디어에 출연해서 금융시장에서 어떤 일이 일어나고 있는지를 설명하는 걸 들으면 대부분 잘 이해가 안 갈 것이다. 그들은 '수조 달러가 매일 외환시장을 통해서 이동'한다거나 '세계 파생상품시장의 가치가 세계 GDP의 10배'라고 말한다. 이런 말을 듣고 있으면 금융산업은 거대한 숫자로 구성된 외계처럼 느껴진다. 일상에서 빅파이낸스는 생생하면서도 한편으로 동떨어진 존재처럼 느껴진다. 하지만 아이러니

하게도 이토록 복잡한 금융네트워크의 기원은 우리의 몸 그리고 지구에서 찾을 수 있다.

실제로 모든 인간활동에 관한 분석은 우리 생태계에서 도출된다. 생태계를 벗어나서는 우리도 존재할 수 없다. 공원 잔디에 누워서 아래를 내려다보면, 토양입자 사이를 기어가는 진드기를 볼 수 있을 것이다. 바다 깊이 잠수할 수 있다면, 미생물·균류와 물입자를 볼 수 있을 것이다. 이것은 식물이 살아갈 수 있도록 하는 기층을 형성하며 식물은 수많은 상위 포식자들을 먹여 살린다. 이처럼 모든 것들이 인류가 자식을 낳아 기르고 공동체를 형성하고 상품과 서비스 또는 가치를 생산하면서 수만 년 동안 생존한 생태계 안에 체계적으로 존재한다.

인류는 수만 년이란 긴 시간의 대부분을 '돈 없이' 살았다. 지금 '경제'라 불리는 생태계는 상호의존적 인적 네트워크이며 이를 통해 서로 재화와 서비스를 생산하는 사람들의 집단이다. 경제는 금융시스템을 통해 노동의 이동을 조정하는 사람들의 집단이다(노동 결과물의 이동 역시 금융시스템을 통해서 조정된다). 그래서 사람들은 금융시스템을 중심으로 오밀조밀 모여든다. 애초부터 돈은 가치를 창출하도록 사람을 움직이게 만드는 유용한 수단이었다. 이는 자극이 서로 연결된 신경계를 통해, 가령 A 지점에서 B 지점으로 이동하여 몸을 움직이게 만드는 것과 같은 이치다.

이어지는 장에서는 금융시스템을 좀 더 깊이, 두 영역으로 구분하여 살펴볼 것이다. 한 영역은 중앙은행이 중심이 되고, 다른 영역은 은행이 중심이 된다(은행은 현금과 디지털화폐가 벌이는 전쟁의 주요 참가자다). 우리가 손으로 만지는 지폐와 동전과 같은 현금은 당연히 돈의 기본적인 형태이지만, 결제카드 번호를 시스템에 입력할 때 사용하는 디지털화폐는 현금과의 모종의 관계로 묶인 덕분에 돈으로 통용된다는 사실을 알게 될 것이다.

하지만 이번 장에서는 금융 네트워크가 당연히 우리의 삶에 내장됐다고 생각하자. 그러면 이 금융기관들이 연결된 거미줄 같은 생태계인 금융 네트워크 덕분에 투자은행이나 헤지펀드가 어떻게 금융상품을 설계하고 거래하는지, 어떻게 돈을 조달하고, 기업이라는 구성조직을 통해 자금 이동의 복잡성을 더하게 되는지 이해할 수 있게 될 것이다. 그리고 나면 우리가 평소에 사용하는 돈의 형태가 '현금이냐 디지털화폐냐'와 같은 기초적인 질문이 고차원적인 경제구조와 긴밀하게 연결된다는 점도 이해할 수 있게 될 것이다.

기업자본주의의
작동 방식

산업의 거인들은 근면성실이란 가치에는 전혀 관심이 없다. 예를 들어서 석유 부호 5명이 함께 새로운 지역에서 석유를 시추할 계획이라고 치자. 그들은 직접 망망대해에 석유 굴착기를 설치하지 않을 것이다. **다른 사람들**에게 일을 맡길 것이다. 석유 굴착기를 설치하는 데 필요한 물자를 공급할 업체를 확보하고, 석유 굴착기를 건설할 엔지니어·하청업자·노동자 등을 동원할 것이다. 기본적으로 하청업자와 노동자와 거래하기 위해서 기업이나 법인인 법적 실체를 세워 이름을 붙이고, 은행계좌를 개설한다(이 사례에서 그 법적 실체의 이름을 '딥퓨얼㈜'이라고 하자).

은행계좌에는 돈을 '충전해야' 한다(또는 '자본금 조달'을 해야 한다). 기업은 그래야 세상에서 활동할 수 있다. 금융산업은 '자금 충전'이 이뤄지는 곳이다. 우리의 석유 부호들은 딥퓨얼㈜에 각자 돈을 조금씩 송금할 것이다. 하지만 딥퓨얼㈜에 필요한 자금을 전부 조달하는 업무는 투자은행에게 위탁하여 처리될 것이다. 투자은행 담당자는 딥퓨얼㈜의 투자설명서를 작성할 것이다. 딥퓨얼㈜ 경영진이 어떤 위험을 안고 있는지, 그리고 어떻게 더 적은 비용으로 필요한 인풋(노동자·원자재·기술 등)을 확보해서 더 많은 아웃풋(석유)을 낼 것인지가 투자설명서에 담길 것이다. 감질나는 미래 수익 전망이 포함된 딥퓨얼㈜의 투자설명서는 투자 기회를 물색하는 대형 연금펀드 매니저들에게 전달된다.

연금펀드는 수천 명으로부터 끌어모은 돈을 충전을 기다리는 '배터리'로 보낸다. 여기서 배터리는 자금 조달을 원하는 기업이다. 딥퓨얼㈜의 투자은행 담당자는 연금펀드에 접근한다. 그는 펀드매니저들을 초대해서 미래 수익의 일부를 가져가는 대가로 딥퓨얼㈜에 투자할 것을 요청한다. 이 약속은 '주식'이라는 금융계약서에 명시된다. 딥퓨얼㈜는 다른 투자자(소위 채권자)에게 미래 수익의 일부를 약속하고 추가적인 투자를 받을 수도 있다(정확하게 말하면 그들로부터 자금을 빌릴 수 있다).

경제의 진정한 생명선은 돈이 아니고 노동력을 제공하는 사람이다. 하지만 전기 충격은 심장을 뛰게 만들 수도 있다. 일단 자본화로 자금을 조달한 딥퓨얼㈜는 금융시스템을 통해서 필요한 곳으로 돈을 흘려보낸다. 이는 마치 제세동기로 수천 명의 몸에 전기 충격을 줘서 한꺼번에 움직이게 만드는 것과 같다. 만 명의 노동자들이 동원되어 거대한 석유 굴착기의 부품을 만들고 조립하고, 그들의 고용주는 그렇게 완성된 석유 굴착기를 가동하여 고객에게 팔 석유를 시추한다. 여기서 고객은 불확실성을 유발한다. 고객은 경쟁업체로 눈을 돌릴 수도 있다(그래서 관리자들은 대신 생산 비용을 확실히 줄이기 위해서 사람의 노동력을 기계 노동력으로 대체한다). 딥퓨얼㈜는 석유로 번 돈을 비축한다. 비축금의 일부는 경영진에 상여금으로, 정부에 세금으로 지출되고, 나머지는 약속했던 대로 투자자들에게 지급하여 기업 운영에 필요한 추가 자금을 조달하는 데 쓰인다. 이렇게 채권자에게는 이자가 지급되고, 주주들에게는 배당금이 지급된다.

이렇게 석유 부호 5명의 계획이 실행된다. 금융시장을 통해서 노동시장과 기술시장으로 흘러 들어간 돈이 결국에 상품시장에서 상품으로 나타난다. 그들이 딥퓨얼㈜를 유망한 기업으로 키워내서 대형 석유회사인 BP에 매각할 수 있을지도 모른다. 그러면 딥퓨얼㈜는 BP의 **자회사**가 된다. 2014년 나는 BP의 복잡미묘한 기업구조를 도식화하기 위해서 독일 베를린에 위치한 오픈데이터업체 오픈오일OpenOil과 손을 잡았다.[1] 대형 투자자들의 자금이 (런던증권거래소를 통해서) 세계적인 석유회사인 BP로 흘러 들어간다. 이 자금은 다시 BP의 35개 자회사로, 그다음에 수백 개의 자회사의 자회사로 흘러든다. BP의 기업구조는 12개의 층으로 이뤄져 있다. 실제로 우리가 'BP'라고 부르는 조직은 전 세계에 뻗어 있는 복잡한 금융네트워크로 연결된 1,100개가 넘는 자회사들로 구성된 연방조직이다. 이렇게 거대한 BP라는 대기업이 탄생했다.

거대기업은 본사(어딘가의 고층 건물)에서 자회사를 통제하고, '서로 사업을 하도록' 만든다. 그래서 세계 무역의 절반 이상이 자유시장이 아닌 **대기업 내에서** 일어난다.[2] '기업자본주의'는 이러한 연방조직을 한데 묶어서 정교한 편대를 구성한다. 그리고 한 곳의 아웃풋을 다른 곳의 인풋으로 사용한다. BP의 새로운 자회사의 딥퓨얼㈜가 생산한 석유는 다우케미칼에 공급되어 플라스틱을 생산하는 데 사용된다. 다우케미칼의 플라스틱은 아르셀로미탈의 철강과 결합하여 네슬레의 제과제조에 사용할 특수사출기계가 된다. 이러한 기업과 기업의 네트워크는 세계 경제의 핵심부를 형성한다. 그들은 초국가적 물류네트워크를 통해서 미완 제품의 부품을 주고받고, 최종 제품이 나오면 도매상을 통해서 현지 소매상에게 공급된다.

이 시점에서 소비자인 내가 등장해 공급 사슬을 완성한다. 나는 동네 가게로 가서 돈을 주고 초콜릿 바를 구입한다(그리고 초콜릿 바에서 얻은 에너지로 노동을 계속 이어나간다). 초콜릿 바를 살 때, 나는 나처럼 생긴 사람에게 돈을 건네면서 우리 모두가 시장에서 상호교환활동에 참여하는 동등한 존재라고 생각하게 된다. 하지만 나는 이 작은 교환행위의 토대가 되는 제도적 인프라가 존재한다는 사실을 의식하지 않는다. 계약법·군사력·재산권·광활한 기업공급망·거대한 세계 무역 금융시스템 따위 말이다. 나는 동네 가게에서 일어나는 모든 구매행위가 수십 년 (심지어 수 세기) 전에 개설된 다단계 금융회로를 완성하는 데 기여한다는 사실을 의식하지 않는다.

코끼리를 더듬는 현자

지상 높이에서 기업자본주의를 구성하는 서로 연결된 모든 요소를 파악하기는 어렵다. 우리는 눈을 가린 채 코끼리를 만지는 현자와 다를 바 없는 신세다. 코끼리 코를 밧줄이라고 믿고 코끼리 다리를 나무 둥치라고 생각한다. 언론이 우리의 시야를 가린다. 구매를 결정하는 '소비자', 임금을 받고 다음 날 일을 하러 가는 '노동자', 돈에 대한 통제권을 스스로 금융기관에 넘겨주기로 결정한 '예금자'는 알고 보면 모두 같은 사람이다(여기서 금융기관은 예금자에게서 넘겨받은 돈으로 새로운 투자 기회를 모색한다). 같은 사람임에도, 각각의 위치에서만 경제시스템을 바라본다.

다시 한 번 더 말하면 소비자·노동자·예금자는 모두 같은 금융시스템에 속한 같은 사람이다. 어느 날은 돈이 들어오고, 어느 날은 재화나 서비스 구매나 금융거래를 위해 돈이 나간다. 지출된 돈은 사방팔방으로 튕겨나간다. 금융기관은 기업투자만 하지 않을 것이다. 돈이 움직이는 곳이라면 어디든지 그 틈을 비집고 들어갈 것이다. 예를 들어서 금융기관은 소비자금융서비스를 제공한다. 사람들에게 돈을 빌려주고 기업이 생산한 제품을 구매하도록 권장한다. 그리고 금융기관은 예비 일꾼에게도 금융서비스를 제공한다. 학생에게 학자금대출을 해주고 취업 준비생에게 신용대출서비스를 지원한다. 학자금대출이 전액 상환받았다면 이 불안한 세상에서 조금이라도 안정감을 얻기 위해 간절히 아파트 매입을 원하는 노동자에게 주택담보대출을 진행한다.

이와 같은 안전 욕구는 일확천금을 약속하는 투기성 투자상품의 좋은 먹잇감이 된다. 나는 파생상품 브로커를 그만두고 몇 달 동안 스프레드베팅spread-betting회사에서 근무했다. 이 회사는 대형 투자은행에서 돈을 빌려 금융시장 베팅을 통해 고된 노동에서 벗어나길 고대하는 '단타 매매자'에게 다시 그 돈을 빌려줬다. 물론, 대형 금융업자는 소형 금융업자에게 재원을 댔던 중형 금융업자에게 재원을 댔다. 금융업자에게 재원을 대주는 일은 꽤 거대한 비즈니스다. 채권을 매입하라고 채권자에게 돈을 빌려주듯이, 주식을 매수하라고 주주에게 돈을 빌려줄 수 있다. 하지만 들여다보면 과정의 부분부분은 결국 다 비슷해 보이고, 규모는 한눈에 들어오지 않을 만큼 점점 비대해진다.

이렇게 꼬리에 꼬리를 무는 금융계약은 모두 좀 더 복잡한 파생상품을 설계하는 원재료로 사용될 수 있다. 앞서 봤듯이 BP 주식 1주를 보유한 사람은 1,100개 자회사의 수익에 대해서 권리를 주장할 수 있다. 하지만 BP 주식이 포함된 펀드의 배당은 수만 개 자회사의 수익에서 나올 것이고, 여러 개의 펀드를 모아 만든 펀드 오브 펀드fund of fund의 배당은 수십만 개의 자회사의 수익에서 나올 것이다. 금융기관은 소비자금융·학자금대출·주택담보대출 등 기존 금융계약을 한데 묶어서 (2008년 금융위기를 촉발시킨) 부채담보부증권과 주택저당증권과 같은 새로운 금융상품을 만들 수 있다. 수십만 개의 기초금융기관이 이렇게 복잡한 구조를 지닌 금융상품을 만들어낸다.

지금부터는 내가 잠시 몸담았던 파생상품에 대해 살펴보자. 파생상품은 앞서 살펴본 주식과 채권 등 전통적인 금융상품을 기초자산으로 설계된 금융상품을 말한다. 예를 들어서 주가지수스왑션equity index swaption은 수십만 개의 자회사를 거느린 수백 개의 대기업의 수익에 베팅하는 상품에 또다시 베팅하는 파생상품이다. 주가지수스왑션 담당 은행원은 경제시스템의 최상층에서 가장 추상적인 영역을 다루는 사람이다. 이들은 수천 개의 주택담보대출 계약을 이리저리 분류하고 묶어서 또 다른 파생상품들을 만드는데 이런 파생상품들은 내 집 마련에 신경이 곤두선 젊은 부부들보다는 노르웨이 국부펀드 같은 기관투자자들에게 팔려나간다. 세계 금융중심지에 들어선 고층 건물의 최고층에는 극소수의 사람들만이 입주해 있지만 그들은 엄청난 거액을 운용한다.

하지만 사람들이 자유롭게 오가는 지상층이 이 하늘을 찌를 듯이 높이 솟은 고층 건물을 떠받친다. 지상층에는 소비자금융서비스를 제공하는 은행지점·독립투자자문업자·소매 증권중개인·스프레드 베팅회사 등이 있다. 그런데 대기업은 소비자금융서비스를 수백만 명에게 제공하는 데에 고비용 저수익이 발생한다고 느낀다. 대형 금융기관에게는 소비자집단이 필요하지만, 개별적으로 한 명씩 상대하기에는 성가신 존재다. 그래서 금융기관은 개인 소비자와의 상호작용을 자동화하려고 한다. 사람들이 스스로 금융업무를 처리할 수 있도록 표준화된 디지털앱을 제공한다. 이제 사람들은 디지털앱을 통해서 금융기관 관계자를 직접 대면하지 않고 금융의 거대 핵심부로 들어갈 수 있다.

하지만 서비스 디지털화를 향한 욕망은 지상층(소비자금융)에서 멈추지 않고, 고층 건물의 최고층까지 **파고든다**. 여러모로 금융기관은 직원들에게 의존할 수밖에 없다. 하지만 그들은 무엇을 원하고 언제 화를 내고 무슨 꿍꿍이속인지 알 수 없는 미덥지 않은 존재들이다. 그들은 전날 밤 술을 진탕 마시고 바지를 내린 채 화장실 변기에 앉는 한낱 인간에 불과하다. 사무실 의자를 죄다 없애고 금융상품을 설계하고 판매하도록 기계를 학습시키는 편이 낫지 않을까? 경제의 신경 중추를 자동화하라. 이것이 금융중심지에 즐비한 고층 건물에 레벨 39와 같은 핀테크 스타트업을 육성하는 기관이 입주한 이유다.

하지만 금융산업의 디지털화에 방해가 되는 골칫거리가 있다. 바로 **현금**이다.

현금

기업자본주의를 핵심부와 주변부로 분리하는 것은 중요하다. 금융기관과 함께 움직이는 BP와 같은 거대기업이 핵심부를 담당한다. 그들은 은행이 운용하는 디지털결제시스템을 사용한다. BP는 하청업체에 수백 km의 파이프라인에 사용될 시멘트를 주문할 때 현금으로 결제하지 않는다. BP는 거액을 온라인송금하고, 하청업체의 은행계좌에 BP가 송금한 돈이 숫자로 찍힌다. 그러면 BP의 하청업체는 자신의 하청업체에게 대금을 또다시 온라인이체한다. 고액의 금융거래가 이뤄지는 고층 건물에서 비롯된 연쇄적인 전기적 자극은 은행계좌네트워크를 타고 요란한 소리를 내며 이동하고, 주변부에 도달하면 전도성이 약한 매개체와 만난다. 그것은 바로 노동자다. 노동자들은 기업자본주의의 주변부에서 고되고 잡다한 업무를 도맡아 한다. 그들은 오래전부터 금융거래에서 현금을 우선적으로 사용해왔다.

기업자본주의의 주변부 변두리에 모인 현금은 은행과 대기업이 긁어서 없애고 싶은 가려운 부분이라고 할 수 있다. 현금은 광산 노동자의 꾀죄죄한 지갑이나 남아프리카 어느 시골에 있는 구멍가게에서 네슬레 분유 한 통을 구매하는 호사족 할머니의 브래지어 안에 있다. 금융기관은 '현금 없는 사회'를 꿈꾼다. 자본주의시장이 아주 작은 영역까지 온라인으로 연결되어 디지털경제시스템에 완전히 편입되길 바란다. 기업자본주의는 돈이 디지털화되기를, 소비자금융이 우리가 어디든지 들고 다니는 스마트폰에 설치되는 앱으로 대체되길 바란다. 그래야 우리의 삶에 단단히 자리 잡고 우리와 한 시라도 떨어지지 않을 수 있기 때문이다. 이것이 그들이 원하는 '돈의 미래'다.

2장

현금과의 전쟁

경제학 기본서의 첫 장에 등장하는 장면은 《로미오와 줄리엣》을 생각나게 한다. '구매자'와 '판매자'라는 두 가문이 서로 마주 보고 서 있다. 전자는 돈을 갖고 있고, 후자는 재화나 서비스를 갖고 있다. 그들은 팽팽하게 대립한다. 구매자는 구매 조건을 제시하며 '수요곡선'을 따라서 앞뒤로 움직인다. 반면에 판매자는 판매 조건을 제시하며 '공급곡선'을 예의주시한다. 두 곡선이 교차하는 지점에서 구매자와 판매자가 만나고 약속한 돈과 재화를 맞교환한다. 이렇게 두 가문이 만나서 악수를 나누는 지점에서 '시장가격'이 형성된다.

현금이 든 지갑을 갖고 영국항공에 탑승한 나는 구매자다. 기내 판매상품 카탈로그를 들고 있는 승무원은 판매자다. 구매자와 판매자가 등판했으니, 거래를 위한 무대가 마련됐다. 내가 먼저 움직인다. 나는 인스턴트커피를 주문한다. 승무원은 음료를 준비하기 위해서 잠깐 사라졌다가 쟁반에 놓인 음료와 함께 무대에 다시 등장한다. 이제 다시 내 차례다. 나는 5파운드 지폐를 꺼낸다.

"고객님, 죄송하지만 카드결제만 됩니다."라는 말과 함께 우리의 로맨스는 와장창 깨진다.

놀란 토끼 눈으로 나는 "신용카드가 없어요."라고 말한다.

승무원은 내 말에 충격을 받더니 당황스러워한다.

"그럼 커피를 도로 가져가셔야 할 것 같네요."라고 내가 느릿느릿 말한다. 승무원은 잠깐 나를 짜증스러운 듯이 바라보고, 사과와 함께 커피를 갖고 사라진다. 주변에 앉은 다른 승객들도 나를 이상하게 쳐다본다. 그들은 나를 보고 변화를 못 따라가는 낙오자라 생각하는 듯하다. 그 흔한 신용카드 한 장 없어서 따뜻한 커피 한 잔 못 마시는 한심한 놈이라 생각한다.

사실 나는 직불카드를 갖고 있었지만, 경제학 기본서에 나온 수요와 공급의 법칙을 맹신했나 보다. 나는 돈이 있는 구매자고 그녀는 팔 상품이 있는 판매자다. 두 사람이 만났으니 직접 거래하면 그만이다. 번거롭게 비자와 은행을 통해서 거래할 이유가 무엇인가.

화장실에 갔다가 좌석으로 돌아왔더니, 내 자리에 커피가 놓여 있다. 알고 봤더니 내 옆에 앉아 있던 남성이 자신의 신용카드로 내게 커피 한 잔을 사준 것이다. 승무원은 그의 친절함에 함박웃음을 보내고, 그 사내는 내게 만족스러운 듯이 엄지손가락을 들어서 보여준다. 다른 승객들이 이 모습을 보면서 다행이란 듯이 미소를 짓는다. 난 그에게 고마움을 표하지만, 속으로 '이것 봐, 난 영국항공에 항의를 하는 거라고!'라고 생각한다. 이렇게 영국항공의 현금결제불가 정책에 대한 나의 소심한 저항은 호기롭게 카드를 꺼내서 나 대신 결제해주는 자애로운 승객 때문에 번번이 실패했다.

이 이야기는 다음과 같은 교훈을 준다. 전통적으로 경제학자들은 구매자와 판매자만이 시장에 참여한다고 가정하고 시장을 개념화한다. 하지만 우리가 나아가고 있는 세상에서 모든 거래에는 구매자와 판매자 이외에 **제3자**가 개입한다. 그들은 바로 '머니패서money-passer'다. 머니패서는 은행과, 비자·마스터카드와 같은 결제대행업체로 구성된 복합체다. 이 세상에서 로미오와 줄리엣은, 신부가 두 사람 사이에 서서 손을 마주 잡고 만남을 축복할 때까지 서로 키스를 나눌 수 없다. 우리가 알고 있는 실제 신부들과 달리, 머니패서는 우리가 원격으로 접속하는 원거리 데이터센터(클라우드)라는 시스템을 통해서 멀리서 구매자와 판매자를 연결한다. 그들의 디지털금융 클라우드는 집안 곳곳에 스며드는 박무처럼 널리 퍼져 있다.

박무

'박무'는 구름을 뜻하는 '클라우드'와 대비해서 사용하기에 좋은 용어다. 이 단어를 들으면 구름 아래에서 서서히 집어삼켜지는 지표면이 머릿속에 떠오른다. 가벼운 박무는 거의 눈에 보이지 않는다. 이처럼 사람들은 대체로 자신과 상대방 사이에 있는 디지털중개인의 존재를 알지 못한다. 중개는 아주 미묘하고 빠르게 이뤄져서 마치 마법과 같다.

그런데 이 마법이 실패할 수도 있다. 2016년 나는 네덜란드 델프트의 더치대학교 Dutch University에서 열린 '돈의 재창조'란 컨퍼런스에 패널 연사로 초청됐다. 나는 시차 때문에 너무 피곤했고, 그 상태로 무대에 오르고 싶지 않았다. 그래서 무대에 오르기 15분 전에 콜라 한 잔을 마실 생각이었다. 나는 다행히 음료수 자판기를 찾았지만, 현금을 사용할 수가 없었다. 자판기에는 네덜란드 기업 페이터가 만든 작은 디지털인터페이스가 설치되어 있었고 '비대면결제만 가능'이란 문구가 적혀 있었다. 나는 짜증스럽게 카드를 꺼내서 자판기에 번호를 입력했지만, 내 계좌에 잔고가 있었음에도 페이터의 시스템은 '유효하지 않은 카드'라는 메시지와 함께 경고음을 울려댔다. 나는 혹시나 하는 마음에 카드 만료일을 확인했지만, 카드는 유효했다.

경제학 기본서에는 합리적인 개인들이 상호이익을 위해서 금융거래를 하는 자유시장이 등장한다. 그런데 나를 봐라. 나는 피곤함에 찌들고 당이 떨어진 개인이다. 돈이 있음에도 눈앞에 판매자를 대신해서 자판기가 관리하는 선반에 놓인 탄산음료를 그저 바라보고만 있다. 여기에 '시장'이 존재한다. 그리고 그 시장에서 이 기계는 '당신이 나의 주인에게 돈을 주면, 나는 당신에게 콜라를 주겠다'고 말하며 간단한 거래행위를 보조하도록 프로그래밍됐다. 나에겐 주인에게 줄 돈이 있지만, 기계는 내게 콜라를 주지 않는다. **시장실패**가 발생한 것이다. 나는 자유시장에 참여할 기회를 사전에 차단당했다.

오래된 자판기에는 동전을 넣는 작은 구멍이 있었다. 그래서 집과 은행계좌가 없는 노숙자라도 동전만 있으면 자판기에서 원하는 것을 얻을 수 있었다. 내 눈앞에 있는 자판기는 실제로 2개의 기계였다. 본체는 판매자의 것이지만, 자판기에서 콜라를 뽑으려면 나는 먼저 자판기에 설치된 페이터 카드리더기를 통해서 비자와 은행과 같은 결제 문지기들에게 결제요청을 해야만 한다. 그들 중 단 한 곳이라도 나의 요청을 거부하면, 나는 판매자와 거래할 수 없다. 결제 문지기들은 '재화의 이동을 위한 돈의 이동'이라는 자본주의의 성스러운 의식을 방해해선 안 된다.

페이터 결제시스템은 직접적인 항의도 허용하지 않아서 기계적인 무관심마저 풍긴다. 시장실패의 책임은 오직 저 멀리 어딘가에 있는 자판기 주인에게만 있을 뿐이다. 이렇게 구매자와 판매자의 시장거래가 무책임하고 무능하며 무관심한 머니패서에 의해 방해받았다. 이러한 시장실패는 로미오와 줄리엣의 이야기에서 로렌스 신부가 두 사람의 비밀 결혼식에 나타나지 않는 것과 같다.

이번에는 비밀 결혼식 도중에 로렌스 신부가 갑자기 졸도했다고 상상해보자. 이것은 시스템실패에서 나타나는 상황과 유사하다. 2018년 주요 데이터센터의 장애로 인해 10시간 동안 정전사태가 발생했고, 비자의 유럽 결제시스템이 그동안 먹통이 됐다. 이로 인해서 520만 건의 결제요청이 승인되지 않았고,[3] 신용카드를 주로 사용하던 사람들은 현금을 인출하기 위해서 ATM을 찾아다녀야만 했다(후반부에서 확인하겠지만, 문을 닫는 은행지점이 많아지면서 길에서 ATM을 찾기가 갈수록 힘들어지고 있다). 전기 공급이 중단되면 이와 같은 일이 벌어진다.

이번엔 로렌스 신부가 두 사람에게 가는 길에 누군가로부터 공격을 받았다고 생각해보자. 디지털결제는 사람들을 해킹 위험에 노출시킨다. 멀리 떨어진 곳에 있는 범죄자가 드라이덱스(마이크로소프트 워드 프로그램을 통해 개인 컴퓨터로 침투하여 은행거래정보를 빼가는 악성 코드)와 같은 악성 소프트웨어로 개인 컴퓨터를 해킹할 수 있다. 그러면 사람들은 중앙시스템에 대한 사이버공격으로 인해 대량으로 데이터가 유출되는 사고 피해의 당사자가 된다. 2016년 2월 미국 연방준비위원회에 개설된 방글라데시중앙은행 계좌에서 약 10억 달러가 사라졌다.[4] 해커들이 스위프트SWIFT 세계 결제네트워크를 이용해서 뱅킹시스템을 해킹한 것이다. 스위프트는 국제은행간통신협회Society for Worldwide Interbank Financial Telecommunication라는 국제기관을 칭하는 약어다. 세계에서 가장 안전한 금융기관으로 꼽히는 미국중앙은행까지 해킹하는 그들에게 일반 은행계좌를 해킹하는 것은 누워서 떡 먹기보다 쉬울 것이다.

경제학자들이 공급(판매자)과 수요(구매자)에 의해서 움직이는 시장에 대해서 이야기할 때, 결제 문지기들은 언급하지 않는다. 이것은 그 이야기의 주인공들이 국가가 발행하고 조직적으로 사람들 사이에서 시장활동을 촉진하는 '현금'을 사용한다는 의미다. 하지만 새로운 가문이 등장했다. 디지털 '머니패서'는 수익을 추구하는 민간 행위자들로 구성된 복합체다. 그리고 판매자와 구매자는 그들의 서비스를 이용하기 위해서 **그들로부터 무언가를 사야 한다.** 우리가 사야 하는 것은 아마도 **머니패서가 파는 돈,** 즉 디지털화폐이지 않을까 싶다. 이것은 경제 방정식에서 이상한 순환논리를 만들어낸다. 우리는 수요와 공급의 해결을 위해서 수요와 공급을 추가해야 한다.

머니패서들이 결제시스템에 깊이 자리한다면, 시장에서 일어나는 모든 상호작용이 그들을 거치게 될 것이다. 구매자와 판매자를 중개하는 머니패서의 등장이 지난 몇 세기 동안 시장에서 발생한 가장 중대한 변화 중 하나이다. 결제중개력은 은행업계의 입지를 단단히 굳힐 뿐만 아니라 다음의 3가지도 가능하게 한다. 첫째, 거래 감시다. 머니패서는 개인의 일상생활에서 민감한 데이터를 수집하기 위해서 개인의 금융거래를 모니터할 수 있다. 둘째, 거래 검열이다. 머니패서는 자신이 원치 않는 거래를 차단할 수 있고, 개인이 직접 돈을 운용하지 않기 때문에 돈의 흐름을 동결하고 무단으로 사용할 수 있다. 셋째, 대량 자동화가 기업 독점력의 강화로 이어진다. 원격 디지털대기업은 원격 디지털화폐가 필요하다.

은행업계가 지탱하는 디지털화폐는 미국과 중국이 지배하는 감시자본주의의 새로운 기틀을 마련하고 있다(중국 정부는 금융시장에 미국 정부보다 더 깊이 개입하지만, 미국 정부와 똑같이 자국의 대형 기술기업의 외연 확대 기회를 모색한다). 디지털결제업계는 금융 디지털화가 안고 있는 위험을 절대 강조하지 않는다. 더 정확히 말하면 그들은 대면 상거래에 진입하기 위해서 산업을 지탱하는 복잡한 내부구조로 사람들의 주목을 요청하는 대신에, 세련됨이나 편의성 등 디지털결제의 '느낌'만 대충 소비자들에게 제공한다.

그들이 주장하는 디지털결제의 장점

그들의 교란 전략은 확실히 효과적이었다. 눈앞에 있는 아무나 붙잡고 현금과 디지털결제에 대해서 어떻게 생각하는지 물어봐라. 그들은 곧장 디지털결제에 대한 피상적인 경험을 이야기할 것이다. 그리고 디지털결제가 더 빠르다거나, 사용하기 더 쉽다거나, 문화적으로 더 매력적이라거나, 더 안전하다고 주장할 것이다. 어쩌면 디지털결제의 심리적인 효과에 대해서 우려를 나타낼지도 모른다. 예를 들어서 '현실감이 덜 해서' 카드로 돈을 더 많이 쓰는 것 같다고 느낄 수 있다.

하지만 피상적인 경험의 영역에서조차도 어느 결제수단이 실제로 사용하기 더 쉬운가에 대해서는 대중들의 의견이 상당히 갈린다는 조사 결과가 있다. 물론 디지털결제는 온라인거래처럼 눈앞에 없는 사람에게 돈을 지급하기에 가장 쉬운 수단이다. 그렇다고 굳이 대면 금융거래에까지 데이터센터를 끌어들일 이유가 있을까? 수백 년 동안 사람들은 현금을 건네는 일이 쉽다고 생각했다. 그래서 '현금은 사용하기 어렵다'는 생각은 실로 어이없는 생각이다.

그럼에도 불구하고 디지털결제 옹호자들이 ATM까지 가거나 현금을 소지하는 불편함을 떠벌리며 디지털결제의 편리함을 강조할지도 모른다. 디지털결제회사는 이런 식의 광고를 전 세계적으로 수도 없이 한다. 그들은 간접적으로 디지털화폐를 소지하는 것이 직접적으로 현금을 소지하는 것보다 더 안전하다고 주장한다(하지만 여기에는 사이버범죄나 은행실패와 같은 '대수롭지 않은' 위험은 무시한다는 조건이 따라붙는다). 2020년 디지털결제 옹호자들은 코로나19 팬데믹을 이용해서 현금을 악마로 몰아갔다. 세계보건기구와 독일 보건연구소 로버트 코흐 연구소Robert Koch-Institut, RKI가 현금이 코로나19 바이러스를 옮기지 않는다는 연구 결과를 발표했지만, 그들은 현금이 코로나19 바이러스의 매개체라고 주장했다. 어느 중앙은행이 진행한 조사에 따르면 디지털결제를 할 때 비밀번호 입력기를 사용하는 것이 오히려 더 위험하다.[5]

코로나19 팬데믹 이전에도 베터댄캐시얼라이언스Better Than Cash Alliance는 위와 같은 주장을 여러 번 했다. 베터댄캐시얼라이언스는 뉴욕에 본부를 두고 있는 정부·대기업·국제기구의 파트너십으로, 빈국의 디지털결제 채택을 촉진하기 위해서 설립됐다. 베터댄캐시얼라이언스의 일부 주장은 꽤 설득력이 있다. 예를 들어서 외진 곳에는 ATM과 은행지점을 설치하기 어려우니, 돈은 원격 은행 데이터센터에 넣어두고 사람들에게 휴대폰을 지급해서 돈을 관리하도록 만든다. 현금을 취급하기 위해 다양한 비용을 감당해야 하는 상인들에게 디지털결제는 더 효율적일 수 있다. 디지털결제는 '은행서비스에서 소외된 사람들의 은행접근성을 개선하는 데' 기여한다. 가난한 사람들에게 은행계좌를 개설해주고, 현금을 디지털화폐로 변환해서 사용하도록 만든다. 그러면 사용하는 돈의 형태가 다양해져서 금융거래와 관련된 위험은 줄어든다.

베터댄캐시얼라이언스의 주장은 현금과 디지털화폐에 관해서 그동안 들어왔던 주장을 뒷받침한다. 현금에서 디지털결제로의 이동은 '자연스러운 진보'이고, 소비자 선호의 변화에 따른 유기적인 진화다. 하지만 실제로는 어떤 일이 일어나고 있을까?

2019년 나는 각국의 중앙은행에서 현금사용을 조사하는 연구원들의 모임에 초청됐다. 한 명씩 자국의 현금사용 현황을 보고했다. 첫 번째로 독일연방은행은 '유로화 수요에서 인상적인 증가가 있었다'고 말했다. 이어서 헝가리중앙은행은 '2008년 이후로 현금수요가 꾸준히 증가했다'고 보고했다. 스위스중앙은행은 '현금수요가 증가하고 있다'고 말했고, 일본중앙은행은 '현금사용이 강세'라고 보고했다. 캐나다중앙은행은 '현금사용량이 줄어들지 않는다'라고 보고했고, 미국의 연방준비위원회는 '현금사용이 계속 증가한다'라고 말했다.

현금수요가 절대적으로 감소한 국가는 노르웨이와 스웨덴뿐이었다. 이는 중앙은행 관계자들 사이에서는 잘 알려진 사실이다. 2017년 9월 연방준비위원회의 샌프란시스코 지부는 '현금 종말에 관한 보고서는 매우 과장됐다[6]란 제목의 기사를 발표했다.

현금사용 통계치는 기만적이다. 현금은 하나 이상의 용도로 사용되기 때문이다. 연구원들은 현금사용을 **거래용도**와 **비축용도**로 구분한다. 거래용도는 일상적인 거래에서 현금이 사용되는 것이고, 비축용도는 속된 말로 침대 매트리스 밑에 현금을 보관하는 것이다. 여기에 약간 교묘한 부분이 있다. 전반적인 현금사용은 증가했지만, **거래를 위한** 현금사용은 상대적으로 거의 모든 나라에서 줄어들었다. 감소세가 급격하게 일어나는 경우도 간혹 있다. 사람들은 여전히 현금을 원하지만, 거래를 위해서라기보다 은행 이외의 장소에 돈을 보관하기 위해서 현금을 원한다. 현금사용의 양면성이 코로나19 팬데믹으로 두드러졌다. 각국의 중앙은행은 ATM에서 인출된 현금 양이 크게 증가했다고 보고했다.[7] 코로나19 팬데믹으로 은행이 파산할 것을 우려한 많은 사람들이 ATM에서 너도나도 현금을 인출했던 것이다. 하지만 한편으로 금융거래에서 현금사용량이 하락했다고 보고했다.

현금 없는 사회를 강력하게 주장하는 사람들이 '현금 호더cash hoarder'는 범죄자일 가능성이 크다고 주장할지도 모른다. 현금 호더는 강박적으로 현금을 어딘가에 잔뜩 비축해두는 사람을 뜻한다. 하지만 중앙은행 연구원들에 따르면 현금 호더는 은행업계를 신뢰하지 않는 사람일 수도 있다. 은행업계 위기로 인해 자신의 재산이 은행계좌에 묶여버리는 것을 원치 않는 사람도 여기에 포함된다.[8] 연방준비위원회는 허리케인이 상륙하기 전에 현금수요가 급증하는 현상을 확인했다.[9] 허리케인 때문에 전기가 끊기면 디지털화폐는 무용지물이기 때문이다. 그래서 사람들은 허리케인에 대비해서 **현금을 미리 확보해둔다**. 옛말에 '현금은 안 망한다'라고 했다. 전력이나 통신시스템이 망가지고 뱅킹시스템이 붕괴돼도, 현금은 건재할 것이다.

현금과의
전쟁

현금만 사용하던 우리의 선조들은 범죄자가 아니었다. 그들은 편안하게 현금을 사용했고, 단 한 번도 그것이 불편하다고 생각한 적이 없었다. 여전히 많은 빈국에서 현금은 일상적인 거래뿐만 아니라 다방면으로 사용된다. 미국에서도 코로나19 팬데믹 이전에는 10달러 이하의 소액 거래에서 현금 사용 비중은 50% 이상이었고, 현금결제는 전체 금융거래의 30%를 차지했다.[10] 이를 놓고 보면 사람들이 고집스럽게 현금의 종말을 받아들이려고 하지 않는 것 같다. 그런데 왜 언론은 '현금의 종말'에 관한 기사를 쏟아내는 것일까?

한 가지 이유는 알고 있다. 현금의 종말이 오기를 눈이 빠지게 기다리는 존재들이 있다. 베터댄캐시얼라이언스도 그들 중 하나다. 디지털결제산업의 이익을 보호하기 위한 전선이 구축된 것 같다.

공식적으로 디지털결제산업은 유엔자본개발기금의 지침을 따르지만, 시티그룹·마스터카드·비자와 같은 대기업들로부터 자금을 조달받는다. 베터댄캐시얼라이언스는 빈국에서 디지털결제를 권장하고 실물화폐 사용을 억제한다. 공교롭게도 비자와 마스터카드도 목표가 같을 뿐만 아니라 그 목표를 달성하는 데 필요한 기술도 갖고 있다. 베터댄캐시얼라이언스 관계자는 나와의 통화에서 이 이야기들을 대수롭지 않게 치부했다. 그리고 자신의 조직은 금융포용의 확산을 위해 노력하는 작은 연구소에 불과하다고 했다. 하지만 일부 대기업들은 이 작은 단체의 임무가 자신에게 매우 유용하다고 판단하고 기꺼이 조력자가 됐다.

　이러한 파트너십이 형성된 것이 이번이 처음은 아닐 것이다. 2011년 대기업 PR전문가 게로니모 에밀리^{Geronimo Emili}가 설립한 캐시리스웨이는 노캐시데이®라는 캠페인을 시작했고, 현금은 변질되기 쉽고 안전하지 않으며 비위생적이고 생산하는 데 많은 비용이 소요된다고 주장했다. 이 조직의 이름에는 공적인 기관에 상표등록이 되어있다는 의미의 ® 표시가 붙어 있는데 이것만 봐도 이 조직이 풀뿌리 이니셔티브가 아님을 보여준다. 이는 노캐시데이®의 파트너만 봐도 알 수 있는 사실이다. 은행·결제회사·폴란드 재무부와 유럽의회와 같은 정부기관이 노캐시데이®의 파트너다(유럽의회는 2016년 노캐시데이®의 파트너를 후원했다). 웹사이트 워온캐시^{WarOn-Cash.org}도 설립한 게로니모 에밀리는 '현금소멸 공약'를 발표하고, 이를 널리 퍼트리기 위해서 세계 최대 핀테크 컨퍼런스 '머니 2020'

과 손을 잡았다.

페니포런던은 2014년에 설립된 자선단체로, 디지털결제산업이 이끄는 이니셔티브 중 하나였다. 페니포런던은 런던 대중교통을 이용하는 시민들에게 카드로 교통 요금을 결제할 것을 권장했다. 요금을 카드로 결제하면, 1페니가 자동으로 불우한 가정의 아이들에게 기부되는 프로그램을 진행했기 때문이다. 페니포런던을 이끌었던 폴레트 로우Paulette Rowe는 페이스북의 글로벌 결제부서를 책임졌고, 이어서 런던 대중교통의 비대면 결제시스템을 운영하는 바클레이카드의 상무이사가 됐다. 바클레이즈 전 CEO 밥 다이아몬드Bob Diamond와 헤지펀드 거물 스탠리 핑크 경Lord Stanley Fink도 페니포런던의 이사였다. 당시 런던 시장이었던 보리스 존슨은 자신의 메이어즈펀드Mayor's Fund 내에서 페니포런던 캠페인을 주최했고, 산탄데르은행·골드만삭스·프로몬토리파이낸셜그룹이 기금모금에 참여했다. 페니포런던 이니셔티브에는 금융산업 내부자들이 많이 참여하고 있다. 이번에도 그들의 자선활동은 공교롭게도 현금을 사용하지 않는 디지털결제를 홍보한다.

위에서 살펴본 사례들은 현금과의 은밀한 냉전에서 승리하기 위해서 정재계 이해관계자들이 마련한 인프라의 작은 일부에 지나지 않는다. '은밀한 냉전'이란 단어는 어딘가 구린 구석이 있는 작당들이 밀실에서 모의하는 음모처럼 들린다. 하지만 이 전쟁은 눈에 빤히 보인다. 그래도 잠깐 동안만 그것이 '은밀한 음모'라고 상상하자. '작당모의의 가담자들'은 누구이고, 그들은 얻고자 하는 것은 무엇일까?

공모자1 :
은행

현금이 사라지면, 사람들은 결제를 위해서 은행에 완전히 의존할 수밖에 없을 것이다. 이렇게 되면 은행업계가 얻게 되는 것은 상당하다. 은행업계는 현금을 부정한다. 은행업계에서 발행되는 업계전문지나 은행업계에 관한 컨퍼런스를 통해 업계 내부를 깊이 들여다보면, 이를 금방 알 수 있다. 2019년 6월 뱅크오브아메리카 CEO 브라이언 모이니한[Brian Moynihan]은 '현금 없는 사회를 원한다'라고 선언하며,[11] 뱅크오브아메리카가 디지털거래로의 이동에서 '그 누구보다 더 많은 것을 얻게 될 것'이라고 말했다.

은행들은 서로 협업해서 현금과의 전쟁에서 공동전선을 구축한다. 하지만 그들의 최대 관심사는 전쟁에서 승리했을 때 얻게 될 이익을 높이는 방법이다. 그래서 그들은 일반적으로 비용을 줄이고 이윤을 늘리고자 하는데 은행업계는 현금과 ATM 운영을 비용으로 본다. 사람들은 ATM에서 현금을 인출해서 '은행에서 돈을 빼간다.' 그래서 은행에게 현금과 ATM 운영은 수익이 전혀 없는 짜증 나는 일일 뿐이다. 사람들이 현금과 ATM를 사용하지 않는 것이 옳다고 받아들이거나 다른 금융수단으로 서서히 눈을 돌린다면 은행업계는 편해질 것이다. 은행은 온갖 계책을 사용해서 사람들이 현금을 덜 사용하게 만들고 현금을 사용하면 불이익을 당한다고 느끼게 만든다.[12]

반면에 디지털결제가 널리 보급되면 은행에 이롭다. 주요 은행의 주된 수입원은 이자와 수수료다. 신용카드는 이자와 수수료를 발생시키고, 현금카드는 수수료만 발생시킨다. 은행의 디지털결제 담당부서는 수익을 발생시키는 이익 중심점이다. 연차보고서에서도 이것이 확인됐다. 은행은 연차보고서에 디지털결제 담당부서를 강화하고 번거롭고 비용이 많이 드는 영업지점과 ATM 운영을 줄일 계획을 담는다. 은행은 영업지점을 방문하는 사람들을 디지털채널로 유도하면 더 큰 수익을 얻을 수 있다. 디지털채널은 알고리즘과 고객서비스 봇으로 원격 조정이 가능하다. 게다가 디지털결제는 고객 행동에 관한 **데이터**도 발생시킨다. 은행은 디지털채널을 통해 수집한 데이터로 고객 프로파일을 작성할 수 있다. 고객 프로파일로 예금주의 행동을 예측하고 상품을 교차 판매할 수도 있다.

공모자2: 결제회사

비자와 마스터카드와 같은 결제회사에게 문제는 (앞서 설명한 은행들의 상황보다) 보다 더 간단명료하다. 비자와 마스터카드는 개인들 소유의 은행계좌 사이에서 돈이 오가는 거래를 중개하고 수수료를 받는다. 그런 그들에게 현금은 제거해야 하는 경쟁자다. 그들에게 현금의존도가 높은 빈국은 그야말로 캐지 않은 금광이다. 그들은 '금융포용'을 부르짖으며 인도주의적 이상향을 제시한다. 대체로 은행업계는 현금과의 전쟁에서 외교적으로 접근한다. 이와 달리 비자는 뻔뻔하게도 연차보고서에 현금과의 전면전을 선포했다. 이교도들을 해방시키겠다며 전쟁을 벌인 독단적인 십자군 원정대처럼 결제회사는 사람들을 현금으로부터 '해방시키겠다'고 부르짖는다.

그들은 두 군데에 주요 전선을 구축하고, 두 가지의 전술을 사용한다. 첫 번째 전선은 온라인시장으로, 상대적으로 쉬운 전선이다. 결제회사들은 온라인회사들과 제휴하여 번화가의 사람들을 온라인으로 모이게 만든다. 두 번째 전선은 오프라인시장으로, 온라인시장보다 훨씬 더 장악하기 어렵다. 현금은 오프라인시장에서 이뤄지는 근접전투에 매우 강하다. 그래서 결제회사는 수많은 앱·카드·카드 단말기와 연합전선을 구축하고 현금의 본거지를 직접 공격한다.

이때 첫 번째 전술은 디지털결제의 미덕을 극찬하고, 디지털결제 서비스에 대신 가입해주는 것이다. 예를 들어서 비자는 인도에서 '인도의 현금 없는 사람' 캠페인과 '현금 없는 친절kindness is cashless' 캠페인을 진행하고 있다.[13] 두 번째 전술은 현금을 악마로 만드는 것이다. 2016년 비자 영국은 '현금으로부터의 완전한 해방과 자부심'이란 주제로 광고 캠페인을 진행했다. 비자 영국은 이 광고 캠페인이 '2020년까지 현금을 '기이한 유물'로 만들 장기적인 전략의 첫 단계'라고 말했다.[14] 비자는 현금과의 전쟁에서 여러모로 성공을 거두고 있다. 비자 영국은 런던 광고판·라디오 방송국·TV 방송국을 통해서 광고 캠페인을 대대적으로 진행했고, 2019년 런던 시민들은 심리적으로 현금보다 디지털결제에 더 편안함을 느끼기 시작했다. 심리적 균형이 디지털결제 쪽으로 기울어진 것이다. 현금결제를 거부하는 '힙한' 가게들이 밈 현상처럼 속속들이 생겨났다. 여기에 비자가 제공하는 인센티브도 한몫했다(예를 들어서 비자 영국은 '캐시리스 챌린지'를 진행하고, '현금결제를 전혀 받지 않는' 트렌디한 소상공인에게 1만 달러의 상금을 지급했다).[15]

2020년 현금의 악마화는 가속화됐다. 결제회사로부터 주도권을 넘겨받은 대형 소매업체가 과도하게 현금과 코로나19 바이러스를 연관 지었다. 예를 들어서 대형 스포츠용품업체 데카트론은 런던 대형 매장의 출입문에 '고객님의 안전을 위해서 저희 매장에서는 오직 카드결제만 가능합니다'라는 대형 안내문을 부착했다. 영국중앙은행이 카드결제기·손수레 손잡이·개방형 상품진열대에 놓인 상품과 셀프계산대 터치 화면이 현금보다 코로나19 바이러스를 퍼트릴 위험이 훨씬 더 크다는 과학적인 증거를 공개했는데도 불구하고 현금의 악마화는 멈춰지지 않았다. 데카트론은 매장에서 카드결제기·손수레·개방형 상품진열대와 셀프계산대를 모두 사용하고 있다.

이 책이 출간된 시점에 현금은 런던에서 매우 기이한 결제수단이 된 듯했다. 하지만 불과 50년 전만 해도 현금은 합법적인 결제수단이었다. 50년 전에 비자는 이제 막 설립된 신생 회사에 불과했다(당시에는 회사명도 달랐다). 그동안 비자를 포함한 결제회사는 현금에 대해 어느 정도의 도덕적 공황을 사람들에게 심는 데 성공했다. 결제회사는 카드결제를 현금보다 더 안전하고 더 깨끗한 상위 결제수단으로 포장했다. 그 결과 현금은 서서히 범죄·질병·빈곤층과 결부되어 갔다. 결제회사는 심지어 현금이 환경적으로 지속 불가능한 결제수단이라는 이야기를 퍼트렸다.[16] 그리고 마치 디지털결제로 움직이는 전자상거래가 에너지 집약적인 물류활동과 소비활동을 증가시키지 않는 것처럼 포장했다.

공모자3 :
핀테크산업

핀테크산업은 전반적인 금융서비스를 자동화하는 데 특화됐다(예를 들어 대출결정 자동화가 그렇다). 하지만 거의 모든 핀테크회사는 은행과 결제회사들이 제공하는 기초적인 금융인프라에 의존한다. 그래서 자연스럽게 동맹이 형성된다. 은행들과 결제회사들이 전반적으로 금융서비스를 자동화하려면 특히 결제시스템을 자동화해야 되기 때문이다. 간단하게 말하면 디지털금융은 오프라인 금융과 섞이지 않는다. 그리고 핀테크기술 개발자는 현금을 일종의 금융자동화를 방해하는 버그로 간주한다.

내가 런던의 최대 핀테크 허브인 레벨 39를 마지막으로 방문했을 때, 그곳에 위치한 술집은 현금결제를 거부했다. 내가 현금결제를 거부하는 이유가 무어냐고 묻자, 그들은 오히려 충격을 받은 듯한 표정으로 나를 바라봤다. 핀테크산업은 현금으로부터 멀어지려고 애쓴다. 그러니 이곳에서 현금을 받지 않는 것은 지극히 당연한 일이다!

현금 없는 사회 운동에 기대는 기술기업은 그들만이 아니다. 2018년 아마존은 필라델피아와 같은 대도시의 소매업자들이 현금 결제도 받도록 강제하는 법안이 통과되지 않도록 로비했다.[17] 현금은 자동화와는 궁합이 안 맞는다. 그러니 그 누구도 본 적 없는 무인자동화시스템을 개발한 아마존과 현금의 궁합은 나쁠 수밖에 없다. 이것은 우리가 나중에 다시 살펴볼 중요한 주제다.

공모자4:
정부와 중앙은행

반정부 자유주의자들은 사람들의 거래활동을 감시해서 더 큰 통제력을 확보하려는 빅브라더 정부가 현금을 시장에서 몰아내려는 운동을 진두지휘한다고 생각한다. 모든 디지털금융거래는 데이터베이스에 기록되어 흔적을 남긴다. 이러한 데이터를 갈구하는 국가기관은 탈세자를 감시하는 세무당국과 돈 세탁업자, 테러집단의 자금조달책이나 반체제 인사를 예의주시하는 국가보안당국이다(친민주화운동 단체·소수자권리 옹호 단체·환경 단체 등도 국가보안 당국의 주요 감시 대상이다). 그리고 중앙은행도 있다. 중앙은행은 국가의 경제활동을 철저히 감시하고 국가의 통화정책에 더 큰 영향력을 행사하길 바란다.

자유주의자들의 의심이 완전히 잘못됐다고 할 수는 없다. 은밀하게 정부가 현금과의 전쟁에 가담하고 있다는 증거는 많다. 유럽연합의 12개 회원국들은 테러집단의 자금 조달과 돈 세탁을 막는다는 명분으로 현금사용량을 특정한 수준으로 제한하는 '현금 임계치'[18]를 도입했다(예를 들어서 포르투갈의 현금 임계치는 1,000유로다). 우루과이·멕시코·자메이카에도 현금 임계치가 도입됐고, 인도·러시아에서는 해당 정책을 도입할 것이 제안됐다. 시간이 지나면서 한계선은 서서히 내려간다. 마침내 사람들이 현금결제를 전혀 하지 않는 수준까지 다다를 것이다. 예를 들어서 그리스는 현금 임계치를 1,500유로에서 500유로로 하향조정했다. 그리고 최근에 300유로까지 내리자는 의견이 나왔다.[19]

독일은 눈에 띌 정도로 현금 임계치 도입에 격렬히 저항하고 있다. 이것은 흥미롭다. 현금 없는 사회를 주장하는 전문가들은 범죄와 부패가 현금수요를 높인다고 주장한다. 그러나 독일은 2020 부패인지지수에서 180개 나라 중에서 9위를 차지했다.[20] 이것은 독일이 매우 신뢰할 수 있는 나라라는 뜻이다. 이탈리아와 그리스와 같은 나라에서 현금을 원하는 사람들은 탈세자로 의심받지만, 독일에서 현금을 원하는 사람들은 사생활 보호에 민감하거나 침대 매트리스 아래에 재산을 보관하는 신중한 사람이 된다.

지금까지 현금사용 금지법을 통과시킬 만큼 대담한 나라는 없었다. 하지만 많은 나라가 현금사용을 서서히 줄여나가는 국가전략을 도입했다. 프랑스는 국가적으로 '현금 없는 결제 전략'을 도입했다. 독일과 프랑스 은행으로부터 기회주의적으로 마구잡이식 대출을 받아 막대한 채무를 안고 있고, 채권자들로부터 상당한 채무 변제 압박에 시달리고 있는 그리스는 현금거래를 통한 자잘한 탈세를 뿌리 뽑고자 현금에 대해서 적대적인 발언을 쏟아내기도 했다. 이들 외에 공개적으로 현금에 대해 적대적인 태도를 취한 나라는 나이지리아와 헝가리가 있다.

그들은 현금에 적대적인 메시지를 퍼트리면서, 디지털결제를 찬양하고 디지털은행서비스에 가입할 것을 권장한다. 각국 정부는 대기업과 다른 형태로 디지털결제를 지원한다. 그들은 디지털혁신 허브를 지원하고, 디지털결제플랫폼을 통해서 복지혜택 수급자에게 보조금을 지급하고, 국가서비스 요금을 현금으로 받지 않는다.[21]

스웨덴과 같은 나라도 오래된 화폐의 유통을 금지하는 법을 만들어서 사람들이 오래된 화폐는 어쩔 수 없이 은행에서 새 화폐로 교환하도록 했다. 이는 현금을 불편하고 불확실한 화폐로 만든다. 2016년 인도가 가장 극적인 화폐개혁을 단행했다. 모디Modi 정부는 하룻밤 사이에 고액권의 통화 자격을 박탈한다고 발표했고, 아주 짧은 기간 동안만 화폐교환을 허용했다. 이로 인해 인도의 현금시스템은 엄청난 충격을 받았다. 이 조치는 현금을 주로 사용하는 빈곤층의 일상에 엄청난 불편을 야기했고, 현금에 대해서 매우 부정적인 메시지를 사람들에게 전달했다. 모디 정부는 현금을 부패세력의 '검은돈'으로 몰아갔다. 모디 정부는 '반현금 정서'를 퍼트리기 위해서 이성보다는 감성에 호소하는 자극적인 매체들을 이용했고, '염원해 마지않는 디지털현대성'이라는 이야기를 엮었다. 모디 정부는 사람들이 원하든 말든 어쨌든 도래하고야 말 밝고 효율적이고 편리한 현금 없는 미래를 설파한다.

모디 정부의 행보는 당연히 인도의 디지털결제산업에 큰 힘이 됐다. 디지털결제산업은 그에 대한 화답으로 모디 총리를 칭송하는 전면 광고를 언론에 실었다. 인도의 대형 디지털결제회사 페이티엠은 일간지 〈타임스오브인디아〉와 〈힌두스탄타임스〉의 첫 페이지에 다음의 내용으로 전면 광고를 실었다. '페이티엠은 독립 인도의 금융 역사상 가장 대담한 결정을 내리신 존경하는 나렌드라 모디 총리님께 축하 말씀을 드립니다! 혁명에 동참합시다!'[22]

모디 정부에 쭈뼛쭈뼛 다가간 것은 인도 대기업들만이 아니었다. 비자는 2017년 연차보고서에서 '올 한 해 동안 우리는 인도 정부의 화폐개혁에 동참했다'라고 밝혔다. 이 덕분에 인도에서 비자카드로 결제를 승인하는 소매업체의 수가 거의 **2배로** 증가했다.

인도 정부는 금융현대화라는 미명하에 세계 최대 생체인식 프로그램 '아드하르Aadhar'도 격렬히 밀어붙였다. 디지털결제계좌는 본인 인증을 요구한다. 문맹인은 지문인식과 홍채인식으로 본인 인증을 할 수 있다. 처음에는 다른 본인 인증시스템의 보완 수단이었지만, 시간이 지나면서 아드하르는 기본적인 정부서비스에 접근하는 필수 절차가 됐다. 이는 현대 인도 역사상 최대의 사생활 침해 논란을 일으켰고, 인도 대법원은 아드하르의 헌법적 기본권 침해 관련 소송 여러 건을 심리했다.

인도 정부는 경제개발 프로그램을 추진할 합당한 이유를 갖고 있다. 하지만 그것이 디지털금융산업의 상업적 이익도 도모했다는 사실을 부인할 수는 없다. 이는 인도뿐만이 아니다. 정부와 금융기관이 손을 잡은 사례는 전 세계에서 찾아볼 수 있다. 그리고 그들은 빌앤멜린다게이츠재단과 같은 대형 국제개발조직과도 결탁한다. 빌앤멜린다게이츠재단은 USAID, 미국 정부개발기구 등과 함께 베터댄캐시얼라이언스에 자금도 조달한다.

찾고자 마음만 먹으면, 위에서 살펴본 사례처럼 현금에 반대하는 다양한 '공모자들'은 쉽게 발견할 수 있다. 현금사용 반대 캠페인부터 디지털시스템에 우호적인 정책까지 상명하달식의 이니셔티브는 현금사용에 짙은 의구심을 남긴다. 이 의구심은 갈수록 짙어지고, 보통 사람들은 자신들로부터 현금퇴출운동이 시작되었다는 착각을 하게 된다.

이솝우화의
역설

베터댄캐시얼라이언스는 빌 게이츠를 연사로 초청했다. 빌 게이츠는 여러 국가의 정책입안가들에게 디지털결제를 설파했고(개중에는 민주주의 국가라고 말하기에 석연찮은 나라도 있었다), 반현금 프로그램을 진행할 그럴싸한 명분도 제공했다(예를 들어서 말레이시아는 기존 현금의 통화 자격을 박탈하는 방안을 검토하고 있는 것으로 알려졌다).[23] 현금을 둘러싼 일련의 사건들을 지켜보면서, 나는 말과 수사슴 이솝우화를 떠올렸다.

말과 수사슴은 말싸움을 했고, 화가 난 말은 수사슴을 죽이기 위해서 사냥꾼에게 도움을 요청한다. 사냥꾼은 말의 요청을 흔쾌히 받아들였지만, 우선 효율적으로 수사슴을 공격하기 위해서 말의 등에 안장을 얹고 입에 재갈을 물려야 한다고 말한다. 말은 사냥꾼의 말에 흔쾌히 동의한다. 그리하여 말과 사냥꾼은 수사슴을 죽이는 데 성공한다. 사냥이 끝나고 사냥꾼은 눈을 번뜩이며 '안장과 재갈은 이대로 내버려 두는 게 좋을 것 같아'라고 말에게 말한다.

상상의 적과 싸우기 위해서 강력한 존재와 손을 잡는 것은 위험할 수 있다. 이솝우화에 등장하는 말처럼 '그 강력한 존재'에게 영원히 얽매여서 벗어나지 못하고 굴종해야 할 수 있다. 이는 무비판적으로 탈세나 불법 금융거래를 퇴치하기 위해서 디지털결제산업(은행업계 등)과 손을 잡은 정부도 마찬가지다(물론 코로나19 팬데믹도 한몫했다).

하지만 현금 없는 사회로 나아가기 위한 수많은 노력과 이솝우화에는 중요한 차이가 있다. 이솝우화에서 사냥꾼과 말은 수사슴을 죽인다. 하지만 디지털결제동맹은 범죄·부패·조세회피를 근절하지 못한다. 오히려 사이버범죄가 성행할 환경을 조성하고, 디지털결제 인프라를 지탱하는 은행이 대기업이 대규모의 역외탈세를 할 수 있도록 돕는 수단을 제공한다.

정부는 지방정부든 중앙정부든 늘 똑같은 입장을 유지하는 건 아니다. 물론 정부가 디지털결제업체들의 바람대로 사람들을 감시하려는 의도를 가질 수도 있고 친기업적인 정책을 펴기도 한다. 하지만 민주주의 국가에서 정부는 때로는 소비자보호법·반독점법·인권·사생활보호와 포용원칙에 기반하여 국민을 보호하라는 대중들의 목소리에 귀 기울인다. 예를 들어 미국의 많은 시 정부들이 업계가 도를 넘어섰다고 판단하면 포용원칙에 따라 현금을 보호하고 나선다. 소매업자에게 현금결제도 받도록 강제하여 은행계좌가 없는 사람들이 사회에서 소외되지 않도록 하는 것이다.[$] 정부기관들 특히 소규모 지자체의 정부기관들은 놀라울 만큼 여론에 민감하다. 기업 내부에서는 이런 일이 거의 생기지 않지만 정부기관들끼리는 서로 대립하는 의견을 내기도 한다. 그리고 협소한 어젠다를 지닌 대기업과 달리, 그들에게는 상충되는 여론을 대변하는 경쟁기관이 있다. 내가 이스라엘중앙은행 관계자를 만났을 때 그는 이스라엘 세무당국이 현금을 사용하지 않도록 사람들을 부추긴다고 걱정했

[$] 필라델피아·샌프란시스코·뉴욕이 대표적이다. 뉴저지주와 매사추세츠주도 현금을 받지 않는 상점을 규제하는 주 정부 차원의 법안을 마련했다. (지은이 주)

다. 그리고 많은 중앙은행 관계자들은 현금을 금지하는 정책이 매우 무책임한 정책이라고 생각하고 있다고 덧붙였다.

1980년대에는 정치인이 다른 그 누구도 아닌 자신의 이익을 대변할 수 있다는 불신감이 팽배했다. 하지만 최소한 내 경험을 바탕으로 말하면, 여전히 많은 공무원들이 디지털결제회사가 아닌 대중을 위해 보다 책임감 있게 일해야 한다고 스스로 믿고 있다. 나는 케냐에서 동아프리카 국가 4곳의 중앙은행 부총재들을 만났다. 동아프리카 디지털결제가 호황을 맞았지만, 그들은 오로지 사생활·소비자 보호에만 관심이 있었다. 독일중앙은행은 현금사용을 지지하는 것으로 유명하다.[24] 나는 독일중앙은행 관계자들과 사적으로 대화를 나눈 적이 있다. 그들은 현금을 보호하는 공적 책임에 대해서 진지하게 고민하고 있었다.

그러나 다양한 이해관계자들이 현금에 등을 돌리라고 중앙은행들을 종용한다. 현금은 우리와 함께 '오프라인' 세계를 이리저리 돌아다닌다. 버튼 하나로 우리 손에 들린 현금을 증발시킬 수는 없다. 하지만 디지털화폐의 경우 그것이 가능하다. 디지털화폐는 금융기관이 통제하는 데이터센터에 기록되고, 금융기관이 조작할 수 있다. 다수의 거시경제학자들은 디지털화폐에 흥분한다. 디지털화폐가 '마이너스금리'로의 길을 열어주기 때문이다. 금리가 0% 미만으로 떨어지면, 은행은 사람들의 디지털예금 자산을 잠식할 수 있다. 경기침체기의 마이너스금리는 사람들로 하여금 돈을 쌓아두기보다 쓰도록 부추긴다. IMF 연구진과 함께[25] 하버드대학교의 케네스 로

고프^{Kenneth Rogoff} 교수는 이러한 근거를 들고 현금과의 전쟁의 최전선에 나가 있다. 그는 현금이 비밀스런 마이너스금리 통화정책 활용에 방해가 된다고 주장한다.

이런 상황에도 불구하고 많은 중앙은행원들이 공식적으로 자신들은 현금에 대해 '중립적'이라고 말한다. 공공연하게 현금사용을 지지하지도 반대하지도 않는다는 것이다. 하지만 문제는 기울어진 운동장에서 중립적인 태도는 힘이 센 쪽을 지지하는 것과 다를 바 없다는 사실에 있다. 오빠가 여동생을 괴롭히고 있는데, '그 누구의 편도 들어주지 않는' 부모를 생각해봐라. 부모가 여동생을 두둔하지도 오빠를 야단치지도 않고 중립만 지킨다면 어떻게 될까? 이는 사실상 부모가 오빠의 편을 들어주는 거나 다름없다.

현금 편에 서서 함께 싸워주는 기관은 거의 없다. 현금으로 수익을 내는 벤처캐피탈은 없다. 그래서 많은 벤처캐피탈이 언론에 현금에 대한 부정적인 메시지를 쏟아부을수록 회사 이익에는 도움이 되는 **민간 결제회사에 투자한다**. 중앙은행은 **현금을 발행한다**. 하지만 그들은 자신들이 편향됐다는 인식을 대중에게 심어줄까 두려워서 현금사용을 통일된 공식 메시지로 장려하길 주저하는 눈치다. 중앙은행이 중립을 지키는 동안에, 은행 뒤에 버티고 있는 디지털결제 산업이 현금과의 전쟁에서 승기를 잡아가고 있다.

이 전쟁을 비판적인 시각에서 바라보는 참관인은 중앙은행의 공식적인 중립 입장이 서서히 현금시스템을 없애기 위한 은밀한 계략이라고 생각할지도 모른다. 아무것도 하지 않는다는 사실 자체가 뭔가 의도적인 행동이기 때문이다. 당국은 은행의 ATM 폐쇄 조치에 전혀 관여하지 않는다. 그것은 공적 영역이 아니라 사적 영역이기에 자신들이 관여할 바가 아니고 말한다. 많은 나라의 중앙은행이 그저 뒷짐만 진 채 상황을 관망하고, 디지털결제산업이 사나운 사냥개마냥 현금시스템을 공격하도록 내버려 둔다.

디지털결제회사와 금융회사는 십자군 원정에 임하듯 현금과 전쟁을 벌이고 있다. 그들에 대한 정부 지원은 위태롭기만 하다. 정부도 디지털결제회사와 맺은 동맹관계에 갈수록 불안해하고 있다. 보안 전문가들이 사이버공격·결제인프라실패, 심지어 한 나라의 경제를 마비시킬 수 있는 디지털결제시스템에 대한 테러 등을 염려하기 시작했다. 재정안정성의 문제도 있다. 현금 없는 사회에서 은행 위기가 닥치면 어떻게 될까? ATM이 없다면, 사람들이 망한 뱅킹시스템에서 어떻게 벗어날 수 있을까?

수년 동안 현금이 자국에서 무참히 짓밟히도록 내버려 뒀던 스웨덴과 네덜란드의 중앙은행이 이제 현금소멸에 의구심을 제기하고 있다.[26] 2018년 스웨덴 당국은 심지어 '위기나 전쟁이 발생한다면'이란 제목의 팸플릿을 제작해서 배포했다.[27] 팸플릿에는 러시아와의 전쟁과 같은 비상사태에 대비해서 약간의 현금을 보유하라는 내용이 담겨 있었다.

하지만 안타깝게도 이솝우화에서처럼 우리는 현금과의 전쟁에서 이미 돌아올 수 없는 강을 건너버렸는지 모른다. 현금과의 전쟁을 둘러싼 정치적 역학관계를 이해하려면, 통화시스템의 핵심부를 파고들어야 한다. 현금의 본질은 무엇이고, 현금과 디지털화폐는 어떻게 다를까? 그리고 무엇보다도 가장 중요한 물음, 돈은 무엇이고 어떻게 작동할까?

3장

산속의 거인

접골사로 일하는 존은 매일 출근 기차에
서 자세가 나쁜 런던 사람들을 만난다. 사람들은 고개를 숙이고 휴
대폰을 보느라 여념 없다. 그러한 자세는 경추골에 장기적인 손상
을 입히고 있을지도 모른다. 그는 그들에게 자세를 바르게 하라고
조언하지만, 사람들은 이미 너무나 많은 것들로부터 스트레스를 받
고 있어 자세에 신경 쓸 겨를이 없다. 이상이 생기고 극심한 고통이
느껴져야 사람들은 존을 찾는다.

나 역시 나쁜 자세 때문에 몸에 무리가 생겨서 지금 그의 진료실
에 있는 진찰 의자에 누워 있다. 나는 사람들에게 금융기관의 위험
성을 알리기 위해서 오랜 시간 몸을 웅크린 채로 컴퓨터 화면을 보
면서 작업한다. 사람들은 너무 바빠서 금융기관이 왜 위험한지 생
각할 시간이 없다. 우리는 짧디짧은 인생을 종종거리며 살면서, 경

추골이나 자유가 서서히 훼손되고 있다는 사실을 인지하지 못한다.

존이 치료를 끝내고, 기계를 집어 들며 내게 '현금과 카드 중에서 뭐로 결제하시겠어요?'라고 묻는다. 아마도 그는 이 질문이 내게 얼마나 많은 스트레스를 주는지 이해하지 못할 것이다.

엄밀히 따지면 '카드 결제'는 말이 안 되는 소리다. 실제로 결제는 **내 계좌에서 존의 계좌로 돈을 온라인이체할 때** 이뤄진다. 내가 존에게 카드를 건네는 순간에는 결제 프로세스가 개시될 뿐 완료되진 않는다. '현금과 카드 중에서 뭐로 결제하시겠어요?'라고 묻는 것은 '자전거와 자동차 열쇠 중에서 뭐로 이동하시겠어요?'라는 묻는 것과 다를 바 없다. 네덜란드에서는 카드결제를 '비밀번호로 결제하다'라고 표현한다. 이것도 엄밀히 말하면 '운전면허로 이동하다'와 다를 바 없는 말도 안 되는 소리다. 신용카드(또는 전화기와 같은 기타 결제개시장치)를 사용하면, 디지털화폐가 공중으로 날아가버리는 것 같다. 하지만 디지털결제 위를 덮고 있는 뚜껑을 열어보면, 대단히 난해한 초국가적 결제회로가 나타난다. 우리는 볼 수 없지만 우리를 볼 수 있는 기관들이 서로 얽히고설켜 있다.

그렇다면 현금결제와 은행의 온라인계좌이체를 통한 결제의 차이점은 무엇일까? 전자의 경우 바로 눈앞에서 국가가 발행한 돈으로 결제된다. 반면에 후자의 경우 다른 곳에서 은행이 발행한 돈으로 나중에 결제가 이뤄진다. 은행이 발행한 돈은 국가가 발행한 돈과 그 형태가 완전히 다르다. 우리는 국가가 발행한 화폐와 은행이 발행한 돈이라는 2개의 시스템이 서로 융합하여 공생하는 이중적인 통화시스템의 영향 아래 살고 있다. 존이 내게 '현금과 카드 중에서 뭐로 결제하시겠어요?'라고 묻는 것은, 정확하게 말하면 국가가 운영하는 1차 결제시스템과 1차 결제시스템 주위를 둘러싼 은행의 2차 결제시스템 중에서 무엇으로 결제할 것이냐고 묻는 것이다(물론 페이팔처럼 2차 결제시스템을 둘러싼 3차 결제시스템도 있다). 실제로 1차 결제시스템과 2차 결제시스템은 떼려야 뗄 수 없는 복잡한 관계를 맺고 있다. 두 시스템이 어떻게 맞물려 있는지 제대로 이해하려면, 억지로라도 이 둘을 떼어놓아야 한다. 이번 장에서는 1차 결제시스템을 중점적으로 살펴보고, 그다음 장에서 2·3차 결제시스템을 살펴볼 것이다.

화폐는
빚이다

'아브라카다브라'는 '내가 말하는 대로 이뤄질 것이다'란 뜻의 마법 주문이다. 우리는 평소에 그저 누군가에게 설명하거나 요구하거나 주문하려고만 말을 하지 않는다. 말은 **무언가를 새로 만들 수 있다.** 이 신묘한 예 중 하나가 바로 **약속**이다. 우리가 누군가에게 이렇게 하자고 말하면, 그것은 약속이다. 우리는 약속을 받는 사람에게 약속을 **준다.** 약속은 매우 강력하다. 그래서 심지어 약속을 받는 사람이 그 대가로 값을 치르도록 만들 수도 있다.

약속은 양면적이다. **약속자**는 **파약속자**에게 말로 약속함으로써 약속에 생명을 불어넣는다. 또는 종이에 약속을 쓰고 그 문서를 피약속자에게 전달하는 행위를 통해서 약속이 맺어지기도 한다. 이것은 현대의 통화시스템을 이해하는 열쇠가 된다. 우리는 화폐의 한 면만 보며 자랐다. 우리는 화폐를 시장에서 거래되는 독립적인 대상물 중 하나라고 생각한다. 하지만 화폐와 통화시스템을 제대로 이해하려면, 약속처럼 화폐에도 **2가지 면이 존재한다**는 사실을 이해해야 한다. 한 면에는 화폐 발행자가 있고, 다른 한 면에는 우리, 즉 화폐 사용자가 있다.

우리 사회의 1차 화폐 발행자는 국가다. 국가는 재무부와 중앙은행을 통해서 화폐를 발행한다('초국가적인' 중앙은행이 화폐를 발행하는 유로존은 예외다). 많은 중앙은행이 스스로 정부로부터 '독립된' 기관이라고 주장한다. 그리고 많은 나라에서 중앙은행은 준자치단체로 행동할 수 있는 어느 정도의 면책특권을 갖는다. 하지만 결국 정부가 중앙은행에게 권력을 부여하고, 중앙은행 관계자는 정부와 은행 업계의 요직을 차지한다. 중앙은행은 '정부의 은행'이지만, '은행들(은행들)을 위한 은행'이기도 하다. 그래서 중앙은행은 국가와 은행 사이를 중재하며, 일종의 회원제로 운영된다.

중앙은행은 국가의 대리자처럼 행동하고, 둘은 공동으로 명목화폐fiat currency$를 발행한다. '명목에 의한' 화폐 발행은 법령에 의한 화폐 발행이다. 이들은 돈의 존재를 현실에 실현시킨다. 어떤 화폐는 종이와 금속의 형태로 실현되지만, 요즘에는 대부분이 컴퓨터에 숫자로 실현된다.

마법을 부리듯 갑자기 화폐를 만들어낼 수 있다면, 많은 화폐 사용자들은 도덕적 공포를 느끼거나 최소한 혼란스러워할 것이다(화폐에 2가지 면이 존재한다는 사실을 이해하지 못하면 이런 일이 일어난다). 돈을 만들어낸다는 것은 사람들에게 너무나 생경한 소리다. 우리는 돈을 벌기 위해서 열심히 일한다. 그래서 우리는 노동을 통해서만 화폐를 손에 넣을 수 있다고 믿고, 그런 믿음을 중심으로 문화를 형성했다.

오직 화폐 사용자의 입장에서만 생각하면, 통화시스템을 이해하기 어렵다. 화폐의 양면성을 이해해야 한다. 화폐 발행자의 입장이 되어보면 화폐와 통화시스템에 대한 이해가 쉬울 것이다. 이것은 간단하지만, 직관적이지 않다. '약속으로 결제한다'는 말이 무슨 뜻일까? 종이에 약속을 쓰고, 그 문서로 물건과 교환한다는 의미다. 약속자가 발행하고 유통한 문서가 약속자에게 되돌아오는 모습을 상상해봐라. 화폐 사용자는 **자산**으로서 화폐를 경험하는 데 익숙하다. 화폐 사용자는 화폐를 움켜쥐고 절대 놓으려 하지 않는다. 반면에 화폐 발행자는 **부채**로서 화폐를 경험한다. 화폐 발행자는 화폐를

$ 명목화폐란 금이나 다른 귀금속으로 보증되지 않는, 국가가 국가의 권위로서 그냥 발행하는 화폐를 의미한다. 과거에는 금이 함유된 금화나 금이 함유되어 있지는 않지만 국가가 언제든지 일정량의 금과 교환해준다는 약속을 담은 화폐를 발행했고 그래야만 국민들도 그 화폐를 신뢰하고 사용할 수 있었다. 그러나 현대사회에서는 국가가 국가 자체의 신용만으로 화폐를 발행하는데 그 화폐를 명목화폐라고 부른다. (감수자 주)

발행해서 유통시킨다. 이때 발행된 화폐는 화폐 발행자에게 갚아야 할 빚이 된다.

약속자가 약속을 유통해야 약속이 존재하게 된다. 이와 같이 화폐 발행자가 화폐를 발행하고 유통해야 비로소 화폐가 존재하게 되는 것이다. 유통된 화폐가 화폐 발행자에게 되돌아오면, 그 화폐는 폐기된다(누군가가 당신이 발행한 약속문을 다시 되돌려주면 어떤 일이 일어날지 생각해봐라). 이제 '약속'이 명목화폐로 발행되어 유통된다면 어떨까?

산속의
거인

여기 신비한 상고시대 어딘가에 사람들이 옹기종기 모여 사는 작은 계곡 부락이 있다. 그들은 거대한 산의 그림자가 드리워진 계곡에서 각자 농사를 지으며 살아간다. 그들은 자급자족하고 검소한 생활을 하면서 자신들이 속한 계곡을 절대 벗어나지 않는다. 그러던 어느 날 무시무시한 거인이 그들을 위협한다. 산꼭대기에 있는 요새에서 내려온 거인이 계곡 사람들에게 강력한 저주를 건다. 이 저주에 걸린 사람들은 요새의 샘에서 솟는 마법의 물을 1년에 한 번씩 마셔야 한다. 샘물을 마시지 않은 사람은 돌로 변하게 될지도 모른다. 저주에 걸린 사람들은 아무 일 없는 듯이 일상을 살아가지만, 이 저주가 뇌리에 깊이 박혀서 실존적 불안을 느낀다. 이들에게 마법의 샘물은 이러한 불안감을 해소할 **해독제**와 다름 없다.

계곡 사람들은 1년에 한 번만 샘물을 마시면 된다. 그런데 거인이 기막힌 계획을 생각해낸다. 그는 샘에 가려는 사람들을 대상으로 표를 끊어주기로 한다. 표를 받으려면 농산물과 다양한 서비스를 거인에게 공물로 바쳐야 한다. 사람들은 표를 얻기 위해서 기꺼이 거인에게 공물을 바칠 것이다. 왜냐하면 그 표가 있어야 샘에 접근할 수 있기 때문이다. 그리하여 계곡 사람들은 가능한 많은 표를 확보하기 위해서 거인에게 많은 공물을 바치고, 거인의 성은 계곡 사람들이 바친 양과 와인으로 가득 차게 된다.

이렇게 계곡 사람들은 표를 모으게 되는데, 그것을 마법의 샘물을 마시는 데 쓰지 않고 부락에서 사용하면 교환활동이 용이해진다는 사실을 어느 순간 깨닫게 된다. 좀 떨어진 계곡에서도 거인의 표는 유효하다. 거인은 계곡에 자리 잡은 **모든 부락에** 같은 저주를 걸고, 표를 위해 공물을 바치게 한다. 시간이 흐르면서 부락과 부락을 구분하는 경계가 서서히 흐려진다. 한때 자급자족했던 부락들이 산을 중심으로 형성된 거대한 '상호의존적 네트워크' 속으로 편입된다. 이로써 계곡에는 무역이 꽃을 피운다. 무역이 발달할수록, 사람들은 예전의 자급자족하는 삶에서 점점 멀어진다. 그들은 생존을 위해 어떤 분야에 특화된 기술을 지닌 외지인들에 의존하게 된다.

몇 세대가 지나면서, 사람들의 기억 속에서 거인의 존재는 거의 잊힌다. 거인은 이제 높은 언덕에 사는 심술궂은 노인일 뿐이다. 사람들에게는 확장성 있는 경제시스템이 거인보다 더 중요하다. 그들의 경제시스템은 산 주변에 사는 사람들로 구성된 거대하고 강력한 네트워크다. 사람들은 이것을 통해서 선조들과는 완전히 다른 방식으로 생산활동과 무역활동을 한다. 여기서 표는 2가지 의미를 지니게 된다. 하나는 '거인에게서 마법의 샘물을 얻는 표'이고, 다른 하나는 '계곡 건너에 사는 이방인에게서 내가 필요한 물건이나 서비스를 얻는 수단'이다. 표는 한때 마법의 샘물을 얻을 수 있다는 약속의 증표였지만 이제 수만 명의 사람을 아우르는 보편적인 **경제 네트워크에 접근할 수단**으로 변모했다.

이쯤에서 눈치챘겠지만, 이것은 거인에게도 이로운 상황이다. 그가 감자와 양을 구하기 위해 불시에 부락에 들이닥쳤다고 생각해보자. 이에 놀란 부락 사람들이 사방팔방으로 도망치면 농사에는 차질이 발생할 것이다. 그러면 거기서 생산된 농작물을 먹으며 사는 거인도 곤란해진다. 부락 사람들에게 미래에 위험이 닥칠 것이라는 모호한 경고를 하고, 그에 대응할 수 있는 시간과 평화적 수단을 제공하는 것이 한 수 위의 전략이다. 부락 사람들은 거인에게 농작물을 더 많이 제공하고, 거인은 샘에 입장할 수 있는 표를 추가로 준다. 추가로 지급된 표는 전체 경제 네트워크를 활성화시키고 경제활동의 생산성은 증가한다. 결국 거인은 더 많은 농작물을 얻게 된다. 이것은 모든 이해관계자에게 좋은 상황이다. 아마 그렇게 되고 나면 다음에 그 마을에는 거인의 표로 부를 축적하고 그걸 바탕으로 금융시스템을 만들어가는 강력한 자본가 계급이 탄생하게 될 수도 있을 것이다(아마도 그들은 시간이 흐르면 거인이 자신들의 표를 훔쳐 간다고 불평하기 시작할 것이다).

자유
차용증

        산속의 거인과 부락 사람들 이야기는 상상 속의 이야기다. 이 이야기에서 거인이 발행한 '표'가 일종의 화폐이고, 자급자족하던 부락들 사이에 **표가 유통되면서 시장이 형성됐다**는 것을 알 수 있다. 이것은 주류 경제학의 주장과 완전히 정반대다. 주류 경제학은 시장은 자연스럽게 존재해왔다고 가정하고, 이를 바탕으로 화폐가 왜, 그리고 어떻게 등장했는지를 설명한다(특히 경제학자들은 화폐가 갑자기 생겨나서 물물교환시스템을 대체했다고 일관되게 주장하지만, 인류학자들은 이것이 조악한 주장이라며 거듭 반박한다). 경제학적 관점으로 말하자면 시장은 화폐의 산물이 아니고 **화폐가 시장의 산물**이다.

  통화시스템은 다양하고 복잡한 역사를 지닌다. 이를 파악하기 위해 화폐는 정치적 의도에서 처음 발행됐고 강력한 시장의 촉매 역할을 하게 됐다고 가정하고 들어가면 유용하다. 거인과 부락 사람들 이야기는 식민지가 된 뒤에 화폐를 사용하기 시작한 자본주의 시대 이전 사회에서 그 실례를 찾아볼 수 있다. 식민지 관료들이 (산속의 거인처럼) 어느 날 갑자기 등장해서 식민지 사람들에게 익숙하지 않은 (식민국가가 발행한) 토큰을 건넨다. 그리고 그 토큰으로 정해진 때에 세금 공무원들에게 세금을 내지 않으면 처벌받을 것이라고 명한다. 식민지 사람들은 토큰을 어떻게 얻었을까? 식민지의 농장 소유주가 토큰을 갖고 있었다. 사람들이 농장에 노동력을 제공하면, 세금을 납부하는 데 필요한 토큰을 얻을 수 있었다

거인이 자신이 발행한 표를 원치 않았던 것처럼, 식민정부도 자신들이 발행한 토큰을 원치 않았다. 그들은 농장 소유주에게 **노동력**이 제공되기를 바랐다. 직접적으로 인력을 동원하는 대신에, 추상적인 토큰을 모은다는 구실(세금)로 사람들의 노동력을 간접적으로 이용했다. 내 고국인 남아프리카에서 식민정부 관료들은 이 강압적인 메커니즘을 '오두막세'이라 불렀다. 그들은 오두막세로 작은 부락을 이루고 농사로 자급자족하던 농부들을 백인 자본주의자들이 소유한 탄광에서 일하게 만들었다.

한때 자율적으로 살던 사람들이 식민세력에 노동력을 제공하게 되었고 자신들의 전통적인 경제시스템에서 멀어졌다. 그리고 자본주의와 결부된 유동적인 무역망에 편입됐다. 이러한 통화시스템은 작은 공동체를 서로 일면식 없는 사람들로 구성된 더 큰 네트워크로 융해시킨다. 통화시스템은 그 이후에 스스로 생명을 얻은 듯 계속 움직인다. 해체된 작은 공동체의 사람들이 저마다 전문분야와 교역분야가 다른 사람들이 이룬 거대 네트워크에 합류하게 되면서 생산량은 더욱 확대된다. 국가는 군벌이 되어 농민들을 약탈하는 것보다

이러한 무역망을 형성함으로써 훨씬 더 많은 자원을 확보한다.

　이전에 식민지였던 나라에는 화폐가 처음 등장했던 순간을 직접 경험한 사람들이 아직 조금 남아 있다. 하지만 지금 산업화된 선진국에서 사는 대부분은 이런 순간을 직접적으로 경험하지 못했을 것이다. 예를 들어서 유럽 사람들에게 통화시스템은 오래전부터 존재했던 자연스러운 제도다(로마황제들은 갈리아를 정복하고 세금을 부과했다). 위의 이야기들이 화폐를 사용할 때 우리 머릿속에 제일 먼저 떠오르는 이야기는 아닐 것이다. 심지어 정치인들에게도 친숙한 이야기는 아니다. 하지만 정치적 힘이 통화시스템의 핵심부를 형성하는데 일부 기여했음은 분명하다.

　이러한 통화시스템으로 형성된 유동적인 무역망은 국가의 배를 불린다. 현대 국가는 자국민의 노동력으로 일부 존속한다. 산속의 거인이 부락 사람들에게 의지하게 됐고, 갈수록 세지는 시민집단의 강압에 못 이겨 민주적으로 권력을 일부 이양했고, 결국 한낱 허수아비에 불과한 존재가 됐다고 생각해보자(이 거인은 현대의 입헌군주국의 군주와 어느 정도 비슷한 구석이 있다). 하지만 태어나는 순간부터 우리 모두에게는 정기적으로 국가가 발행한 토큰을 국가에 되돌려줌으로써 국가에 경의를 표해야 하는 의무가 부여된다. 의무가 이행되지 않을 시 가혹한 결과를 맡게 된다(탈세로 수감되거나 자산을 몰수당한다). 그래서 국가화폐에 무엇이 적혀 있든 무시하고 '나, 국가는 당신이 조공의무를 지키기 위해 희생한 자유만큼 당신에게 빚진다'로 읽는 편이 좋다. 이 구절은 '나는 당신에게 자유를 빚진다'로

요약되고, 나아가 **'자유 차용증'**으로 요약될 수 있다. 차용증은 약속을 좀 더 전문적으로 표현한 단어다. 차용증은 영어로 'IOU'다. 여기서 'I'는 차용증 발행인, 'O'는 차용 대상물, 'U'는 차용 대상물의 소유자로 차용증을 받는 사람을 뜻한다.

명목화폐는 이해관계자들 간의 약속을 문서에 작성함으로써 탄생하지만, 실제로 사용되어야 존재할 수 있는 것이다. 거인은 아무 이유 없이 표를 사람들에게 나눠주지 않는다. 국가도 아무 이유 없이 차용증을 발행하지 않는다. 국가도 재화와 서비스를 받는 대가로 차용증을 발행한다. 예를 들면 도로를 건설하거나 농작물을 구입하기 위해서 화폐를 발행한다(과거에는 병역의 대가로 주화가 발행됐고, 군인들은 그 주화를 술집과 사창가에서 사용해서 더 널리 유통시켰다). 현대 사회에서 국가는 중앙은행을 통해서 국가사업을 따낸 기업의 은행계좌에 사업비를 입금한다. 국가로부터 사업비를 받은 기업은 그 돈으로 노동자의 임금을 지급하는 등 사업에 필요한 비용을 충당할 것이다. 이렇게 통화가 경제 네트워크를 타고 널리 유통된다.

국가의
관심사

국가는 돈을 쓸 때마다, 화폐를 **밖으로 밀어낸다.** 그런데 가끔 **안으로 끌어당기기도** 한다. 국가가 돈을 회수할 때마다 이런 일이 일어난다. 국가가 돈을 회수하는 방법은 다양하다(세금이나 벌금을 부과하거나 요금을 매기거나 차입한다). 통화시스템에 대한 이해도를 높이는 여정의 다음 단계는 국가를 오직 화폐 발행자로만 보지 않는 것이다. 국가는 '화폐 파괴자'이기도 하다. 산속의 거인이 표를 거둬들이기도 한다고 상상해보자. 이 역동적인 프로세스는 그가 사는 산을 둘러싼 부락들이 동심원을 그리며 서서히 팽창하면서 강화된다. 고대 국가가 수십만 명의 사람들로 둘러싸인 작은 거인과 같았다면, 지금은 수억 명의 사람들이 공통의 통화시스템을 중심으로 움직인다.

7,000년 전에 사람들은 개활한 평야에서 수렵과 채집 활동으로 자급자족하며 살았다. 지금 우리의 삶의 방식과는 완전히 다르다. 7,000년 전 인류는 아침에 잠에서 깨어나 부동산 개발자의 손길이 닿지 않은 광활한 풍경을 바라보고, 그곳에서 살아남기 위해 생존 수단을 찾을 생각만을 했을 것이다. 하지만 지금 우리는 소유권에 따라 구획된 땅 위에서 깨어나고, 경제적 이익을 얻기 위한 거래 기회를 포착하려 주변을 두리번거린다. 안 그러면 우리는 생존할 수 없다. 여기서 1장에서 설명한 신경 자극으로서 돈이 다시 등장한다. 인류는 몇백 년 동안 하나의 통화시스템에 묶여서 살았다. 덕분에 사람들은 매우 상호의존적으로 모여서 거대한 망을 형성했다. 그리하여 인류는 통화시스템 없이 제대로 기능할 수 없는 지경까지 이르렀다.

이러한 상호의존적 인적망이 어느 수준까지 팽창하면, 구성원은 자신이 어떻게 거대한 인적망을 형성했는지 잊게 된다. 어린아이는 처음에 돈을 신비한 물건이라고 생각한다. 돈을 주면, 자신이 원하는 물건을 가질 수 있기 때문이다. 이런 맥락에서 정부가 돈을 요구하는 것은 가게 주인이 손님에게 돈을 요구하는 것과 거의 유사하다고 생각할 수 있다. 하지만 이것은 인식의 오류다. **국가가 당신의 돈을 갈구한다**는 믿음은 심리적인 결함이다. 이것은 다람쥐가 떡갈나무가 도토리를 갈구한다고 믿는 것과 다를 바 없다(다람쥐는 떡갈나무가 도토리를 원하기에 나무에 도토리가 열린다고 믿는다). 국가는 그저 **당신이 자신의 돈을 가져가길 원하는 것**뿐이다. 그리고 시장 통화량을 팽팽하게 유지해야 할 기술적인 이유가 없다면, 국가는 당신에게서 돈을 되돌려 받는 것에 일말의 관심도 없다.

이 이야기는 태양이 떠오른다고 표현하는 대신 지구가 공중에 가만히 있는 태양 주위를 공전하기 때문에 태양이 떠오르는 것처럼 보인다고 표현하는 것만큼 낯설게 들린다. 태양이 떠오른다고 착각하기 쉬운 것처럼 우리는 국가(정부)에 돈(세금)을 줘야 국가가 '돈을 쓸 수 있다'라고 착각하기 쉽다. 하지만 실제로는 그 반대다. 국가는 '돈을 써서 돈을 만들고', 다른 곳에 돈을 재발행하기 위해서 (또는 시장에 유통되는 돈의 화폐가치를 보존하기 위해서) 돈을 회수한다. 국가는 과도하게 화폐를 발행해서 자신이 의존하고 있는 망을 파괴하고 싶지 않을 뿐이다. '통화정책'의 흑마술은 사람들이 안전하다고 느끼도록 이 망을 팽팽하게 당겨 긴장감을 유지하는 동시에 그것이 팽창하고 변형될 수 있도록 신축성을 유지하는 것이다.

돈이 아닌
돈

언론은 국가화폐를 발행하는 행위를 설명할 때 '돈을 찍어내다'라는 표현을 사용한다. 하지만 대부분의 국가화폐 발행은 **우선 디지털로 이뤄진다**. 다시 말해서 우리가 알고 있는 지폐나 주화가 처음부터 만들어지진 않는다. 국가가 돈을 쓴다는 것은 정부 관계자가 거리로 나와서 지폐나 주화로 물건을 산다는 뜻이 아니다. 국가는 디지털 방식으로 화폐를 간접적으로 유통시킨다. 예를 들어서 당신은 공공의료원을 지으려는 정부와 계약을 맺은 하청업자다. 여기서 정부는 돈(계약금)을 '당신'에게 지불하지 않는다. 정부는 **당신의 거래은행**에 그 돈을 지불한다. 정부는 당신의 거래은행이 보유한 중앙은행 계좌에 계약금에 해당하는 디지털숫자를 발행한다. 그러면 그것을 당신의 은행계좌에 입금하는 것은 당신의 거래은행이 할 일이다(이 메커니즘은 다음 장에서 자세히 살펴보도록 하자).

당신의 거래은행에 발행되고 기록된 디지털숫자는 통화정책에서 사용되는 전문용어로 '지급준비금'이라고 불린다. 지급준비금은 중앙은행의 폐쇄적인 시스템 안에서만 순환한다. 대형 은행과 정부만이 접근할 수 있는 회원제 민간클럽을 생각하면 이해가 쉬울 것이다. 하지만 지급준비금은 지폐나 주화와 같은 현금으로 '실물화'될 수 있다. 은행이 요청하면, 중앙은행은 컴퓨터에 기록된 디지털숫자(지급준비금)를 지우고 액수를 종이 위에 옮겨 적는다(현금).

현금이 국가 차용증이 실물화된 것이라면, 디지털지급준비금은 국가 차용증이 비실물화되어 중앙은행 데이터센터에 보관된 것이다. 그러므로 은행들은 디지털지급준비금을 현금으로 교체할 수 있고, 그 반대도 가능하다. 다시 말해서 은행은 현금을 중앙은행에 되돌려주고 그것을 중앙은행 컴퓨터에 디지털지급준비금으로 다시 기록할 수 있다.

여기서 우리와 같은 평범한 화폐 사용자가 이해하기 가장 어려운 점이 있다. 은행이 중앙은행에 되돌려준 현금이 **더 이상 돈이 아니라는 것**이다. 중앙은행에 보관된 상자에 가득 담긴 달러 지폐들은 오직 잠재적인 돈일 뿐이다(그것들이 '실물화되면' 디지털지급준비금은 파괴된다). 돈의 힘은 숫자가 인쇄된 지폐에 존재하는 것이 아니다. 지폐는 국가 약속을 기록하는 데 사용되는, 구조의 하위 기재에 불과하다. 돈에 힘을 부여하는 것은 통화가 유통되는 틀이 되는 모든 법과 힘의 구조이며, 나중에 살펴보게 될 보다 포괄적인 네트워크 효과다.

지폐의 모험

물성이 있는 것은 제조되어야 한다. 정부는 화폐 기재를 생산하는 업무를 주로 외부업체에 맡긴다.

2017년 나는 말레이시아 쿠알라룸푸르에서 열린 통화 컨퍼런스에 참석했다. 그것은 화폐 기재를 생산하는 비밀스러운 업무를 맡은 기업들을 대상으로 한 포럼이었다. 나는 우연히 영국 주화를 발행하는 영국 조폐국Royal Mint 관계자와 같은 테이블에 앉게 됐다. 영국 조폐국은 상업 조직으로 영국 왕실에만 충성하지 않는다. 영국 조폐국은 국제 용병이라고 할 수 있다. 영국 주화뿐만 아니라 50여 개 국가에 주화 주조서비스를 제공한다. 이들이 주화를 **제조하지만** 주화를 **발행할지 말지**는 각국 정부가 결정한다.

그런데 통화 컨퍼런스에 영국 조폐국이 참석한 것은 이례적인 일이었다. 엄밀히 말하면 그 자리는 지폐제조회사가 중앙은행원들에게 자사 서비스를 홍보하기 위해서 마련된 자리였다. 많은 국가에서 중앙은행은 지폐를 발행하고, 재무부는 주화를 발행한다. 지폐 발행기관과 주화 발행기관을 구분할 이유가 있는가를 두고 학계에서 열띤 논의가 벌어지고 있다. 특히 중앙은행이 정부조직인 재무부로부터 얼마나 '독립적인가'에 대한 논의가 심도 있게 진행되고 있다. 중앙은행 관계자가 지폐를 제작해야겠다고 마음먹으면, 그는 지폐를 전문적으로 제작하는 회사에 연락할 것이다(서로 다른 회사가 지폐용 인쇄용지·위조지폐 방지기술·지폐용 잉크를 공급한다). 하지만 재무부가 주화를 발행할 때는 조폐소에 연락하기만 하면 된다.

엄밀히 따지면 주화와 지폐를 생산하는 데 이런 차이가 있지만, 사람들은 주화와 지폐를 서로 교환 가능한 국가통화라고 단순하게 생각한다. 주화와 지폐 모두 법정통화 지위를 지니고, 납세의무를 이행하거나 채무를 변상하는 데 사용할 수 있다. 그리고 주화와 지폐 모두 위조가 어려울 것이란 확신을 줘야 한다. 위조화폐는 진짜 화폐를 모방하여 기존 통화 네트워크에 무임승차하려는 불법 토큰이다. 위조화폐는 국가통화와 뒤섞일 수 있다. 그래서 국가는 위조화폐를 기생충으로 여긴다. 통화 네트워크는 위조화폐가 존재하더라도 건재하지만, 이상적인 상황은 아니다. 실제로 위조화폐는 정치적 무기로 사용된다.[28] 미국혁명 시기에 영국군은 의도적으로 반군의 대륙통화Continental Currency를 위조하여 사용자들에게 의심의 씨앗을 심었다(그리고 결국에 교환망을 약화시켰다). 동시대에 인도 정치인들은 파키스탄이 인도와의 경제전쟁을 벌이기 위해 위조화폐를 인도에 은밀하게 유통시켰다고 비난했다.[29]

화폐 디자인은 쉽게 위조할 수 없을 만큼 복잡해야 한다. 하지만 사용자들이 혼란스러워할 정도로 지나치게 복잡해서는 안 된다. 지폐는 아주 작은 캔버스에 그려진 높은 보안등급의 예술작품과 같다. 지폐 디자이너들은 위조 방지를 위해서 동원할 수 있는 모든 안전장치를 사용한다. 음각판화기법으로 초상화를 집어넣고, 열대조류의 깃털처럼 보는 각도에 따라서 색깔이 바뀌는 효과를 내기 위해서 특수 잉크를 사용하고, 기울이면 깜빡이는 은박도 활용한다. 복잡하지만 우아한 하이쿠를 시각적으로 표현하여 지폐에 집어넣는 것이 화폐 디자이너들의 목표다. 각각의 요소는 정해진 규격의 지폐용 특수용지에 치밀한 계획에 따라서 배치되어야 한다. 기술적으로 인쇄가 가능해야 하고, 인쇄비용은 효율적이어야 한다. 디자인적 관점에서 많은 나라의 지폐는 진정 아름다운 예술작품이라고 할 수 있다.

하지만 **지폐 제조**는 **지폐 발행**과는 엄연히 다른 업무다. 지폐를 만드는 행위는 '잠재적인 약속'을 맺는 행위라고 할 수 있다. 제작된 지폐는 중앙은행으로 보내지고, 중앙은행은 발행 전까지 지폐를 보관한다. 중앙은행에서 지폐를 훔치는 것은 엄밀히 따지면 '아직 입밖으로 내뱉지 않은 약속'을 훔치는 셈이다. 이런 일이 2017년 넷플릭스 시리즈 '종이의 집'에서 일어난다. 이것은 스페인 정부의 조폐소를 상대로 강도를 벌이는 범죄자들에 관한 이야기다. 그런데 이 시리즈는 종이의 집이 아니라 **강제 통화 창조**라고 하는 것이 더 적절하다. 지금까지 살펴봤듯 지폐는 발행자의 손을 떠나기 전까지 통화가 아니기 때문이다.

보통 현금은 고객이 은행의 ATM이나 영업지점에서 현금을 인출할 것으로 예상하고 은행이 중앙은행에 현금을 요청해야 비로소 중앙은행을 떠나게 된다. ATM에서 입출금되는 현금수요는 들쑥날쑥하지만, 예측 가능한 수준이다. 하지만 이례적인 상황이 발생하여 예측이 어려워질 수도 있다. 앞 장에서 언급했듯이 미국의 특정 지역에서는 허리케인이 접근하면 현금수요가 500% 증가하기도 한다. 사람들은 허리케인이 접근하고 있다는 일기예보를 들으면 정전사태를 걱정한다. 이는 당연한 걱정이다. 전기가 끊기면 디지털결제 시스템은 그야말로 무용지물이 된다. 그래서 사람들은 만일의 사태에 대비해서 현금을 수중에 마련해두길 원한다.

현금수송회사는 현금을 주문한 은행을 대신해서 중앙은행에서 영업지점과 ATM으로 대량의 현금을 운송한다. 현금수송 트럭은 노상강도들에게 현금을 탈취당할 위험이 크다. 남아프리카에서 자란 나는 지역 TV에서 장갑 현금수송 트럭을 향해서 자동소총을 발사하는 갱단을 본 기억이 있다. 빈곤율과 조직범죄율이 높은 국가에서 현금수송은 위험한 사업이다. 그래서 남아프리카의 현금수송회사는 전쟁터에서 적진 깊숙이 침투하는 차량을 운전하는 특수임무도 수행할 수 있을 것 같은 터프한 전직 군인들을 직원으로 주로 고용한다. 일부 국가에는 지형도 장애물이 된다. 가령 그리스에서 은행들은 현금을 페리로 실어 날라서 작은 관광섬의 ATM을 채워야 한다.

은행들은 ATM에 채워 넣을 화폐의 액면가도 결정해야 한다. 이것은 시장에 유통되는 화폐의 종류를 결정한다. 고액권을 너무 많이 유통시키면, 환전하는 데 문제가 발생할 수 있다. 스코틀랜드왕립은행 등 영국의 은행은 런던의 카나리워프와 같은 부촌에 설치된 ATM을 주로 고액권인 50파운드 은행권으로만 채운다. 영국 정부는 빈촌의 ATM에는 소액권인 5파운드 지폐를 넉넉히 넣어둘 것을 은행에 적극적으로 권장한다. 이것은 '7.56파운드 문제'를 해결하기 위한 영국 정부의 노력이다. 은행 잔고가 10파운드가 채 안 되는 사람들은 수치심 때문에 모든 잔액을 현금으로 인출할 때 직접 은행 창구로 가기를 대체로 꺼린다.

모든 과정이 완료되면, 지폐는 ATM에서 인출돼 누군가의 지갑으로 들어갈 준비가 된 셈이다. 이 시점부터 지폐는 고국에서 멀리 떨어진 나라로 보내진 특사와 같은 신세가 된다. 지폐는 차를 얻어 타고 여기저기 돌아다니는 방랑자처럼 몇 년 동안 경제 네트워크에 유통된다. 지폐는 관광지의 돈이 지갑에 남았다는 것을 깜빡 잊은 관광객과 함께 고국을 떠났다가, 몇십 년 뒤 그의 손자들에 의해서 신발 상자에서 발견될지도 모른다.

몇 세대에 걸쳐 현금을 사용하면서 사람들은 화폐의 상징성뿐만 아니라 그것이 주는 느낌에도 애착을 갖게 됐다. 현금은 촉각을 자극한다. 많은 사람들이 감정적으로 물질성과 확실성을 연관 짓는다. 촉감은 시각장애인들에게 중요하다. 그들은 지갑 속 지폐를 손가락으로 만져서 액수를 가늠한다. 지폐는 액수에 따라서 크기·모양·질감이 다르다(아무리 만져도 차이가 느껴지지 않는 스마트폰 화면과는 차원이 다르다).

사람들은 이러한 물질성 때문에 현금을 선호한다. 하지만 이 물질성이 현금의 훼손과 마모를 일으키는 원인이기도 하다. 현금이 얼마나 자주 유통되고 세척되었느냐에 따라서 마모의 정도가 결정된다. 지폐가 오랫동안 유통되면, 마모가 심해서 다시 쓸 수 없게 된다. 하지만 마모가 심해지기 전에 은행에 회수되면 거의 새 돈이 돼서 다시 유통된다. 예를 들어서 ATM에서 인출된 지폐는 곧장 슈퍼마켓에서 사용된다. 슈퍼마켓 주인은 그 지폐를 은행에 예금하고, 은행은 그것을 중앙은행에 맡겨서 디지털지급준비금으로 교체한다. 이러한 일련의 과정이 지폐를 출발점으로 되돌려 보낸다. 지폐는 다시 발행되어 유통되길 기다리는 '잠재적인 약속'이 된다(혹은 분쇄되고 완전히 새로운 지폐로 대체될지 모른다).

거인은
혼자가 아니다

현금이 중앙은행에서 사회로 나갔다가 중앙은행으로 되돌아오는 일련의 과정을 '현금순환'이라 부른다. 여기에는 은행의 협조가 필요하다. 하지만 은행은 현금주기에서 갈수록 비협조적으로 변하고 있다. 그 이유를 이해하려면, 새로운 퍼즐이 필요하다.

이번 장에서 나는 국가를 마치 유일한 화폐 발행자인 양 소개했다. 하지만 실제로는 그렇지 않다. 국가가 **1차 화폐 발행자**이지만, **2차 화폐 발행자**도 존재한다.

나는 산속의 거인과 부락 사람들 이야기에서 일부 부락 사람들은 결국에 강력한 자본가로 성장하고, 거인이 발행한 표로 금융시스템의 기초를 마련한다고 설명했다. 하지만 이 금융시스템이 얼마나 강력해지는지는 부연 설명하지 않았다. 이제 이야기에 등장하는 산속의 거인을 잊을 때다. 현실의 '거인', 즉 국가는 오랜 시간 동안 통화시스템에 대한 통제력의 일부를 압제적인 자본주의 기업집단에게 빼앗겼고, 일부는 위임했다. 오늘날의 통화시스템은 이중적인 공생구조를 지닌다. 국가는 은행에 화폐를 발행할 권리를 어느 정도 부여했다. 여기서 '은행이 화폐를 발행한다'는 것이 그들이 ATM을 통해서 국가화폐를 유통한다는 뜻이 아니다. 은행들은 **은행만의 디지털화폐**를 발행한다. 자신들의 2차 통화시스템의 위상을 향상시키는 것이야말로 그들이 '현금 없는 사회'라는 명목으로 도모하는 것의 실체이다.

4장

디지털칩

나는 루마니아 트란실바니아 수도원에서
소원 우물에 떠다니는 플라스틱 지폐를 처음 봤다. 옛날 사람들은
그 소원 우물을 신성하다고 여겼고, 소원을 빌면서 우물에 동전을
던지면 소원이 이뤄진다고 믿었다. 이것은 하나의 전통으로 대대로
이어져 내려오면서 '유익한 부작용'을 발생시켰다. 수인성 질병을
퇴치하는 구리나 은 성분이 우물물에 녹아든 것이다. 소원 우물이
성스럽다는 사람들의 믿음은 더욱 깊어졌다.

　반면 소원 우물에 동전 대신 지폐를 던지는 행위는 새롭다. 루마
니아 중앙은행이 플라스틱 지폐를 발행했고, 1999년 사람들은 소
원 우물에 플라스틱 지폐를 던지기 시작했다. 소원 우물에는 동전
이 아닌 플라스틱 지폐가 둥둥 떠다니고, 우물물에 성스러운 물질
은 더 이상 녹아들지 않게 됐다. 종이 지폐와 달리 플라스틱 지폐는

마모될 걱정이 없다. 종이 지폐는 지갑에 우겨 넣어지고, 이 사람 저 사람 손에 옮겨 다니고, 바다 건너 먼 나라까지 이동하면서 자연스럽게 낡는다. 이러한 지폐의 방랑성과 군집성은 1770년에 주목받았다. 토마스 브리지스Thomas Bridges가 소설《지폐의 모험》을 출간했다. 이 소설에서는 하나의 인격체처럼 지각 있는 지폐가 이 사람 저 사람의 손을 거치며 조지아왕조 시절의 영국을 방랑하는 삶에 대해 이야기한다.

토마스 브리지스가 활동하던 시기에 영국에서는 시장자본주의가 한창 무르익었다. 하지만 사람들은 은행을 직접적으로 이용하지 않고 생활을 영위했다. 당시 은행은 부채를 상환하고 결제를 지원하는 다양한 수단을 제공하며 부유한 상인과 귀족을 주로 공략했다. 하지만 가난한 사람들은 온갖 종류의 주화와 지폐를 주로 사용했다. 이는 놀랍게도 은행서비스가 거의 표준화된 1900년대 초반의 상황이었다. 지금도 은행계좌가 없거나 시중 은행을 자주 이용하지 않는 사람이 많다. 예를 들어서 루마니아 인구의 86%가 은행계좌를 갖고 있지만,[30] 그중에서 오직 67%만이 불규칙적으로 결제를 위해서 은행계좌를 이용한다. 대형 조직은 직원이 사용하는 은행계좌로 임금을 입금하지만, 직원은 은행계좌에서 임금을 인출해서 사용한다.

은행서비스가 고르게 확산되진 않았지만, 시간이 흐르면서 은행은 서서히 덜 부유한 사람들도 공략하면서 대중을 대상으로 소매금융을 홍보하기 시작했다. 그들은 은행계좌를 '현금을 보관하는 곳'

으로 홍보했다.

1900년대 초반에 은행은 거래내역을 원장에 기록했다. 그래서 당시에는 은행계좌가 곧 원장이었다. 하지만 컴퓨터의 출현으로 은행은 원장을 데이터베이스로 대체했다. 이제 은행계좌를 개설하려면 은행에 자신의 신분증만 제시하면 된다. 은행은 그 신분증을 확인하고 계좌번호라고 불리는 고유 식별자를 고객에게 제공한다. 이것이 은행 데이터베이스에서 고객 계좌의 위치를 알려주는 일종의 **주소**다. 본인 계좌임을 증명하기 위한 수단으로 비밀번호를 설정하면 은행계좌 개설은 완료된다.

이 은행계좌는 '현금을 예치하는 곳'으로, 은행 예치금은 '이 은행계좌에 보관되는 돈'으로 보인다. 용어로 인해 오해와 혼란이 발생한다.

은행은 돈 보관소가 아닌 카지노에 가깝다

대부분의 사람들은 은행 예치금을 '내가 은행에 넣어둔 돈' 정도로 생각한다. 그래서 '계좌에 돈이 있어'라거나 '계좌에서 현금을 좀 인출할 거야'라고 말한다. 이렇게 말하면 은행이 돈을 관리해주는 관리자 같고, **돈은 안전하게 은행계좌에 보관되어 있다는** 생각이 든다. 이는 행사장에 입장하면 잠시 겉옷을 보관해두는 보관소를 떠오르게 한다. 겉옷을 점원에게 맡기면, 점원은 겉옷을 받아들고 겉옷을 맡겼다는 확인으로 보관증을 끊어준다. 행사장을 떠날 때 보관증을 점원에게 보여주면 다시 겉옷을 찾을 수 있다.

'은행에 돈이 있다'고 믿는다는 것은 은행을 외투 보관소처럼 생각한다는 뜻이다. 그러면 계좌개설은 외투 보관소에 겉옷을 걸어둘 공간을 확보하는 것처럼 돈을 안전하게 보관하기 위해서 은행에 작은 공간을 확보한다는 뜻으로 해석될 수 있다. 그리고 이 가정에는 단 하나의 돈만이 존재한다. 바로 국가화폐다. 그 화폐가 은행 안에 있든 밖에 있든, 여기서 은행은 국가화폐를 보관하거나 어딘가로 옮기거나 누군가에게 빌려주는 한낱 중개자에 불과하다.

하지만 '은행에 넣어둔 돈'이란 건 이 세상에 존재하지 않는다. 그리고 은행계좌는 국가화폐를 '보관'하지 않는다. 은행계좌는 **은행화폐**나 **신용화폐**라 불리는 완전히 다른 형태의 돈을 기록하는 기능만 갖고 있다.

이것을 가장 빠르게 이해하는 방법은 은행이 외투 보관소가 아닌 카지노와 유사하다고 생각하는 것이다. 로버트라는 가상의 인물이 카지노로 걸어 들어가서 현금을 주고 그 안에서 사용할 카지노 칩을 받는다. 로버트는 카지노 건물에 들어와 있지만, 카지노가 '로버트의 돈'을 관리하지는 않는다. 카지노는 로버트로부터 돈의 소유권을 넘겨받았고, 이제 로버트에게는 카지노가 발행한 칩이 전부다. 카지노에는 **2가지 형태**의 돈이 존재한다. 국가화폐와 칩이다. 카지노에서는 카지노 칩을 교환원에게 주면 국가화폐로 교환할 수 있다(칩을 몽땅 다른 카지노 고객에게 잃지 않았다면 말이다). 도박사(로버트와 같은 카지노 고객)가 카지노 칩을 소유하고, 카지노가 국가화폐를 소유한다. 결과적으로 국가화폐와 카지노 칩 사이에는 공생관계가 존재지만, 둘은 각각 별개다.

일반적으로 카지노에서 사용되는 카지노 칩은 플라스틱이다. 그래서 손으로 만질 수 있다. 하지만 지금부터는 카지노가 **디지털칩**을 운용한다고 가정하자. 앞선 상황과 똑같이 로버트는 교환원에게 현금을 건넨다. 하지만 이번에 교환원은 로버트에게 플라스틱 칩을 건네주지 않는다. 대신에 컴퓨터 데이터베이스에 로버트의 카지노계좌를 개설하고 여러 게임에서 사용할 수 있는 디지털숫자를 그의 계좌에 입력해준다. 이제 로버트가 가진 것은 디지털숫자가 기록된 카지노계좌의 카지노 데이터베이스 주소가 전부다.

은행을 카지노에 비유하는 것은 현대 은행을 이해하는 훌륭한 시발점이다. 은행계좌에 찍힌 디지털숫자는 은행이 발행한 '디지털칩'이다. 은행예금업무는 로버트가 현금을 카지노 교환원에게 주면, 그가 로버트에게 디지털칩을 발행하는 것과 거의 비슷하게 진행된다고 생각하면 쉽다. 카지노 칩은 어느 시점에 현금으로 교환할 수 있는 차용증이다(카지노가 카지노 칩을 현금으로 교환하길 거부한다면, 그대로 법원으로 가면 된다). 이와 유사하게 은행계좌의 디지털칩은 디지털형식으로 작성된 차용증이다. 그것은 미래의 어느 시점에 국가화폐를 지급하겠다는 약속이다(쉽게 말해서 '나, 은행은 당신에게 국가화폐를 빚지고 있다'라고 적혀있는 문서라고 생각하면 된다). 일종의 차용증인 디지털칩은 여기저기 쉽게 이동할 수 있다.

그래서 처음 은행계좌를 개설하면 은행계좌에는 숫자 '0'이 찍힌다. 이것은 '우리, 은행은 당신에게 디지털칩을 단 1개도 발행하지 않았다'는 뜻이다. 우리의 친구, 로버트가 은행직원에게 현금으로 100파운드를 건네면, 은행이 로버트의 현금에 대한 소유권을 넘겨받는다. 이것은 은행의 국가화폐 보유량이 증가한다는 뜻이다. 그러고 나면 은행은 로버트에게 100개의 디지털칩을 발급해줄 것이고, 로버트의 은행계좌에 숫자 '100'이 찍힐 것이다. 여기서 디지털칩은 **국가화폐에 대한 약속**이다. 로버트는 디지털칩을 자신이 소유하는 자산으로 받아들이지만, 은행은 갚아야 할 빚으로 본다. 결과적으로 로버트는 은행이 발행한 디지털칩을, 은행은 국가가 발행한 화폐를 갖게 됐다.

ATM에 가는 것은 '카지노를 떠나는 것'이다. 은행은 로버트에게 디지털칩을 회수하고 국가화폐를 되돌려준다. 이로써 은행이 로버트에게 했던 약속은 상쇄된다. 이것은 3장에서 살펴본 과정에 대한 이해를 높인다. 은행은 인출을 예상하고 디지털지급준비금의 일정량을 '실물화하여' 현금으로 확보해둔다. 이는 국가화폐주기에서 음영이 진 부분이다.

카지노에서 카지노가 발행한 칩과 로버트가 건네는 국가가 발행한 화폐를 구분하는 일은 쉽다. 하지만 은행에서 은행이 발행한 디지털칩과 국가가 발행한 화폐를 구분하는 것은 어렵다. 일상적인 용어로 둘 다 '돈'이기 때문이다. 하지만 전문용어로 둘은 명확히 구분된다. 국가화폐는 **본원통화**라고 한다(또는 협의통화·고성능통화·M0라고도 불린다). 반면에 은행이 발행한 디지털칩인 뱅크칩은 은행통화·장부통화·광의통화라고 불린다.

  뱅크칩은 **은행 예치금**을 뜻한다. 이 단어 때문에 혼란이 생긴다. 은행 예치금은 영어로 'bank deposits'다. 'deposit'은 동사와 명사로 모두 사용될 수 있다. 예를 들어서 홍수는 강에 모래를 '퇴적시키고(deposit)', 강에는 '모래 퇴적물(a sand deposit)'이 생긴다. 그런데 'deposit'이 은행과 연관되면 우리는 혼란스럽다. 우리는 '무언가를 쌓아두는 행위'를 나타낼 때 동사로서 'deposit'을 사용한다('I deposited cash'는 '나는 은행에 현금을 예치했다'는 뜻이지만, 엄밀히 말하면 '나는 은행에 현금을 쌓아뒀다'는 의미다). 그런데 'deposit'은 '쌓인 것'을 의미하는 명사로도 사용된다('I have cash deposits in the bank'는 '나는 은행에 현금예금이 있다'는 뜻이지만, 엄밀히 말하면 '나는 은행에 쌓아 둔 현금이 있다'는 뜻이다). 현실에서 은행 예치금은 은행에 쌓여 있는 돈이 아니라, **은행이 예금주에게 하는 약속**이다. 회계에 관한 지식이 있는 사람은 은행의 대차대조표를 자세히 살펴보면 이를 분명히 확인할 수 있을 것이다. '고객 예치금'은 부채로 대차대조표의 **대변**(은행이 고객들에게 한 약속이 기록되는 변)에 기록된다. 간단하게 '은행 예치금'은 은행이 고객에게 발행한 디지털칩인 뱅크칩이라고 기억해두면 된다.

'무(無)'에서
칩을 만들다

카지노에게는 없는 슈퍼 파워가 은행에겐 있다. 블랙잭 테이블에서 통용되는 모든 카지노 칩은 카지노가 보유한 미국 달러의 '지급보증'을 받는다. 하지만 은행은 국가화폐 보유량을 초과하는 양의 뱅크칩을 발행할 수 있다. 달리 말하면 은행은 지급준비금보다 훨씬 많은 약속을 발행할 수 있다(또는 먼저 약속을 발행하고 나중에 지급준비금을 채울 수도 있다). 이것은 '부분지급준비금'이다. 하지만 더 정확히 말하면 **은행화폐의 신용창조**다. 이것은 대부분 사람이 이해하기 어려운 개념이다. 그래서 널리 왜곡된다. 일단 이해하려고 시도라도 해보자. 이 개념에 대한 이해는 금융정치가 어떻게 전개되는지를 이해하는 데 도움이 될 것이다. 그리고 앞으로 펼쳐질 더욱 경악스러운 얘기에 대한 일종의 예방도 될 것이다.

무엇보다 많은 교과서에 은행이 '외투 보관소'로 그려져서 오해들이 생긴다. 은행 예치금은 **은행이 약속을 발행하는 것**처럼 보이지 않고 **국가화폐를 보관하는 것**처럼 보인다. 말했다시피 이와 같은 체계에서 돈은 오직 한 가지 형태다(현금이 유통되지만 칩은 전혀 발견되지 않는 카지노와 거의 비슷하다). 여기서 은행은 국가화폐를 보관하거나 여기저기 옮기는 중개자다. 그리고 예금자에게서 받은 국가화폐를 대출자에게 빌려주는 중개자일 뿐이다. '돈은 오직 한 가지 형태'란 생각이 은행에 관한 흔한 오해들로 이어진다. 예를 들어서 '은행이 당신의 돈을 가져다가 다른 누군가에게 빌려주면 당신의 돈은 이제 은행에 없다!'와 같은 진술에서 보이는 오해들이다. 이것은 '100벌의 코트를 외투 보관소에 맡겼지만, 점원은 오직 10벌만 보관하고 있었다. 나머지는 다른 누군가에게 빌려줬던 것이다!'라고 말하는 것과 같다.

나는 은행을 외투 보관소에 비유하는 것을 극도로 혐오한다. 오해의 소지가 다분한 비유이기 때문이다. 오해를 바로잡고자, 이 비유를 조금 손보고자 한다. 외투 보관소가 정말로 은행과 같고 내가 외투 보관소에 코트를 맡겼다고 가정해보자. 이렇게 되면 내 코트에 대한 소유권은 외투 보관소로 넘어가고, 외투 보관소는 내 코트를 다른 누군가에게 빌려준다. 그리고 외투 보관소는 언제든지 비슷한 코트를 되찾아갈 수 있다는 내용이 디지털로 기록된 **약속-칩**을 내게 발행한다. 외투 보관소는 내 코트를 갖고, 나는 외투 보관소 점원이 내게 준 약속-칩을 갖는다.

이제 **코트가 아예 없는** 다른 누군가가 외투 보관소로 와서 3벌의 코트와 바꿀 수 있는 약속-칩을 발행해달라고 요청한다고 생각해보자. 점원이 그를 찬찬히 살피더니 '좋아요. 하지만 한 달 뒤에 4벌의 코트를 갖고 오겠다는 문서에 서명을 해주셔야 합니다'라고 말한다. 둘 사이에 합의가 이뤄졌다. 외투 보관소는 그에게서 4벌의 코트를 되돌려 받는다는 약속을 받아냈고, 그는 외투 보관소로부터 3벌의 코트를 받을 수 있다는 약속을 받아냈다. 이 모든 과정은 나의 약속-칩처럼 같은 시스템에 디지털로 기록된다.

은행 '대출'이 이렇게 이뤄진다. 눈치챘겠지만, 외투 보관소는 그에게 코트를 빌려주지 않았다. 그 대신에 내게 발행한 것과 같은 **약속-칩을 발행해줬을 뿐이다.** 이 이야기에는 코트와 약속-칩이 존재한다. 나와 그의 주된 차이는 나는 내 코트를 외투 보관소에 맡기고 약속-칩을 받았지만, 그는 나중에 코트를 주겠다고 약속을 하고 약속-칩을 외투 보관소로부터 받았다는 것이다.

결과적으로 코트와 약속-칩 개수에 격차가 생긴다. 외투 보관소가 발행한 약속-칩의 수가 보관하고 있는 코트의 수를 초과한다. '예금자'인 나는 1개의 약속-칩을 갖지만, '대출자' 그는 3개의 약속-칩을 갖는다. 그리고 외투 보관소는 실제로 (내가 맡긴) 코트 1벌만 갖고 있지만 (대출자에게서) 코트 4벌을 약속받았다. 덧셈을 해보면 외투 보관소가 빚진 것은 코트 4벌이다. 하지만 이론적으로 미래에 외투 보관소는 5벌의 코트를 갖게 된다. 외투 보관소가 코트를 성공적으로 상환하고(사람들이 **실재 코트**를 받아 가고) 대출자가 코트 4벌을 외투 보관소에 돌려준다면, 결국에 외투 보관소는 그 누구에게도 코트를 빚지지 않고 여분의 코트를 소유하게 될 것이다.

결론을 말하자면, 사람들의 생각과 달리 은행은 대출 신청자에게 '국가화폐를 빌려주지' 않는다. 이 시점에서 외투 보관소 비유보다 좀 더 정확한 카지노 비유로 되돌아가자. 은행은 대출을 신청한 사람들에게 국가화폐가 아닌 카지노의 칩 같은 뱅크칩을 발행해주고 그들로부터 대출약정서에 돈을 갚겠다는 서명을 받을 뿐이다. 좀 더 전문적으로 말하자면, 은행은 고객들이 단기로 맡긴 돈을 계속 예금으로 끌어모아서 보다 더 긴 만기의 장기 대출을 판매하는 과정에서 예대마진을 가져오는 구조로 운영된다. 은행은 그 과정에서 대출해준 돈을 돌려받지 못하는 위험과 어느 날 갑자기 예금자들이 은행으로 몰려와 예금을 인출하는 환매 위험을 갖게 되는데, 이 두 가지 위험을 잘 관리하기만 하면 은행은 국가화폐를 계속 빨아들이면서 이익을 낼 수 있는 구조적인 수익모델을 갖게 된다. 이로써 은행은 주주들을 위한 수익을 낼 수 있다. '다른 누군가에게 돈을 빌려주라고 은행에 돈을 맡기는 것'은 예금자인 당신의 역할이 아니다. 은행이 '뱅크칩'을 발행할 수 있도록 지급준비금을 높여주는 것이 바로 당신의 역할이다.$

이것이 바로 '은행화폐의 신용창조'다. 고객에게 대출을 해주기 위해서 뱅크칩을 발행하는 은행의 행위는 통화공급량을 확대한다. 영국에서 통화공급량의 90% 이상이 뱅크칩 형태이다. 전체 디지털 화폐시스템은 이런 뱅크칩을 개인들에게 나눠주거나 수거하는 식으로 재할당·재배치하면서 작동된다. 디지털화폐와 관련해서 삶을 감시하는 도구라든가 서민들을 배제하는 위험한 수단이라든가 하는 다양한 논란은 우리 삶에서 은행이 발행한 뱅크칩이 매우 중요

$ 결국 은행은 예금자들의 돈을 대출신청자들에게 빌려주는 것이 아니라 은행이 그냥 뱅크칩을 발행해서 빌려주는 것이다. 다만 그 뱅크칩은 무한대로 발행할 수 있는 게 아니라 중앙은행에 맡긴 지급준비금에 비례해서 발행할 수 있는 것이며 예금자들이 은행에 맡긴 돈은 중앙은행에 맡길 지급준비금의 원천으로만 사용될 뿐이라는 설명이다. (감수자 주)

해졌다는 사실에 뿌리를 내리고 있다. 이것은 쉽게 말해서 온갖 금융기관이 우리의 일상적인 거래에 개입한다는 뜻이다. 지금부터 앞서 만난 접골사 존의 이야기로 되돌아가서, 금융시스템 내부에서 움직이는 다양한 행위자들을 재빠르게 훑어보자.

뱅크칩의
국내 이동

'현금과 카드 중에서 뭐로 결제하시겠어요?'라는 존의 질문을 기억하는가. 이제 우리는 이 질문을 해독할 수 있다. 존은 실제로 '실물 국가화폐와 디지털뱅크칩 중에서 무엇으로 결제하겠어요?'라고 묻고 있다. 현금을 주고받는 것은 단순한 행위다. 하지만 뱅크칩을 넘겨주는 것은 현금결제보다 더 복잡하다. 그래서 뱅크칩은 데이터센터라는 고정된 장소에 디지털숫자로 계좌에 기록되는 것이다. 내가 물리적으로 데이터센터를 파헤치고 뱅크칩을 캐내서 다른 장소로 옮기지 않는다면, 이 돈은 그 어디로도 이동하지 않을 것이다. 하지만 나의 거래은행은 뱅크칩을 존에게 재배정하기 위해서 데이터센터에 있는 내 계좌를 **수정할 수 있다.** 디지털화폐의 '이동'은 그저 약속을 지우고 다시 쓰는 행위다.

만약 존이 나와 같은 은행을 이용한다면, 이것은 존이 나와 같은 가상의 카지노에 있는 것과 같다. 여기서 은행이 할 일은 내게서 뱅크칩을 가져다가 존에게 다시 주는 것이 전부다. 만약 존이 나와 다른 은행을 통해 거래한다면, 이는 마치 그가 나와 다른 가상의 카지노에 있는 것과 같고, 상황은 앞선 것보다 더욱 복잡해진다.

각각의 은행이 하위통화를 갖고 있다고 생각해보자. 예를 들어서 영국의 바클레이즈 은행과 거래하는 사람은 바클레이즈 뱅크칩을 받고, 로이드 은행과 거래하는 사람은 로이드 뱅크칩을 받는다고 가정하자. 로이드는 대략 1억 6,000만 계좌를 관리하기 때문에 로이드 뱅크칩을 지닌 사람들 사이에서는 대규모의 뱅크칩 이동이 일어난다. 그런데 로이드 고객이 바클레이즈 고객에게 돈을 지불하려면, 로이드의 세계와 바클레이즈의 세계가 충돌하게 된다. 로이드는 로이드 계좌를 지닌 사람에게 로이드 뱅크칩을 발행한다. 이는 바클레이즈도 마찬가지다. 그러므로 로이드 계좌에서 로이드 뱅크칩을 '잡아 뜯어다가' 바클레이즈 계좌에 '처넣을 수'는 없다. 다시 말해서 로이드 고객에게 배당된 로이드 뱅크칩은 로이드 데이터센터에서 기어 나와 200km 떨어진 바클레이즈 데이터센터까지 달려가서 바클레이즈 계좌에 몰래 기어들어갈 수 없다. 이것은 '비삼출 non-seepage'의 원칙 때문이다.

내가 로이드 은행과, 존은 바클레이즈 은행과 거래한다면, 로이드 은행은 내게서 로이드 뱅크칩을 회수하고 바클레이즈 은행에 존에게 새로운 바클레이즈 뱅크칩을 발행해주라고 알려야 한다. 이렇게 되면 바클레이즈 은행은 아무것도 없는 상태에서 새로운 뱅크칩을 발행해야 하는 곤란한 입장에 놓이게 된다. 그래서 로이드 은행은 중앙은행에 디지털로 보관해둔 지급준비금의 일부를 바클레이즈 은행의 중앙은행 계좌로 이체해준다. 여기서 통화시스템의 중심인 중앙은행의 데이터센터가 등장한다. 우리가 서로에게 뱅크칩을 재배당할 수 있듯이 은행들은 중앙은행에 넣어둔 디지털지급준비금을 서로에게 재배당할 수 있다(은행과 은행 사이에서 일어나는 이러한 프로세스는 '결제'라고 불린다).

여기서 중앙은행을 은행 '공작들' 사이에서 이런저런 판결을 내리는 왕이라고 생각할 수 있다. 왕은 공작들이 스스로 어느 정도의 의견 차이를 해소하기 전까지는 둘 사이에 개입해서 판결을 내리려고 들지 않을 것이다. 서로 다른 은행과 거래하는 고객들이 뱅크칩을 주고받을 수 있도록 해달라는 요청은 매 분마다 수천 건에 이를 것이다. 지극히 하찮은 고객들이 거래할 때마다 중앙은행의 법정에 모여서 잘잘못을 따지는 것은 공작들에게 너무나 귀찮은 일이다. 수천 명의 로이드 고객들이 수천 명의 바클레이즈 고객들에게 돈을 이체하게 해달라고 로이드 은행에 요구할지도 모른다. 반대로 수천 명의 바클레이즈 고객들이 수천 명의 로이드 고객들에게 계좌이체를 진행해달라고 바클레이즈 은행에 요구할지도 모른다.

그래서 은행은 요청을 개별적으로 처리하기보다 타 은행과의 거래요청들을 승인하고 하나의 꾸러미로 묶는다. 그리고 꾸러미들을 서로 포개서 상쇄시킨다. '바클레이즈 계좌로 이체될 로이드 뱅크칩' 꾸러미가 1억 파운드이고 '로이드 계좌로 이체될 바클레이즈 뱅크칩' 꾸러미가 9,900만 파운드라고 가정하자. 이 경우에 바클레이즈 은행과 로이드 은행 중 어느 한 곳만 중앙은행 계좌에서 국가화폐로 보관된 100만 파운드를 상대 은행으로 옮기면 된다.

중앙은행은 '잡음 제거'를 좋아한다. 직접 개입하지 않아도 은행들 사이에서 거액의 상호지급이 성공적으로 이뤄지기를 바란다. 중앙은행은 냉담하게 상황을 관망한다. 'HSBC 지급준비금 계좌에서 400만 파운드가 바클레이즈 지급준비금 계좌로 재배당됐다'는 내용이 담긴 메시지만을 이따금씩 발행할 뿐이다. 모든 은행거래는 심리적으로 중앙은행에 묶여 있지만, 두 은행이 주고받아야 하는 액수의 차액만이 오고 가기 때문에 중앙은행 내에서 거액이 국가화폐의 형태로 실제 움직이는 경우는 거의 없다.

뱅크칩의
국제 이동

한 국가에서 어느 은행의 내부 시스템이 다른 은행의 내부 시스템에 침투할 수 없듯이, 어느 국가의 금융시스템이 다른 국가의 금융시스템에 침투할 수는 없다.[$] 파운드 뱅크칩은 '영국은행에 연결된 영국의 은행이 보유한 데이터센터에 기록된 약속─칩'으로 정의된다. 파운드 뱅크칩을 데이터센터

[$] 공통의 중앙은행이 회원국들의 금융시스템을 총괄적으로 관리하는 유로존 국가들은 예외다. (지은이 주)

에서 다짜고짜 *끄집어내서* 바다 건너 다른 나라의 은행이 보유한 데이터센터에 그대로 집어넣을 순 없다. 다시 말해서 파운드 뱅크칩은 링깃^{ringgit} 뱅크칩과 뒤섞여 말레이시아의 쿠알라룸푸르에서 통용될 수 없다. 각국의 은행들이 발행한 디지털화폐인 뱅크칩은 우주를 둥둥 떠다니지 않는다.

그렇다면 뱅크칩은 어떻게 '국경을 넘나드는 것'일까? '미국 기업들이 수십억 달러를 중국에 쏟아붓다'란 헤드라인이 있다고 가정하자. 여기서 돈의 '흐름'은 회계활동이 기록된 데이터베이스다. 각각의 은행들은 자국의 중앙은행을 통해서 결제하지만, 국제 결제를 처리하는 '세계 제왕'과 같은 기관은 없다. 그래서 은행들은 외국 금융시스템에 접속하기 위해 징검다리를 놓을 수밖에 없다. 그들은 서로에게 특수한 '환거래' 계좌를 개설한다. 이것을 서로 다른 국가의 금융시스템을 한데 묶는 가상의 갈고리라고 생각하면 이해하기 쉬울 것이다. 예를 들어서 뱅크오브아메리카는 중국공상은행에 계좌를 개설하고, 반대로 중국공상은행은 뱅크오브아메리카에 계좌를 개설한다. 이렇게 하면 미국의 뱅크오브아메리카와 중국의 중국공산은행을 연결하는 쌍방향 연결고리가 형성된다. 시간이 흐르면서 국제 결제 횟수가 쌓이고 **빽빽한** 연결망으로 성장한다.

예를 들어서 나는 케냐에 있는 짐에게 돈을 보낼 계획이다. 여기서 내가 거래하는 영국 은행은 송금은행이 되고, 짐이 거래하는 케냐 은행은 수취은행이 된다. 수취은행과 송금은행이 상대 은행의 계좌를 직접 갖고 있어야 해외 송금이 가능하다. 또는 두 은행의 계좌를 모두 갖고 있는 제3의 은행의 도움을 받으면 된다. 여기서 제3의 은행이 중개은행이다. 해외 송금은 일종의 도미노현상처럼 진행된다. 파운드 뱅크칩이 나의 영국 계좌에서 짐의 케냐 은행이 보유한 영국 계좌로 이체된다. 이와 별도로 짐의 케냐 은행은 수천 km 떨어진 곳에 있는 수취인(짐)의 케냐 계좌에 실링^{shilling} 뱅크칩을 발행한다. 그 결과 내 영국 계좌의 파운드 뱅크칩의 잔액은 내려가고, 케냐 은행이 보유한 영국 계좌의 파운드 뱅크칩의 잔액과 짐의 케냐 계좌의 실링 뱅크칩의 잔액은 올라간다.

화폐가 실제로 영국에서 케냐로 훌쩍 '뛰어넘어간 것'은 아니다. 현지 은행들의 뱅크칩을 모아둔 외국 은행이 국제 결제시스템에 개입한 것이다. 이 과정을 통해 반대로 케냐 은행에서 영국 은행으로 송금할 수도 있다. 케냐 은행은 송금인의 케냐 계좌에서 실링 뱅크칩을 빼내고, 빼낸 실링 뱅크칩에 상응하는 금액의 파운드 뱅크칩을 수취인의 영국 계좌로 보낸다.

해외 송금을 위해서는, 그 과정에 개입하는 은행들이 서로 면밀하게 소통해야 한다. 국제적으로 수천 개의 은행이 존재하기에 해외 송금은 대단히 복잡할 수밖에 없다. 그래서 소위 '전 세계에 안전한 금융메시징서비스를 제공하기 위해서' 스위프트가 설립됐다. '메시징'이란 단어 때문에 스위프트를 왓츠앱과 비슷한 역할을 하는 기관처럼 생각할 수 있다. 물론 스위프트는 통신 허브지만, 영양가 없는 잡담이나 주고받는 곳이 아니다. 디지털화폐시스템에서는 오직 결제메시지만이 움직인다. 각각의 스위프트 메시지는 계좌를 수정하라는 굉장히 진지한 합법적 명령이다. 은행은 스위프트의 데이터센터를 통해서 은행식별코드BIC를 사용하여 정해진 양식에 따라서 해외 송금을 진행한다.

물론 은행은 해외 송금에 관한 지급 명령을 스위프트가 아닌 다른 메시징 네트워크를 통해서도 받을 수 있다. 하지만 전 세계의 1만 1,000개의 은행이 이미 스위프트를 사용하고 있다. 그래서 새로운 시스템을 사용하도록 그들을 일일이 설득하는 일은 어려울 것이다(아마도 새로운 메시징플랫폼으로 동시에 갈아타도록 친구들을 설득하는 일보다 훨씬 더 어려울 것이다). 국제금융제재를 받은 (예를 들어 이란 은행과 같은) 은행들을 통해서 확인했듯이, 스위프트 네트워크에서 배제되면 해외 송금은 불가능하다. 이것이 스위프트가 지정학적인 영향력을 행사할 수단으로 사용되는 이유이다.

금융
카르텔

모든 디지털결제의 목적은 돈이 한 곳에서 다른 곳으로 이동한다는 환상을 사람들에게 심어주는 것이다. 그래서 은행들은 2개씩의 계좌를 개설하고 직접 액수를 수정한다. 해외 송금 시 먼저 송금은행이 해외 송금을 요청한다. 하지만 수취은행의 데이터센터 앞에서 해외 송금을 해달라고 소리친다고

해서 해외 송금이 되는 것은 아니다. 해외 송금 요청을 디지털코드로 변환해서 멀리 떨어진 곳에 있는 외국 은행에 전달해야 한다.

은행은 직접적으로나 간접적으로 해외 송금을 처리할 수 있도록 '송금 창구'를 고객에게 제공한다. 직접 채널은 영업지점이다. 영업지점을 방문해서 은행창구에 있는 은행원에게 직접 요청하면 은행원은 해외 송금 요청을 은행 데이터센터의 데이터베이스에 입력한다. 물론 전화나 우편물로도 가능하다. 하지만 요즘에는 인터넷뱅킹을 이용하면, 고객이 직접 해외 송금 요청을 디지털로 은행 데이터센터에 바로 전송할 수 있다.

인터넷뱅킹은 임대료를 지불할 때처럼 정기적으로 거액을 송금할 때 편리하다. 하지만 일상생활에서 일어나는 소소한 금융거래와 관련해선 이야기는 달라진다. 빵집 계산대 앞에서 랩톱을 꺼내 들고 점원에게 와이파이 비밀번호와 계좌번호를 묻는다. 인터넷뱅킹에 접속해서 빵집의 계좌번호를 입력하고 빵값을 송금한다. 이체 확인 메시지가 뜰 때까지 계산대 앞에서 초조하게 기다리는데, 등 뒤에 화가 잔뜩 난 사람들이 죽 늘어서 있다. 이런 불편함 때문에 **간접 채널**이 존재하는 것이다. 예를 들어서 수표는 점원에게 건네는 지시서다. 점원은 이 수표를 은행에 가져가면 현금으로 바꿀 수 있다. 하지만 지금 널리 사용되는 간접 채널은 카드결제다.

비자와 마스터카드와 같은 카드회사들은 실로 획기적인 서비스를 제공한다. 그들은 앞서 봤던 빵집 사례처럼 직접 돈을 송금하는 것이 여의치 않거나 이를 위한 환경이 불안정할 때 거래은행에 간접적으로 결제메시지를 전달하는 시스템을 개발했다(온라인 쇼핑몰도 예외는 아니다). 카드회사들은 종잡을 수 없는 구매자들에게 자신들의 독자적인 송금 창구를 사용해달라고 부탁하지 않는다. 그냥 **판매자들에게 송금 창구를 만들어준다.**

카드회사들로 구성된 카드 네트워크는 협동조합을 닮았다. 그것은 (비자와 같은) 설계자와 가맹은행을 위해서 이익을 만들어낸다. 가맹은행은 나처럼 거리를 돌아다니는 구매자들에게 카드를 발행하고 존과 같은 판매자들에게 송금 창구를 설치해준다. 나와 같은 구매자들은 송금 창구를 이용하여 카드회사가 관리하는 네트워크에 결제요청을 할 수 있다(내 경우에는 비자카드). 이러한 송금 창구에는 실제로 신용카드를 꽂는 포스단말기가 있지만, 전자상거래 시에는 웹사이트에 '디지털결제대행'이 설치되어 있다(쉽게 말해서 디지털 포스단말기).

현대의 신용카드는 작은 컴퓨터와 같다. 쉽게 말해서 지갑에 넣고 다닐 수 있는 아주 얇은 랩톱이다. 신용카드는 포스단말기를 통해서 결제요청을 금융기관에 전달한다. 존의 포스단말기로 옮겨진 나의 결제요청은 비자넷으로 보내진다. 비자넷은 비자가 보유한 거대한 글로벌 결제시스템이다. 비자넷에는 1만 5,000개의 가맹은행과 포스단말기가 연결되어 있고, 초당 5,000건의 결제요청이 동시에 생성되어 전송된다. 나의 결제요청도 그중의 하나다. 비자넷은 초당 3만 건의 결제요청을 처리할 수 있다. 비자는 비자넷 데이터센터가 어디에 위치하는지 결코 밝히지 않는다. 그저 '동쪽 해안선' 어딘가에 있다고 말할 뿐이다.[31] 비자넷 데이터센터는 전략적으로 대단히 중요하다. 그래서 비자는 비자넷 데이터센터에 9일 동안 전기를 공급할 수 있는 비상발전시설과 보안정책을 마련해두었다. 〈네트워크 컴퓨팅〉 매거진은 비자넷에 대해 다음과 같이 말했다.

> 단지로 이어지는 도로에는 유압식 차량 진입 방지용 말뚝이 설치되어 있다. 그것들은 시속 80km/h로 주행하는 차량을 멈춰 세울 수 있을 정도로 빠르게 반응한다(도로는 굴곡이 심해서 고속주행은 불가능하다). 방문자는 반드시 보안 관문을 통과해야 한다. 보안팀을 통과해야 하고, 단지 안으로 들어가기 전에 생체정보를 확인받아야 한다.

이 데이터 요새는 나의 결제요청을 내 거래은행으로 보낸다. 예를 들면 '브렛은 접골사에게 돈을 지불하길 원한다. 그에게 뱅크칩이 충분히 남아 있나?'라는 메시지다. 이러한 메시지를 전달받은 나의 거래은행은 내게 뱅크칩이 충분한지를 확인하고, 결제요청이 들어온 같은 통로를 이용해서 지불 승인을 해준다. 존의 포스단말기가 삐 소리를 내고 '결제승인'이란 메시지가 나타난다. 나는 신용카드를 챙겨서 자리를 떠나고, 나의 거래은행과 존의 거래은행이 결제 과정을 개시한다.

디지털결제의 기본 원칙은 간단명료하다. 결제를 원하는 은행이 있고, 그들 사이를 연결하는 메시징플랫폼과 고객이 사용할 수 있는 메시징 장치가 있다. 여기서부터 대부분의 결제 '혁신'이 이해될 것이다. 기존 시스템 위에 또 다른 시스템을 쌓아 올리거나 카드 네트워크를 우회하거나 늘리기 위해서 은행에 직접적으로 메시지를 전달할 방법을 고안해낸다. 예를 들어서 애플페이와 구글페이는 기존 금융시스템에 메시지를 전달하는 새로운 방법을 만들어냈을 뿐이다. 그들은 그저 우리가 사용하는 휴대폰을 신용카드로 바꿔놓았을 뿐이다(여기에는 구글에 나의 결제내역에 관한 데이터가 계속해서 쌓인다는 부작용도 있다).

결제 앱의
진실

'예술은 무엇인가?'나 '삶의 의미는 무엇인가?'와 같은 철학적인 질문처럼 '돈은 무엇인가?'란 질문에는 아무리 고민하고 논의를 해도 명확한 답을 내릴 수 없다. 나는 이 질문에 답을 구하기 위해서 현재의 통화시스템부터 설명하고자 한다. 돈은 정치적 시스템 안에 세워진 법적 시스템이 활성화시키는, 국가와 은행 차용증이 혼합된 시스템이다. 결과적으로 돈은 사람들로 구성된 거대한 상호의존적 네트워크 안에서 경제 네트워크에 접근하는 토큰으로 사용된다. 일단 활성화되면 돈의 힘은 네트워크 효과를 통해서 강력해진다. 수백만 명의 사람들이 서로 의존하고 수많은 기관이 이 상호의존성을 강화하고 규정한다.

국가와 은행이 핵심적인 기관이지만, 페이팔·벤모·위챗·엠페사·페이티엠 등과 같은 '비은행'시스템은 부가시스템처럼 금융 네트워크에 연결될 수 있다. 은행이 당신에게서 국가화폐를 가져가고 뱅크칩을 발행한다면, 페이팔과 같은 행위자들이 은행이 발행한 뱅크칩을 가져가고 당신에게 페이팔 칩을 발행한다. 결과적으로 당신의 페이팔계좌에 찍힌 디지털숫자는 국가가 발행한 1단계 차용증(국가화폐)에 대한 은행이 발행한 2단계 차용증(뱅크칩)에 대한 기업이 발행한 3단계 차용증(페이팔 칩)인 셈이다.

이러한 시스템들은 계좌들로 묶여있다. 예를 들어서 나의 페이팔계좌는 나의 은행계좌와 묶이고, 나의 은행계좌는 내 거래은행의 중앙은행 계좌와 묶인다. 그리고 내 거래은행의 중앙은행 계좌는 중앙은행이 다른 나라의 중앙은행에 개설한 계좌와 묶인다(참고로 중앙은행들은 IMF와 국제결제은행과 같은 대형 국제기구의 특별 서비스를 사용한다). 국제적 영역까지 이르게 되면, 금융시스템을 좌우하는 정치는 복잡하고 방대해진다. 중앙은행들은 비상시에 상대방의 통화를 사용할 수 있도록 거액의 신용을 주고받는다. 예를 들어서 2013년에 유럽중앙은행은 중국인민은행과 '통화스와프 협정'을 체결했다.[32] 이로써 유럽중앙은행은 3,500억 위안을, 중국인민은행은 450억 파운드를 필요한 순간에 미리 약정된 환율로 사용할 수 있게 됐다.

은행업계가 행사하는 거대한 힘을 생각하면서 나는 **위에서부터** 우리의 상호작용을 관장하는 뱅킹시스템을 시각화하고자 한다. 3장에서 나는 은행업계를 산속의 거인에 비유했다. 여기서 은행업계의 힘이 얼마나 거대한지를 간접적으로 확인할 수 있었다. 하지만 현대의 금융기관들은 이를 초월하는 힘을 지닌다. 그리고 그들은 각국의 하늘 위를 떠다니는 구름 도시에 가깝다. 그들은 스위프트·비자의 카드 네트워크·단일유로화지불지역SEPA 등의 지불클럽과 같은 메시징시스템을 통해서 국제적으로 묶인다. 이러한 국제결제시스템 내부에서도 **구름 도시들 사이의 위계**가 정해진다. 많은 국가의 중앙은행은 미국 연방준비위원회가 꼭대기 권좌에 앉아 있는 미국의 금융시스템을 통해서 상호 간 국제 결제를 처리한다. 이런 이유로 미국 달러화는 국제통화로 불린다.

우리는 이 구조의 제일 꼭대기로 수백만 건의 결제요청을 보낸다. 하지만 우리처럼 평범한 사람들의 분주한 움직임이 한 국가의 정점에 닿기에는 우리가 거기에서 너무나 멀리 떨어져 있다. 국제사회의 정점과는 훨씬 더 멀리 떨어져 있다. 지상 1층에서 봤을 때 그러한 기관들은 요원하고 추상적인 존재로 다가온다. 하지만 통화공급량을 확장하거나 축소하려는 시도는 중앙은행이 은행을 통해서 우리에게 간접적으로 영향력을 행사하려는 시도다(이것은 확실히 간접적인 접근이다. 시중에 유통되는 통화 대부분은 은행들이 발행한 뱅크칩으로 구성된다. 그래서 중앙은행이 통화공급량에 행사하는 영향력은 제한적일 수밖에 없다). 통화정책은 통화량을 높이거나 낮춰서 금융시스템이란 신경계를 통과하는 자극의 양을 조절하려고 시도한다. 이로 인해서 (케인스주의자나 통화주의자 등) 서로 다른 통화경제학파끼리

설전이 벌어진다. 그들은 경제에서 사람들이 발행한 화폐량과 노동을 통해서 만들어낸 생산물량의 관계를 두고 격론을 펼친다.

통화정책에 관한 논의가 당혹스러울 수 있다. 하지만 일반적으로 화폐 사용자가 되는 것은 상당히 곤혹스럽고 당황스러운 일이다. 우리가 얽힌 경제 네트워크들은 거대하게 널리 퍼져 있고, 통화시스템은 그 수많은 경제 네트워크들을 한데 묶는다. 그래서 충분히 거리를 두고 통화시스템의 구조를 한눈에 살피는 것은 거의 불가능하다. 대체로 통화시스템에서는 물질적인 '인공물'만 눈에 쉽게 들어온다. 그래서 어느 기자의 경제 기사에는 '돈'을 표현하기 위해서 주로 게티이미지에서 가져온 달러 지폐나 파운드 동전 이미지가 함께 실린다.

이러한 이미지가 우리에게 보여주는 것은 일반적으로 '돈'이라 일컫는 것과는 다르다. 이것들은 훨씬 더 거대한 시스템의 일부에 지나지 않는 물리적인 국가통화만을 보여준다. 사실상 은행의 데이터센터나 디지털뱅크칩을 나타내는 이미지는 없다. 그리고 인터넷 검색창에 '디지털화폐'를 검색해도 실질적인 이미지는 나오지 않는다. 구글 이미지 검색창에 '디지털화폐'라고 검색해봐라. 현금이 데이터 속으로 녹아들어 흔적도 없이 사라지거나, 현금이 전선을 통과하거나, 현금이 컴퓨터에서 갑자기 튀어나오는 이미지들이 쏟아질 것이다.

이러한 대중적인 이미지는 현금이 '일반적인 돈'의 포괄적인 상징으로 여겨져야 한다는 것을 시사한다. 하지만 우리는 현금과 디지털뱅크칩의 경계선을 긋는 데 상당한 애를 먹는다. 이는 우리에게 심각한 영향을 미칠 수 있다. 2016년 파나마 페이퍼스가 유출됐다. 파나마 페이퍼스는 파나마의 최대 로펌인 모색 폰세카Mossack Fonseca & Co.가 보유한 역외기관들의 수상한 금융거래들이 기록된 1,150만 건의 비밀문서다. 파나마 페이퍼스를 유출시킨 웹사이트는 '현금을 숨기는 정치인·범죄자와 불량기업'이란 소제목과 함께 폭풍에 휩쓸려 공중에 떠다니는 달러 지폐 이미지를 공개했다. 그러나 파나마 페이퍼스에 포함된 역외회사들은 현금이 아닌 디지털뱅크칩을 사용하는 비밀 계좌로 조세를 회피해왔다. 파나마 페이퍼스에는 은행 이체가 '현금'이체로 표현되어 있었다. 이로 인해서 일반인들은 대규모 조세회피의 배후인 은행업계와 금융시스템의 존재를 알아채지 못했다. 하지만 이런 일련의 사건들을 보면서 사람들은 현금과 범죄를 결부시키기 시작했다. 대규모의 금융범죄가 은행거래를 통해서 이뤄진다는 사실은 간과됐다.

경제 네트워크에서 뱅크칩은 현금보다 더 많이 사용되고 있지만, 돈의 대중적인 이미지는 이를 의도적으로 무시하는 것 같다. 1장에서 금융산업을 글로벌 자본주의의 신경 중추라고 표현했다. 그리고 금융산업이 현금 없는 사회를 학수고대하고 있다고도 말했다. 현금 없는 사회가 도래하면, 금융산업이 전체 '신경 중추'를 감독할 수 있기 때문이다. 그래서 은행업계는 디지털화폐를 '현금과 같은' 디지털숫자로 선전하는지도 모른다. 이것은 뱅크칩이 업그레이드된 현금일 뿐이라는 메시지를 대중에게 전달한다. 현금으로 가장한 디지털화폐는 사람들을 안심시키고, 은행업계는 사람들의 감시망을 피한다.

한때 현금은 국가 이념을 퍼트리는 주요 수단이었지만 이제 그 국가에 나타난 기업들에 의해 그 유용성이 더욱 확장되었다. 현금은 손이 닿지 않는 저 높은 천상에서 만들어져 뚝 떨어지는 것 같지만, 그렇게 현금이 우리 손에 들어오면 말 그대로 지상의 것이 된다. 다시 말해서 현금은 실재가 된다. 현금은 국지적 제약을 받고 사람과 사람의 물리적인 접촉을 통해서 이동한다. 이와 반대로 뱅크칩은 눈에 보이지 않고, 우리와 멀리 떨어져 있어 손에 잡히지도 않는다. 그리고 일반적인 개인보다 아마존과 같은 대기업들이 접근하기 쉬운 제도 아래에 운용된다.

모든 디지털화폐는 클라우드가 없으면 존재할 수 없다. 그래서 나는 디지털화폐를 '클라우드머니'라고 부른다. 클라우드는 저 멀리 떨어져서 우리와 상호작용하는 데이터센터다. 하늘을 둥둥 떠다니는 구름을 뜻하는 '클라우드'로 디지털화폐를 표현하는 것은 유용하면서 위험한 시도다. 이 단어는 무언가가 물리적인 현실의 속박에서 벗어나 자유롭게 하늘을 떠다닌다는 인상을 우리에게 심어줄 수 있다.

하지만 현실의 클라우드는 전기 담장과 무장한 경비로 둘러싸인 건물 내부에 있다. 성냥개비에 붙은 불을 지폐에 대면 지폐는 순식간에 화염에 휩싸이고 국가가 나에게 한 약속은 잿더미가 되어 사라진다. 하지만 신용카드·스마트폰·컴퓨터 등에 불을 붙여도 디지털화폐를 불태워 없앨 수는 없다. 뱅크칩을 태워 없앨 수 있는 유일한 방법은 데이터센터 내부로 침입해 불을 지르는 것이다. 이렇게 굳게 잠긴 데이터센터 안에 있는 클라우드머니에 비하면, 현금은 지극히 친근하게 느껴진다.

5장

뱅크칩 사회

당신은 카지노 블랙잭에서 크게 이겼다. 테이블 위에 수북이 쌓인 카지노 칩을 끌어다가 가방에 넣었다. 당신은 가방에 담긴 카지노 칩을 현금으로 몽땅 바꿔서 집으로 돌아갈 생각이다. 교환원에게 가방을 건네며 모두 현금으로 교환해달라고 요구한다. 그는 물끄러미 당신을 쳐다보더니 '죄송하지만, 저희 카지노는 더 이상 칩을 현금으로 교환해드리지 않습니다'라고 말한다. 카지노에 들여보내줄 때는 언제고, 지금은 카지노를 떠나지 못하게 당신을 막아선다. 분명 화를 내야 마땅한 상황이다.

　　이와 유사한 일이 은행업계에서 벌어지고 있다. 영국과 같은 나라에서 은행이 ATM과 영업지점을 조용히 철수시키고 있다. ATM과 영업지점은 사람들이 뱅킹시스템에 들어가고 나가는 일종의 진출입로였다. 영국은행가협회와 영국 통계청이 제공한 데이터에 따르면, 2012년과 2020년 사이에 영국에서 은행지점의 수가 28% 하락했고, 영국에 설치된 ATM의 개수는 2015년과 2020년 사이에 24% 감소했다. 은행은 ATM과 영업지점을 통해서 사람들을 뱅킹시스템으로 끌어들이는 데 성공했다.[33] 하지만 심술궂게도 그들은 이 성공을 이용해 사람들이 뱅킹시스템에서 빠져나갈 기회를 차단하는 행위를 정당화하고 있다.

우리는 지금 국가가 발행한 현금과 은행이 발행한 뱅크칩으로 움직이는 이중적인 통화시스템 속에서 살아가고 있다. 하지만 '현금 없는 사회'에서 둘 중 어느 하나는 사라진다. 다시 말해서 현금이 사라지고 뱅크칩만이 유일한 선택지로 남게 된다. '현금 없는 사회'는 완곡한 표현이다. 이것은 위스키를 '맥주 없는 술'이라고 부르는 것만큼 영양가 없는 표현이다. 하지만 금융산업은 '현금 없는 사회'란 표현을 좋아한다. 사람들이 표현에서 '떠오를 새로운 힘(디지털화폐)' 대신에 '없어질 무언가(현금)'에 주목하기 때문이다. 생각해봐라. '현금 없는 사회'보다 '뱅크칩 사회'를 광고하는 것은 훨씬 더 힘들 것이다.

은행은 시중에서 현금을 거둬들여 통화량을 줄일 수 있다. 현금을 '비현금화'하여 지급준비금으로 바꿔 중앙은행에 보관한다. 그리고 데이터센터를 통해서 뱅크칩을 발행하여 고객 계좌에 지급한다. 이와 반대로 은행은 시중에 현금을 풀어서 통화량을 늘릴 수도 있다. 고객이 국가화폐를 요구하면, 은행은 고객 계좌에서 뱅크칩을 차감하고 지급준비금을 현금화한다. 그리고 ATM과 영업지점을 통해서 현금을 고객에게 전달한다. 그러나 은행들은 ATM을 유용하기는 하지만 운영하는 데 손이 많이 가는 퇴물로 취급하기 시작했다. 이것은 카지노가 칩을 현금으로 바꿔주는 일을 법적 의무가 아니라 한낱 자선활동으로 여기는 것과 별반 다를 바 없다. 이제 이런 카지노와 같은 생각을 하는 은행들은 현금인프라를 서서히 없애고 있다.

이로 인해서 뱅크칩의 주요 경쟁자인 현금에 대한 접근성이 떨어지고 있다. 사람들은 현금을 사용하기 불편한 지불수단이라고 생각하기 시작했고, 뱅킹시스템에 대한 의존도가 커지고 있다. 뱅킹시스템을 사용하는 사람들이 늘어나면서, 은행이 현금인프라를 폐지할 정당성이 강화됐다.

현금인프라에는 은행 영업지점도 포함된다. 영업지점을 폐쇄하는 은행들이 점점 늘어나고 있고, 심지어 영업지점들이 처리하는 현금업무도 줄어들고 있다. 예를 들어서 스웨덴의 많은 은행지점은 현금을 받지 않는다. 그래서 현금을 받는 상점 주인들이 현금을 은행에 맡기려면 아주 먼 곳까지 가야만 한다. 이런 불편함 때문에 현금을 받지 않는 상점이 늘어나고 있다. '현금 없는' 상점의 증가로 사람들이 현금을 쓸 기회가 줄어든다. 결국에 현금은 쓰기 어렵거나 쓸 곳 없는 애물단지가 되어 자멸한다. 달리 말해 은행들은 전략적으로 자기충족적 예언을 하고 있는 것이다. 그들의 전략은 성공적이다.

구글 트렌드가 제공한 데이터에 따르면, 2014년 이후로 '현금 없는'이란 검색어 사용이 급증했다.[34] 이 단어는 현금이 사용되지 않는 사회와 단일 디지털지불('현금 없는 지불')이 주로 사용되는 사회를 모두 지칭한다. 서로 다른 사물 2개를 같은 이름으로 부를 때 **애매구의 오류**가 발생할 수 있다. 애매구의 오류에서는 별개의 의미들이 서로를 오염시킨다. 예를 들어서 프랑스정부가 은행 디지털지불 계획을 '현금 없는 지불 계획'이라고 칭할 때 애매구의 오류가 발생한다. 물론 현금과 디지털화폐인 뱅크칩은 동시에 존재할 수 있다. 하지만 디지털지불을 '현금 없는 지불'이라고 표현하면 현금의 종말에 대한 암시 없이 디지털지불을 논하는 것이 불가능해진다.

은행화폐인 뱅크칩이 '현금 없는'이란 표현 아래 숨어버리면, 현금과 뱅크칩에 대한 논의가 힘들어진다. 기성세대들은 '은행 밖의 돈(현금)'과 '은행 안의 돈(뱅크칩)'을 구분한다. 하지만 거의 모든 것이 디지털화된 세상에서 나고 자란 신세대들에게 그 구분은 무의미하다. 신세대들은 심리적으로 뱅크칩을 지지한다. 그래서 그들은 뱅크칩은 국가의 통화시스템에서 완전히 분리되어 현금을 전혀 사용할 필요가 없다는 주장에 점점 휘둘린다. '대망각의 시대'에 ATM은 은행이 발행한 약속을 현금으로 바꿔주는 수단이라기보다 고대유물로 취급받기 시작했다. 신세대들은 '은행 밖의 돈'을 상상할 수 없다.

이것은 정치적·경제적·심리적으로 심각한 결과로 이어질 수 있다. 예를 들어서 거래은행이 파산할 것 같으면 사람들은 공황에 빠지고 너도나도 은행으로 달려가서 뱅크칩을 현금으로 교환한다. 이것이 바로 '뱅크런'이다. 사람들은 ATM과 영업지점에 길게 줄을 서서 문제의 은행에서 '현금을 빼내가려고' 시도한다. 하지만 ATM이나 영업지점이 없다면 어떻게 될까? 은행계좌에 접속해서 안전한 은행으로 돈을 이체하거나, 친구에게 계좌에 돈을 잠깐만 맡아달라고 부탁을 해야 할지도 모른다. 하지만 모든 은행업계가 위기에 빠진다면 어떻게 될까?

멈출 수 없는
로켓

'은행 안의 돈'의 한계에서 벗어날 수 없는 상황(더 정확히 말하면 은행이 발행한 뱅크칩에 묶여버리는 상황)은 일종의 **인클로저**$로 간주해야 한다. 그러나 뱅크칩 사회는 자애로운 디지털시스템에 둘러싸이길 바라는 평범한 사람들이 자발적으로 실현할 불가피한 미래로 그려진다. 금융미래주의자도 디지털인클로저는 '자연스러운 과정'이라고 주장한다. '디지털화를 요구하는' MZ세대들(1980~2012년 사이에 출생한 사람들)이 추진력을 제공하는 멈출 수 없는 로켓인 것이다. 디지털결제회사들은 공격적으로 이러한 이야기를 이용한다. 그들은 '이 로켓에 올라타지 않으면, 뒤

$ 근세 초기의 유럽, 특히 영국에서, 영주나 대지주가 목양업이나 대규모 농업을 하기 위하여 미개간지나 공동 방목장과 같은 공유지를 사유지로 만든 일. (옮긴이 주)

처지게 될 것'이라고 외친다.

예를 들어서 페이팔은 2016년 런던 지하철을 중심으로 '새로운 화폐' 캠페인을 시작했다. 페이팔은 런던 지하철의 광고판을 중산층의 전도유망한 젊은이들의 이미지로 도배했다. 페이팔은 사람들을 수령인이라고 불렀다. 고대하던 기술을 곧 수령하게 될 주체 말이다. '새로운 화폐가 도착했다'는 페이팔의 슬로건은 주문한 물건을 배송하러 온 배달원이 하는 말처럼 들렸다.

프랑스 철학자 루이 알튀세르Louis Althusser는 이 기법을 **호명**이라고 칭했다. 사람들이 이미 새로운 아이디어에 동의하고 있다고 가정하고 사람들을 호명하여 아이디어를 주입하는 방법이다. 예를 들어서 '사이버 먼데이'는 그저 전미소매협회가 매출 인상을 위해서 그 누구의 동의도 없이 새롭게 만들어낸 날이다.[35] 전미소매협회는 '사이버 먼데이가 올해 최대 온라인쇼핑 시즌이 될 것'이라는 보도자료를 배포하며 대대적으로 선전했다. '사이버 먼데이가 왔다', '사이버 먼데이를 맞이할 준비가 됐나?' 등과 같은 슬로건이 등장했다. 소비자들은 이런 슬로건을 보고 사이버 먼데이가 원래 있던 날인 것처럼 받아들이게 된다. 그리고 사이버 먼데이가 실제로 존재하는 날이라고 믿는 수백만 명이 그날이 오기만을 손꼽아 기다리는 모습을 떠올린다. 페이팔과 같은 디지털결제회사들도 이와 유사한 기법을 사용한다. 그들은 실제로 저명한 사람들이 '새로운 화폐'의 등장을 학수고대하면서 그 흐름을 이끌고 있다고 믿게 만든다.

기업들이 만들어낸 거짓 메시지가 판을 치는 사회에서 비판적인 태도를 유지하는 것은 어렵다. 기업들이 끊임없이 만들어내는 상업적인 메시지는 거의 포화상태이다. 그래서 상업적인 메시지의 비판자는 자신이 마치 재원이 풍부한 종교를 비판하는 불가지론자(신과 같은 존재는 분명 있지만, 인간은 신을 인식할 수 없다는 종교적 인식을 가진 사람)가 된 것처럼 느낀다. '현금은 반드시 보호해야 할 공공재다'라는 내용의 광고판은 없다. 왜냐하면 그 메시지를 널리 퍼트릴 현금 친화적인 기업이 현금에겐 없기 때문이다. 현금은 그야말로 무방비 상태로 공격당하고 있다.

런던 지하철을 타고 출퇴근하는 사람들은 플랫폼에서 지하철을 기다리면서 맞은편 벽에 붙은 광고판을 넋 놓고 응시한다. 디지털 결제회사들은 이들을 '포스트현금 개종자'라고 호명한다. 진위 여부를 확인할 수 없는 이러한 상업적인 메시지에 반항심을 갖는 사람이 있을 수 있다. 하지만 주변을 가득 메운 상업적인 메시지 때문에, 자신을 제외한 주변 사람들 모두가 그것을 지극히 당연한 상식으로 받아들이고 있다고 인정하게 될 것이다. 이제 상업적인 메시지는 **당신이 동참하든 말든 변화는 일어날 것**이라며 적대감을 드러낸다. 심지어 '새로운 화폐'를 거부하면, 사람들로부터 소외되어 과거에 도태될 거라고 위협한다.

2장에서 보통의 사람들이 현금 없는 사회를 바라며 '밑에서 위로' 뱅크칩 사회의 등장을 이끌고 있다는 메시지를 경계하자고 했다. 물론 손뼉도 마주쳐야 소리가 나는 법이다. 페이팔처럼 은행에 준하는 조직이나 은행들이 공공연하게 사람들에게 디지털지불시스템

을 사용하라고 강요할 순 없다. 하지만 디지털화폐는 현금을 밀어
내고 경제 네트워크를 지배하기 시작했다. 이 세력은 어떻게 우리
의 마음을 열었을까?

자전거를
공격하라

        1898년 윈톤 자동차 운송회사는 세계 최
초 자동차 광고를 공개했다. 그 광고에서 이 회사는 '말을 버려라'라
고 말하며 '이제 말을 관리하기 위해 돈을 쓸 필요도, 관심을 쏟을
필요도, 걱정할 필요도 없다'라고 덧붙였다.

초기에 윈톤 자동차 운송회사가 출시한 모터 마차 또는 자동차는
'말 없는 마차'로 불렸다. 이것은 말이 끄는 수레의 제약으로부터 사
람들을 자유롭게 하는 혁신기술의 등장을 알렸다. 그럼에도 불구하
고 자동차는 사람들로부터 상당한 저항을 받았다. 특히 유럽에서
자동차에 대한 반발이 극심했다. 유럽인들이 수레를 끄는 말에 정
이 듬뿍 들었거나 자동차를 살 여유가 없었기 때문이었다. 자동차
에 열광하는 사람들은 이것이 불가피한 긍정적인 변화를 막는 걸림
돌이라고 생각했다. 그들은 울퉁불퉁한 시골길에서 말이 끄는 수레
를 막아선 채로 '미래에 길을 열어줘라!'라고 외쳤다.

이와 유사하게 디지털화폐 옹호자들은 현금을 말이 끄는 수레와

DISPENSE WITH A HORSE

and save the expense,
care and anxiety of
keeping it. To run a
motor carriage costs
about ⅛ cent a mile.

THE WINTON MOTOR CARRIAGE

is the best vehicle of
its kind that is made.
It is handsomely,
strongly and yet light-
ly constructed and el-
egantly finished.
Easily managed. Speed
from 3 to 20 miles an
hour. The hydrocar-

Price $1,000.   No Agents.

bon motor is simple and powerful.   No odor, no vibra-
tion.   Suspension Wire Wheels.   Pneumatic Tires.   Ball
Bearings.   ☞ *Send for Catalogue.*

THE WINTON MOTOR CARRIAGE CO., Cleveland, Ohio.

| 윈톤 자동차 운송회사 신문지면 광고

같은 지불수단으로 그린다. 그들은 현금은 오직 시대에 뒤처진 사람들의 고집스러운 향수에 기대서 생존한다고 주장한다. 그들은 디지털화폐를 현금의 '업데이트 버전'이라고 생각한다. '말 없는 마차'처럼 '현금 없는 결제'는 이전에 존재했던 장애물이 모두 사라졌다는 메시지를 은연중에 전달한다. 과연 이토록 열등한 지불수단인 현금을 끝까지 고수할 이유가 있을까?

'말 없는' 마차인 자동차는 실제로 말이 끄는 수레의 업그레이드 버전이었다. 둘 다 바퀴와 객차라는 동력원이 있고, 같은 도로를 사용한다. 하지만 뱅크칩은 국가화폐인 현금의 업그레이드 버전이 아니다. 현금이 뱅크칩을 뒷받침하는 것만 봐도 알 수 있는 사실이다(이와 같은 맥락에서 카지노 칩도 현금으로 교환해주겠다는 카지노의 약속을 보여주는 수단이기 때문에 현금의 업그레이드 버전이 아니다). 엄밀히 말하면 디지털은행이체만이 비디지털은행이체의 업그레이드일 뿐이다. 1920년대 수표는 은행계좌를 수정하라는 문서화된 명령이었다. 반면에 2022년 스마트폰 결제는 1920년대 수표와 같은 일을 하는 디지털명령이다. 여기서 수표가 '말이 끄는 수레', 즉 마차인 것이다.

디지털화폐를 열렬히 지지하는 사람들은 현금 반대운동을 펼친다. 그들은 현금을 거추장스러운 장애물로 여긴다. 그들에게 현금은 빨리 달리는 자동차가 추월하려는데 도로를 가로 막고 선 '똥차'인 셈이다. 하지만 아직 현금과 디지털화폐를 모두 유지하는 데는 큰 이견이 없어 보인다. 현금을 탈 것에 비유하자면, 현금은 자전거라고 할 수 있다. '현금을 없애는 것'은 자동차가 달리는 도로와 나란히 그려진 자전거 전용도로를 없애는 것과 같다.

상품이나 서비스가 업그레이드되면, 사람들은 옛 버전을 더 이상 원하지 않는다. 하지만 업그레이드된 상품이나 서비스를 옛 버전과 공존시키면, 사람들은 둘을 그대로 유지하길 바라는 경향이 있다. 예를 들어서 전자우편은 팩스기를 시장에서 몰아냈지만, 우편서비스는 여전히 건재하다. 전자우편과 우편서비스가 기능적으로 중복되기도 하지만, 전자우편이 할 수 없는 일들을 우편서비스가 할 수 있다. 사람들은 팩스기가 사라지든 말든 상관치 않겠지만, 우편서비스를 없앤다고 하면 너도나도 반대할 것이다. 이와 비슷한 맥락에서 엘리베이터는 고층 건물에서 유용한 장치다. 그렇다고 고층 건물에 비상계단을 없애고 **엘리베이터만 설치할** 건설회사는 없다. 병행하는 선택지들을 유지하면 다양성을 통해 회복탄력성을 확보할 수 있다. 지자체들이 다양한 수송체계를 확보해야 한다고 주장하는 이유다. 자전거는 자동차보다 **먼저 등장한 운송수단**이다. 하지만 자전거의 인기는 그 어느 때보다 높다. 자전거는 대기오염·교통체증과 도시생활의 스트레스와 건강 악화와 같은 자동차로 인해 발생하는 문제들을 완화한다.

이와 유사하게 다양하고 탄력 있는 지불시스템에는 비디지털시스템과 비뱅킹시스템이 모두 필요하다. 하지만 지금의 지불시스템은 단일 시스템으로 수렴되고 있다. 디지털결제회사들이 많아서 지불시스템에 다양성이 존재한다는 환상을 심어줄 수 있다. 하지만 그들은 소수 은행이 독점하는 뱅킹시스템을 바탕으로 자신들의 지불시스템을 운영한다. 은행업계는 뱅킹시스템만이 지불시스템으로 존재하도록 만들기 위해서 수단과 방법을 가리지 않는다. 그들은 자동차 사고의 위험성은 무시하고 대안 수송체계의 위험성만을 과장하는 과거 자동차업계의 로비스트들처럼 행동한다.

실제로 윈톤 자동차 운송회사부터 시작해서 자동차업계는 자동차의 협소하고 개별적이고 단기적인 혜택들만을 광고했다(예를 들면 자동차를 사용하면 시간이 절약되고 유지비용이 줄어든다). 그리고 자동차의 사회적 부작용을 해소하는 일은 정부의 몫으로 남겨졌다. 정부는 자동차 때문에 발생하는 문제를 해소하기 위해서 도로법·교통혼잡 부담금·연비기준 등을 도입했다(자전거 전용도로의 도입도 그중의 하나다). 디지털결제에서도 이와 유사한 역학구조가 목격된다. 자동차 광고는 교통체증으로 대기오염이 극심한 도심이나 자동차 사고 현장 대신에 탁 트인 시골 도로에 설치된 광고판에 걸린다. 이처럼 디지털결제 광고는 '디지털결제플랫폼이 선사할 속도·편리함·감시·사이버 해킹·중대한 인프라 결함을 즐기세요'라고 말하지 않는다.

점점 더 많은 사람이 현금은 '말이 끄는 수레'이니 버려야 한다는 이야기를 믿게 된다. 하지만 직관적으로 현금을 마차보다 '자전거'에 가깝다고 느끼는 사람들은 여전히 위와 같은 이야기에 불편함을 느낀다. 자전거는 자동차처럼 아주 빠르지 않지만 잠깐 밖에 나갔다 올 때 굉장히 용이한 이동수단이다. 그리고 관리하는 데 손이 훨씬 덜 가고, 따로 비용을 들일 일이 없으며, 다른 수송체계가 혼잡할 때 유용하다. 현금 또한 그렇다. 디지털 은행계좌는 '금융시스템'에 접속해야만 쓸 수 있고, 그 시스템을 잘 관리하고 유지해야 문제없이 디지털은행거래가 가능하다. 그런데 이렇게 손이 많이 가는 시스템을 신뢰할 준비가 된 사람들은 도대체 어떤 사람들일까? 지금부터 이 질문에 대한 답을 찾아보자.

캐시온리 vs 노캐시

18살이었을 때 나는 어깨에 기타를 메고 목에 하모니카를 걸고 뉴욕 지하철에서 버스킹을 했다. 나는 밥 딜런 급은 아니었지만, 몇몇 행인들은 내 노래에 미소 지으며 동전 몇 닢을 던져줬다. 나는 그렇게 피자 한 조각 사 먹을 돈을 벌었다. 길거리 연주자는 낯선 사람들에게 음악을 선물하고, 사람들은 가끔 음악을 들려준 것에 대한 감사의 표시로 돈을 건넨다. 그들은 마음이 동하면 즉흥적으로 연주자의 모자나 기타 가방에 동전이나 지폐를 던져 넣었다. 버스킹은 공식적인 중개자의 개입 없이 사람들이 소소하게 푼돈을 주고받는 금융생활의 좋은 사례다. 하지만 애석하게도 이렇게 형식에 얽매이지 않은 편안한 문화가 위협을 받고 있다. 이제 연주자들은 미리 비대면 지불장치를 마련해둬야 한다. 이 장치가 사용될 때마다 마스터카드는 수수료를 받아 갈 것이다.

버스킹의 경우만이 비격식의 정신이 위협받는 상황인 것은 아니다. 펍 퀴즈와 홈 포커 게임도 마찬가지다. 술집에서 사람들이 맥주잔에 판돈을 걸고 비공식적인 퀴즈대회를 열거나, 폴란드에는 신부와 춤을 추고 그 대가로 현금을 신부의 웨딩드레스에 꽂는 비공식적인 전통이 있다. 열정적인 수피 카우왈리 공연에서 관중들은 무대로 다가가서 과장된 몸짓으로 공연자들에게 현금을 던져준다. 독일의 작은 시골마을에서 농부들은 길가에 주인 없는 작은 가게를 열고 텃밭에서 수확한 신선한 농산물을 판다. 노점에는 '정직 상자'가 놓여 있다. 손님은 정직 상장에 동전 몇 닢을 넣고 필요한 농산물을 가져간다. 전 세계적으로 수백만 명의 사람들이 이렇게 비공식적인 경제활동에 참여한다. 현금은 공식적인 제도를 우회할 수 있기 때문에 이러한 비공식적인 경제활동의 핵심이 된다.

2017년 뉴욕을 방문했을 때 나는 도로를 중심으로 마주 보는 두 건물 사이에 서 있었다. 거기서 나는 비공식적인 경제활동과 공식적인 경제활동의 차이를 다시금 느끼게 됐다. 첫 번째 건물은 가족이 함께 아시아 음식을 파는 작은 레스토랑이었다. 테이블에는 '현금결제가 저희와 같은 작은 레스토랑에 도움이 됩니다. 신용카드로 결제하시면 수수료를 카드회사에 지불해야 합니다'라는 안내문이 놓여 있었다. 두 번째 건물은 그 식당의 맞은편에 카페를 겸한 체인점 레스토랑이었다. 그 레스토랑은 건강에 관심이 많은 젊은 직장인들을 주요 타깃으로 유기농 샐러드와 콤부차를 팔고 있었다. 레스토랑 입구에는 '캐슈 사절No Cashew Money. 스윗그린은 현금을 받지 않아요. 결제를 위해 iOS 앱을 다운로드해주세요. 웹사이트(bit.ly/sgcash-less)에서 현금을 받지 않는 이유를 확인하세요'라는 안내문이 걸려 있었다. 나는 호기심에 안내문에 적힌 웹사이트에 접속해봤다(스윗그린은 의도적으로 현금을 뜻하는 영어단어 '캐시'를 발음이 비슷한 '캐슈'로 표기했다. 캐슈는 식용 견과류의 일종이다). 그러자 '미래에 오신 것을 환영합니다. 이곳은 현금이 필요 없는 곳입니다'라는 메시지와 함께 한 블로그가 화면에 등장했다.

| 현금을 선호하는 아시아 음식 레스토랑 안내문 | 체인점 레스토랑의 현금 사절 안내문

두 공간은 선호하는 결제방식뿐만 아니라 문화적 장벽으로 분리
됐다. 가족이 경영하는 작은 레스토랑은 손으로 안내문을 작성했고
단도직입적으로 현금결제를 요구했다. 체인점 레스토랑은 그래픽
전문가를 고용해서 안내문을 제작했다. 안내문에는 익살스러운 말
장난이 포함됐고, 아이폰을 사용하지 않는 사람은 이상한 사람이라
는 암묵적인 메시지마저 담겨 있었다. 원한다면 첫 번째 레스토랑
주인에게는 현금결제를 선호하는 이유를 직접 물어볼 수도 있었다.
두 번째 레스토랑에서 나는 안내문에 적힌 웹사이트에서 현금을 받
지 않는 이유를 확인할 수 있었다. 점원들에게 그 이유를 물었다면,
잘 모르겠다며 어깨를 으쓱했을지도 모른다.

첫 번째 레스토랑은 누구나 편안하게 느낄 수수하고 소박한 곳

이었다. 하지만 두 번째 레스토랑은 각자의 분야에서 최고가 되기를 바라는 사람들을 위한 곳이었다. 그곳은 각자 랩톱을 하나씩 들고 스타트업 전략·대형 행사·새로운 패션 브랜드 등에 대해서 아이디어를 주고받는 젊은 직장인들로 가득했다. 여러 연구에 따르면 소득과 교육 수준이 높은 사람들은 그렇지 않은 사람들보다 현금을 훨씬 덜 사용했다.[36] 하지만 사회과학자가 아니더라도 계층에 따라서 애용하는 결제 방식이 다르다는 사실을 이해할 수 있다. 이는 신용점수가 높은 사람들이 주로 사용하는 세련된 카페만 봐도 알 수 있다. 당신은 그곳에서 스스로 교양 있다고 생각하고 사회적 성공을 추구하는 야심가들이 주로 디지털결제를 사용한다는 사실을 금세 알게 될 것이다.

소득과 교육 수준에 따른 선호 결제방식의 차이는 돈의 미래에 관한 논의에선 거의 언급되지 않는다. 왜냐하면 대체로 사회적 지위가 높은 사람들이 돈의 미래에 관한 논의를 주도하기 때문이다. 《화폐의 종말》을 쓴 케네스 로고프는 IMF 수석 경제학자였고 지금은 하버드대학교 교수다. 그는 현금사용에 반대하는 대표적인 인물이고, 정치인·저명한 학자·언론은 그의 주장에 쉽게 영향을 받는다. 넛지이론으로 노벨경제학상을 수상한 리처드 탈러Richard Thaler 와 같은 유명인들이 공개적으로 현금사용을 엄하게 단속하는 인도의 모디 정부를 극찬했다.[37] 이런 사람들은 현금에 대한 대중들의 관점에 지대한 영향을 미치지만, 현금문화를 대변하지는 않는다.

어느 사회복지사는 내게 사회적 지위에 따라 경찰이 만인에게 공정할 것이라 믿는 정도가 다르다는 사실을 알려줬다. 그는 자신이 만나는 사회에서 소외된 젊은이들은 당국에 의해 자동적으로 범죄자로 간주된다고 말했다. 그러므로 그들은 당국의 공정성을 믿을 이유가 없다. 사회경제적 지위가 낮은 사람들은 대체로 엘리트들이 이끌고 그들을 위해 존재하는 공식 기관들을 불편하게 생각한다. 여기에 은행도 포함된다. 스윗그린을 이용하는 소비자와 같은 부류인 저명한 경제학자들은 대체로 공식 기관을 신뢰한다. 바로 그들이 끊임없이 공식 금융기관에 의존해야 하는 '현금 없는 사회'를 문제없는 '사회 진보'라고 보는 사람들이지 않은가?

베터댄캐시얼라이언스는 그렇게 생각하지 않는다. 뉴욕지부부터 베터댄캐시얼라이언스 책임자들은 어쨌거나 현금을 경제발전을 방해하는 시대에 뒤처진 위험한 장애물이라고 생각한다. 그들은 비공식적인 경제활동에 주로 참여하는 사람들도 현금의 속박에서 벗어나 각종 디지털시스템으로 연결된 도시 직장인처럼 살기를 바란다고 주장한다.

은행의 친구는 누구인가

베터댄캐시얼라이언스와 같은 조직들은 자신들이 **금융포용**의 최전방에서 활동하고 있다고 주장한다. 이 분야에서 활동하는 사람들은 일상생활에서 공식적인 금융기관을 이용하지 않는 사람들을 두고 '은행서비스를 사용하지 않는 사람'이란 뜻의 '언뱅크드unbanked'라고 부른다(또는 '은행 서비스를 제한적으로 사용하는 사람'이란 의미로 '언더뱅크드underbanked'라고 부른다). 작은 시골 마을에 사는 사람들은 자전거를 타고 멀리 떨어진 소도시까지 나가서 필요한 물건을 사고 현금을 지불하는 것은 지극히 평범한 일이라 생각할 것이다. 하지만 공식 기관의 관점에서 보면, 그들은 '우버서비스를 사용하지 않고(Un-Ubered), 아마존서비스도 사용하지 않고(Un-Amazoned), 은행서비스마저 사용하지 않는(unbanked)' 사람들이다. 이러한 표현에는 가치판단을 따른다. 다시 말해서 뱅킹시스템에 흡수되는 것이 더 좋다는 가치가 내포되어 있다.

금융기관은 역사적으로 가난한 사람들과 관계 맺기를 피했다. 가난한 사람들에게 금융서비스를 제공하는 것은 그다지 수익이 높지 않았기 때문이다. 그렇다고 은행이 가난한 사람에게 전혀 관심이 없는 것만은 아니었다. 은행들은 금융취약계층을 이용해서 막대한 수익을 올릴 수도 있다. 2000년대 초반의 비우량주택담보대출sub-prime mortgage을 생각해봐라. 하지만 그들에게 당좌예금서비스를 제공하는 것은 그렇게 매력적인 사업은 아니다. 금융기관들이 위험조정수익에 끌린다. 최고로 '비합리적인' 사업은 큰 위험을 감수하고 낮은 금전적 보상을 기대하는 (또는 금전적 보상을 전혀 기대하지 못하는) 사업이다. 반면에 최고로 '합리적인' 사업은 위험이 낮고 금전적 보상이 큰 사업이다. 은행들은 당좌예금서비스를 제공할 고객을 결정할 때 위험과 수익을 계산한다. 당좌예금계좌를 관리하는 데 소요될 비용을 계산하고, 그 비용을 그에게 수수료를 받거나 대출상품을 팔아서 얻을 수 있는 수익에서 차감한다. 그리고 그 고객으로 인해 자신들이 감수할 위험을 고려한다.

은행들은 전통적으로 부유한 귀족과 상인을 집중적으로 공략했다. 그들에게 은행계좌를 개설해주면 상대적으로 낮은 위험을 감수하고 높은 수익을 올릴 수 있다는 것을 알고 있었기 때문이다. 소득수준이 낮은 사람들은 이와 같은 계산에서 좋은 점수를 받기 힘들다. 은행이 당좌예금계좌를 개설하고 관리하는 데 드는 비용은 정해져 있는데 고객의 거래규모가 적은 만큼 수수료나 이자수익도 적기 때문이다.

하지만 가난한 사람들이 수수료와 이자를 지불하면서도 영업지점을 방문하거나 많은 서비스를 요구하지 않는다면 이 경제방정식은 매력적으로 변모한다. 그래서 은행업계는 개발도상국에서 스마트폰을 성배로 여겼다. 가난한 사람들이 은행서비스를 받을 수 있도록 돕는 금융포용 전문가들은 스마트폰이 은행서비스를 제공하는 데 드는 비용을 줄일 수 있다는 것을 깨달았다. 즉 일단 위험과 수익에 대한 기준만 통과한다면 가난한 사람들에게 은행서비스로 수익을 낼 수 있다는 말이다(그리고 은행은 스마트폰으로 수집한 데이터와 금융데이터를 통합해서 해당 고객의 프로필을 작성하고, 그것을 다른 수익사업에 활용할 수 있을 것이다).

거의 모든 금융포용정책은 디지털기술을 '언뱅크드'에게 은행계좌를 개설해 줄 수 있는 혁신으로 그린다. 하지만 위험과 수익 계산은 커다란 경제방정식의 반쪽에 불과하다는 사실은 그 어떤 금융포용정책에도 언급되지 않는다. 은행들은 충분한 수익을 얻지 못한다면 가난한 사람들에게 은행서비스를 제공하려고 들지 않을 것이다. 그리고 가난한 사람들에게도 은행을 좋아할 마땅한 이유가 없다. 그럴 만한 실질적인 이유가 하나 있다. 이들의 금융거래 규모는 수표를 사용하거나 은행계좌이체를 하기에는 너무나 소규모다. 그래서 이 모든 과정이 그들에게 불필요하거나 당혹스럽게 느껴질 수 있다 (특히 집에서 가까운 시장이나 상점에서 생필품을 구입할 때 더욱 그렇다).

여기에 정치적인 이유도 있다. 나는 인종차별정책으로 악명이 높은 남아프리카의 아파르트헤이트 정권 말기에 어린 시절을 보냈다. 당시 나의 부모님은 나를 위해서 남아프리카에서 가장 유명한 금융기관 중 하나였던 스탠다드뱅크에 나를 위해서 특별한 어린이 은행계좌를 개설했다. 내 기억으로 은행지점은 백인들로 가득했고, 흑인들은 밖에서 기다렸다. 남아프리카가 인종차별정책을 서서히 폐지하면서, 흑인 은행 고객도 완만하게 증가했다. 하지만 문맹이었던 그들은 은행에서 자주 무시를 당했다. 인종차별적인 광산회사의 노동자로 일하면서 청소년기를 보낸 줄루족 노인은 금융기관을 신뢰하기 힘들었다.

이러한 패턴은 전 세계적으로 목격된다. 전 세계적으로 은행들은 주로 사회의 엘리트계층과 관계를 맺을 뿐만 아니라 가난한 사람들을 위협하고 자주 학대했다. 나는 2008년과 2021년에 영국에서 지냈다. 당시에 영국은 은행 스캔들로 한시도 조용할 날이 없었다. 저소득층은 제대로 이해하지도 못하는 금융상품에 가입하기 위해 인종차별적인 변호사가 작성한 계약서에 서명했다. 금융역사에는 거품을 잔뜩 머금은 금융상품이 거품이 터지기 일보 직전에 극빈층에 팔리는 비극적인 사건들이 많았다.

금융기관들이 가난한 사람들의 다정한 친구가 아니라는 사실은 결제산업 전반을 살펴보면 쉽게 알 수 있다. 그래서 불가피하게 현금경제는 소작농이나 원주민으로 구성된 부족민 거주지처럼 주변부에 형성될 수밖에 없다. 모잠비크 마푸토의 불법 생선 장수·인도 뭄바이의 무허가 미용사·안데스산맥의 공예품 장사꾼은 현금을 사용한다. 선진국에서도 오직 현금만이 통용되는 사회 영역이 있다. 대체로 연봉을 받는 직장인과 달리 일용직 근로자는 현금으로 시급을 받는다. 사회에서 소외된 소수민족·시골의 소작농·작은 마을의 부적응자·중퇴자·자유로운 사고방식의 소유자·경제적으로 궁핍한 예술가가 주로 현금을 사용한다. 환경미화원·수위·J. P. 모건 건물 밖에서 일하는 경비원 등 도시 위계서열의 제일 끝에서 근근이 살아가는 사회적으로 지위가 낮은 피고용자들도 마찬가지다(금융기관 종사자들이 종종 방문하는 성 노동자와 마약 밀매자도 주로 현금을 사용한다).

억지
포용

베터댄캐시얼라이언스와 같은 조직들은 현금은 1군 금융시스템에 접근할 수 없는 사람들을 위한 2군 금융시스템이라는 관점을 널리 퍼트린다. 그리고 자신들은 가난한 사람들이 마땅히 누려야 하는 대형 금융기관의 금융서비스를 받을 수 있도록 선봉에서 돕는다고 주장한다. 하지만 여기서 역학관계는 복잡하다. 이를 설명하기 위해서 나는 개인적인 경험을 하나 더 소개하고자 한다.

나는 케임브리지대학교에서 장학금을 받게 됐다. 내가 강의실에 도착하자마자 우아하게 나이를 먹은 교수가 내가 받게 될 장학금은 본래 남아프리카 출신의 흑인 학생을 위해 마련된 것이라고 고백했다. 하지만 케임브리지대학교에 지원한 남아프리카 출신의 흑인이 없어서 그 장학금을 내가 받게 된 것이었다. 그는 왜 그런 프로그램이 만들어졌는지를 여러 가지 이론을 들어가면서 설명했다.

하지만 《해리포터》 시리즈에 등장할 법한 강당에서 포트와인을 마시면서 나는 나만의 이론을 만들었다. 케임브리지대학교는 영국을 상징하는 명문대이고, 논리를 확장해서 말하면 영국의 식민주의를 상징하는 기관이다. 남아프리카 출신의 흑인 학생에게 주는 그 장학금은 영국 상류층의 내집단에 흑인을 받아들인다는 메시지를 전달하기 위해 마련된 것이었다. 하지만 많은 남아프리카 흑인들은 그것을 일종의 학대로 받아들일 수 있다. 그리고 이 장학금 때문에 많은 남아프리카 흑인들이 캐임브리지대학교에 지원하지 않는 이유가 됐는지도 모른다.

나의 직관적인 이론을 뒷받침할 직접적인 증거는 내게 없었다. 하지만 그것은 충분히 가능성 있는 이론이었다. 일반적으로 사회 상류층에서 진행되는 하류층에 대한 포용정책에서 이러한 가능성은 좀처럼 진지하게 고려되지 않는다. 인도의 아드하르시스템부터 국제기구들이 (기업 파트너들과 함께) 진행하는 수많은 금융포용 프로그램까지 각종 포용정책들은 일반적으로 **포용대상이 스스로 포용되기를 바란다**는 전제에서 진행됐다. 이와 동일한 가정이 발전을 나타내는 언어에서도 발견된다. 예를 들어서 '덜 발전된' 나라의 사람들이 '발전된' 집단에 들어가길 바란다는 가정이다. 이러한 '발전된 집단'은 뉴욕과 런던 같은 주요 국제도시를 중심으로 존재한다. 이런 곳에서 부유한 기업인·강력한 정치인·멋진 유명인사 등으로 와글거리는 '내집단'이 최첨단 기술들을 접하고, 기술과 경제발전에 관한 서사를 통제한다.

주변부의 일부 사람들은 이러한 내집단에 포함되길 바랄지도 모른다. 하지만 무관심하거나 심지어 반항심까지 느끼는 사람들이 훨씬 더 많을 것이다. 이 지점에서 현금에 대해서 다시 생각해봐야 한다. 현금의 업그레이드 버전으로 소개되는 디지털화폐 또는 디지털 결제보다 현금을 훨씬 더 선호하는 사람들이 존재한다는 사실을 보여주는 사례는 무수히 많다. 나는 런던의 문신 예술가와 생선 장수부터 엘살바도르의 상인까지 현금을 선호하는 사람들의 이야기를 많이 들었다. 그들은 자신들이 벌고 쓰는 돈을 실제로 눈으로 보고 만져볼 수 있는 것이 좋다고 말한다. 그럼에도 불구하고 주류 사회에서 펼치는 포용정책의 차원에서 이러한 선호는 일시적인 예외로 간주된다. 다시 말해서 사람들이 실제로도 현금을 선호하지 않는다고 간주한다. 자신들이 디지털결제를 선호한다는 사실을 깨달을 기회가 그들에게 미처 주어지지 않았기 때문에 아직 현금을 선호한다는 것이다.

현대의 디지털결제시스템은 세계화된 금융회사들의 통제와 감시를 받고 있다. 그러므로 디지털결제시스템에 의존적으로 변한다는 것은 그들의 영향력 안에 들어간다는 뜻이다. '디지털금융포용'이라는 옷장 안에는 시커먼 뼈와 해골이 숨겨져 있다. 세계 경제의 불평등은 나라 안에도 나라 사이에도 존재한다. 하지만 (샌프란시스코·뭄바이·파리 등) 대도시의 직장인들은 자신들이 확장시키려고 노력하는 디지털경제로 이미 존재하는 위계질서를 무너뜨리는 데 전혀 관심이 없다. 실제로 '포용'의 목표는 더 많은 사람을 디지털금융망으로 끌어들여서 종속시키는 것이다.

세계 경제의 주변부에 있는 사람들은 현금이 핵심부의 영향력으로부터 자신들을 보호한다는 것을 직관적으로 안다. 현금은 자본주의 사회에서 활동할 기회를 제공하고, 이와 동시에 엘리트로부터 현금사용자를 보호한다. 현금이 가진 모든 '비효율적인 요소'에도 불구하고, 현금은 꿍꿍이가 없고 아무 조건 없이 경제시스템에 사람들을 편입시킨다. 부촌에서든 빈촌에서든 현금은 사용된다. 지폐는 패셔니스타가 파티에서 흡입할 코카인을 사는 데 사용되거나 구멍가게에서 기저귀를 사는 데 쓰인다. 현금은 사람을 가리지 않는다. 부자와 빈자를 똑같이 대우하고 섬기는 일명 '에브리맨everyman'이다. 문제가 생기는 즉시 자신들을 보호하지 않을 금융기관을 불신하는 사람들에게 현금은 숨 쉴 구석을 제공한다.

솔직해지자. 현금은 뒷길에서 일가족이 경영하는 소규모 사업체로 구성된 자본주의가 뿌리내릴 기회를 제공한다. 대기업들은 경제 네트워크에서 시장 주도권을 잡기 위해서 서로 경쟁하고 전쟁을 벌일지도 모른다. 하지만 현금이 이끄는 비공식 자본주의를 정복하기 위해서는 서로 힘을 합친다. 그들은 구멍가게들을 집어삼켜 하나로 통합하고 유명한 브랜드로 만들어 거대한 체인점을 탄생시키려고 한다. 또는 증권거래소에 상장된 대형 슈퍼마켓으로 재래시장을 대체하려고 든다. 현금은 이런 기업자본주의의 정신과 잠재적 행보에 동시에 저항하고 있는 듯하다.

1장에서 대기업들도 상호 간에 디지털계좌이체를 사용한다고 설명했다. 이것은 대규모 생산과 도매 판매를 용이하게 만들기 위함이다. 하지만 그들 역시 사회경제적 지위가 낮은 사람들이 사용하는 현금에 의존해왔다. 예를 들어서 누군가는 공장에서 생산한 유니레버 비누를 방글라데시 구멍가게에서 현금을 주고 구입한다. 금융기관과 대기업에게 현금은 일종의 필요악이다. 현금은 수익 사이클을 완성하지만, 대기업이 시스템을 자동화하고 고객의 일거수일투족을 감시하고 경제 네트워크에서 제외될 수 있다고 위협하여 사람들을 통제하는 데에는 걸림돌이다. 현금은 다량의 데이터가 대기업의 손에 들어가는 것을 방해한다. 참고로 요즘 데이터는 가장 인기 있는 원자재다.

6장

빅브라더
·
빅바운서
·
빅버틀러

나는 타일러 한센Tyler Hansen을 캘리포니
아 오크데일에 열리는 히피 축제인 심바이오시스 게더링에서 만났
다. 나는 거기서 해커·예술가·운동가를 위한 핵티비짓 빌리지라는
공간을 공동으로 운영했다. 그는 전형적인 '버너'로, 전설적인 버닝
맨 페스티벌Burning Man Festival$의 베테랑이었다. 그는 나를 도와주기
위해서 오크데일까지 온 것이었다. 우리가 손으로 지은 무대가 뜨
거운 캘리포니아 돌풍으로 무너지기 일보 직전이었다. 그 뒤로 나
는 그를 다시는 못 보리라 생각했다. 하지만 2주 뒤에 우연히 로스
앤젤레스 선셋 대로에서 그와 마주쳤다.

$　　매년 8월 마지막 주에 미국 네바다 주 블랙 록 사막 한가운데 일시적으
　　로 형성됐다 사라지는 도시인 블랙 록 시티에서 벌이는 예술 축제. (옮긴
　　이 주)

그는 나와 한잔하면서 마리화나산업이 직면한 문제들에 관해서 이야기했다. 최근 몇십 년 동안 미국의 마리화나 운동가들은 성과를 거두고 있었다. 현재 캘리포니아를 포함해서 미국의 9개 주에서 오락용 마리화나가 허용된다. 그러나 마리화나 합법화를 주장하는 사람들이 개별 주정부 차원에서 승리했어도 미국 은행들은 여전히 연방정부 차원에서 관리되고 있다. 때문에 연방법 저촉을 우려하는 은행들은 합법적인 마리화나회사에 법인계좌를 개설해주지 않는다. 그 결과 마리화나 경제는 거의 현금으로 움직인다.

타일러 한센은 이에 어떻게 대응해야 할지를 고민하고 있었다. 그리고 내게 앨러미다 부둣가에 서커스 텐트를 설치해서 운영하고 있는 '크립토카나비스 살롱' 참여를 제안했다. 마리화나 기업가들과 암호화폐 개척자들의 모임이었다. 두 그룹은 혁신과 불법 사이에서 아슬아슬하게 줄타기를 하고 있었다.

합법적인 마리화나산업은 한때 범죄자로 간주됐던 사람들로 가득하다. 그들은 이제 합법적인 사업가로 인정받는다. 물론 그들은 여전히 요란한 가죽조끼를 입은 비밀스러운 '언더그라운드 라이프스타일'의 상징이지만, 사업가스러운 라이프스타일과 품행을 배우려고 노력한다. 은행원 출신이면서 지금은 마리화나산업 벤처캐피탈의 매니저인 매끈한 사내가 살롱으로 들어왔다. 그는 마리화나산업의 수익성에 관해서 프레젠테이션했다. 이제 미국 개척시대의 황량한 서부와 같은 마리화나산업이 월가의 새로운 먹잇감이 됐다고 나는 생각했다.

타일러 한센은 내게 살롱에서 '현금과의 전쟁'에 대해 얘기해달라고 요청했기에 나는 그 모임에 참석했다. 그곳에서 입을 떼자마자 나는 설득하기 어려운 관객들 앞에 서 있다는 것을 깨달았다. 뱅킹시스템에 접근할 수 없는 상황 때문에 새로운 마리화나사업의 전망이 불확실해졌다. 그들은 지금껏 사용할 수 없었던 뱅킹시스템에 합법적인 사업가로서 정정당당하게 접근할 수 있기를 바라고 있었다. 그렇게 되면 세금을 내야겠지만, 은행 결제시스템을 이용하지 않으면 결국 현금다발로 결제를 진행할 수밖에 없다. 그들은 이런 상황에 좌절감을 느끼고 있었고, 일부는 현금을 멸시하기까지 했다. 나는 자전거 타는 것이 너무나 지겹고 자동차가 간절히 갖고 싶은 십 대 청소년들에게 자전거 타기의 즐거움에 대해서 (그리고 자동차산업이 왜 부정직한지에 대해서) 이야기하는 기분이었다.

하지만 나는 꿋꿋하게 말을 이었고, 살롱의 청중들에게 요점을 일깨워줬다. 현금 없이는 마리화나산업이 전면적인 합법화를 이루는 시점까지 버티지 못할 것이라고 말이다. 한때 불법이었던 것이 합법화되는 것은 급진적인 사회적 변화다. 동성애·타 인종 간 결혼·음주 등이 대표적이다(과거 미국에는 술을 금지하는 '금주법'이 있었다). 당국은 음주가 옳고 그름을 분명히 할 수 있는 행위라고 여겼고, 음주를 금했다. 하지만 수천만 명의 사람들은 계속 술을 마셨다. 사람들은 음주가 불법임을 알고 있었지만, 그것을 비도덕적이라 생각하진 않았기 때문이다. 음주는 흑백으로 구분하기 애매한 '회색'영역이다. 이렇게 모호한 영역을 단속하면, 그것은 곧 현금을 생명줄로 삼는 지하로 숨어들게 된다. 음주문화도 지하로 숨어들었다. 현재 마리화나 옹호자들이 합법화를 위해서 투쟁하고는 있지만, 마리화나도 이런 이유로 현금경제에 의존한다. 마리화나의 의학적 역할이 대두되면서 그들의 투쟁도 조금씩 빛을 보고 있는 듯 보인다.

하지만 현금이 완전히 폐지되면, 마리화나산업의 생명선은 심각한 손상을 입을 수 있다. 현금이란 생명선을 끊어서 암시장을 질식시켜 없애려는 시도는 사회에 허용된 창의적인 일탈 경로를 막아버리는 것과 같다. 시민의 일거수일투족이 디지털결제를 통해 감시되는 세계에서 마리화나산업과 같이 옳고 그름이 모호한 영역을 단속하는 사법기관의 능력은 대단히 강화된다. 회색영역을 긍정적인 변화를 꽃 피울 수 있는 귀중한 영역으로 여긴다면, 회색영역을 없애려는 시도는 사회를 꽁꽁 얼려 흑백논리가 지배하는 곳으로 만들려는 시도로 간주해야만 한다. 그럼에도 사람들이 현금 없는 세상에서 또 회색영역을 만들어낸다면, 지하세계의 결제수단으로 암호화폐와 같은 새로운 비현금의 확산을 기대할 수밖에 없을 것이다.

책임 있는 사법기관이라면 사용할 수 있는 모든 기술을 동원해 일을 해야 할 것이다. 하지만 그들이 사용할 수 있는 기술은 그 어느 때보다 강력해졌고, 이제는 정도를 넘어서는 힘을 갖게 되었다. 과도한 업무 수행은 도를 넘어서 여러 분야에 영향을 미칠 수 있다. 예를 들어서 8년 전에 그 어떤 정부도 모든 금융결제를 면밀하게 모니터할 수 있으리라는 것에 대해 **기대조차** 하지 않았다. 금융결제 모니터링이 응당 옳은 일로 여겨지지도 않았다. 하지만 국가와 결제 업계 로비스트들은 공공연하게 현금을 사용하는 사람들을 의심의 눈으로 봐야 한다고 주장하기 시작했다.

광범위한 모니터링이 가능한 기술적 역량이 갖춰지면서, 이것이 **반드시** 활용되어야 한다는 기대가 생겨나기 시작했다. 기대심리는 점진적으로 강화된다. 사람들은 '서서히 끓어오르는 물속의 개구리' 신세가 된다. 사람들은 자기 권리가 침해받고 있다는 사실을 아주 뒤늦게 깨닫는다. 그래서 서서히 사람들의 권리를 침해하는 것은 위험한 일이다. 사생활 보호주의자들은 사람들을 감시하는 새로운 기술을 무비판적으로 수용해서는 안 된다며 반기를 들고 있다. 지금부터 은행의 디지털결제가 우리 사생활에 미치는 직간접적인 영향에 대해서 살펴보도록 하자.

감시의
최대화

여기 16세기 생선 장수가 있다. 그의 친구와 가족은 그를 잘 알고 있을 것이다. 그리고 입소문을 통해 동네 사람들도 그의 평판을 알고 있을 가능성이 크다. 하지만 멀리 떨어진 지역에 사는 낯선 사람들은 그를 잘 알지 못할 것이다. 유람선의 승객이 멀리서 망원경으로 주변을 둘러보다가 부둣가에서 그를 보고 나름대로 판단을 내렸다. '남자고, 생선을 팔고, 힘이 센 것 같고, 저 오두막집에서 사는 것 같군.' 이것은 대략적이고 불완전한 정보다.

그로부터 많은 시간이 흘렀고, 기업과 정부는 사람들을 살펴 개인정보를 수집할 수 있는 최첨단 망원경과 전망대를 개발했다. 하지만 1980년대까지도 이 기술로 수집한 데이터 조각으로는 대략적인 이미지만을 표현할 수 있었다. 당국은 이 기술을 통해서 'X동네에 주택 구매'·'Y대학교를 다님'·'Z회사에서 일함'·'대략 어떠한 사회경제적 지위를 지닌 34세 미혼 여성임' 등과 같은 수준의 정보를 확보했다. 이렇게 확보한 정보 조각을 맞추다 보면, 1980년대 비디오 게임의 2차원 캐릭터가 등장한다.

하지만 최근 몇 년 사이에 데이터의 구체성이 증가했다. 이것은 우리의 삶이 인터넷과 단단히 엮인 결과다. 이렇게 수집된 데이터는 1990년대 개발된 게임에 등장하는 3차원 캐릭터를 닮아가기 시작했다.

사진 촬영을 한 것처럼 현실적인 3차원 이미지를 구축하려면, 여러 각도에서 대상을 관찰해야 한다. 그리고 그의 마음과 머리를 투시해서 무슨 생각을 하고 어떤 꿈을 꾸는지 파악할 엑스선도 필요하다. 현재 대규모 데이터 독점이 진행되고 있다. 서로 다른 감시자들이 자세한 데이터를 수집하고 보관하려고 고군분투하고 있다. 구글은 개인의 욕구와 지적 호기심을 확인할 수 있는 검색 패턴을 보유하고, 페이스북은 사용자의 특별한 순간, 좋아하는 것들과 허영

심을 드러내는 데이터를 가득 보유하고 있다.

하지만 한 개인이 사회에서 **어떤 가치를 좇아 행동하는지** 확인하고 싶다면, 나른한 백일몽이나 열망보다 결제데이터를 살펴봐야 한다. 돈을 쓰는 방법·장소·시기 정보로 한 개인의 내밀한 모습을 파악할 수 있다. 결제데이터는 그 사람의 우선순위·습관·신념에 대한 혜안을 제공한다. 그리고 즉각적으로 그의 처지도 알려준다. 결제내역을 잠깐 훑어보면 온라인 게임에 중독된 부유한 집주인인지 또는 남수단의 가족들에게 송금하는 불안정한 세입자인지를 알 수 있다.

이렇게 데이터를 축적하면, 그 사람이 다음에 무슨 행동을 할지 또는 출시될 상품이나 예정된 정치적 도발에 어떻게 반응할지 등을 정확하게 예측할 수 있는 예측적 시스템을 구축하는 것이 용이해진다. 이렇게 한 개인의 특성을 정확하게 파악하고자 하는 사람에게 현금은 심각한 정보 차단제다. 현금은 모니터할 흔적을 전혀 남기지 않고 데이터 블랙홀을 만들어버린다. 결제회사들이 더 많은 현금사용자들을 디지털결제시스템으로 끌어들인다면, 방대한 데이터가 매장된 데이터 금광을 얻게 될 것이다.

금융기관들이 이러한 과정을 통해서 축적한 힘에 대한 불안은 1968년에도 존재했다. 랜드연구소RAND Corporation의 저명한 컴퓨터 과학자인 폴 아르메르Paul Armer는 '현금과 수표 없는 사회가 사생활에 미치는 영향'에 대해서 증언하기 위해서 미국 상원 소위원회 앞에 섰다. 그는 자신이 무엇을 걱정하는지 자세히 설명했다.

모든 거래가 시스템을 통해서 진행되어, 누가 무엇을 어디서 언제 왜 했는지와 같은 모든 세부내용이 기록되고, 그 모든 정보가 단일한 중심점으로 전송되는 극단적인 경우는 분명히 사생활에 엄청난 위협이 된다. 이러한 시스템은 우리의 위치를 추적할 것이고, 막대사탕을 사거나 통행료 징수소를 통과하는 등의 금융활동을 감시할 것이다. 이런 시스템은 머지않아 등장할 것이다. 문제는 우리가 그런 미래가 초래되느냐 마느냐가 아니라 얼마나 빠르게 그곳을 향해 나아가고 있느냐다.

폴 아르메르의 증언에서 발췌

은행이 지배하는 사회의 숨겨진 위험을 미리 고민한 사람은 폴 아르메르뿐만이 아니었다. 말콤 워너Malcom Warner는 1970년 발표한 《데이터 은행 사회》에서 최초로 컴퓨터기술이 사생활에 미치는 영향에 관해서 탐구했고, 금융데이터를 가장 우려스러운 영역 중 하나로 꼽았다. 1983년 암호학자 데이비드 차움David Chaum은 〈추적할 수 없는 결제를 위한 은닉 서명〉이란 논문에서 디지털결제시스템에 대해 말콤 워너와 유사한 우려를 표했다.

데이비드 차움은 디지털결제시스템 사용자들의 사생활을 보호하기 위해서 디지캐시라는 새로운 디지털화폐시스템을 제안하기까지 했다. 그는 '사이퍼펑크cypherpunk' 운동의 기술적 기반을 닦은 사람 중 한 명이다. 사이퍼펑크는 디지털기술이 국가와 대기업으로 위협받고 있다고 믿었다. 국가와 대기업은 사람들을 지배하기 위해서 디지털기술을 이용할 수 있었다. 사이퍼펑크는 초기의 무정부주의적 철학에서 시작됐다. 무정부주의자들은 사람들이 관리되기보다 가능한 영역 안에서는 스스로를 관리해야 한다고 주장한다.

무정부주의적 정치철학에는 힘의 균형을 잡는 원칙이 존재한다. 그 원칙에 따르면 항상 약자를 지지해야 하고 기존의 약자가 힘을 얻어 승자가 되면 새로운 약자를 지지해야 한다. 이것이 정보의 영역에서는 '강자에게는 투명성, 약자에게는 사생활 보호'가 된다. 역사적으로 우리가 사는 세계는 폴 아르메르의 증언과 반대로 움직여왔다. 큰 기관들은 불투명한 비밀보장법과 공식적인 기밀보호법에 몸을 숨기고 다른 사람들을 지켜볼 자격이 있다고 생각한다. 우리가 그들의 내부를 들여다볼 수는 없지만, 그 안에 있는 사람들은 밖을 내다볼 수 있다. 예를 들어서 은행은 대출 여부를 결정할 때 나의 결제내역을 요구할 수 있다. 하지만 나는 그 은행에서 대출을 받을지 결정할 때 그 은행이 그동안 다른 사람들에게 대출해줬던 이력을 요청할 수 없다.

추적할 수 없는 결제를 위한 은닉 서명

데이비드 차움

컴퓨터공학과

캘리포니아대학교

산타바바라, 캘리포니아

서문

재화와 서비스를 구매하는 방식의 자동화는 이미 진행되고 있
다. 소비자들이 이용할 수 있는 전자뱅킹서비스가 다양해지고 관
련 시장이 성장하는 것을 보면 이를 알 수 있다. 새롭게 최적화된
전자결제시스템의 구조는 개인의 사생활에 지대한 영향을 미칠지
도 모른다. 이뿐만 아니라 결제수단이 범죄에 사용되는 범위와 그
양상에도 상당한 영향을 주게 될 것이다. 이상적으로 새로운 결제
시스템은 겉으로 봤을 때 서로 상충하는 이러한 우려사항들을 모
두 해소해야 한다.

반면에 모든 개인의 금융거래로 생성되는 제3의 수취인, 송금
액과 지급시간에 관한 정보는 개인의 소재·소속·생활방식에 대해
서 많은 것들을 말해줄 수 있다. 예를 들어 교통비·호텔비·식사비·
영화감상비·극장표값·강연비·식비·약값·술값·도서 구입비·간행물
구입비·회비·헌금·정치 기부금 등과 같은 비용을 지불할 때를 생각
해보자.

데이비드 차움의 논문에서 발췌

내가 파생상품 브로커로 활동할 때, 대형 은행이 무엇을 하는지
에 관한 정보를 모으는 것이 나의 일이었다. 나는 시장 참여자들 사
이에서 떠도는 소문을 통해 그런 정보를 긁어모았다. 파생상품업계
를 떠난 뒤에 나는 시민사회단체를 도와서 다양한 투명성 프로젝트
를 진행했다. 대기업의 역외회사를 밝히는 것부터 중동 저널리스트

들이 법인계좌를 이해할 수 있도록 도왔다. 이 모든 프로젝트에는 금융감시망을 요리조리 피하는 강력한 조직을 조사하는 일도 포함 됐다.

이러한 프로젝트를 진행하다 보면 독재자·사업가·세계적인 기업 이 감시망을 피하기 위해서 스위스 은행계좌와 페이퍼 컴퍼니를 애용한다는 사실을 알게 된다. 하지만 대부분의 일반인은 이런 연막을 칠 수 없다. 그 대신에 사람들은 사생활을 최대한 보호하기 위해 서 금융데이터에 관한 현지 법에 기댄다. 이런 법률의 제도적 성공 은 그 나라 시민권 문화의 힘에 달려 있다.

하지만 금융기관은 시장에 디지털앱·디지털결제·온라인뱅킹을 공격적으로 밀어붙이고 있다. 그 결과 데이터가 일반인들에게 불리 하게 사용될 위험성이 높아졌다. 빅데이터와 AI의 시대에 그 유용 성이 큰 만큼, 데이터는 더 많이 갖고 싶은 흥미로운 자산이다. 예 를 들어서 100개의 데이터 조각은 10개의 데이터 조각보다 10배 이상의 가치를 지닌다. 정보는 데이터 조각을 통해서 축적되고, 이 를 이용하고픈 유혹도 커진다.

그렇다면 지금 어떤 유형의 결제데이터가 도처에 있을까? 그리고 누가 그 데이터를 들여다보는 것일까?

1차 감시자:
금융산업

　　　　　　　　기본적인 결제데이터에는 누가 무엇을 누구에게 보냈는지, 얼마나 보냈는지 그리고 어디서 언제 그랬는지에 관한 정보가 모두 담겨있다. 그러한 결제데이터를 (그리고 그 주변에 존재하는 메타데이터를) 감시하는 기관의 종류는 어떤 경로를 통해서 결제가 진행됐느냐에 따라서 달라진다. 하지만 당신의 거래은행은 당신의 모든 거래데이터를 볼 수 있는 반면 거래 상대의 거래은행은 거래 상대의 관점으로 당신의 부분적인 결제데이터만을 볼 수 있다. 비자와 같은 카드회사들은 수억 명의 사람들이 발생시킨 수십억 건의 결제요청을 볼 수 있다. 그리고 스위프트는 대량의 국제은행이체명령을 볼 수 있다. 구글·애플과 같은 기술기업은 우리가 메시지를 보낼 때 사용하는 하드웨어를 통해서 이런 과정에 참여하기 시작했다. 반면에 위챗·엠페사·페이팔과 같은 결제행위를 중개하는 플랫폼업체들은 자신들의 시스템을 통해서 생성된 모든 거래데이터를 볼 수 있다.

　역사적으로 금융기관들은 사람들의 민감한 정보가 제3자에게 터무니없이 노출되지 않도록 규제를 받았다. 하지만 현재 그들은 신용평가기관·신용사기방지기관 등 다양한 기관들과 서로 정보를 주고받는 '상호 간의 정보클럽'을 형성하여 민감한 정보를 서로 거래하는 시장을 확대하고 있다. 오스트리아 연구단체인 크랙드 랩스의 울피 크리스틀Wolfie Christl은 페이팔이 은행·카드망·신용평가기관·신용사기방지기관·금융회사·마케팅회사·PR회사·사내그룹·이베이와 같은 파트너·사법기관·금융당국 등 600여 개의 기관들과 사람들의 데이터를 어떤 식으로 공유하는지를 면밀하게 살폈다.[38]

금융데이터는 사람들을 분류하여 적당한 라벨을 붙이고 등급을 매기는 데 사용된다. 데이터업계에서 가장 논란이 되는 행위자들은 액시엄·오라클과 같은 데이터 브로커들이다. 그들은 비자와 마스터카드와 같은 카드회사에서 구매데이터·대출과 수입 정보·신용카드 소지자들에 관한 정보를 얻기 위해서 수단과 방법을 가리지 않는다. 예를 들어서 구글은 데이터 브로커들과 같은 기관을 통해서 필요한 데이터를 확보한다.[39] 구글은 '미국에서 발생하는 신용카드와 직불카드 거래데이터의 약 70% 이상을 보유하고 있는 제3의 파트너십을 이용해서 가게 매출을 측정할 수 있다'라고 주장한다.

이런 행태는 블룸버그가 구글이 가게 매출을 추적하기 위해 마스터카드와 신용카드 거래데이터를 거래하는 비밀 계약을 체결했다고 보도하면서 밝혀졌다.[40] 세계 최대 검색엔진인 구글은 광고를 판매한다. 그래서 인터넷 광고가 고객들의 구매를 촉진한다는 사실이 입증되기만 하면 구글의 인터넷 광고 사업에는 큰 도움이 된다. 이는 신용카드 거래데이터를 통해서 증명할 수 있다. 페이스북은 내부적으로 계정을 보유한 사람들의 프로필을 보유한다. 그리고 관문을 지키는 수문장처럼 사용자들에게 접근할 기회를 광고회사들에 판다. 페이스북처럼 웰스파고Wells Fargo와 시티은행과 같은 은행들은 제3의 금융상품을 판매하는 기관들이 자사 고객들에게 접근할 기회를 팔기 위해서 고객들의 소비패턴에 관한 데이터로 구축된 프로필을 만들어낸다.[41]

2차 감시자: 국가

대부분 국가가 결제인프라를 직접 운영하지 않는다. 그래서 기본적으로 데이터를 수집하지도 않는다. 하지만 국가는 은행·결제회사 등 금융산업과 연관 업계에게 데이터 제공을 요구할 수 있다. 목적은 조세 모니터링이다. 불과 몇 년 전에 나는 우연찮게 내 친구의 친구와 저녁 식사를 하게 됐다. 알고 봤더니 그녀는 영국 국세청 관계자였다. 그녀는 세무당국이 디지털결제 확산에 적극적으로 힘쓰고 있다며 열변을 토했다. 그로부터 2개월 뒤에 영국 〈테일러 리뷰〉는 세금과 관련된 불법행위를 감시하기 위해서 거래내역을 디지털로 기록하여 보관하는 것이 바람직하다고 주장하며 자영업자들이 현금으로 결제한 사례를 집중 단속해달라고 여론에 요청했다.[42]

국정운영에서 핵심이 되는 활동은 측정이다. 국가 통계기관과 중앙은행 같은 국가조직은 정책을 입안하고 거시경제적인 전망을 세우기 위해서 각종 데이터를 수집한다. 하지만 전체 경제 네트워크에서 발생하는 미시적 금융거래데이터까지 수집할 수 있다는 것은 국가의 거시경제학자들에게 다소 부담스럽지만 매우 구미가 당기는 일이다. 국제적인 차원에서 IMF는 부정적인 함의 없이 공개적으로 '감시'라는 용어를 사용한다. 'IMF의 핵심적인 역할은 국제 통화 시스템을 감독하고, 189개 회원국의 경제정책과 금융정책을 모니터링, 즉 감시하는 것이다.'[43]

그러나 이 말이 사람들 머릿속에 경고음을 울리진 않았다. 과거에는 이런 활동에 수십억 명의 개별 결제내역을 분석하는 작업이 수반되지 않았기 때문이다. 하지만 대규모 모니터링을 위한 기술적 역량을 갖추는 것이 당연한 세상이 다가오고 있다.

사법기관들은 분명 그 어떤 기관보다도 개인의 결제내역을 감시하는 것을 좋아하는 것 같다. 나는 2007년에 경제범죄에 대한 케임브리지 심포지엄에서 이를 바로 코앞에서 목격하고 확인했다. 인터폴·FBI부터 케이맨 제도 금융범죄 수사단까지 세계 각국의 정보기관들이 심포지엄에 대거 참여했다. 당시에는 미국 애국자법 USA PATRIOT Act이 최대 화두였다. 9·11테러 이후에 미국 상원을 통과한 애국자법은 미국 정부의 금융감시 범위를 확대했다. 애국자법의 314조(a)에 따르면 미국 정부는 특정 대상의 금융계좌를 모니터링할 수 있고,[44] 여러 기관과 협업하여 개인의 국외거래 정보를 추적할 수 있다. 그리고 은행들은 여러 계좌에 돈을 분산하여 관리하는 사람들을 추적하기 위해서 서로 금융데이터를 공유할 수도 있다.

국가안보당국이 특정 인물을 추적하고자 하면 그의 금융데이터에 접근할 거의 모든 수단과 방법을 손쉽게 찾을 수 있게 됐다. 2010년 유출된 FBI 내부문건에는 '범죄 발생 즉시 계좌거래의 일시와 장소를 추적하기 위해' 마련된 '핫와치시스템'에 대한 설명이 담겨 있었다.[45] 핫와치시스템을 수립할 때 제안된 방식은 비자나 마스터카드와 같은 카드회사를 소환하여 감시 대상의 실시간 금융데이터를 요청하는 것이다. 이와 동시에 특정인을 감시하고 있다는 사실을 외부에 유출하지 못하도록 그들에게 법원 명령을 내린다.

국가안보당국은 자신들이 누구를 찾는지는 모르지만 **어떤 행동을 해야 하는지**는 알고 있을 때가 있다. 이때 상황은 이상하게 흘러간다. 국가안보당국은 오랫동안 시민들에게 '수상한 행동을 목격하는 즉시 신고할 것'을 권장해왔다. 심지어 독재정권은 국민들이 서로를 감시하고 밀고하도록 만들기 위해서 무시무시한 정보원을 곳곳에 심어놓는다. 수상한 범법자에 관한 증거를 제시하기 위해 경찰서로 향하는 애국적인 정보원과 달리, 은행은 고객의 금융거래를 모니터링하고 미심쩍은 정황을 당국에 보고하는 것은 비용이 많이 소요될 뿐만 아니라 고객을 잃을 수 있는 위험한 행동이라고 생각한다. 그래서 은행들에게는 의심스러운 금융거래를 국가안보당국에 보고할 의무를 부여해야 한다.

예를 들어서 미국에서 은행들은 의심행위보고서를 작성하여 미국 재무부 산하의 금융범죄 단속 전담조직인 핀센FinCEN에 제출해야 한다. 많은 국가에서 금융회사들은 모든 거래내역을 훑고 그 속에서 특정 패턴이 발견되면 당국에 알려야 한다. 이것은 수색영장 없이 누군가의 금융거래내역이 수사대상이 된다는 뜻이다.

현금이 범죄자들의 결제수단이라는 공식적인 주장에도 불구하고, 거의 모든 사법기관들은 범죄집단과 테러집단의 금융거래를 추적하기 위한 디지털은행이체 감시 전담부서를 보유하고 있다. 2017년 내가 참석했던 국가안보 행사에서 FBI 국장은 의심행위보고서가 저장된 핀센 데이터베이스를 매일 다운로드하고 주요 검색어로 검색을 해서 관련 데이터를 면밀하게 살핀다고 말했다. 의심스러운 정황을 메모하고 56명의 현장요원들에게 수사를 지시한다고 덧붙였다. 그럼에도 불구하고 10%의 의심행위보고서만이 수사대상이 되고 검찰에 기소되는 건 이보다 훨씬 적다. 대량신고시스템이 안고 있는 주요 한계 중 하나는 수사대상으로 분류된 모든 건을 현장요원들이 철저하게 수사할 수 없다는 것이다. 이것이 뒤에서 살펴볼 자동감시시스템이 다음 개척지인 이유다.

지금까지 살펴본 시스템들은 그래도 사법 프로세스 아래에서 작동한다. 하지만 국가 정보원들은 승인 없이도 디지털결제 네트워크에 침투할 수 있다. 비자는 정보기관이 언제든 자사의 데이터베이스에 접근할 수 있는 것이 아니고, 공식적으로 소환장을 제시한 경우에만 권한을 제공한다고 주장한다. 에드워드 스노든의 기밀문건 유출사태가 발생한 뒤에 독일 일간지 〈슈피겔〉은 '미국국가안전보장국의 '돈을 추적하라''라는 제목의 기획을 독점적으로 보도했다.[46] 슈피겔은 미국국가안전보장국 소속 정보원들이 전 지역을 대상으로 작전을 수행하고 어떻게 1억 8,000만 건의 금융거래기록을 확보했는지를 보도했다. 그들이 확보한 데이터의 84%가 신용카드에서 나온 것이었다. 미국국가안전보장국은 수집한 데이터를 트랙핀이라 불리는 민간 데이터베이스에 업로드하고 분석했다. 스위프트도 이러한 감시활동의 대상이다.[47] 해당 보도에 따르면 영국의 정보통신본부와 같은 일부 정보기관들은 대량 데이터 수집활동에 염려를 표하고 있다. 하지만 방금 살펴본 것들은 디지털금융거래 감시의 빙산의 일각에 불과하다.

빅브라더 사전에 감시소외는 없다

'감시'란 단어는 불가피하게 한 조직이 여러 명을 대상으로 하는 대량 감시를 연상시킨다. 하지만 다양한 종류의 미묘하게 다른 감시 방식들이 있다. 그중에서 **특정집단**만 노리는 것이 가장 잘 알려진 방법이다. 소수민족·종교집단·정치집단·사회경제집단 등이 감시 대상이 되곤 한다. 나탈리 마레샬Nathalie Maréchal은 〈그들도 처음엔 빈자를 위해 존재했다: 복지수혜자에 대한 분명한 감시〉란 제목의 학술 논문에서 감시의 역사를 통시적으로 정리했다.[48] 논문의 제목이 말해주듯이, 그녀는 복지혜택을 받는 저소득계층에 대한 감시가 어떻게 이뤄졌는지를 추적했다. 정부의 구제금융 덕분에 두둑한 연봉을 받는 투자은행 직원이라면, 그가 돈을 어떻게 쓰는지 누구도 모니터링하지 않을 것이다. 하지만 광부 출신의 가난한 사람이 병들어서 정부로부터 지원을 받는다면, 그는 정부 보조금을 어디에 썼는지 관리를 받게 된다.

결제 감시의 온정주의적 측면은 부모들에게도 광고되고 있다. 과거에 십 대 청소년은 부모 눈을 피해서 쉽게 일탈할 수 있었다. 하지만 이제 부모는 스마트폰으로 자녀의 위치를 파악할 수 있을 뿐만 아니라 용돈 앱으로 그들이 돈을 어디에 어떻게 쓰는지도 감시할 수 있다.[49] 모두가 조금씩 감시의 이점을 누린다. 가계부 앱이나 몬조와 같은 네오뱅크neo-bank는 고객의 지출내역을 자동으로 정리하고 관리한다. 참고로 네오뱅크는 오프라인 영업지점 없이 모바일이나 인터넷만으로 금융서비스를 제공하는 새로운 유형의 은행이다. 개발사들은 개인이 돈을 어디에 얼마나 쓰는지 관리하는 데 도움을 주기 위해 해당 기술을 개발했다고 선전한다. 하지만 실제로 결제내역을 추적하고 분석하는 주체는 대기업이고, 그들은 오직 제한된 결과만을 고객에게 제공한다.

간단히 말해 이러한 사례들은 '빅브라더'의 행동 범주에 들어간다. 대기업이든 정부기관이든 부모든 권한을 지닌 존재는 이러한 감시활동에 참여한다. 빅브라더는 결제데이터를 사용해서 누군가를 감시한다(혹자는 편의를 위해 스스로 기꺼이 감시당하기도 한다). 수집된 정보가 문제해결을 위한 혜안을 항상 제시하지는 않는다. 예를 들어서 내가 이베이에서 서류가방과 말 모양 도자기를 구매하기 위해 불가리아에서 스페인으로 3차례 소액을 송금했다고 치자. 감시 주체는 이러한 나의 금융거래내역을 보고 어떤 정보를 얻어낼 수 있을까? 형사는 이것들을 셜록 홈스가 해결하는 미스터리의 흥미로운 단서로 취급할지도 모른다. 하지만 대형 금융회사와 기술기업은 이를 신고하여 형사에게 수사를 의뢰하지 않고서는 내 금융거래내역이 무엇을 의미하는지 파악하기 어렵다. 이런 이유로 AI시스템을 개발하는 것이다. 이는 단서 조각들을 일일이 손으로 붙여서 하나의 큰 그림을 그리기보다, 자동화시스템 스스로 금융거래패턴을 대규모 집단데이터 세트와 비교하고 비슷한 패턴과 맞춰서 분류하여 분석 결과를 내놓는다.

빅브라더가 수집한 데이터는 2개의 새로운 전형을 만드는 데 사용될 수 있다. 첫 번째는 빅바운서Big Bouncer다. 빅바운서는 데이터를 사용해서 무언가에 대한 접근 여부를 결정하는 기업이다. 예를 들어서 자동적으로 신용등급을 산출하고 신용사기를 감지하는 시스템은 대상이 된 사람들을 특정 기업에 **접근시킬지 말지**를 결정한다. 두 번째는 빅버틀러Big Butler다. 빅버틀러는 데이터를 사용해서 기업들이 접근하고자 하는 고객들의 신상을 파악하는 기업이다. 빅버틀러는 스스로를 도움이 되는 하인이라고 칭한다. 그는 개인의 과거 금융거래이력을 내밀하게 분석하여 무엇을 해야 하는지를 알려주거나 개인의 관심사와 '무관한' 정보를 걸러내도록 도움을 준다. 빅버틀러는 사람들의 행동을 **조정하거나** 유도하는 데 전문가다.

빅바운서와 빅버틀러에 대해서 또 얘기하겠지만, 전 세계에 그들은 폭발적으로 등장하고 있고 주로 빅브라더와 협력한다. 미국의 벤처캐피탈들은 사생활 보호를 중시하는 전통적인 민주적 가치가 중요하다고 말하지만, 사실 빈말일 뿐이다. 그들은 수익 창출이라는 미명하에 전 세계적으로 사생활 침해를 서슴지 않는 미국의 대형 기술기업을 지원하기 위해서 각종 자원을 쏟아붓는다. 이와 동시에 중국은 정부 차원에서 해외로 외연 확장을 도모하는 자국 기술기업들에게 자원을 쏟아붓고 있다. 중국 정부의 전폭적인 지원을 받는 기술기업 중에 알리바바와 텐센트가 있다. 그들은 모바일결제 시스템을 담당하는 대형 조직을 두고 있는데, 각각 알리페이(앤트 파이낸셜)과 위챗페이다. 알리페이와 위챗페이는 중국에서 광폭 행보를 보였고, 이제 도처에서 자신들의 존재감을 나타내고 있다. 위챗 앱은 결제기능이 탑재된 다목적 페이스북이라고 할 수 있다. 서양 언론은 상하이의 거지들도 위챗페이를 이용하기 위해서 QR코드를 갖고 다닌다는 사실에 주목했다. 이는 디지털결제가 중국 사회의 가장 소외된 영역까지 깊이 침투했다는 사실을 보여준다.

하지만 알리페이와 위챗페이가 중국의 모바일결제산업의 목줄을 쥐고 있다면, 어떻게 될까? 과연 그것이 중대한 개인데이터가 가득 담긴 대형 꿀단지가 될까? 아마도 그럴 가능성이 크다. 중국 중앙은행인 중국인민은행은 알리페이와 위챗페이를 모두 사용하는 사람들의 온라인 결제데이터에 접근할 수 있다. 중국 정부는 모바일결제 감독을 강화하기 위해서 넷츠유니언클리어링Nets Union Clearing Corp을 설립했다. 보통 모바일결제회사는 시중은행의 뱅킹시스템이 접속하지만, 넷츠유니언클리어링의 경우는 중앙은행에 직접 접속한다.

모바일결제에 대한 의존성이 증가하는 와중에 중국에서 사회신용시스템이 등장했다. 현재 분열된 시민 모니터링시스템을 통합하기 위해서 새로운 시스템을 도입한 것이다(신용등급부터 교통법규위반 내역까지 모든 시민 모니터링시스템이 통합 대상이다). 사회신용시스템의 도입으로 사회신용점수가 하락한 사람들은 이동에 제한을 받고 기타 '특혜'를 누릴 수 없게 된다는 보도가 쏟아졌다.[50]

사회신용시스템과 같은 공공연한 '접근통제'시스템은 주로 공식적인 조직과 대기업이 사용했고, 지위가 높은 사람들에게는 특혜가 제공됐다(예를 들어서 CEO는 회사 전용기를 탈 수 있지만, 말단 직원은 버스를 타고 다녀야 한다). 문제는 국가적 차원에서 일반인들의 등급을 매겨서 관리하는 것이 기술적으로 가능해졌다는 것이다. 중국 정부의 사회신용시스템이 대표적인 사례지만, 대체로 이것을 가능케 하는 기술은 기업자본주의를 따르는 대기업이 생산한다. 전 세계적으로 디지털결제가 확산되면서 시민의 등급을 매기는 데 도움이 될 만한 아주 민감한 개인데이터를 쉽게 확보할 수 있게 됐다. 그리고 이런 추세는 국가와 기업이 사람들의 활동을 제한할 수단도 제공한다. 다시 말해 권한자가 결제시스템을 차단하는 것이 훈육이나 제약의 수단이 된다.

파놉티콘에서의
자기검열

디지털결제계좌를 동결시켜서 디지털결제시스템을 사용하지 못하게 만들거나, 시스템에 대한 접근을 제한하는 것이 새로운 경제압박 수단은 아니다. 하지만 현금의 지위가 추락하면서 그 효과는 더 강력해졌다. 국제 결제에서 이런 제재 수단이 자주 사용된다. 은행들은 특정 지역의 상업적 자금 흐름을 차단하기 위해서 디지털결제시스템을 동결시키기도 한다. 자금세탁방지법의 부상으로 일부 은행은 빈국으로 자금이 들어오고 나가는 것을 전면 금지하기도 했다.

예를 들어 영국의 은행들은 소말리아의 디지털결제요청을 승인하지 않았다. 이로 인해서 런던의 소말리아 이주집단이 소말리아로 송금하는 일이 매우 어려워졌다. 소말리아 출신 사람들이 자주 이용하는 송금업체인 다합실Dahabsiil은 2013년 바클레이즈 은행이 자사 은행계좌를 자의적으로 폐쇄했다는 이유로 바클레이즈 은행을 법원에 고소했다. 다합실이 역외 송금업무를 처리하려면 바클레이즈 은행에 개설한 은행계좌가 반드시 필요했다. 다합실은 소송에서 가처분 판결을 받아내며 승소했다.[51] 하지만 여전히 빈국들은 글로벌 결제시스템에서 배제될 위협에 노출되어 있다.

바클레이즈 은행과 기타 은행은 오로지 '상업적인 목적'에서 계좌 동결을 결정했다고 말한다. 하지만 역사적으로 은행은 정치적인 목적으로 특정 지역을 대상으로 하는 금융제재에 동원되어왔다. 국가는 자국의 은행을 이용해서 주요 외국기업이나 개인의 금융거래를 차단하거나 그들의 은행계좌를 동결시킬 수 있다(이집트의 호스니 무바라크와 같은 독재자들이 계좌동결을 당하곤 했다). 인도는 그린피스가 정치활동에 개입하지 못하도록 그들의 은행계좌를 동결했다. 그리고 위키리크스가 '뱅킹봉쇄'를 당한 유명한 사례도 있다. 이때 비자·페이팔·마스터카드는 자발적으로 위키리크스로의 기부금 송금을 거부했다.

위와 같은 전략은 국제 결제에서 효과적이고, 특히 부유한 개인과 기관을 압박하는 효과적인 전략이 된다. 하지만 현금으로 먹고사는 가난한 사람들을 상대로 이러한 전략이 사용되기는 힘들다. 현금이 사회 취약계층들에게 보호막이 되어주는 이유다. 현금은 가난한 사람들에게 숨 쉴 구멍을 제공한다. 하지만 현금이 존재하지 않는 세상에서는 이야기는 달라진다. 데이비드 차움이 논문을 발표하고 2년 뒤에, 마가렛 애트우드 Margaret Atwood가 디스토피아적 색채가 강한 《시녀 이야기》를 발표했다. 이 걸작의 배경은 여성들이 잔인한 예속의 대상이 되는 세상이다. 예속의 주요 수단은 현금을 폐지하고 컴퓨뱅크라 불리는 시스템으로 대체하는 것이다. 소설에서 당국은 컴퓨뱅크를 통해서 여성들의 삶을 원격으로 관리하고 감시한다.

모든 여자가 직업을 갖고 있었다. 지금은 상상하기 어렵겠지만,

수천 수백만에 달하는 여자들이 직장에 다녔다. 그땐 그게 정상이었다. 지금 생각하면 그건 과거에 사용했다는 종이돈처럼 비현실적으로 느껴진다. 엄마는 옛날 사진과 함께 지폐 몇 장을 스크랩북에 붙여서 보관했다. 사람들은 더 이상 지폐를 사용하지 않았고, 지폐로 살 수 있는 물건도 없었다. 그것은 그저 두툼하고 만지면 미끌거리고 양쪽에 그림이 그려진 종잇조각일 뿐이었다. 한 면에는 가발을 쓴 노인이, 다른 면에는 꼭대기에 눈동자가 그려진 피라미드가 그려져 있었다. 그 위에는 '우리는 하느님께 전적으로 믿고 맡긴다'라는 글귀가 적혀 있었다. 엄마는 옛날에 현금 등록기 옆에다 농담 삼아 '우리는 하느님을 전적으로 믿고 맡기니 모두 현금으로 지불할 것'이라는 글귀를 적어두기도 했다고 말했다. 지금 같으면 신성 모독죄에 걸릴 일이다.

쇼핑할 때는 지폐를 들고 다녀야 했다. 내가 아홉 살인가 열 살이 됐을 무렵엔 이미 대부분은 신용카드를 사용했었지만 말이다. 하지만 식료품 가게에서까지 신용카드를 쓰게 된 것은 더 나중의 일이다. 지금 생각하면 지폐는 개오지 조개껍데기처럼 매우 원시적으로 느껴진다. 모든 것이 컴퓨뱅크로 연결되기 전에 나도 분명히 아주 조금 지폐를 사용했었을 것이다.

그래서 그들이 그런 식으로, 한 번에, 누구도 예상하지 못하게, 해치워 버릴 수 있었던 것이다. 아직도 돈을 갖고 다녔다면 훨씬 더 어려웠을 텐데.

《시녀 이야기》에서 발췌

술 소비를 금하는 신정국가나 금융활동에 제약을 가해서 정적을 벌하는 독재국가를 상상해보자. 혹자는 그런 국가가 불가능하다고 생각할지도 모른다. 하지만 이를 가능케 하는 시스템이 이미 시범적으로 가동되고 있다. 예를 들어서 호주의 '현금 없는 복지카드'를 쓰는 복지수급권자는 허가받지 않는 상품을 허가받지 않는 상점에서 구매할 수 없다. 이것은 디지털결제를 통해서 자행되는 사회 통제의 완벽한 사례다. 이코노미스트 인텔리전스 유닛 민주주의 지수에 따르면 전 세계 절반에 이르는 국가에 권위주의적 성향을 보이면서 법치주의를 무시하는 정권이 들어섰다. 호주의 시민권 운동가들은 현금 없는 복지카드에 저항할 수 있을지도 모른다. 하지만 그러한 비판조차 허용되지 않는 국가도 많다.

　사람들은 결제감시에 대해서 갈팡질팡한다. 잔혹한 테러리스트들로부터 국가를 지켜 국가안보를 강화할 수 있어서 좋지만, 나쁜 사람들 손에 정보가 악용될까 봐 전전긍긍한다. 어쩌면 결제검열이 자행되는 디스토피아가 도래할 수도 있다. 하지만 사생활 보호를 둘러싼 논쟁의 본질은 이보다 더 미묘하다. 예를 들어서 정부요원 2명이 원격 영상모니터링시스템을 개발하는 회사의 영업사원 2명과 함께 집으로 찾아왔다. 정부요원들이 '당신의 거실·침실·부엌에 원격 영상모니터링시스템을 설치하고자 합니다'라고 말한다. 당신은 그들 말에 '왜죠?'라고 반문한다. 그러자 그들은 미소를 지으며 '당신의 안전을 위해서죠. 숨길 것이 없다면 걱정하지 않으셔도 됩니다'라고 말한다.

대충 가정한 상황이지만, 이것은 문제의 핵심을 찌른다. 당신의 애국심은 문 앞에서 받은 제안이 표면상 논리적이라고 말한다. 하지만 그럼에도 불구하고 당신은 집 안에 설치된 감시 카메라를 생각하며 본능적으로 몸서리친다. 당신이 '뭔가 숨길 것'이 있어서가 아니다. 이것은 대단한 사생활 침해에 해당되는 일이기 때문이다. 다 큰 성인을 어린아이 취급하는 것과 다름없다. 이것은 당신을 애로 여기는 것이다.

　이것이 현실화된다면, 정부요원이 아닌 상업적인 목적을 가진 행위자들이 대화를 이끌어갈 것이다. 사적인 디지털결제시스템은 사용자를 다양한 형태의 감시활동에 노출시킨다. 하지만 누군가가 이를 문제 삼으면 그들은 위 상황에서 정부요원들과 같은 논리로 상황을 무마한다. 결제회사는 이의를 제기한 사람들에게 당신은 당국에 숨길 것이 전혀 없는 훌륭한 시민이니 걱정할 것이 전혀 없다고 주장한다. 이것은 사생활을 보호받고 싶은 욕구가 어엿한 성인으로 대우받고 싶은 욕구가 아니라 무언가를 숨기고픈 꿍꿍이라고 치부하는 것이다.

　나는 때론 나를 합법적으로 조사해야만 하는 국가를 존중하지만, 그들은 그 일을 위해 다른 대리인을 보낼 것이다. 스스로를 자발적으로 모니터링하고 그 결과를 정부기관에 전달하는 사람은 거의 존재하지 않기 때문에 감시를 도맡을 대리인이 필요한 것이다. 이것은 다시 말해 내 의도와 상관없이 누군가 나를 조사하게 된다는 의미이다.

애석하게도 미시감시기술은 전 세계적으로 빠르게 확산하고 있다. 나는 샌프란시스코에서 한동안 집을 비운 주인의 자그만 스튜디오 아파트를 대신 관리해주면서 이를 피부로 느꼈다. 하루가 저물어갈 무렵이 되어서야 나는 벽난로 위 선반에 숨겨진 작은 '스마트홈' 카메라를 발견했다. 집을 비운 동안에 고양이가 무엇을 하는지 확인하려고 집주인이 설치한 것이었다. 그 카메라를 발견한 순간, 충격에 내 얼굴은 하얗게 질렸다. 알몸으로 음악을 들으며 그녀의 집을 돌아다니고 있었기 때문이었다. 내가 거기서 한 모든 행동을 누군가가 지켜볼 수 있다는 사실을 깨닫자, 나는 그 즉시 행동거지를 조심하기 시작했다. 셔츠를 목 끝까지 잠근 채로 방을 조용히 걸어 다녔고, 카메라를 피해서 난로 아래에 몸을 숙인 채 통화를 했다.

이것은 **파놉티콘 효과**다. 자신의 사적인 행동이 **감시될 가능성이 있다는 사실만 인식해도** 사기가 확 꺾인다. 결제내역을 감시할 수 있는 기술 역량도 파놉티콘 효과를 낼 수 있다. 여기서 감시활동이 실제로 실행되느냐 중요하지 않다. 구매하는 모든 물품이 신용점수부터 보험료, 시민등급에 이르기까지 모든 것에 영향을 준다면, 시답잖은 물건을 구매할 때 사도 될지 말지 굉장히 신경을 곤두세우게 될 것이다. 물론 지금 상황이 그렇다는 것은 아니다. 결제시스템들이 분열되어 있고, 경제 네트워크가 현금과 같은 물리적인 시스템과 디지털시스템으로 나뉘어 있기 때문이다. 하지만 상황이 변하고 있다. 결제시스템의 디지털통합이 서서히 다가오고 있다.

7장

억지 진보

'스톡홀름 증후군'은 인질이 인질범에게 동화·동조하고 그를 보호하는 정신이상이다. 이 용어는 스웨덴에서 발생한 은행강도사건에서 6일 동안 금고에 갇혔던 인질들이 은행강도들을 상대로 부정적인 증언을 하는 것을 거부하는 현상을 설명하고자 1973년에 만들어졌다.

하지만 거의 50년이 지난 지금 스웨덴의 상황은 변했다. 많은 은행지점에는 금고가 없다. 왜냐하면 절반 이상이 더 이상 현금업무를 처리하지 않기 때문이다.[52] 요즘 스웨덴 사람들은 새로운 유형의 디지털결제 금고에 푹 빠져 있다. 그리고 그 금고를 관리하는 금융산업에 점점 더 정을 붙이기 시작했다.

스웨덴 사람들만이 겉보기에 매력적인 금융서비스를 제공하는 금융시스템에 끌리는 것은 아니다. 우리 모두 대기업의 금융시스템에 끌리고 있다. 그러나 이런 변화가 주주가 아닌 우리와 같은 일반 고객들을 위한 것이라 믿는다면 그건 한낱 희망사항이다. 금융산업 내부자들은 사적으로는 내 관점에 동조하고, 가끔 이를 인정하는 메일까지 내게 보낸다. 하지만 이 문제는 단일 국가나 지역 은행업계의 경계를 넘어선 지 이미 오래다. 디지털결제 금고는 초국가적으로 국경을 넘나들며 성장하고 있다.

앞선 장들에서 나는 '현금 없는 사회'에 대한 이야기들의 정확성에 의문을 제기했다. 그 속에 존재하는 계층 간 역학관계를 탐구했고, 감시와 검열의 발생 위험성에 주목했다. 이것만으로도 현금 없는 사회가 과연 바람직한가에 대해서 사람들이 잠시 멈춰서 생각할 계기가 되기 충분하다. 하지만 연사로 초빙되어 이런 주장들을 청중에게 들려줄 때, 사회자는 내가 언덕 아래로 흐르는 강물을 멈추려고 애쓰는 바보라도 된다는 듯 어이없는 표정으로 나를 쳐다본다.

하지만 그런 의심은 잠시 제쳐두고 사례들을 살펴보자. 우리가 공유하는 아래의 암묵적인 느낌을 파헤치는 것이 더 많은 사실을 알려줄 것이다. 현금의 종말은 불가피하다는 **느낌이 드는 것**은 부정할 수 없는 사실이다. 그렇다면 이런 느낌은 어디서 오는 것일까?

미래라는
가짜 뉴스

TV 사회자가 산업 미래주의자에게 질문을 던진다. "현금 없는 사회로 나아가는 것은 불가피하지 않나요? 그렇다면, 그 이유는 무엇인가요?" 이 질문을 받은 미래주의자 10명 중 9명은 "네, 불가피하죠. 우리 모두가 원하는 것은 편리함이니까요. 그래서 디지털결제를 사용하는 소비자들이 늘어나는 추세인 겁니다"라는 식으로 대답할 것이다.

이런 식의 대답은 2가지 가정으로 도출된다. 첫째, 이러한 변화를 주도하는 주체의 자리에는 소비자, 즉 우리가 서 있다. 둘째, 편리함을 갈구하는 인간의 욕구 때문에 도래할 미래는 불가피해진다. 여기에는 사람들이 현재에 만족하지 않으며 반드시 더 편리한 무언가를 기대한다는 믿음이 있다.

이 가정을 뒤흔들려면, 반대로 생각해봐야 한다. 우리가 잠시 멈춰 서서 주변을 둘러보고 지금 주어진 것에 온전히 만족할 수 있는 세상에 있다고 가정하는 것이다. 과연 그러한 세상이 가능할까? 물론 그런 세상을 만들려고 시도할 수는 있다. 하지만 이는 곧 넘어설 수 없는 현실의 장벽에 부딪히게 될 것이다. 이것은 자본주의 경제체계의 지향점과 완전히 상반된다. 자본주의 경제체계는 무너지지 않기 위해 끊임없이 팽창해야 한다. 경제적 성장은 가능한 한 무조건 달성해야 할 목표다. 심지어 이미 충분히 많은 것을 가진 사람들도 경제적 성장을 끊임없이 도모해야 한다. 우리가 사는 이 세상에서 어떤 식으로든 '정적으로 안정된' 경제를 도모하자고 제안하는 것은 어불성설이다.

하지만 사람들은 경제가 끝없이 팽창해야 한다고 공공연하게 말하지 않는다. 아마도 이미 너무도 당연한 일로 여기고 있기 때문일 것이다. 하지만 '우리가 급변하는 세상에서 살고 있다'는 진부한 표현에서 이 논리는 빤히 드러난다. 물론 이것은 정치인들과 CEO들이 좋아하는 표현이다("이렇게 급변하는 세상에서 우리는 반드시 … 해야 합니다."). 이 문장은 '앞장서거나', '계속 나아가거나', '적응하도록' 사람들을 자극할 때 사용된다. 그들의 말을 듣고 있으면 러닝머신을 뛰다가 힘들어서 속도를 살짝 줄였는데 바닥으로 꼬꾸라지고 마는 그림이 머릿속에 떠오른다.

사람들이 새로운 디지털결제시스템을 **갈구하는지** 묻는 질문에는 대체로 이러한 요점이 빠져있다. 경제 러닝머신 위에서 빨리 달리는 것을 즐기는 사람들도 있을 것이다. 하지만 그렇지 않은 사람들은 마지못해 속도를 내서 달려야만 한다. 개개인은 강력한 시스템 안에 존재하는 작은 마디에 불과하다. 시스템은 수많은 작은 마디들을 초월한다. 사람들이 기업자본주의를 좋아하든 싫어하든 간에, 경제시스템은 시스템을 따르기 버거워하는 구성원을 위해 기존 궤도를 바꾸는 관대함을 보여주지 않는다.

우리는 반드시 팽창해야 하는 시스템에 속해있다. 우리는 항상 더 많이 생산하고 소비해야 한다. 이것은 느리거나 너무 현실적이거나 자동화되지 않거나 독립적인 것들은 모두 배제되어야 한다는 뜻이다. 기업자본주의에 따르면 이는 낡은 허물을 벗는 것과 같다. 이런 맥락에서 현금은 현재의 경제시스템이 계속 팽창하고 빠르게 성장도록 만드는 데 방해가 되는 제약이다. 현금은 경제 러닝머신이 최고 속도를 내지 못하도록 제동을 건다. 산업 미래주의자들이 '소비자들이 스스로 디지털결제를 선택한 것이다'라고 말했지만, 사실상 사람들은 글로벌 자본주의의 힘에 의해 특정 방향으로 **끌려가고 있다.**

의식하지 않는 자세는 구부정해진다

이 책을 쓰면서 나는 전통적인 시장 경제학이 주장하는 여러 이론을 탐구했다. 그 이론들의 주요 논지는 이 세상이 정보에 기반한 자유로운 개인들의 능동적인 선택에 의해 돌아간다는 것이다. 경제시스템의 힘에 의해 사람들이 특정 방향으로 끌려가고 있다는 내 주장에 한 독일 경제학자는 코웃음을 쳤다. 그는 "뭐가 사람들이 선택하도록 몰아붙인다고 하시는 거예요? 그냥 시장이 결정하도록 내버려 두세요!"라고 버럭 화를 냈다.

나는 그에게 오늘 **정장을 입기로 한 이유**를 물었다. 그는 내 질문에 깜짝 놀랐다. 정장을 입고 출근하는 사람들 중 극소수만이 회사에 갈 때 정장을 입는다는 선택을 의식적으로 하기 때문이다. 대부분은 문화적 관습과 일상복을 입고 출근하면 주변 사람들에게 비난받을지도 모른다는 공포에 순응한 결과로 정장을 입는다. 그들은 또래집단이 원하는 행동양식을 암암리에 주입당해 자신도 모르게 가게에서 정장을 맞춘다. 이 과정에서 표면적으로 그들이 내리는 결정은 정장의 색깔이나 패턴이 전부다. 결과적으로 사무실에는 정장을 입고 출근한 사람들로 가득해진다. 하지만 이런 타성을 '선택'이라고 설명하는 것은 실상을 완전히 호도하는 것이 목적이 아니라면 핵심을 제대로 이해하지 못하고 있다는 방증이다.

인류학은 집단 구성원에 대한 집단적 문화의 영향력을 연구하는 학문 분야이다. 이와 대조적으로 주류 경제학자들은 은연중에 인간은 자유로운 환경에서 무엇을 할지 선택하는 자율적 존재라고 말하는 나쁜 버릇이 있다. 하지만 우리는 문화의 영향을 많이 받을 뿐만 아니라, 그 문화조차도 각각의 마디를 끌어당기는 그물망처럼 우리를 끌어당기는 훨씬 더 큰 경제 네트워크 안에 존재한다. 이 그물망에서 가장 큰 마디들이 합쳐져 강력한 과점을 형성한다. 과점은 시장을 지배하는 강력한 행위자들로 구성된 작은 집단이고, 무언가의 선례와 변화를 만드는 데 우리보다 훨씬 더 강력한 힘을 발휘한다.

이러한 과점이 시장을 지배하는 상황에서, '시장이 결정하도록 내버려 두자'는 말은 과점이 결정하도록 하자는 말과 별반 다르지 않다. 과점은 특정한 선택지를 크게 잘 보이는 곳에 배치하는 메뉴 배치자와 같다. 애플은 한낱 사기업이지만, 애플의 행보는 (마치 중요한 정치 사건이라도 되는 양) 신문 1면을 장식한다. 애플 입장에서 이는 무료로 회사를 홍보할 값진 기회가 되는 동시에 시장 지배력을 강화하는 시장 반응이다. 애플페이 앱을 사용한다고 해서 소비자들이 미래를 만들어나가는 것은 아니다. 실상은 오히려 그 반대다. 하지만 이것은 메뉴 배치자에 대한 언급 없이 '소비자들이 모바일결제를 선택하다'라는 식으로 보도될 것이다.

그러므로 '소비자'에 관한 이야기는 반신반의로 받아들여야 한다. 급류에 휩쓸린 사람에게는 급류를 빠져나가기 위해 선택할 수 있는 경로가 5개 정도 있을 수 있다. 돌아올 수 없는 강을 눈앞에 둔 우리에게도 선택할 수 있는 여러 선택지가 있을 것이다. 예를 들어 당신은 애플페이·구글페이·수많은 은행카드·모바일결제 앱 그리고 다른 유형의 클라우드머니 중에서 무엇을 선택할 것인가? 눈치챘다시피 현금은 선택지에 없다. 많은 사람들이 여전히 현금을 사용하지만, 현금은 경제가속화를 지원하지 않으면서 용인된 이동 방향으로 움직이지 않기 때문이다. 경제 네트워크의 대형 행위자들은 자신들에게 가장 크게 이득이 되는 방향으로 사회의 지향점을 설정한다는 것을 알 수 있다.

많은 경제학 논평가가 시장의 **능동적 선택**이라는 측면에 주목하지만, 시장의 수동적 측면에 주목하는 편이 경제 네트워크를 이해하는 데 더 도움이 될 것이다. **구부정한 자세**가 이 모호성을 설명하는 데 좋은 비유가 될 수 있다. 바른 자세를 유지하려면 능동적인 선택이 요구된다. 반면에 구부정한 자세는 우리가 의식하지 않고도 유지할 수 있다. 그것은 중력이 몸을 장악해 끌어당기게 내버려두었기에 발생하는 수동적인 결과다. 스톡홀름과 같은 곳에서 디지털결제시스템을 사용하는 사람들이 받는 느낌은 전자보다 후자에 훨씬 더 가깝다.

우리를 끌어당기는 디지털결제의 '중력'은 빠르게 세지고 있다. 점점 더 많은 사람이 금융기관으로 끌려들지 않으려는 의지를 잃어가고 있다. 상호의존적인 경제 네트워크의 보이지 않는 종속 사슬이 사람들을 끌어당기고 경제시스템을 뒤덮고 있다. 이 새로운 상황이 모든 시스템에서 기본값으로 자리한다. 예를 들어 우리는 갑자기 현금으로 주차요금을 지불할 수 없게 될 수도 있다. 현금을 사용하려는 시도는 바른 자세를 유지하려는 것과 같은 아주 **능동적인 선택**이 될 것이다. 현금사용자는 변화의 조류에 맞서야 한다. 그래서 자신이 갈수록 주변과 조화를 이루지 못한다는 느낌을 받게 될 것이다. 현금을 사용하기가 갈수록 힘들어질 것이고, 현금을 포기하고 시대의 흐름에 몸을 맡기는 편이 훨씬 더 쉬워질 것이다. 이는 분명 **수동적인 과정**이지만, 능동적인 소비자 선택으로 보도될 것이다.

힙스터의 결제 앱과
소상인의 현금

이러한 능동적 선택과 수동적 선택은 자본주의에서 반복된다. 하지만 모두가 새로운 환경에 끊임없이 적응하라는 요구를 반길 수는 없다. 예를 들어서 조부모들은 손자 손녀들이 집착적으로 열광하는 상품이나 서비스에 별 감흥을 느끼지 못한다. 그들은 물밀 듯이 쏟아지는 새로운 기술을 무수히 경험해왔고, 새로운 기술이 모두가 학수고대하던 것이라고 말하는 기업을 수도 없이 봐왔다. 십 대였을 때, 그들도 시대에 뒤처지지 않으려고 전전긍긍했을 것이다. 그리고 1970년대는 최첨단기술로 가득한 경제부흥기였다. 그 시기에 대기업의 말을 고분고분 잘 따르던 소비자들은 TV와 전자레인지를 대거 구입했다. 몇십 년 동안 끊임없이 새로운 상품과 서비스가 등장하며 전달된 메시지에 그들은 공허함을 느끼기 시작했을 것이다. 그러면 그때부터 '미래를 위해서 길을 내줘야 한다'라는 말을 암암리에 사회로부터 듣게 된다. 현대 디지털대기업에게 작은 영국 마을의 상점 주인이나 전통 기법으로 직물을 짜서 파는 뭄바이 상인은 대규모 자동화가 창출할 대규모 수익을 가로막는 인적 방해물일 뿐이다.

하지만 여전히 이 방해자들은 경제의 중요한 부분을 차지한다. 디지털결제에 대한 그들의 저항은 경제시스템의 확장에 방해가 된다. 그들은 속도의 최대화와 디지털화가 꼭 필요하다는 얘기를 엄청나게 듣는다. 하지만 인간은 원래 촉각에 의지하는 느린 존재다. 그리고 사람들은 손으로 만질 수 있는 물질성을 현금 선호의 주된 이유로 꼽는다.[53] 현금은 눈에 보이며 질감이 있는 물체이다. 그래서 돈이 얼마나 있는지 직관적으로 파악하고 예산을 짜는 데 도움이 된다. 여러 연구에 따르면 디지털결제는 빠르고 무심한 소비를 권장한다.[54] 내가 얼마나 썼는지 직관적으로 확인할 수 없어서 채무가 커지기 십상이다. 요점은 바로 다음과 같다. 비자는 '현금 없는 사회의 이점'을 소개하는 자사 웹사이트[55]에 '신용카드를 사용하면 미국 소비자는 일반적으로 피자 가게에서 25%, 작은 식당에서 33%, 패밀리 레스토랑에서 40% 더 많이 쓴다'고 보고했다. 디지털결제에는 '비접촉'·'마찰 없이' 등과 같은 용어가 따라붙는다. 이러한 용어는 사람들이 무언가를 바삐 소비하면서 정신없이 살아간다는 것을 간접적으로 암시한다. 우리는 잠시 멈춰서 숨 돌릴 시간이 주어지지 않는 끊임없이 팽창하는 경제시스템 속에서 이렇게 바쁘게 살아야 한다.

그러니 이런 흐름에 저항하는 사람들을 이해할 만하다. 하지만 앞에서 제안했듯이 주변 환경에 다른 선택지(현금)가 없어진다면, 변화에 순응하지 않는 사람들은 결국 축출될 수밖에 없다. 이 과정은 신중하게 설계된 계획으로 더욱 **촉진된다**. 2019년 나는 캐시리스 카탈리스트 이니셔티브의 바달 말릭크Badal Malick를 만났다. 캐시리스 카탈리스트 이니셔티브는 USAID에서 지원하는 프로그램으로 인도 사람들이 디지털결제를 수용하도록 돕는다. 바달 말릭크는 본 프로그램을 진행하면서 경험한 '편성 문제'에 대해서 설명했다. 인도 사람들이 디지털결제를 완전히 받아들이도록 만들려면 많은 상인이 디지털결제를 수용하고 많은 소비자가 디지털결제를 사용해야 한다. 이를 위해서 캐시리스 카탈리스트 이니셔티브는 촉진 메커니즘을 실험 삼아 이용했다. 대기업이 직원들에게 월급을 디지털화폐로 지급하도록 하거나 소상공인에게 디지털신용을 제공해서 디지털결제의 '낚싯바늘에 걸려들게' 만들었다.

이러한 전략은 USAID 글로벌 개발 랩의 연구 결과였다. USAID 의 글로벌 개발 랩은 공식적으로 다음의 4가지 목표를 추구한다. 미국 안보를 강화하고, 이민과 테러의 근원을 없애고, 미국 사람들을 위해서 경제적 기회를 창출하고, 마지막으로 '미국 기업들이 이익을 창출하도록 지원한다.' 마지막 목표를 달성하기 위해 랩은 비자·구글과 손을 잡았다.[56] 또한 인도의 통화시스템을 디지털화하는 방법에 관한 매뉴얼을 갖고 캐시리스 카탈리스트 이니셔티브를 지원하고 있다.[57]

바달 말릭크는 이것을 내게 2019년 런던에서 들려줬다. 그해는 그가 인도에서 일어나길 바라는 일들이 런던의 중산층을 중심으로 일어나고 있던 시기였다. 런던의 중산층을 중심으로 디지털결제가 빠르게 확산됐고, '현금 없는' 가게들이 런던에서 꽃을 피웠다. 상호의존망의 한 부분이 디지털결제로 흡수되자, 나머지 부분들도 자연스럽게 디지털결제로 끌려들어 왔다. 현금이 많이 사용되는 커뮤니티는 시대에 뒤처졌다는 분위기를 만들기 위해서 유행에 민감한 힙스터들이 동원됐다. 현금결제가 불가능한 커피숍이 내가 사는 런던 남부의 캠버웰에 등장했다. 이 가게는 같은 거리의 현금결제만 가능한 가나 사장님의 헤어숍이나 에리트리아 사장님의 잡화점과 극명히 대비된다. 디지털결제의 부상은 젠트리피케이션과 함께 일어난다. 현금결제만이 가능한 허름한 가게들이 값비싼 물건을 파는 양품점으로 대체되고, 양품점은 획일적인 서비스를 제공하면서 디지털결제만 가능한 체인점으로 다시 대체될 것이다.

첨병,
젠트리피케이션

세계 경제를 초국가적인 네트워크로 간주하면, 강대국의 세계적인 도시에서 시작된 트렌드가 어떻게 가난한 국가의 작은 시골 마을에서 결제 변화를 유도하게 되는지 이해할 수 있다. 남아프리카와 같은 낙후된 지역에서 성장한 사람에게 런던과 뉴욕은 최첨단 기술로 가득한 신화에 등장하는 왕국처럼 보인다. 남아프리카의 거의 모든 중산층은 성지순례를 하는 마음으로 이런 일류도시를 두 눈으로 직접 보고 싶어 한다. 그래서 전 세계의 공항은 사람들로 발 디딜 틈 없이 붐빈다. 기대에 부푼 남아프리카 사람이 '현금 없는' 영국항공 런던행 비행기에 탑승하기 전에 '현금 없는' 라구아디아공항에 앉아 있다. 그는 현금을 주고 버스를 탈 수 없는 런던을 방문한 뒤에 현금을 내고 트램을 탈 수 없는 암스테르담으로 간다. 이러한 일류도시들을 둘러보고 나면 분명한 메시지가 그의 마음에 자리 잡는다. **자신의 국가보다 국제적으로 훨씬 더 중요한 국가들은 현금 없는 사회로 나아가고 있다.**

거의 모든 국가에서 기업가들은 이 초국가적인 중산층에서 등장한다. 그들은 세계 일류도시들을 여행하며 목격한 트렌드를 받아들이고, 미국 뉴욕과 가령, 남아프리카공화국 요하네스버그나 케냐 나이로비를 문화적으로 연결하는 다리를 놓는다. 요하네스버그나 나이로비와 같은 도시들은 자국의 소형도시에 영향을 주고, 디지털결제는 이렇게 만들어진 다리를 건너 현금경제를 파고든다. 예를 들어서 페루 피삭은 케추아 원주민이 사는 안데스산맥에 있는 작은 마을이다. 케추아 여성들은 마을 광장에서 채소를 팔고 현금을 받았다. 하지만 내가 2018년 이 마을을 방문했을 때, 비자의 대형 광고판이 나를 반겼다. 피삭은 전 세계 보헤미안들이 자주 찾는 여행지다. 그들은 발코니 카페에서 현지인들을 구경하면서 시간을 보낸다. 높은 발코니에 앉아서 와이파이와 신용카드를 사용하면서 재래시장에서 물건을 사고파는 현지인을 내려다본다.

이런 카페처럼 이 새로운 사업체들은 확장하는 디지털결제 네트워크에 실 가닥을 하나 추가한다. 이것은 연쇄적으로 다른 인구 계층을 공략하는 소상공인들에게까지 영향을 미친다. 예를 들어서 푸카이파는 페루 아마존 지역에 위치한 흙먼지 날리는 작은 마을이다. 아마존 지역은 한때 원시적인 열대우림이었지만, 현재 벌목·채굴과 야자나무 대농장으로 몸살을 앓고 있다. 이곳의 저임금 노동자들은 현금을 사용하지만, 푸카이파도 성장하는 아야화스카 관광업의 작은 중심이 됐다. 외국인들은 환각을 일으키는 아야와스카의 성찬을 들러 이곳으로 모여들었다. 이러한 발전은 일부 시피보-코니보 원주민들에게 경이로운 일인 동시에 새로운 상거래 기회를 만

| 페루 피삭 마을의 비자 광고판

들어내는 일이다. 하지만 샤머니즘에 열광하는 외국인들과 함께 신용카드도 들어왔다(애플페이도 등장했다). 그곳에서 머무르는 동안에 나는 곧 무너질 듯한 허름한 가게를 방문했다. 가게 주인은 새로운 POS 카드단말기를 설치하는 방법이 적힌 설명서를 실눈으로 유심히 읽고 있었다. 계산대에서 작은 플라스틱 접시가 놓여 있었다. 그는 현지 고객에게 거스름돈으로 줄 동전을 그 접시에 두고 사용하곤 했다. 하지만 지금 그는 스스로를 세계 클라우드머니시스템에 동여매고 있었다.

이 가게 주인은 공공기관의 칭송을 받게 될 것이다. 그는 빠르게 변하는 세상에 뒤처지지 않고 적응해나가고 있다. 세계 경제라는 맥락에서 POS 카드단말기와 핀테크 앱은 세계 젠트리피케이션의 첨병이다. 그것들은 카드회사·거대 금융기업·거대 기술기업이 현금 중심의 비공식적인 경제를 전복시킬 기반을 닦는다. 골목상권으로 침투하는 대기업과 이를 방어하는 소상공인 사이에서 벌어지는 전쟁에서 젠트리피케이션은 **첨병 역할**을 한다. 이전에 젠트리피케이션은 비공식적이고 직접적인 개인 간의 경제 관계에서 일어났지만, 이제는 대형 기관들을 중심으로 진행되고 있다.

　이러한 맥락에서 '금융포용'이 분석되어야 한다. 나는 이미 주류 행위자들의 시선에도 금융포용은 금융흡수와 다름없다고 주장했다. 작고 비공식적인 '차마Chama'는 나이 지긋한 케냐 여성들의 일종의 계모임이다. 차마는 진기해 보이지만, 테크크런치 디스럽트Tech-Crunch Disrupt에서 화려한 기업가들이 선보이는 대형 디지털앱에 비하면 열등하다. 케냐 여성들로 구성된 차마와 같은 협동조합이 수천 개에 이르는 곳에서 금융포용을 상상하기는 힘들다. 이런 곳에서 금융포용 사업자들은 비공식적인 금융시스템을 와해시키고 계모임을 대체할 대기업의 금융시스템에 여성들을 합류시킨다. '아프리카 금융포용'이란 단어로 이미지 검색을 해보면, 대충이나마 이 사실을 확인할 수 있다. 마스터카드 웹사이트에 게재된 이미지가 화면에 등장한다. 모든 시골 여성들이 휴대폰 화면을 보면서 미소 짓고 있다. 그들은 아마도 멀리 떨어진 곳에 있는 데이터센터에 연동된 디지털결제 앱을 보고 있을 것이다(그 데이터센터는 자신들과 전혀 다른 세상에 사는 사람들이 운영하고 관리한다).

　모든 금융포용 전문가들이 이러한 기업적 침투를 지지하는 것은 아니다. 하지만 갈수록 대기업의 지배력이 커져가는 세계에서 대기업의 금융시스템에 흡수되지 못한 사람들은 결국에 소외되고 차별받을 것이다. 다시 스톡홀름 증후군으로 되돌아오자. 인질범들이 상황을 철저히 통제하자 인질들은 그들에게서 나쁜 점 대신에 좋은 점을 찾는 편이 낫다고 생각했다. 우리도 대기업을 소비자들에게 혜택을 제공하는 자애로운 존재로 여기고 위안 삼는 편이 더 속 편하다. 이런 생각으로 중도 진보주의자들과 주류 보수주의자들은 카드회사가 잠비아 지방에 진출하면 그곳 사람들이 기술 발전을 '따라잡을 수 있다'는 데 서로 동의한다.

　이러한 이상은 도처에서 그려진다. 갭·유니레버·코카콜라와 같은 서양 대기업들은 모두 베터댄캐시얼라이언스에 가입하면서 가난한 국가의 외주 직원들에게 디지털결제시스템으로 임금을 지불하기로 맹세했다. 이러한 이유로 케어·자선군단·세이브더칠드런 등 주요 인도주의 구호단체들도 베터댄캐시얼라이언스에 참여하고 있다. 아테네 호텔 밖에서 나는 기독교 자선단체인 카리타스 소속인 한 남성에게서 담배 1개비를 빌렸다. 그는 현금으로 불우한 사람들을 원조하는 일을 하기 전에 그 방식을 디지털화하는 방안을 논의하는 행사에 참여한 상황이었다. 그 남성은 내게 뭔가 꿍꿍이가 있는 목소리로 말을 걸었다. 그는 내게 마스터카드 로고가 적힌 카드를 보여줬다. 그것은 튀르키예의 할크뱅크Halkbank가 튀르키예 국제적십자연맹을 대신해서 발행하여 난민들에게 제공됐다. 그는 이 3자 파트너십 덕분에 은행으로 신규 고객이 많이 유입됐다며 탐사 저널리스트인 내게 이를 자세히 취재해보라고 제안했다. 하지만 마스터카드가 자선군단·유엔세계식량계획·은행과 결탁한 정부들과 맺는 이런 종류의 파트너십 거래는 이제 너무나 만연해서 보도할 가치조차 없다.

결제 디지털화의 소용돌이로 말려드는 모습을 두고 많은 '비평'이 쏟아진다. 그중에서 가장 일반적인 비평은 아직까지 소용돌이가 모두를 집어삼키지는 않았다는 것이다. 나는 어느 토론 프로그램에서 시티그룹 임원과 나란히 앉았다. 현금 없는 사회에서 발생할 수 있는 문제가 무엇이냐는 질문을 받자, 그는 '완전한 금융포용이 보장될지가 불확실하다는 점'이라고 말했다. 그는 모든 사람들이 디지털 금융시스템에 탑승하지 못하는 상황이 주요 문제라고 생각했다. 그는 "소외되는 사람 단 1명도 없이 완전한 금융포용을 달성하는 것은 은행업계와 정부가 함께 짊어져야 하는 책임"이라고 결론을 내렸다. 그의 대답을 해석하자면, 국가는 새로운 고객을 끌어들일 수 있도록 은행업계를 도와야 한다.

의외로 이러한 기업의 메시지는 좋은 의도로 최선을 다하는 사회복지사들에 의해서 강화된다. 그들은 디지털경제로의 전환을 받아들일 준비가 안 된 사람들이 있다는 사실을 민감하게 받아들여야 한다고 말한다. 그들은 디지털경제에 **더디게 적응하는 사람들**을 변화의 흐름에서 **낙오될지 모를 두려움**으로부터 보호해야 한다고 주장한다. 이들은 같은 방향으로 나아가기를 거부하는 것이 아니라, 타고 갈 매개체를 놓친 사람들로 그려진다.

2019년에 영국에 노숙자들을 다루는 기사가 신문에 연일 보도된 적이 있었다. 당시에 현금이 씨가 마르고 ATM과 은행지점이 폐쇄되자, 은행계좌가 없는 사람들과 (은행계좌는 있지만 현금을 선호하는) 노인들이 오도 가도 못하는 신세가 됐다. 이 기사는 훈훈한 이야기로 이어졌다. 정부·자선단체와 '공동선을 위한 기술'을 주장하는 스타트업이 카드리더기를 노숙자들에게 나눠줬다. 이렇게 대기업이 자신들의 이익을 위해서 한 행동이 자선활동으로 비추어졌다.

기업의 침투에는 저항하는 것보다 동참하는 것이 더 편하다. 하지만 그럼에도 일부 정부들은 대기업이 이끄는 결제 디지털화에 저항하고 있다. 예를 들어서 필라델피아와 샌프란시스코의 지자체들은 2019년 가게에서 무조건 현금도 받도록 하는 법을 도입했다. 끊임없는 성장을 추구하는 이념의 관점에서 이런 유형의 행위는 헛된 '러다이트'운동으로 그려지기 쉽다. 이 법이 의회를 통과하지 못하도록 은밀하게 정치 공작을 펼쳤던 아마존에 관한 기사가 쏟아졌다.[58] 아마존은 자사가 주도하는 완전자동화된 현금 없는 가게의 확산에 그 법이 방해가 될 것이라고 불평했다. 〈월스트리트저널〉은 이 법이 '혁신에 대한 규제'인지를 조사했다.[59] 하지만 이것은 '자동화에 대한 규제'로 받아들이는 것이 훨씬 더 정확하다.

지금까지 경제 네트워크에서의 현금 퇴출은 금융기관에게 이로운 것으로 그려졌다. 하지만 그들은 디지털대기업과 공생관계를 맺고 있다. 아마존에게는 현금을 꺼내려고 지갑을 뒤지는 내가 자신들의 시스템과 영원히 불확실하게 상충하고 불화하는 존재로 느껴질 것이다. 현금결제는 원격으로 개시하거나 모니터링하거나 조정하거나 중단시킬 수 없다. 반면에 디지털화폐인프라는 디지털화를 추구하는 아마존의 정신과 조화를 이룬다. 현금은 금융과 기술의 융합을 방해하는 벌레다. 금융산업과 기술산업이 경제 네트워크의 최대 행위자임을 고려하면, 그들은 사람들을 현금영역에서 디지털화폐영역으로 끌고 가기 위해 공모할 수 있다. 이것이 현금이 짓밟히고 있는 이유다. 좀 더 전통적인 방식으로 이야기하면, 소비자들이 빠르게 디지털결제로 돌아서고 있는 이유다. 이제 급격한 속도로 진행되고 있는 금융과 기술의 융합을 면밀하게 살펴보자.

8장

낡은 허물을 벗고 새로운 껍질을 뒤집어쓴 은행업계

여러 시대에 걸쳐서 은행원은 돈에 관한 계약서를 작성하고 거래를 하면서 부를 축적해왔다. 이것은 오랫동안 도덕적 공황의 원천이었다. 1416년 피렌체 메디치 가문 사람이 은행원이 되고자 한다면 계약을 보증거하나 손실을 보상할 자본금과 계약서를 작성할 깃털 펜만 있으면 됐다. 은행업무를 처리하는 데 그렇게 많은 체력이 들지 않았다. 하지만 모든 금융거래상의 가능성을 고려해야 했기에 상당한 정신력이 필요했고, 위험을 감수하는 데 강한 감정적 강인함이 필요했다. 당시에 육체노동에 익숙한 사람에게 이러한 은행업무는 미스터리했고 심지어 사악하게까지 보였다.

하지만 당시에는 그들이 얼마나 사악해 보이는지는 중요치 않았다. 초기 은행원들은 다른 사람들과 함께 커뮤니티를 구성하는 눈에 보이는 존재였다. 중세 교토의 대금업자들은 사케 양조장에 둥지를 틀었고, 런던의 스퀘어 마일Square Mile의 17세기 금융가들은 커피숍에 느긋하게 앉아서 일했다. 시간이 흐르면서 현지에서 활동하던 금융가들은 서로 힘을 합쳐서 더 큰 연합체를 만들었고, 다른 지역에 지점을 열어서 지점망을 형성했다.

예를 들어서 영국의 바클레이즈 은행은 퀘이커 교도들이 만든 17세기 파트너십에서 출발했고, 소규모 퀘이커 지역은행들을 합병하면서 19세기에 빠르게 성장했다. 바클레이즈 은행은 근대 기업의 형태를 갖추었고 의사결정이 중앙(본사)에서 이뤄졌지만, 영업지점들은 현지에서 분산화 양상을 그대로 유지했다. 1880년대 농촌에 들어선 바클레이즈 은행의 영업지점은 지역사회에 영향력을 행사할 수 있는 은행지점장이 관리했다. 그리고 은행지점장은 런던 본사에 보고해야 했다(런던 본사는 더 넓은 지점망을 관리하고, 위험을 통합하고 자금조달을 주도하는 구심점 역할을 했다). 하지만 은행 본사가 눈에 보이지 않더라도, 고객의 신용을 평가해서 대출을 승인하고 계약을 맺고 악수할 은행원은 진짜 사람이었다.

지금 금융가들은 우리의 눈에 보이지 않는 존재가 되어가고 있다. 그들과 악수하는 것조차 불가능해졌다. 이제 우리가 손으로 만져볼 수 있는 것은 디지털금융 앱의 인터페이스가 전부다. 이번 장에서는 금융산업의 디지털화가 어떤 궤도로 진행됐는지와 디지털화된 금융산업이 어떻게 빅테크와 만나게 됐는지를 살펴보고자 한다.

최전선
연합

　　　　많은 대형 조직들은 역사적으로 중앙 본부가 최전선에 대리인을 배치하는 중앙집권적 분산모델을 통해서 운영되어 왔다. 주정부 보안관은 변경 도시로 배치됐고, 대사는 대사관으로, 선교사는 멀리 떨어진 시골 벽지로 보내졌다. 중앙 조직의 힘이 이러한 대리인들을 통해서 구석구석으로 미쳤지만, 대리인들은 핵심 임무에서 일탈할 수도 있었다. 그들은 중앙 본부의 통제에서 벗어나 제멋대로 행동하거나 부패하거나 성인聖人이 될 수도 있었다. 이와 비슷하게 현지의 은행지점을 총괄하는 은행지점장은 무능하고 옹졸한 인종차별주의자·냉철하지만 공정한 리더·현지 사회를 잘 이해하고 사랑받는 이웃이 될 수 있다. 이처럼 구심점으로부터 멀리 떨어진 말단이 다채로운 모습을 보이면서 소위 얼룩덜룩한 '최전선 연합'이 형성된다.

　　20세기의 정장이 19세기의 탑 햇을 대체했듯이, 우편시스템·통신시스템과 같은 체계적인 기술들이 고객을 직접 마주하는 은행지점을 본사에 단단히 묶어둘 수 있다. 은행들은 은행지점장의 현지 지식을 그대로 따르기보다, 본사에 전략가들을 채용해서 최전선(은행지점)에서 취합한 데이터를 분석하고 공식적인 의사결정 가이드라인을 개발한다. 최전선 연합은 획일적으로 변하기 시작했고 지점 직원들의 자율성은 서서히 약해지고 있다. 이전에 은행지점들이 중

NO
ROBOTS AT
THE COUNTER

At Barclays we pride ourselves upon a human under-
standing of our customers' needs and financial
problems. Science has given our staffs a wide variety of
mechanical aids, ranging from simple postal franking
machines to the very latest in electronic calculators and
computers.
But these do not obtrude. They are simply a guarantee
of speedy accuracy which lies behind a friendly and
courteous service.

BARCLAYS BANK
Money is our business

| 바클레이즈 은행의 '로봇 없는 은행창구' 광고

앙의 식료품 저장실에서 데려온 요리사들이었다면, 지금은 우리와 핵심 요리사를 중재하는 웨이터로 변해가고 있다.

모든 것이 표준화되면서 대형 기관들은 고객 개개인의 상황에 맞는 서비스를 제공하는 능력과 이를 위한 의욕을 잃게 됐다. 고객은 그들이 제공하는 표준화된 메뉴와 일련의 규칙에 적응해야 한다. 예를 들어서 **당신이 W를 원한다면, X양식을 작성해서 Y창구에서 Z본사로 서류를 제출해야 한다**. 표면적으로 고객을 소외시키지 않는 유일한 존재는 은행지점 창구를 지키는 은행직원들이다. 그들은 미소와 친절한 말로 고객들이 일을 잘 완료할 수 있도록 돕는다.

저비용 고효율로 성장해야 한다는 자본주의시스템의 명령을 받은 기업은 프로세스를 표준화할 뿐만 아니라 자동화까지 해야 한다. 우리는 점점 더 이런 논리에 동조한다. 하지만 1950년대에 이미 체계화된 기술이 사회를 파고들고 있다는 불쾌감이 사람들을 불안하게 만든 적이 있다. 1958년 〈뉴사이언티스트〉 7월호에 바클레이즈 은행은 '로봇 없는 은행창구'라는 광고를 실었다.

하지만 60년 뒤에 은행들은 '사람 없는 은행창구'를 만들기 위해서 수단과 방법을 가리지 않을 것이다. 은행들은 은행지점을 우회하고 곧장 자사의 핵심 시스템과 고객을 연결하려고 한다. 지금 바클레이즈 은행이 광고를 다시 만든다면, 문구는 아마도 다음과 같을 것이다.

사람 없는 은행창구

우리, 바클레이즈는 고객 여러분의 니즈와 금융문제를 기술적인 차원에서 이해하고 해결합니다. 과학은 우리에게 머신러닝부터 안면인식까지 기술적으로 많은 것을 실현할 수 있게 만들었습니다. 직원들은 개입할 일은 전무합니다. 그저 고객 여러분이 사용하는 셀프서비스 앱을 운용하는 기계를 관리할 뿐일 테니까요.

빅파이낸스의
거듭된 허물벗기

은행영업창구는 본래 은행의 '사용자 인터페이스'였다. 사용자 인터페이스는 사용자들과 그들이 사용하는 시스템을 잇는 연결점이다. 현대의 관료주의적 세상에서 우리는 직접 사용하기에 너무나 혼란스러운 원거리의 시스템과 우리를 연결하는 사용자 인터페이스로 둘러싸여 있다. 거대한 화력발전 시스템이 전기 콘센트 뒤에 숨어 있듯이, 사용자 인터페이스는 막후에서 일어나는 일들을 은폐한다. 그래서 사람들은 실제로 어떤 일이 일어나는지 이해하는 것은 물론 그런 일이 일어나고 있다는 사실조차 알 필요가 없다.

예를 들어 은행업계 막후에는 은행들이 서로 거래를 진행하는 '은행 간 시장'이 존재한다. 은행 간 시장은 은행지점에 걸어 들어와서 은행직원에게서 고정금리 주택담보대출 상품을 소개받는 대중들에겐 보이지 않는다. 고객을 직접 대면하는 은행직원들은 일종의 완충지대다. 은행 핵심부에서 움직이는 기술직 직원과 경영진을 보호하고 고객에게서 확보한 정보를 핵심부로 전달한다. 이 정보는 은행 간 시장에서 다른 은행과의 거래에 사용된다.

하지만 고객서비스를 제공하는 은행직원들은 예측 불가능성을 야기한다. 고객과 지나치게 오랫동안 담소를 나누거나 고객에게 적대감을 불러일으킬 수 있다. 상사에게 반기를 들거나, 실수하거나, 점심 식사를 위해서 자리를 잠시 비울 수 있다. 고객에게 인간적으로 다가가고 공감하기 위해서 업무를 더디게 처리할 수도 있다. 또 은행은 그들에게 임금을 지급해야 한다. 그래서 은행은 자연스럽게 이러한 은행지점 인터페이스를 폐지하고 보다 직접적인 방식으로 고객과 소통하길 원하게 된다. 은행은 첫 번째로 폰뱅킹 서비스를 도입했다. 그것은 사람들이 은행지점을 직접 방문하는 대신에 전화를 걸어서 업무를 처리하는 서비스였다. 다음으로 도입한 것이 직불카드였다. 사람들은 은행지점을 직접 방문하지 않더라도 송금업무를 처리할 수 있었다. 하지만 진짜 필요한 것은 '고객의 집에 은행지점을 설치하는 것'이었다.

돌파구는 실리콘밸리에서 마련됐다. 빅테크는 막후에서 힘을 보태는 엔지니어 군단을 갖고 있다. 그들은 뒤에 숨어서 핵심 시스템을 개발한다. 그들은 고객의 하드웨어에 탑재된 앱으로 사람들의 **사적인 공간**에 직접 침투하는 시스템을 만들어낸다. 그들이 제일 처음 침투를 시도한 장치는 가정용 PC였다. 통신망이 상용화된 이후로 '점포'는 고객이 집에서 사용하는 컴퓨터에도 설치되었다.

은행들은 자신들의 목적을 위해서 처음에는 서서히 기술들을 도입했다. 1980년대에 그들은 1990년대 후반에 온라인뱅킹이나 인터넷뱅킹으로 알려지게 되는 '홈뱅킹'을 실험했다. 2000년대에 실리콘밸리는 초기의 이식기술을 손에서 절대 놓지 않는 스마트폰에 접목했다. 스마트폰 시대에 '점포'는 허깨비처럼 어디든지 우리를 따라다닌다.

하지만 세계적인 대형 은행들은 우선적으로 처리해야 할 일들이 많고, 지점망을 폐쇄하는 방법을 고민하는 데 큰 에너지를 쏟을 수는 없다. 경영진은 회의 시간에 다른 안건들도 의논해야 한다. 예를 들어서 그들은 불확실한 환경 아래 수십억 달러의 주택담보대출을 관리하는 방법이나 러시아에서 천연가스를 개발하는 프로젝트가 가진 지정학적 위험을 해소하는 방법도 진지하게 고민해야 한다. 그들은 곡예하듯이 한 번에 여러 가지 일을 추진하고, 대를 잇는 고객만 해도 수백만 명에 이른다. 그래서 현금 없는 사회로의 이행을 천천히 진행할 수밖에 없었다.

이런 느릿한 행보는 새로운 계급의 기업가들이 은행을 앞지를 시간을 줬다. 은행들이 수십 년 동안 기술 개발에 매진하는 동안, 2000년대에 '핀테크'라는 새로운 용어가 유행하기 시작했고, 곧 대세가 됐다. 핀테크는 금융권이 대대로 해왔던 사업을 저해하지 않고 실리콘밸리 스타일의 인터페이스를 금융에 접목하려고 시도하는 기업을 지칭한다. 핀테크 종사자들은 작지만 전문적이다. 그리고 그들은 회의 시간에 러시아에서 천연가스를 개발하는 프로젝트를 안건으로 다루지 않았다. 왜냐하면 그들은 금융가가 아니기 때문이다. 그들은 '디지털점포'를 설계하고 만드는 이들이었다.

'혁명Revolution'이란 단어에서 이름을 딴 레볼루트Revolut가 레벨39(1장에서 언급한 핀테크 액셀러레이터)에 입주했다. 하지만 실제로 초기의 레볼루트 앱은 금융회사 위에 앉은 '딱지'에 불과했다. 다시 말해서 중간에서 배후에 있는 금융기관에 접속할 수 있도록 돕는 제3의 점포였다.

하지만 2008년 금융위기 이후에 레볼루트와 같은 디지털금융 앱이 이끄는 금융시스템은 대대적으로 전통적인 은행업계에 대한 '공격'으로 그려지기 시작했다. 핀테크기업들은 대형 건물에 들어선 은행지점을 시대를 따라가지 못하는 나태함과 터지기 직전인 부패와 연관 지었다. 핀테크기업은 최소한 처음에는 잘못된 관행을 쳐부수는 영웅적인 면모를 갖춘 '파괴자'로 그려졌다. 그들은 '새로운 것'을 부르짖으며 젊음의 옹호자라고 자사를 선전했다. 디지털결제에서처럼 '변화하는 고객 기대'가 디지털화를 주도한다는 쪽으로 이야기는 흘러갔다. MZ세대가 이러한 디지털금융점포를 '강하게 요구하는' 주인공으로 지목됐다.

언론은 이 스토리텔링을 거의 그대로 수용했고, 역시 고객 기대가 어떻게 조작되는지에 대한 비판적 고민은 이어지지 않았다. Z세대는 이미 기술기업이 지배하는 세상에서 청소년 티를 벗지 못한 채 성년이 됐다. 그리고 어디에나 있는 거대 기업의 기득권에 침묵했다. 실리콘밸리에서 개발된 기술이 경제시스템을 둘러싸고 경제 프로세스를 가속화시키고 있었다. 이런 상황에서 핀테크기업은 금융시스템에 즉시 접속도록 하는 디지털앱이 부재한 것은 부당하다고 주장할 수 있었다. 그들의 '혁명'은 금융산업에 앱의 은총을 내렸고, 금융산업은 완전하게 앱화appification됐다. 이제 우리는 결제뿐만 아니라 대출·주식거래·투자·자산관리까지 디지털앱으로 처리할 수 있다.

실제로 그랬는지 아니면 그들의 착각이었는지 모르지만, 그들의 함성은 처음에 은행업계의 신경을 거슬렀다. 은행업계는 실리콘밸리에서 시작된 서비스를 앱으로 구현하는 트랜드를 따라잡아야 한다는 압박을 느꼈다. 전문가들은 금융산업이 불안에 휩싸인 이 짧은 순간을 이용해서 은행의 종말을 예견했다. 지난 10년 동안 열린 거의 모든 기술 컨퍼런스에서 '기술이 금융을 장악할 것인가?' 또는 '우리에게 여전히 은행은 필요한가?'란 제목의 패널 토론이 진행됐다. 핀테크기업들은 금융산업을 와해할 것이라는 기대를 받았을 뿐만 아니라, **금융산업을 민주화할 것**이라는 기대도 한 몸에 받았다. 핀테크기업들이 더 다양한 이용자층으로 금융접근성을 확대하고, 옛 지배계급의 힘을 무력화할 것이라고 말이다.

가짜
혁명

하지만 이런 이야기는 항상 미심쩍은 법이다. 아이폰에 설치된 앱을 생각해보자. 그게 무엇이든 상관없다. 예를 들어서 체력관리 앱이라고 치자. 당신은 '이것이 애플의 영향력을 와해할까 강화할까?'라고 생각하면서 앱을 다운로드하는가? 물론 애플의 IOS 운영시스템에서 작동하는 수많은 독립적인 앱들은 애플의 지위를 강화한다. 그 작은 앱을 사용하려면, 결국에 애플의 운영시스템에 기대야 하기 때문이다.

이와 유사하게 작은 핀테크기업의 서비스를 이용하면, 우리는 핀테크의 기반이 되는 기득권 금융산업의 '운영시스템'을 사용할 수밖에 없다. 이런 이유로 핀테크기업은 보통 기존 금융시스템에 **우회하지 않고 접속한다.** 그들은 비자와 같은 주요 결제회사와 은행이 총괄하는 생태계를 활용한다. 예산 앱, 저축플랫폼 등을 만들려면 기존의 금융산업이 총괄하는 생태계가 필요하다. 페이팔이 최초의 사례 중 하나다. 페이팔은 기존의 금융산업을 와해시키겠다는 포부로 시작했지만, 결국에 은행계좌에 연결된 '플러그-인' 송금시스템에 불과하다는 사실이 증명됐다.

애플은 체력관리 앱과 같은 디지털앱을 개발하고자 자사의 엔지니어를 활용하는 대신 기꺼이 앱들이 작동할 수 있는 환경을 제공할 것이다. 은행업계 과점도 마찬가지다. 그들도 핀테크기업들이 접속할 은행계좌를 기꺼이 열어주고 틈새시장을 점유할 것이다. 은행은 수만 명의 소액 예금자들을 직접 관리하는 대신에, 소액계좌를 하나로 통합하는 핀테크기업에 관리를 맡긴다. 그리고 은행의 핵심 '운영시스템'에 접근하기까지의 과정을 핀테크기업이 개발하고 관리하는 앱과의 상호작용으로 자동화하여 수익을 높인다.

결국 이 '운영시스템'의 존속을 국가가 뒷받침한다. 핀테크시스템이 기본적으로 금융시스템에 대한 자동접속을 기반으로 하는 기술이고, 금융시스템은 금융거래를 처리하고, 통화시스템은 은행 과점에 기대서 작동한다면, 핀테크기업이 어떤 시스템을 개발하든지 이를 운영하기 위해서는 은행과 손을 잡아야 한다. 이것이 유럽의 몬조·엔26·레볼루트·피도르 등 많은 디지털네오뱅크가 기존의 뱅킹시스템 위에 내려앉은 인터페이스에 불과한 것으로 밝혀진 이유다. 때문에 네오뱅크는 은행업무를 처리하기 위한 허가증을 발급받지 않는다. 전통적인 은행들은 처음부터 실제 은행업무를 처리하기 위해서 설립됐고, 이후에 대중과 소통하기 위해서 인터페이스를 개발했다. 하지만 네오뱅크는 처음부터 금융인터페이스였다.

IOS 개발자가 애플을 와해시킬 수 있는 것처럼 많은 핀테크기업들도 어쩌면 금융산업을 와해시킬 수 있다. 하지만 앱 개발회사들이 완전히 아이폰을 장악할 수 없듯이 핀테크기업은 통화시스템과 은행을 완전히 단절시킬 수는 없다. 핀테크기업은 은행이 본래 처리할 업무에 직접적으로 개입하는데 이것이 핀테크기업과 앱 개발사의 차이라면 차이다. 하지만 처음 핀테크기업의 천명과는 달리 은행업계 와해의 기미는 전혀 없다. 얼핏 보면 핀테크산업과 은행이 생사를 건 싸움을 벌이고 있는 것처럼 보인다. 그러나 실제로 그들은 공생관계다. 은행은 새로운 행위자(핀테크기업)를 통해서 영향력을 확장하고 거대 금융산업의 힘을 더욱 공고하게 만든다.

어쩌면 핀테크가 혁명적인 봉기를 일으켰다는 망상이 더 오래 지속될 수도 있다. 이 이야기는 핀테크기업들의 강렬한 마케팅 문구에 활용될 뿐 아니라, 은행들이 자기 실체를 은폐할 수 있는 방어막 역할도 하기 때문이다. 은행은 '핀테크와의 전쟁에서 생존'하기 위해서 자동화를 추구한다는 주장을 펼칠 수 있다. 어쨌든 은행은 항상 자동화를 원했지만, '해야 할 일'이 너무 많아서 속도가 더뎠을 뿐이었다.

은행은 여전히 건재하게 살아남아 핀테크기업을 인수하면서 핀테크시스템을 기존 시스템으로 흡수하고 있다. 그들은 핀테크기업들이 창립자와 벤처캐피탈로부터 자금을 조달받아서 이 위험한 실험을 하도록 내버려 둔다. 그리고 그들이 실험에서 성공한다면, 은행은 핀테크기업을 인수하거나 그들의 시스템을 모방하거나 그들이 시스템을 운영하는 데 꼭 필요한 인프라를 제공하겠다고 제안한다. 코메르츠방크는 독일 프랑크푸르트의 철옹성 같은 코메르츠방크 타워에서 걸어서 10분 거리에 핀테크 인큐베이터를 설치했다.[60] 메인 인큐베이터는 '내일의 은행'을 찾기 위한 실험이 진행되는 일종의 실험실이다.

핀테크산업은 이중사고체계로 움직인다. 이 사고체계는 거의 변하지 않는다. 그래서 레벨 39에는 특유의 분위기가 흐른다. 핀테크 액셀러레이터의 미학은 전통적인 은행들이 추구하는 것과는 다르다. 돈의 미래에 관한 해커톤이 열리고 금융와해를 의미하는 언어가 피칭 콘테스트를 가득 채운다. 하지만 사람들이 뭔가 연기를 하고 있다는 인상이 깊이 든다. 결국에 벤처캐피탈리스트들은 자신이 투자한 핀테크 스타트업이 대형 은행과 손을 잡도록 만들거나, 투자수익을 창출하기 위해 그들을 대형 은행에 그냥 팔아버릴 것이다.

　수년 간 은행과 핀테크기업은 서서히 그리고 조용히 자신들의 공생관계를 인정해나갔다. 핀테크의 등장으로 은행이 사라질 것이라는 기사와 전문가 예측은 수천 건에 이르렀다. 은행과 핀테크기업이 '협업할 수 있다'는 화해의 기사와 예측이 이어서 쏟아졌다. 그리고 우리는 '아하'하고 뭔가를 깨닫게 된다. 업계의 저명한 사상가나 분석가가 전쟁으로 그려온 은행업계와 핀테크산업의 만남이 사실 두 남녀가 만나서 불편한 데이트를 몇 번 하고 결국에 부부가 되는 과정의 시작에 불과했다는 사실이 드러났다.

인격의 탈을 쓴
법인

　　　　　　1987년 어머니는 어린아이였던 나를 전도유망한 일러스트레이터인 윌리엄 켄트리지William Kentridge

전시회에 데려갔다. 내가 본 첫 번째 예술작품이었던 그의 감동적인 스케치들은 남아프리카의 국립예술축제에 전시되고 있었다. 남아프리카의 스탠다드뱅크가 그 축제를 후원했고, 윌리엄 켄트리지는 스탠다드뱅크 젊은예술가상을 수상했다. 예술가이자 운동가인 멜 에반스Mel Evans는 냉담하게 상업적 이익을 추구하는 조직이 예술을 후원하는 이 현상을 두고 '아트워시'라고 부른다.[61] 하지만 은행업계는 이제 더 이상 예술가들을 이런 식으로 후원하지 않는다. 그들은 자신들의 새로운 디지털인터페이스를 매력적으로 선전하기 위해서 예술가들을 **직접 고용한다.**

2019년 나는 윌리엄 켄트리지의 작품과 재회했다. 그의 작품과 재회한 곳은 영국의 두 번째 대형 은행인 로이드의 본사 17층에 마련된 세미나실의 스크린이었다. 로이드 디자인팀의 관리자가 '세컨핸드 리딩'이란 윌리엄 켄트리지의 애니메이션 영상을 스트리밍하고 있었다.[62] 애니메이션에서는 사색에 빠진 인물들이 아프리카 재즈 음악에 맞춰서 옥스퍼드 영어사전을 배경으로 걸어가고 있었다. 그는 그 애니메이션이 언어와 이미지가 상호작용하는 방식을 보여주는 전형적인 사례라며 열변을 토했다. 그것은 핀테크 앱을 상징할 우아한 문구와 이미지를 제작해야 했던 로이드에게 중요한 작품이었다.

어린 팀원들이 그의 말을 듣고 있었다. 그들은 모두 예술과 디자인 분야에 몸담은 경력을 소유하고 있었고, 그런 그들의 역할은 로이드의 '디지털혁신'을 돕는 것이었다. 로이드는 은행지점을 폐쇄하고 디지털앱의 확산을 촉진하고 있었다. 그동안 은행업계는 은행지점을 꾸미기 위해서 인테리어 디자이너를 고용해왔다. 하지만 이제 사람들이 디지털앱을 사용하도록 만들기 위해서 사용자경험친화적인 디자인(효과적 디지털통로 배치)이 필요했다. 로이드 디자인팀은 최고디자인책임자가 이끌었다. 그는 구글 출신으로 디지털셀프서비스시스템을 개발한 이력 덕분에 로이드가 영입한 사람이었다. 그가 맡은 임무는 단순했다. 사람들을 유지비용이 많이 소요되는 대면 서비스로부터 이격시키고 저렴한 셀프서비스를 사용하도록 만드는 것이다.

앞에서 나는 은행지점을 식당 손님과 요리사를 중재하는 웨이터에 비유했다. 정말로 좋은 웨이터는 서비스를 예술의 경지로 끌어올린다. 그들은 요리사의 역량을 고객의 요구사항이나 욕구와 일치시키거나 조정한다. 메뉴를 색다르게 변경하거나 스스로 새로운 메뉴를 제안하기도 한다. 반면에 '셀프서비스'는 맥도날드의 터치스크린 주문기계와 같다. 손님은 터치스크린 주문기계를 통해서 주방과 직접적으로 소통하고 자신이 원하는 대로 메뉴를 조정한다. 터치스크린 주문기계는 고객의 니즈에 전혀 관심이 없다. 하지만 고객소외가 주문 자동화의 부작용은 아니다. 오히려 웨이터를 기계로 대체하여 주문을 자동화해서 달성하고자 했던 핵심 목표 중 하나가 고객소외다.

대기업은 서비스의 신속함을 강조하며 셀프서비스를 정당화한다. 하지만 장기적으로 고객서비스 전담 직원을 기계로 대체하면,

경영진은 비용을 줄일 수 있게 된다. 그리고 나아가서 고객 선택과 경험을 표준화하여 멀리서도 직접적으로 서비스를 통제할 수 있게 된다. 대기업은 셀프서비스 앱을 통해서 이전보다 훨씬 더 많은 양의 데이터를 고객으로부터 추출하여 확보할 수 있다. 누구는 디지털앱을 좋아하고, 누구는 싫어한다. 하지만 은행은 당신이 디지털앱을 좋아하든 싫어하든 은행지점을 폐쇄하고 직원을 기계로 대체해서 디지털앱의 확산을 밀어붙일 것이다. 그들에게는 그렇게 해야만 하는 상업적인 목적이 있다. 그래서 현금에 대한 사람들의 태도를 바꿔냈던 것처럼 사람들이 대면서비스를 부정적으로 생각하게 할 방법을 찾아야 할 것것이다.

나는 런던의 사용자경험 디자인팀과 일했던 적이 있다. 그들은 은행업계로부터 은행지점을 방문해서 직접 직원을 통해 은행업무를 보는 노인들이 셀프서비스를 더 잘 받아들일 수 있도록 만들어달라는 요청을 받았다.

금융산업 내부자들은 고집스럽게 대면서비스를 고수하는 사람들을 최대한 완곡하게 표현한다. 예를 들어서 '디지털혁신을 방해하는 걸림돌이 있다'는 말은, 해석하자면 '더 많은 사람이 디지털앱을 사용하게 만드는 데 어려움이 있다'는 소리다. 하지만 금융서비스를 디지털화하겠다는 결정이 내려진 지는 이미 오래다. 우리는 이미 7장에서 이러한 결정에 따라서 그들이 어떤 행보를 보이는지 살폈다. 거대한 행위자들이 이동 방향을 결정한다. 예를 들어서 2019년 네이션와이드Nationwide는 영국에서 '여기에 오늘이, 여기에 미래가 있다'는 옥외광고를 시작했다. 이것은 은행들이 지점을 폐쇄하면서 은행지점이 없는 작은 마을들이 고립되고 있다는 경고성 기사에 대한 반격이었다. 네이션와이드의 옥외광고에는 '모든 마을과 도시의 네이션와이드 영업지점은 최소한 2년 동안 유지될 것이다'라고 적혀 있었다. 해석하자면 이것은 '**네이션와이드 디지털앱으로 갈아탈 시간이 2년 남았다**'는 뜻이었다.

그런데 디지털앱은 사람들을 소외시키고 혼란스럽게 만들 수 있다. 로이드의 고객은 거의 2,000만 명에 이른다. 그래서 셀프서비스 인터페이스에 사소한 실수가 있거나 레이아웃이 혼란스러우면, 수백만 명의 사람들이 은행업무를 제대로 처리할 수 없어 불편함을 호소하게 될 것이다. 셀프서비스의 기본적인 인터페이스에는 옵션과 옵션을 선택하는 방법에 대한 안내만 있으면 된다. 자주 묻는 질문에 대한 대답이 적힌 FAQ이 포함될 수도 있다. 하지만 이것은 고립된 경험만을 제공한다. 요즘에는 '포장구역에 구매할 물건을 놓으세요'라고 말하는 슈퍼마켓 셀프계산기처럼 고객에게 말을 거는 셀프서비스 기계도 있다. 하지만 그들과의 소통은 공허하다. 그것은 밀고 당기는 의사소통이 아니라 일방적인 지시일 뿐이기 때문이다.

기계적인 고객경험을 인간성으로 치장하는 방법은 셀프서비스시스템이 '나는'·'나를'·'나의'와 같은 대명사를 사용하도록 프로그래밍하는 것이다(예를 들면 '제 포장구역에 구매할 물건을 놓아주세요'라고 말하도록 셀프계산기를 프로그래밍하는 것이다). 기술이 더 발전하면 상호작용하는 듯한 환상을 심어줄 수도 있다. 여기에는 자연어처리기술이 필요하다. 자연어처리는 당신이 말하는 인간적인 발화를 (또는 당신이 쓰는 단어를) 컴퓨터가 이해할 수 있는 언어로 바꾼다. 이렇게 하면 컴퓨터는 당신이 무엇을 묻는지 추측할 수 있다. 마치 스스로 재정렬이 가능한 역동적인 FAQ 안내페이지와 비슷하다. 이것이 1인칭 대명사를 사용하는 프로그램과 결합하면, '챗봇'이 탄생한다. 챗봇은 살아있는 존재처럼 보이는 디지털인터페이스다.

금융기관들은 이제 챗봇에 집착한다. 내가 제일 처음 만난 챗봇은 클레오였다. 클레오는 아이폰 앱 속에 사는 챗봇이다. 나는 '그녀'를 핀테크 피칭 콘테스트에서 만났다. '그녀'는 벤처캐피탈리스트들 앞에서 그들의 질문에 대답하는 모습을 시연하고 있었다.

▸ 안녕, 클레오! 내 잔고 좀 알려줘.
▹ 안녕하세요, 알렉스! 마스터카드 760파운드, 은행잔고 1,048파운드, 저축액 1,700파운드입니다.
▸ 좋아. 이번 달에 프렛에서 얼마나 썼어?
▹ 12월 15일 결제한 이후로 프렛에서 44파운드를 지출했습니다.

'당신의 자산을 관리해주는 AI 어시스턴트' 클레오가 여성의 이름을 달고 등장한 최초의 챗봇은 아니다(일정을 관리해주는 에이미와 아마존 알렉사가 있다). 이러한 AI어시스턴트들은 격의 없이 사람들과 이름만 부르는 친숙한 관계를 맺으려고 한다. 챗봇이 대기업의 입장을 대변하는 대화형 인터페이스란 점에서, 이것들에는 대기업을 지칭할 대명사가 사용돼야 마땅하다. '여기 뱅크오브아메리카에서 일하는 **우리가** 당신에게 주택담보대출을 해주길 바랍니까?'라는 표현이 더 정확하다는 것을 인식한다면, 뱅크오브아메리카가 **진짜 사람인 척**하면서 '제가 당신에게 주택담보대출을 해주길 바랍니까?'라고 말하는 것이 이상하게 들릴 것이다. 하지만 뱅크오브아메리카는 에리카라는 이름을 지닌 디지털인터페이스를 출시하면서 이제 스스로를 1인칭으로 부르고 있다.[63]

사람 이름을 갖고 모습을 자유자재로 바꾸는 디지털인터페이스는 **진화된 법인 형태**이다. 금융기관은 직원이 아닌, **법인 자체**를 지칭하고 대변하는 기계 허물을 뒤집어쓰기 시작했다. 자동화시스템에 인격을 부여하려는 노력은 시각적 영역을 넘어선다. 예를 들어서 HSBC는 자사 챗봇을 위해서 'HSBC의 소리sound of HSBC'라는 브랜드를 만들었다.[64]

이 진화의 다음 단계는 인격화다. 인터페이스가 사람들의 억양, 표현 방식이나 가장 좋아하는 이모티콘을 흉내 내며 발전하고 있다. 이는 마치 접촉물의 색에 따라서 피부색을 바꾸는 카멜레온 같다. 역사적으로 은행지점장들은 고객과의 상호작용을 기억하고, 그 기억을 바탕으로 새로운 상호작용을 했다. 이와 마찬가지로 자동화시스템도 고객과의 상호작용을 기록하고, 나중에 해당 고객에게 서비스를 제공할 때 그 기록을 사용한다. 하지만 은행지점장과 자동화시스템의 주요 차이는 은행지점들 사이에서 발견되는 차이와 다양성이 자동화시스템에는 존재하지 않는다는 것이다. 과거에는 어떤 은행지점에서 대출을 거부당했더라도, 조건을 보완하고 다른 은행지점 직원을 찾는다면 대출을 승인받을 수도 있었다. 하지만 은행들이 융통성 있고 인간적인 인터페이스를 획일적인 디지털인터페이스(표면적으로만 인격화된 자동화시스템)로 대체하면서, 변수가 고려될 가능성이 사라졌다. 거기에 은행지점들이 신용등급체계와 같은 개인신상확인시스템을 공유하면, 서비스의 다양성은 줄어들고 획일성은 더욱 강화된다.

은행은 모든 면에 자동화시스템을 도입하고 있다. 그중에서 자동화가 대대적으로 진행되고 있는 부분이 고객센터다. 고객은 고객센터의 직원이 기계처럼 전화 대응하는 것을 굉장히 싫어한다. 그래서 대형 기관들은 로봇시스템을 최대한 인간처럼 만드는 데 기꺼이 거액을 투자한다. 사람들은 그리 복잡하지 않은 업무 상황에서 사람을 흉내 내는 챗봇과 원활하게 상호작용할지도 모른다. 하지만 감정이 격해진 상황에서 챗봇의 거짓 감정이 공허하게 다가올 것이다(은행에 전화해서 고객이었던 자신의 부모님이 돌아가셨다고 알리는 상황을 떠올려보자).

은행은 디지털화를 위해서 은행지점을 폐쇄할 것이라고 말하지만, 은행지점장들은 사람과의 접촉이 완전히 사라지는 것에 우려를 표하곤 한다. 은행은 일부 '실재 창구'를 유지할 것이라고 맹세한다. 이것은 쉽게 말해서 고객의 사연에 공감할 수 있는 실재 사람을 직원으로 둘 것이란 뜻이다. 하지만 금융디지털화라는 거대한 계획에서 사람과의 접촉 가능성을 조금이나마 남겨두는 것은 감상에 젖어서 업무 처리 속도를 늦추는 요소(인적 요인)다. 이는 오로지 효율·속도·규모만을 추구하는 기업자본주의의 실질적인 운영궤도에서 벗어난다.

기술산업과 금융산업의 융합

은행업계는 실리콘밸리에서 혁신의 전략을 (핀테크기업으로부터) 들여왔다. 그 덕분에 실리콘밸리 기업들은 금융업에 침투할 기회를 얻게 됐다. 은행들은 디지털역량을 강화하여 자체 금융시스템과 빅테크가 개발한 시스템의 호환성을 높이기 위해 노력한다. 이것은 두 시스템 모두 다음과 같은 동일한 개념을 바탕으로 구동되기에 가능한 일이다. 수백만 명의 사람들은 디지털앱에 계정을 등록하고, 두 업계의 핵심 시스템이 이 계정에 접근한다. 사람들은 디지털앱을 사용하면서 수십억 개의 메시지를 대형 기관의 데이터센터로 전송한다. 그러므로 시너지 효과를 위해서 대형 기관들이 데이터센터를 서로 연결하는 것은 합리적인 선택이다.

이번에는 기술산업의 입장에서 살펴보자. 예를 들어서 우버의 '두뇌'가 데이터센터라면, 우버는 데이터센터에 입수된 수백만 건의 스마트폰 통신데이터를 처리하면서 '사고'한다. 하지만 데이터센터가 결제시스템과 연계되지 않으면, 사람들은 우버의 데이터센터에 접속하지 않을 것이다. 다시 말해서 우버 운전자들에게 '우버의 데이터센터에 접근하면 돈을 번다'는 확신이 없으면 우버의 두뇌인 데이터센터에 접속하지 않을 것이다. 이런 이유로 우버는 금융기관과 손을 잡는다. 여기서 금융기관은 두뇌신호를 행동으로 변환시켜 운동기능을 조절하는 '운동피질' 역할을 하게 된다. 앞서 살펴봤듯이 고객에 접근하기 위해서 금융기관이 이런 기술적인 요소를 자사 시스템과 융합시키는 것은 당연한 수순이다. 결과적으로 거의 모든 주요 기술기업이 금융기관과 파트너십을 맺게 된다.

사람들은 빅파이낸스와 빅테크가 만든 시스템에 계정을 개설하면서 시스템에 묶이게 된다. 그렇다면 이 계정들을 잇는 것이 두 세계의 융합의 첫 단계가 될 것이다. 예를 들어서 내가 나의 아마존 계정과 은행계좌를 연결한다면, 이것은 내가 아마존과 나의 거래은행이 서로 파트너십을 맺는 것을 허락한다는 뜻이 된다. 옛날에는 변두리 구멍가게에서 자신이 누구인지를 밝히지 않아도 지폐로 필요한 물건을 샀다. 이제는 휴대폰 화면의 점포(온라인 쇼핑몰)에서 필요한 물건을 장바구니에 담고 클릭 한 번으로 은행계좌에서 물건대금을 점포로 이체한다. 여기서 아마존이 현금결제를 의무화하는 법안의 통과를 막기 위해서 치열한 로비활동을 벌였던 이유를 이해할 수 있다. 현금은 기술과 금융의 융합을 막는다.

아마존에서 물건을 사려면 '구매' 버튼을 클릭해야 하지만, 자동결제를 도입한 기업들도 있다. 예를 들어서 우버 택시에서 하차하면 우버의 데이터센터는 비자나 마스터카드의 데이터센터를 통해서 하차한 승객의 거래은행 데이터센터에 자동으로 접속하여 결제를 진행시킨다. 이처럼 개별적으로 존재하던 시스템이 통합되어 하나의 클러스터를 형성하고, 원래 여러 업계에서 다단계로 진행되던 과정이 이 클러스터에서 클릭 한 번으로 일괄로 처리된다.

금융시스템과 기술시스템의 통합은 우리가 보지도 만지지도 못할 아득한 곳에서 다방면에 걸쳐 진행되고 있다. 모든 주요 기술기업은 공공연하게 금융산업에 진출할 계획을 밝혔다. 많은 기술기업이 주요 클라우드머니업체들과의 파트너십을 채결하며 이를 도모하고 있다. 누구의 시스템이 결제에 사용되고 있는지 파악하는 것도 점점 어려워지고 있다.

예를 들어서 우버는 우버 캐시를 선언했다. 우버 캐시는 대표적인 선불카드회사인 그린닷과 손을 잡았다. 그린닷의 시스템은 뱅킹시스템에 연결되어 있다. 알렉사는 은행과 손을 잡은 아마존페이와 통합됐다. 애플은 골드만삭스와 손을 잡고 애플 카드를 출시했다. 구글은 시티그룹과 파트너십을 맺고 구글 캐시를 출시한다고 선언했고, 페이스북은 다양한 결제 프로젝트를 진행하고 있다(페이스북의 결제 프로젝트는 뒤에서 보다 자세히 살펴보도록 하자). J. P. 모건은 에어비앤비·아마존과 손을 잡았고, 두 기술기업이 뱅킹시스템에 접근할 수 있는 새로운 통로를 제공한다. 인도의 페이티엠은 전자상거래업체와 결제시스템을 통합했고, 중국의 위챗과 알리바바도 같은 행보를 보였다.

금융산업과 기술산업의 통합의 첫 단계가 시스템을 융합하여 기업 클러스터를 형성하는 것이라면, 그다음 단계는 생체인식기술과 같은 최첨단기술들을 이용해서 사람들을 통합된 시스템에 묶는 일이 될 것이다. 중국의 알리페이와 위챗은 안면인식결제를 시도했다.[65] 카메라를 응시하면 두 기업 사이에서 송금이 진행된다. 거의 모든 클라우드머니업체들은 앞다퉈서 사람들의 생체정보를 자사 시스템에 입력하고 있다. 솔직히 이것은 공상과학소설에서 오래전부터 예견된 것이었다. 마지 피어시Marge Piercy의 《유리의 몸》에서는 지문인식으로 결제가 진행된다(이 때문에 소설에서는 사람들의 손을 잘라 은행계좌에 접근해 돈을 훔치는 범죄집단이 등장한다).

물체도 IoT인프라를 통해서 통합시스템에 묶일 수 있다. 업계는 가정이나 직장 등에서 사용하는 전자제품을 한 계정으로 연결한다는 아이디어에 흥분했다. 이렇게 연결된 전자제품들은 고객과 기업 사이에서 대리자 역할을 수행할 수 있다. 자동차에 부착된 태그가 유료 도로를 통과할 때 통행료를 자동으로 정산하는 것도 이와 같은 원리다. 또는 아마존 알렉사가 당신의 거래은행과 아마존 사이에서 결제를 진행하는 것도 마찬가지다. 이제는 집 근처를 지나가는 드론으로부터 자동으로 우유를 구매하는 냉장고도 있다. 온갖 종류의 하이브리드시스템을 꿈꿀 수 있는 시대다.

은행원들에게
무슨 일이 벌어졌나?

핀테크기업들은 대형 은행이 입주한 고층 건물 1층에서 화려한 앱·챗봇·전자제품·웨어러블 장치·생체인식기술을 선보이고, 빅테크와의 시스템 통합을 통해서 존재감을 십분 발휘한다. 이 모든 것들은 동일한 핵심 '운영시스템'과 연결된다. 바로 은행업계의 금융시스템이다. 은행업계는 우리 눈이 닿지 않는 곳에서 이렇게 통합된 시스템들을 지탱한다. 핀테크기업이 개발한 각종 시스템은 뱅킹서비스·외환거래서비스·자산관리서비스 등을 제공하는 새로운 디지털뱅킹 앱을 경유하여 은행업계의 다양한 금융시스템에 접속한다. 지금 지점장이 대출을 승인하던 옛 비즈니스모델은 스마트폰 앱이 수집한 데이터를 바탕으로 대형 은행들의 백엔드^{back-end} IT시스템이 대출업무를 처리하는 모델로 대체되고 있다.

여기서 새로운 의문이 생긴다. 지금 사람인 척하는 셀프서비스 인터페이스들이 부상하고 있다. 과연 이것들이 우리를 어디로 데려갈까? 업계에서 사용하는 전문용어로 서로 다른 인터페이스를 '채널'이라고 부른다. 사람들은 인터페이스를 통해서 시스템에 접속하고, 이로써 '사용자 여정'이 시작된다. 15세기의 사용자 여정은 다음과 같았다. 길을 걷다가 건물로 들어가면 직원의 안내를 받아 대출 조건에 관해서 설명해줄 심각한 표정의 지점장과 만난다. 하지만

21세기의 사용자 여정은 누가 문을 두드렸나에 따라서 방향이 조종되는 사방이 거울로 가득한 복도로 들어선 것과 같다. 이런 세상에서는 고객에게 은행 핵심부에 있는 금융가와 악수할 기회가 제공되지 않는다. 디지털화폐를 만질 수 없는 것처럼, 디지털금융가들도 육체나 목소리를 갖고 있지 않다. 지금부터 이 새로운 세대의 금융가들을 만나보자.

9장

셜록 홈스를
대신할 유령

실리콘밸리 마운틴뷰에 위치한 나사 에임스 연구센터NASA Ames Research Center는 미국 국방력과 기술 유토피아적 자본주의가 교차하는 기이한 곳이다. 내 숙소는 일간지 〈밀리터리 스파우즈〉가 쌓여 있는 막사에 마련됐다. 내가 머무르는 방의 벽에는 서명과 함께 우주 비행사들의 사진이 걸려 있었다. 연병장 건너편에는 문익스프레스Moon Express Inc.가 있었다. 이 기업은 자칭 '지구 밖에 상업적인 우주활동을 위한 새로운 기반을 마련하고 달 수송과 데이터서비스를 제공하는 민간투자기업'이다. 여기서 끝이 아니다. 한때 USS 마콘USS Macon 우주비행선을 수용했던 구조물의 거대한 골격이 있었고, 오래된 맥도날드에는 1969년 달 착륙 사진이 디지털로 인화되어 걸려 있었다. 창문으로 들여다보니 쓰지 않는 버거 그릴 위에 아폴로 11의 사진이 걸려 있었고, 내 뒤에서 F-16

전투기가 모페트 비행장에 착륙했다. 참고로 구글은 나사로부터 비행장 일부를 임대했다.

이 제멋대로 뻗어나가는 단지 안에 피터 디아만디스^{Peter Diamandis}와 레이 커즈와일^{Ray Kurzweil}이 설립한 학제간연구대학이 있다. 피터 디아만디스는 우주항공 기업가이고, 레이 커즈와일은 '기술특이점'을 예언한 구글 출신 엔지니어다. 기술특이점은 얽히고설킨 혁신이 '자동화의 자동화'를 촉발시킨다는 개념이다. 이 티핑 포인트를 지나면 지능을 지닌 기계들이 다른 기계를 또 만들어내고 거대한 '초지능'이 탄생한다. 초지능과 융합한 인류는 지구 환경을 지배하는 신이 될 수 있다. 그곳에서 기술이상주의자들은 지구가 소행성 충돌의 위험에 놓여 있기 때문에 우리가 빨리 별과 별 사이를 이동할 수 있는 종족으로 발전해야 한다고 주장한다. 인류가 지구를 초월하는 초인적인 존재가 될 것이라는 생각은 기독교적 사고와 일맥상통한다. 기독교 전도사였던 메간 오기에블린^{Meghan O'Gieblyn}은 특이점 이야기가 성격의 구원 이야기와 닮았다고 말한다.[66] 다른 점이 있다면, 신이 기술로 대체된다는 것이다.

상상만으로도 소름이 끼친다. 하지만 실리콘밸리에는 기술이 모든 세속적인 문제를 해결할 것이라는 유토피아적 이야기가 떠돈다. 이것은 매력적인 가림막이다. 벤처캐피탈리스트들은 '부유한 나라에만 있을 법한 문제'를 해결하겠다고 나서는 스타트업을 지지한다(예를 들어서 '택시가 오는 데 15분 걸렸어' 또는 '쇼핑이 불편해' 등과 같은 문제다). 실리콘밸리에 있는 학제간연구대학은 스타트업들이 개발

| 나사 에임스 연구센터의 오래된 맥도날드와 구조물 골격

한 '급진적인' 기술이 어떻게 모든 장애물을 단숨에 뛰어넘어 가난·
기아·질병·죽음 등과 같은 보다 심각한 문제를 해결할 수 있을지를
집중적으로 연구하기 위해서 설립됐다(교수진은 내게 그것이 불멸에 관
한 연구를 위해 연합된 조직이라고 귀띔해줬다). 엄선된 전 세계의 예비
기업가들이 구글이 후원하는 학제간연구대학에서 세계를 구할 기
술을 열정적으로 연구한다.

　이것은 실리콘밸리를 상징하는 자유지상주의의 전형적인 특징이
다. 자유지상주의는 기업가들의 고군분투를 사회 진보의 원천으로
본다. 이것은 일부에게는 매력적인 자아상이지만, 마르크스주의적
전통에는 반한다. 마르크스주의자들은 기업가정신을 지닌 엘리트
를 뒤에서 고된 일을 하는 노동자 군단이 없다면 그저 세계의 이목

에 목마른 관심종자일 뿐이라고 여긴다. 이는 19세기의 산업주의자들에게 적용하면 맞는 얘기다. 그들은 노동운동을 두려워했고, 노동자가 계급적 위계질서에 대한 의문 없이 주어진 일에만 집중해서 작은 보상에도 만족하게 만드는 전통적 보수주의를 지지했다. 하지만 21세기의 기술기업은 노동자 군단을 완전히 우회하기 때문에 더 반문화적으로 보인다. 그들은 주식을 포함한 여러 혜택을 수령하는 조건으로 영입된 소수의 고임금 전문가 집단에 기대서 수십억 명의 사용자를 거느린 자동화플랫폼을 만든다.

기업가들은 이처럼 자유지상주의적 이미지를 점유하고 있지만, 그들이 만들어낸 디지털플랫폼은 사회의 최하층 계급을 살피고 감시할 거대한 역량을 갖고 있다. 내가 학제간연구대학에 있을 때, 팔란티어의 조 론스데일Joe Lonsdale이 학생들과 기업가정신에 대한 팁을 공유하는 자리를 위해서 그곳을 찾았다. '반지의 제왕' 시리즈에 등장하는 수정구슬에서 이름을 가져온 팔란티어는 미국 국방부·CIA·NSA·FBI에 데이터감시기술을 제공하는 기술기업으로, 조 론스데일이 공동창립자인 피터 틸Peter Thiel과 함께 설립했다. 팔란티어는 페이팔에서 출발했다. 페이팔은 자동으로 수백만 고객들의 거래 요청을 스캔해서 금융사기를 감지해내는 시스템을 개발했다. 피터 틸은 조 론스데일에게 자금을 조달했고 소수의 몇몇 사람들이 같은 모델을 국가안보에 적용했다.[67] 팔란티어는 국가기관과 더불어 J. P. 모건과 같은 주요 금융기관에도 서비스를 제공한다.[68]

조 론스데일은 강연을 마무리하면서 자신과 피터 틸이 바다 위에 국가 없는 도시를 설립하는 자유주의적 프로젝트 '시스테딩연구소Seasteading Institute'를 추진하고 있다고 말했다. 이 프로젝트는 팔란티어의 목적과 상충하는 듯이 보일 수도 있다. 하지만 실리콘밸리는 이러한 모순으로 가득한 곳이다. 실리콘밸리의 시장기술이상주의는 항상 보조사업·R&D프로그램·조달계약의 형태로 국가와 군사적 목적을 공유하며 깊이 연루됐다. 그리고 금융기관들도 어떤 목적을 갖고 AI기술과 관련하여 이곳에서 벌어지는 연구에 참여하고 있다.

트레이딩 전사들을 몰아낸 컴퓨터 보이

1장에서 코메르츠방크 타워의 화장실 소변기 앞에 선 은행원들의 모습을 상상해봤다. 그들은 자신들이 내려다보는 거리 위의 사람들과 일대일로 직접적으로 소통할 방법이 없다. 역사적으로 본사에서 근무하는 은행원들은 영업지점이라는 최전선 연합을 통해서 간접적으로만 대중들을 상대할 수 있었다. 8장에서 이러한 최전선 연합이 수백만 명의 고객들을 직접 뱅킹시스템의 핵심부로 연결하는 디지털인터페이스로 대체되고 있다는 사실을 확인했다.

대부분의 독자들은 이러한 디지털시스템이 제공하는 자동화된 옵션들을 경험해왔을 것이다. 그 과정에서 디지털시스템은 고객과의 상호작용을 바탕으로 곱게 정제된 상당한 양의 고객 데이터를 수집한다. 예를 들어서 HSBC가 디지털인터페이스를 통해서 3,900만 명의 고객들과 상호작용하는 과정에는 무려 150PB의 데이터가 생성된다.[69] 1TB 컴퓨터를 거대한 물류창고라고 생각하면 이것이 얼마나 어마어마한 양의 데이터인지 이해하기 쉬울 것이다. 당신 머릿속에 이 창고에는 이미지파일이 대략 1,000점 정도의 오래된 그림 수집품처럼 쌓여 있고, 600자 워드프로세서 문서들은 외딴 선반 위 원고 박스에 담겨 있는 것처럼 그려질 수도 있다. 하지만 이곳은 그보다 훨씬 많은 파일을 처리할 수 있기 때문에 창고를 가득 채우는 데에는 수년이 걸릴 것이다. 150PB는 천장까지 물건이 가득 쌓인 이런 물류창고 15만 3,600개와 같다.

하지만 분석하고 활용하지 않으면 이렇게 방대한 데이터를 모을 의미가 없다. 고층 건물에서 일하는 직원들은 수백만 개의 개별 기록을 일일이 훑어볼 능력이 안 된다. 그래서 팔란티어와 같은 기업이 존재하는 것이다. 그들은 데이터를 샅샅이 살피고 필요한 조치를 취하는 일련의 과정을 자동화하는 데 전문적인 기술을 보유하고 있다. 작업량은 사람이 분석하고 결정을 내릴 수 있는 양을 압도한다. 이러한 기업들은 예측적인 머신러닝과 AI시스템을 개발해서 ('매도'·'제외'·'포함'·'배제' 등의) 특정 목표를 달성하기 위해서 작업을 진행하기에 앞서 사람들에 관한 데이터를 분석하길 원한다.

은행지점의 고객서비스 직원들은 전통적으로 이런 정보를 중앙 본사에 있는 관리자들에게 직접적으로 전달했다. 하지만 이제 은행들은 고객서비스를 자동화하는 것으로 모자라 중앙 본사의 관리자들까지 대체할 기술에 투자한다. 은행들은 은행원을 디지털시스템으로 대체하기 위해 데이터센터를 늘려 방대한 데이터를 수집·처리하는 편이 수익을 올리는 데 도움이 된다는 사실을 깨달았고, 앞다퉈서 조직 내부의 의사결정을 내리는 AI시스템을 개발하고 있다. 캐나다 왕립은행의 경우 이미 AI시스템을 연구할 박사 100명을 고용했다.[70]

대형 투자은행들은 아주 이른 시기부터 핵심 인력을 알고리즘으로 대체해왔다. 실제로 2019년 런던에서 열린 AI 컨퍼런스에서 골드만삭스의 최고 기술 책임자를 봤을 때, 그녀는 "골드만삭스에는 1만 1,000명의 소프트웨어 엔지니어가 있다. 그중에서 4,000명은 수십 년 동안 머신러닝을 연구해왔다. 내가 20년 전에 골드만삭스에 입사했을 때, 나스닥에서 선물거래를 전담하는 트레이더는 200명에 달했다. 하지만 지금은 겨우 3명뿐이다. 이것은 우리에게 자연스러운 진화다"라고 말했다.[71]

선물 트레이더들은 거래소에서 얼굴이 벌겋게 달아오를 정도로 소리를 질러가며 선물을 거래했다. 그들은 남성호르몬이 흘러넘치는 곳에서 정보를 흡수하고 시장에서 빠르게 결정을 내렸다. 하지만 지금 그들의 입지는 (소프트웨어 엔지니어들이 설계한) 전자 트레이딩플랫폼의 등장으로 상당히 위태로워졌다. 2009년에 발표된 다큐멘터리 '플루어드Floored'는 시카고상품거래소의 전설적인 선물 트레이더들의 삶을 쫓는다. 선물 트레이더들이 이전에 '컴퓨터 보이'라고 불렀던 소프트웨어 엔지니어들은 그들을 거리로 내몰았다. 한때 대형 금융기관들의 후원을 받던 선물 트레이더들을 스스로를 영웅이라고 생각하기도 했다. 하지만 지금 그들은 퇴역군인과 다름없다.

골드만삭스와 같은 금융기관은 투자은행이다. 그래서 소매금융을 지원하지 않는다. 그들은 소비자를 위한 멋진 디지털앱을 개발하기 위해 기술을 활용해야 한다고 장황하게 설명하지 않는다. 이미 세계 금융의 핵심부라고 할 수 있는 이곳에는 많은 디지털기술이 도입됐다. 하지만 소매금융을 지원하는 은행은 모든 고객이 보다 편리하게 은행업무를 처리할 수 있도록 자동화를 추진해야 한다고 열과 성을 다해서 주장한다. 물론 디지털앱으로 은행업무를 처리하는 것을 대수롭지 않게 생각하는 사람들이 있다. 하지만 디지털앱으로 요청한 사항을 인간 대신 기계가 평가하고 처리하길 기대하는 사람들은 거의 없을 것이다. 그러거나 말거나 은행은 대출결정부터 보험처리까지 모든 은행업무를 자동적으로 처리하는 시스템을 개발하고 있다. 금융산업에 불어 닥친 자동화 바람이 어떻게 흘러갈지 우리는 이미 알고 있다. 은행업계는 사람들이 무엇을 원하든 자동화를 밀어붙일 것이다.

금융로봇은
화장실에 가지 않는다

은행업계 내부에서 자동화가 어

266

떻게 전개되고 진화하고 있는지에 관한 이해를 돕기 위해서 이런 상상을 해보자. 모닥불 곁에 앉아서 나는 당신에게 통기타 연주를 들려주고 있다. 내가 기타 줄을 튕길 때마다 나의 신체 에너지는 소리로 변환된다. 이번에는 이렇게 상상해보자. 당신에게서 40m 떨어진 무대 위에서 나는 볼륨을 최고로 올린 채 앰프에 연결된 전자기타를 연주하고 있다. 내가 전자기타 줄을 튕기면 통기타 줄을 튕길 때보다 훨씬 더 큰 소리가 울려 퍼진다. 말하자면 로큰롤은 천연가스와 석탄에 의지하는 음악 장르다. 천연가스와 석탄을 태워 만든 전기가 있어야 전기기타를 연주할 수 있기 때문이다.

이번에는 당신이 내게서 수백 km 떨어져 있다고 상상해보자. 나는 앰프를 통해 신시사이저를 컴퓨터에 연결하고 '전자기타'로 모드를 설정한다. 내가 건반을 누르면, 기타를 연주하는 게 아니지만 기타 소리가 나온다. 나는 소프트웨어로 신시사이저에 전자기타 모드를 적용하고 곡을 녹음한다. 굳이 다시 연주하지 않아도 클릭 한 번으로 녹음된 곡을 다시 들어볼 수도 있다. 그리고 나는 당신을 포함한 사람들에게 녹음한 곡을 인터넷에 올려 스트리밍을 제공할 수 있다.

마지막으로 '자동작곡' 프로그램이 있다고 상상해보자. 이 프로그램을 사용하면 클릭 한 번으로 신시사이저를 전자기타 모드로 바꾸고 작곡과 녹음을 모두 할 수 있다. 나는 작곡부터 연주·녹음에 이르기까지 과정의 그 어느 단계에도 개입하지 않는다. 이렇게 완성된 곡도 대중들에게 자동으로 스트리밍된다. 좋은 노래는 아닐지 모르지만, 그리고 다소 공허하게 들릴지도 모르지만, 자동작곡 프로그램은 매우 효율적인 시스템이다.

모닥불 옆의 통기타 연주에서부터 자동작곡 로봇 프로그램이 등장하기까지의 과정을 살펴보면, 은행업계에서 자동화가 어떻게 진화돼왔는지를 이해하는 데 도움이 된다. 이미 눈치챘겠지만, 작곡하고 연주하는 방법이 자동화를 거듭하면서 같은 인풋으로 훨씬 큰 아웃풋을 도출해냈다. 한쪽에서 나는 오직 한 명의 관중을 위한 통기타 연주에 에너지와 열정을 쏟았다. 반면 다른 쪽에서는 손가락 한 번 까닥하는 것으로 수백만 명의 낯선 사람들이 동시에 들을 수 있는 앨범 하나를 만들어냈다. 창작이 자동화될수록 나는 그 과정에서 점점 멀어졌고, 청중은 '창작자'인 내게서 점점 멀어졌다.

은행업계의 자동화에 비유해서 이야기를 풀어보자. '모닥불 곁에서 통기타 줄을 튕기는 나'는 계산 속도를 높이려고 주판을 사용해가면서 리넨종이에 대출 계약을 작성하는 15세기의 피렌체 은행원이다(이는 '음향 증폭 앰프'와 같이 그가 더 많은 고객을 만날 수 있도록 해주는 도구다). 주판은 손으로 움직이는 도구다. 하지만 주판을 기계화하기 위해서는 비인간적인 힘이 필요하다. 전자계산기는 일종의 자동화된 주판이고 '전기 앰프'다. 1960년대 은행원이 중세의 피렌체 은행원보다 훨씬 더 빨리 업무를 처리하고 더 많은 사람들에게 대출해줄 수 있는 힘은 여기서 나온다. 1990년대까지 널리 사용된 금융기계는 스프레드시트였다. 스프레드시트의 등장으로 데이터를 설계하고 분석하는 속도가 대단히 향상됐다.

파생상품업계에 몸담고 있을 때, 나는 매우 정교한 스프레드시트를 사용했다. 그것으로 빽빽하게 인구통계 데이터를 작성하고 '장수파생상품$'이란 투자상품을 만들어냈다. 수작업으로 하면 며칠이 걸려야 마무리될 일을 스프레드시트를 사용하면 단 몇 분 만에 끝낼 수 있었다. 이와 마찬가지로 신용평가모델은 사는 곳, 소득수준 등과 같은 데이터를 갖고 단 몇 초 만에 그 사람의 신용등급을 숫자로 정량화한다. 이런 모델은 아날로그 방식의 인간적인 노력을 신시사이저 건반이 그대로 복제하는 것과 같다.

원거리 '스트리밍'에는 통신기술이 필요하다. 트레이더들은 신속한 의사결정을 내리는 능력을 극대화하기 위해서 정교한 스프레드시트를 사용할지도 모르지만 기본적으로 멀리 떨어진 다른 트레이더에게 자신이 내린 결정을 전달하는 것은 통신 채널이다. 여기서 인간적 한계 때문에 '스트리밍 정보량'이 제한된다. 담배를 피우거나 화장실에 가기 위해 자리를 비울 때 실행할 수 있는 매도·매수 주문 횟수는 0이 된다. 이런 이유로 금융기관은 본래 트레이더들의 업무효율을 증폭시키기 위해서 사용하던 기계를 자동화하여 **의사결정 금융로봇**을 만든 것이다. 예를 들어서 자동화 트레이딩로봇은 엑셀의 스프레드시트와 유사하다. 외부로부터 데이터를 입력받으면,

---

$ 장수파생상품이란 보험 가입자들의 기대수명이 예상보다 길어지거나 짧아지면 보험회사의 수익에 큰 영향을 받기 때문에 이를 피하기 위해 생명보험회사들이 주로 구매하는 파생상품이다. 예를 들어 연금보험을 판매하는 생명보험회사는 가입자들의 수명이 길어지면 더 오랜 기간 동안 연금을 지급해야 하므로 그 위험을 피하기 위해 가입자들의 수명이 예상보다 더 길어지면 돈을 버는 구조로 만들어진 장수파생상품을 구매한다. (감수자 주)

스프레드시트는 그 데이터를 근거로 연산작업을 하고 결과값을 다시 외부로 내보낸다. 이와 유사하게 자동화된 대출시스템은 기준이 되는 신용점수를 충족하는 사람에게 대출을 자동으로 승인해줄 것이다.

이러한 금융로봇들에게는 화장실에 갈 쉬는 시간이 필요 없다. 게다가 **학습능력**까지 갖고 있다면 '자동작곡 프로그램'의 수준까지 업그레이드될 수 있다. 이 수준에 이른 것이 바로 AI다. AI는 과거의 경험으로부터 학습하고 자신만의 전략을 수립하는 디지털시스템이다. 자동작곡 프로그램이 만든 엉성한 곡처럼 AI시스템도 은행업무를 기가 막히게는 처리할 수 없을지도 모르지만, 적어도 은행업계는 AI시스템을 도입할 시 업무의 효율이 크게 증가할 것으로 기대한다. 그리고 이런 AI시스템에게 학습 자료가 되는 '과거 경험'은 저장된 데이터에 불과하다.

은행의
꿍꿍이

최초의 AI는 공상과학소설의 고전으로 불리는 아이작 아시모프의 1950년작 《아이, 로봇》에 등장한다. 1장에 로비가 등장한다. 로비는 말을 할 수 없는 단순한 1세대 로봇이다. 3장에 이르면 우주정거장을 관리하는 거만하고 말을 할 수 있는 로봇인 큐티가 등장한다. 아이작 아시모프의 로봇들은 모두 '양전자' 두뇌를 갖고 있다. 그것은 거대한 회로를 바탕으로 설계된 복잡한 컴퓨터다. 이러한 양전자 두뇌가 기계에 삽입된 것이 아이작 아시모프의 소설에 등장하는 로봇들이다. 하지만 마지막 장에 등장하는 가장 발전한 로봇은 몸이 없다. 엄청나게 강력한 양전자 두뇌들이 명상에 잠긴 현자처럼 가만히 앉아 있다(소설에서 그것들은 '더 머신즈'라고 불린다). 더 머신즈는 평범한 사람이 그 속에서 패턴을 찾아낼 수가 없을 정도로 방대한 데이터를 이해하고 분석해낸다.

쉽게 말해서 AI는 데이터를 수집하고 그 안에서 패턴을 찾아내는 강력한 '사고 기계'다. AI를 이해하는 데 도움이 되는 실질적인 사례는 일상적인 경험에서도 찾을 수 있다. 예를 들어서 십 대였을 때 나는 들새의 생태를 관찰하곤 했다. 나는 특이한 새를 봤던 장소와 시기를 노트에 메모해서 기록으로 남겼다. 당연히 새들이 스스로 자기 습성을 기록할 리는 없지만, 나와 같은 관찰자가 그들의 활동을 기록하여 데이터를 만들어냈고, 나는 그렇게 모인 데이터 속에서 서서히 패턴을 찾아냈다. 이와 유사한 일을 하는 AI시스템을 상상해보자. 아이작 아시모프의 더 머신즈처럼 그것은 끊임없이 세상을 관찰하고 학습하여 사람은 찾아내기 어려운 훨씬 큰 패턴을 도출할 것이다.

하지만 나는 개인적인 호기심 때문에 들새에 관한 데이터를 수집했다. 이것은 중요한 차이다. 나는 그 데이터에서 찾아낸 패턴을 이용해서 들새들의 섭식습관에 영향을 주거나 영공에 접근하지 못하게 해서 이주경로를 바꾸려고 하지 않았다. 반면에 체계적으로 사람을 관찰하는 자에게는 보통 **꿍꿍이**가 있다. 사회과학자들은 순수한 지적 호기심에서 사람들을 관찰할지도 모른다. 하지만 우리가 사람들을 관찰하는 행위에는 보통 판단이 수반되고, 그 판단은 어떤 행동으로 이어진다. '저 남자 뭔가 수상쩍어 보이니까 일단 피하자'라고 생각하면 실제로 그 사람을 회피한다. 이때 **분류**('수상쩍은 사람')와 **목표**('안전 확보')가 결합하면서 **행동**('회피')으로 이어졌다. 행동은 누가 그 사람을 관찰했느냐에 따라서 달라진다. 예를 들어서 경찰은 '수상쩍은 사람'을 보고 '접근할 것'이다. 왜냐하면 경찰의 목표는 일반 사람과는 다르기 때문이다.

각각의 요소에 의문을 제기할 수도 있다. 제대로 분류했나? 분류한 결과를 바탕으로 행동 방침이 제대로 수립됐나? 그 목표는 가치가 있나? (목표에 대해서 의문을 제기하는 경우는 거의 없다) 은행원들에게 목표는 수익 창출이다. 그들은 업무를 처리하면서 다음과 같은 의문을 제기할 수 있다. '이 사람은 어떤 종류의 사람인가?', '이 사람에게 계좌를 개설해주는 것이 의미가 있나?', '이 사람에게 대출을 해줘야 할까? 그렇다면 대출 조건은 무엇이 될까?', '이 사람이 나를 속이려고 하는가?', '어떻게 해야 이 사람에게서 많은 것을 얻어낼 수 있을까?', '이 사람에게는 어떤 상품이 적합할까?'

과거에 은행원들은 고객을 면밀히 관찰하여 위 질문에 대한 답을 내렸다. 네트워크를 통해서 그 사람에 대한 정보를 모으고 단서를 찾고 면담을 했다. 심지어 고객이 자신에게 걸어오는 순간에 옷차림과 행동거지를 보고 판단하기도 했다. 고객들의 과거 행적이나 주변 평판은 미래를 예측하는 정보였다. 어쩌면 그러한 패턴은 무의식적으로 판단되었고, 그것을 직관이나 '촉'으로 표현할 수도 있었다.

셜록 홈스의 목표가 범죄와의 전쟁에서 수익 추구로 변했다고 상상해보자. 그는 누군가의 행동이나 억양과 같은 작은 단서를 관찰해서 그가 얼마나 신뢰할 수 있는 사람인지 또는 미래에 얼마나 큰 수익을 올릴지 판단할 수 있을지 모른다. 그가 수익을 추구하기 위해서 사람들을 면밀히 관찰했다면, 그는 19세기의 대단한 금융가가 되었을 것이다.

직접 고객을 관찰할 수 없는 거리에서 오직 그에 관한 데이터만 은행원에게 주어진다면, 직관적으로 그 사람이 어떤 자이며 미래에 어떻게 행동할지를 판단하기가 어려워진다. 하지만 현대의 셜록 홈스는 그가 언제 어디서 누구와 무엇을 했는지 보여주는 결제내역의 디지털데이터를 샅샅이 검토해서 그의 대출자격을 정확하게 판단해낼 수 있을지도 모른다. 하지만 셜록 홈스는 몸값이 비싸다. 그러니 금융기관의 입장에서는 마피아 보스의 역외 금융망을 추적하는 일과 같이 사회적 관심과 중요도가 큰 사안에만 그를 투입하는 것이 수지가 맞을 것이다. '2337569번 계좌에 당좌대출을 승인하시겠습니까?'와 같은 우선순위가 낮은 의사결정 요청에 셜록 홈스를 동원하는 것은 합리적인 결정이라 할 수 없을 것이다.

또 다른 예를 들자면, 유튜브는 사용자들이 동영상을 더 많이 시청하도록 유도해서 광고 수익을 높이고자 한다. 하지만 동영상 추천을 위해서 셜록 홈스를 고용하는 것은 각각의 사용자들에게 얻는 수익을 고려하면 득보다 실이 더 많은 결정일 수 있다. 그리고 이것은 실용적이지도 않을 것이다. 모든 유튜브 사용자들을 분석해서 그들의 취향에 맞는 동영상을 추천할 셜록 홈스는 이 세상에 존재하지 않는다. 그러므로 유튜브는 은행처럼 자동화된 셜록 홈스를 만들어야만 한다.

하지만 이런 자동화 조사관을 어떻게 만들까? 조사관들의 경험과 조사방식을 활용하여 기계적인 모델을 설계할 수 있다. 경험이 풍부한 은행원에게 자신의 지식을 코드화하라하고 요청하면, 그는 '출신+소득수준+금융거래이력+신용등급=상환 가능액'이라는 공식을 만들어낼지도 모른다. 컴퓨터가 등장한 초기에 이런 공식은 알고리즘으로 작성될 수 있었다. 알고리즘은 전문가가 컴퓨터에게 알려준 공식 설계 비결이었다. 재료를 넣어주면 빵을 만들어내는 빵 굽는 기계처럼 기본적인 신용등급 알고리즘은 정확한 데이터가 입력되면 상환 가능액을 예측할 수 있었다. 금융기관들은 엑스피리언 Experian과 같은 신용평가기관이 제공한 데이터를 자체적인 신용등급 알고리즘을 개발하는 재료로 활용한다(신용평가기관들은 다른 기관들로부터 수집한 신용과 관련한 데이터를 한데 모아서 관리한다).

하지만 컴퓨터들은 머신러닝과 결합하면서 알고리즘이라는 비법을 넘어서고 있다. AI는 컴퓨터를 명령을 따르는 존재에서 문제를 해결하는 존재로 바꾸려고 한다. 사람이 학습하는 방식이 다양하듯이, 기계가 학습하는 방식도 다양하다. 'X는 이전에 Y를 했던 사람들과 비슷한 특성을 보이므로, Y할 가능성이 있다', '지난번에 뜨거운 스토브를 만졌을 때, 그것이 X했고 나는 Y가 더 좋으니, 다시는 X를 하지 않을 것이다' 등과 같은 직관적인 학습패턴을 생각해보자. 사람이 고통을 회피하는 법을 학습하는 과정은 대체로 직관적이다. 그래서 어린아이에게 고통을 피하는 방법을 따로 말해줄 필요가 없다. 마찬가지로 세계에서 어떤 패턴을 찾아내는 방법도 따로 설명할 필요가 없다. 하지만 컴퓨터에게는 학습방법 자체를 설명해줘야 한다. 컴퓨터는 고통을 느낄 수 없고 성공이 무엇인지 또는 왜 우리가 무언가를 발견하길 바라거나 추구하는 가치에 따라 행동하는지를 모른다. 컴퓨터는 그저 지시를 따르기만 하는 존재다. 그래서 컴퓨터가 문제를 해결하기를 바란다면 명령을 내려야만 한다. 여기에 다소 수준 높은 코딩작업이 필요하다.

사고실험은 이러한 학습방식을 비슷하게 모방할 수 있다. 전통적인 빵 굽는 기계에 정해진 조리법이 프로그래밍된다. 그런데 빵 굽는 법을 '학습'하도록 프로그래밍해달라는 요청을 받았다고 치자. 첫 번째 단계는 **학습방법론**을 프로그래밍하는 것이다. 하지만 학습은 항상 **경험**이 필요하다. 그래서 두 번째 단계는 데이터를 컴퓨터에 입력하는 일이 될 것이다. 그러므로 이 빵 굽는 기계의 학습방법론은 완성된 빵이 일반적으로 어떤 모양인가에 관한 데이터를 수집하고 분석하도록 설계된다. 이와 함께 사용할 수 있는 재료(밀가루·파인애플·아스파라거스·효모·물·쌀·소금 등)와 제조과정(가열·동결·혼합 등)에 관한 데이터도 수집하고 분석하도록 해야 한다. 목표는 가능한 인풋과 바람직한 아웃풋을 연결하는 공식을 찾고, 공식을 테스트하고 결과를 새로운 데이터로 수집하고 분석하는 것이다. 밀가루를 아스파라거스와 섞어서 반죽을 만들고 냉동하는 작업이 잘 진행되진 않을지도 모른다. 하지만 수백 년 동안 축적된 데이터로 훈련한 머신러닝 빵 굽는 기계는 시간이 지나면 사람이 어렴풋이 직관적으로 이해하는 미묘한 패턴을 추론해낼 수도 있다.

위 이야기는 상상 속에서나 가능할 법하다. 실제로 빵 굽는 방법을 학습하는 빵 굽는 기계는 없다. 하지만 이 이야기는 머신러닝시스템이 어떻게 '학습하는지'를 이해하는 데 도움이 된다. 머신러닝에 열광하는 핀테크 기업가들에게 이것은 일반 데이터 더미에서 혹은 **개척되지 않은** 난해한 데이터 소스에서 유용한 정보만을 추출해낼 수 있는 금융기계를 만들어 낼 전략이 된다. 뛰어난 연산력으로 수백 개의 변수를 테스트하고 금융가는 볼 수 없는 새로운 패턴을 찾아낼 수 있을지도 모른다.

사람들은 셜록 홈스가 사건과 전혀 관련이 없어 보이는 불완전한 정보로 추리를 해내는 장면을 제일 좋아한다. 그는 추리를 할 때 항상 사람들을 면밀히 관찰한다. 셜록 홈스가 빈촌인 토트넘과 런던 금융지구의 무어게이트를 오고 가는 특정인을 관찰한다고 상상해보자. 셜록 홈스는 그가 사무실 청소부일지 모른다는 가설을 세운다. 하지만 그날 저녁에 다른 역에서 내리고 다음 날 아침에 무어게이트로 돌아가지 않는 그를 보고, 셜록 홈스는 가설을 바꾼다. 새로운 단서는 그가 정해진 거주지나 직업이 없을지도 모른다는 가능성을 제기한다. 셜록 홈스가 정보를 모을수록, 가설은 정제된다. 하지만 대형 기관들은 이렇게 개개인의 뒤를 쫓는 데 관심이 없다. 셜록 홈즈와 달리 AI시스템은 마약 탐지견처럼 움직이도록 설계된다. **대량의 데이터**로부터 상관관계를 도출하고 '이 시간에 이곳을 오고 가는 사람들은 채무 불이행 위험이 낮다'와 같은 가설을 세운다. 그러고 나서 그 가설을 테스트하고, 그 결과를 다시 분석하여 개선한다.

　금융사기를 모니터링하는 핀테크 스타트업의 한 직원은 각 고객들의 휴대폰에서 수집한 500개 이상의 데이터 소스를 업무에 활용한다는 사실을 알려줬다. 그의 회사가 사용한 데이터 소스에는 휴대폰 버튼을 누르는 속도까지 포함된다. 실제로 우리가 사용하는 휴대폰은 우리 자신에 관한 온갖 기밀정보를 대형 기관들이 운영하는 데이터센터로 전송한다. 이것은 다른 데이터와 통합되거나 가설 정립에 필요한 단서 추출을 위해 분석된다. 여기서 8장의 주제를 다시 한번 생각해볼 필요가 있다. 휴대폰에 탑재된 디지털앱들은 스파이처럼 우리를 '졸졸 따라다닌다.' 그것은 휴대폰에 어떤 다른 앱들이 설치되어 있는지 살피고, 동료들의 연락처를 샅샅이 조사하고, 우리의 이동 패턴을 파악하기 위해서 지도를 훑는다. 심지어 은행은 이렇게 직접적으로 사적인 정보를 취득할 방법이 없더라도, 다른 곳에서 데이터를 얻을 수 있다. 우리가 인터넷에서 웹사이트를 둘러보고 카드결제 버튼을 사용할 때마다 정보는 그들에게로 흘러들어간다. 이것이 새로운 세대의 로보뱅커시스템을 완성하는 데이터 소스이다.

데이터 분류의
깊은 늪

셜록 홈스가 좋아하는 것은 2가지가 있다. 첫 번째는 사건을 해결하는 것이고, 두 번째는 다른 사람에게 자신이 사건을 어떻게 해결했는지를 설명하는 것이다. 예를 들어서 셜록 홈스가 2개의 페이스북 계정을 갖고 있는 케냐 사람을 발견했다고 가정하자. 사건을 조사한 뒤에 셜록 홈스는 그가 동성애자이며 하나는 자신을 이성애자라고 생각하는 보수적인 가족들에게 보여주기 위해서, 다른 하나는 자신과 같은 처지에 있는 친구들과 소통하기 위해서 만든 계정이라고 이야기했다. 반면에 '로보셜록'은 좋은 이야기꾼이 아니다. 로보셜록은 한 개인의 사건을 면밀히 살피고 그곳에서 숨겨진 의미를 찾아내거나 어떻게 현 상태에 이르렀는지 상세하게 설명할 능력이 없다. 로보셜록은 페이스북 계정을 여러 개 갖고 있는 사람들과 가짜 프로필을 작성해서 사용하는 사기꾼들 사이에서 상관관계를 발견했다. 로보셜록이 인간 셜록 홈스가 맡았던 케냐인 사건을 '해결한다면', '그 남자는 편협한 가족들에게 자신의 진짜 모습을 숨기기 위해 이중생활을 한 것이다'라고 말하는 대신에 '그는 사기꾼이다'라고 말할 것이다.

이전에 개발되던 알고리즘에는 어떤 널리 알려진 방법이 프로그래밍되었지만, 다차원적인 AI시스템이 내놓은 답에 '왜' 그렇게 생각하는지를 물을 수 없다. 스포티파이나 유튜브가 특정 음원이나 동영상을 당신에게 추천해준 이유를 물어보자. 그들이 운용하는 시스템은 음원이나 동영상을 '듣거나 볼 수' 없다. 그 대신 그것들은 수백만 사용자들로부터 데이터를 수집하고 상호참조해서 통계적으로 서로 겹치는 음원과 사람을 한데 묶어 클러스터를 만든다. 음악 추천에서 이것은 대단한 시너지 효과를 낸다(하지만 당신은 확증편향에 갇히게 될지도 모른다). 하지만 이것이 금융산업으로 넘어오면 상황은 심각해진다. 한 번 당신의 데이터가 잘못 분류되면 그 안에서 빠져나오기는 사실상 불가능하기 때문이다.

수도 없이 다양한 잘못된 분류가 존재한다. 가벼운 마음으로 살펴볼 수 있는 사례를 하나 들어보겠다. 트위터의 로보셜록이 나를 '한 노동자의 어머니'로 분류했을지도 모른다는 생각을 하게 된 사건이 있었다. 트위터는 내게 헐값의 가족여행 광고를 계속 노출시켰다. 반면에 은행이 나를 이렇게 간주한다면 신용점수가 낮은 '요주의 인물' 명단에 올리거나 고금리대출을 권유해서 빚더미에 앉게 만들 수도 있다. 이런 위험에도 불구하고 노골적인 자동분류작업은 은행이 돈을 버는 데 도움이 된다. 적은 비용으로 고객을 대거 끌어들일 수 있기 때문이다. 그래서 은행은 고객자동분류를 계속 시도할 것이다.

유튜브는 전체에서 20%에 해당하는 사용자에게 부적합한 동영상을 추천한다. 하지만 유튜브는 이를 괘념치 않는다. 이는 은행들도 마찬가지다. 은행들은 뱅킹시스템의 부정확성 때문에 피해를 입은 사람들을 가치 없다고 간주한다. 이런 자동화된 인공지능 뱅킹시스템의 목적은 모든 사건에서 미묘한 차이를 찾아 진실을 밝히는 것이 아니라 규모의 경제를 통해 수익을 극대화하는 것이다. 그리고 이것이 재무건전성을 훼손하지 않는다면, 금융기관은 이러한 자동화시스템을 폐기하지 않을 것이다. 자동화시스템이 방학 동안에 잠깐 일하는 게으른 인턴 정도의 역량만 갖추고 있어도 금융기관은 자동화시스템을 계속 도입할 것이다.

하지만 이 자동화된 '게으른 인턴'에게 편견이 매우 심한 부모가 있다면 어떨까. AI의 경우 개발자의 숨은 편견이 판단에 반영되는 모델이나 구조적인 인종차별주의가 만연한 환경에서 형성된 데이터를 학습용 데이터로 활용하는 모델이 이에 해당된다. 역사적으로 미국에서는 흑인에게 대출이 승인되지 않을 확률이 높다.[72] 이렇게 편향된 데이터 세트로 아직 미숙한 AI의 학습과정을 조정한다면, 관습적 편견을 자동화할 위험이 존재한다. 반면에 갈수록 금융기관은 AI시스템이 금융포용을 촉진하는 데 도움이 된다고 주장하고 있다. AI시스템이 소외된 계층들에게 금융서비스를 제공하는 데 소요되는 비용을 낮추고 자신들이 감수해야 할 위험도를 낮춘다고 말한다. 6~8장에서 금융포용은 금융흡수로 받아들이는 편이 더 낫다고 말했다. 그런데 지금 디지털결제가 사회의 주변부로 확산됨에 따라 AI시스템도 그 뒤를 따르고 있다.

포용인가
포획인가

2016년 금융포용 확산을 위해서 설립된 어느 기관의 관계자가 싱가포르에서 열린 IMF 후원 행사에서 연설을 했다. 흥분한 그는 자신이 일하는 기관이 가난한 우간다 사람들의 휴대폰 위치 추적 데이터를 '염탐하여' 그들의 신용도를 파악하는 실험을 하고 있다고 설명했다. 나는 그에게 그 감시 시스템이 정치적 반대세력을 처단하려는 정권의 손에 넘어가서 악용될 가능성은 없는지 물었다. 국제프라이버시Privacy International는 2015년 우간다 정부가 반정부 인사들을 감시하기 위해서 온갖 감시기법을 동원하고 있다고 보고했다.[73] 그 관계자는 사람들에게 신용이 필요하다는 말로 내 질문에 대한 답을 얼버무렸다. 만약 금융기관이 수익을 얻기 위해서 사람들을 염탐해야 한다면, 그들은 서슴지 않고 그렇게 할 것이다.

1980년대 이후로 가난한 사람들에게 신용을 제공하여 가난에서 구제할 수 있다는 주장이 대두됐다. 그리고 마이크로파이낸스가 탄생했다. 마이크로파이낸스는 가난한 사람들에게 소액 대출을 해주는 금융서비스다. 그래서 마이크로파이낸스의 기반은 항상 위태로웠다. 주로 세계에서 가장 가난한 사람들이 마이크로파이낸스를 이용했다. 산업화된 선진국과 영합했지만 기반이 빈약한 정부를 가졌으며 주로 원자재를 수출하는 나라들에서 사회경제적으로 지위가 가장 낮은 사람들이 고객이었다. 한 개인의 소득 부족은 초국가적 경제시스템 내부에서 지정학적으로 기반이 약한 곳에 위치하는 탓에 발생하기도 한다. 그런 사람들에게 신용을 제공한다고 해서 마법처럼 열악한 상황이 해결되리라는 보장은 없다. 대출을 갚을 미래소득을 만들어낼 힘이 있을 때만 신용은 신용대출자에게 힘이 된다. 그저 신용을 제공한다고 해서 사람들에게 자립할 힘이 생기는 것도 아니다.

물론 마이크로파이낸스가 긍정적인 효과를 낸 사례도 분명히 있다. 하지만 대체로 마이크로파이낸스를 통해서 소액대출을 받은 사람들은 빚더미에 앉게 됐다.[74] 기술 낙관론자들은 마이크로파이낸스의 이론적 틀에 의문을 제기하는 대신에 신용을 확대하면서 디지털기술과 AI를 활용해 신용등급산출 메커니즘을 개선하려고 한다. 사람들은 다음의 이유 중 한 가지 때문에 신용대출을 거부당한다. 신용점수가 너무 낮거나, 신용점수가 아예 없거나, 신용점수를 측정할 금융거래내역이 없거나. 신용확대 프로젝트의 첫 번째 단계는 세 번째 이유를 해소하는 것이다. 예를 들어서 인도 정부는 이를 위해서 아드하르 인증 프로그램을 도입한 것이다. 아드하르 인증 프로그램은 개인 신원을 검증하기 위해서 지문·동공과 같은 생체정보를 수집하여 다양한 기관들이 사용할 수 있는 중앙 데이터센터에 업로드한다. 여러 공공기관은 이를 바탕으로 공식 기록이 없는 사람들에 관한 공식 문서를 작성할 수도 있다.

다수의 스타트업이 지금 소위 '금융정보가 부족하거나 없는' 시민들에 대한 정통적이지 않은 데이터를 수집하고 체계적으로 정리하는 방법을 집중적으로 연구하고 있다. 예를 들어서 은행은 렌도 Lenddo처럼 통화내역에 기록된 '디지털 발자국'을 분석하는 기업들로부터 서비스를 제공받는다.[75] 렌도는 사람들의 소셜미디어활동도 면밀히 살핀다. 활동내역·위치 데이터·연락처·통화내역·휴대폰에 설치된 디지털앱·달력·휴대폰 모델 등을 훑는다. 렌도는 이 과정에서 확보한 정보를 바탕으로 최대 1만 2,000개의 변수를 분석할 수 있는 머신러닝시스템을 사용하여 3분 만에 신용점수를 산출한다.[76] 렌도가 산출한 신용점수는 은행의 자체 신용등급시스템에 입력되고, 이로써 은행의 금융데이터는 확장된다.

케냐의 탈라와 같은 기업들은 대출 신청자의 휴대폰에서 입수한 1만여 개의 데이터 조각을 분석한다.[77] 그 사람이 얼마나 자주 어머니와 통화를 하는지, 자동차 경주나 좀비 영화를 좋아하는지 등도 분석한다. 니네르 애널리틱스와 같은 신생 스타트업은 심리측정기법을 '결정불가한' 사람들의 신용등급을 평가하는 데 사용한다(은행들은 업계 전문용어로 대출승인 등의 서비스 결정을 내리는 데 애로사항이 있는 사람들을 '결정불가'라고 부른다).[78] 니네르 애널리틱스의 '자동화 심리학자' 시스템은 아리아란 여자 이름을 지닌 챗봇이다. 아리아는 사람들을 심리적으로 분석하기 위해서 미묘한 질문을 던지고 '그가 무엇을 말하느냐가 아닌, 어떻게 말하느냐'를 근거로 그 사람을 분석하고 판단한다.

이러한 로보셜록시스템들은 수익률이 낮은 저소득층을 대상으로 금융서비스를 제공하는 금융기관들에게 매력적이다. 결국 금융포용 이니셔티브는 디지털자동화와 강력하게 엮이게 된다. 가난한 사람들에게 금융서비스를 제공하는 데 시간이나 에너지가 많이 소요된다면 수익을 얻을 수 없다. 그래서 그들이 생각해낸 해결책이 업무의 자동화인 것이다.

새장 속의 고객

아이작 아시모프의 《아이, 로봇》에서 AI는 사람들에게 해가 되거나 피해를 주는 결과를 도출하는 명령을 따르지 않도록 프로그래밍된다. 숭고한 의도가 AI에 입력되고, 특정한 이해집단에 혜택을 주기 위해서가 아니라 모든 인류를 위해서 일하도록 프로그래밍되는 것이다. 하지만 금융AI시스템은 무능하고 편향적이고 무책임할 가능성이 있다. 이뿐만 아니라 전 인류가 아닌 특정 기관의 이익을 위해서만 사용될 수도 있다.

6장에서 빅바운서와 빅버틀러라는 개념을 잠깐 살펴봤다. 그런데 AI가 빅바운서와 빅버틀러의 역할을 모두 할 수도 있다. 은행들은 빅바운서로서 AI시스템을 도입하여 누구에게 금융서비스에 대한 접근성을 부여할지를 결정할 수 있다. 디지털결제가 강요되는 현금 없는 사회에서 디지털신용평가시스템이나 이상금융거래 감지시스템에서 요주의 인물로 분류된 사람은 경제시스템으로부터 차단당한다.

빅버틀러의 존재감도 커지고 있다. 내가 유튜브가 추천해준 서핑 동영상을 1시간 동안 봤다고 가정하자. 그렇다고 유튜브의 추천 알고리즘이 갑자기 팝업창으로 '서핑 동영상이 즐거우셨나요? 밖에 나가서 바다 수영을 한번 해보는 것은 어때요?'라고 묻지는 않을 것이다. 유튜브의 추천 알고리즘의 목표는 광고 매출을 올리는 것이다. 유튜브에게 '유익함'은 더 많은 동영상을 추천해서 나를 유튜브라는 디지털플랫폼에 사용자를 오랫동안 붙잡아두는 것에서 나온다(알코올 중독자의 과거 음주 패턴을 확인했다면 오히려 술을 권할 것이다).

이와 마찬가지로 금융기관이 사람들의 결제데이터를 분석하는 시스템을 개발하는 데 수십억 달러를 쓰는 것은 우리가 저마다 삶의 목표를 달성할 수 있도록 돕고자 하는 이타심에서 비롯된 것이 아니다. 개발된 시스템은 사람들의 행동을 분석하고 제품이나 서비스의 구매를 유도하여 매출을 높이고 사람들을 자신들의 생태계에 잡아두는 데 사용된다. 이것이 AI시스템의 빅버틀러기능이다.

빅버틀러시스템은 이상한 피드백 루프를 만들어낼 수 있기에 불안하다. 예를 들어서 야생 조류 관찰자인 내가 관찰일지에 기록한 것을 AI시스템에 입력하면, AI시스템은 내게 새장을 설치하는 법을 알려준다. 그리고 새장에 이동식 새 모이 공급 장치를 놓고 새의 울음소리를 흉내 내는 스피커를 작동시켜 야생 조류를 새장으로 유인할 것을 추천한다. 그러면 나는 새장에 갇힌 새들을 계속 관찰할 수 있을 것이다. 하지만 새장에 가둔 야생 조류를 관찰하면서 작성한 관찰일지는 내가 환경을 재조정한 결과이기에 원래의 의도는 오염 됐다.

디지털 세상에도 눈에 보이지는 않지만 이렇게 사방이 막힌 새장 이 실제로 존재한다. 당신은 아무도 모르게 혼자서 웹사이트를 둘 러보고 있다고 생각할지도 모른다. 하지만 당신이 그 웹사이트에 서 본 모든 것들은 당신의 이전 행동의 결과라고 할 수 있다. 디지 털 세상에서 과거의 행동은 계속 현재의 인터넷 검색 결과에 영향 을 미치고, 자기강화적 피드백 루프를 형성한다. 이러한 활동을 통 제하는 기관들은 어떤 요소는 흐릿하게 만들고 어떤 요소는 선명하 게 만들어서 우리의 선택을 유도한다. 그들은 인터넷 검색 결과를 입맛에 맞게 조정하는 기술을 개발하는 제3의 기관에 우리의 행동 을 조정할 권한을 위임한다.

금융산업이 겉모습을 바꾸고 AI시스템을 받아들이는 모습은 야 생 조류를 가둔 새장과 같은 인공적인 환경의 망령을 떠오르게 한 다. 여기서 일거수일투족을 감시당하는 사람들은 금융행위·소비패 턴·대출패턴 등을 바꾸도록 유도된다. 예를 들어서 보험회사는 **변 동가격제**dynamic pricing(변동가격제의 좋은 사례는 운전을 거의 하지 않는 가 입자에게 자동차보험료를 파격적으로 낮게 제시해서 고객으로 흡수하는 것 이다)를 선호한다. 변동가격제에서 가격은 표준적으로 책정되지 않 고, 보험상품이나 서비스를 검토하는 사람에 따라서 조정된다. 이 것은 **상호성**이란 오랜 보장원칙을 좀먹는다. 상호성은 개개인이 홀로 부담하는 위험을 상쇄하기 위해 집단을 형성하는 것이다. 오래된 시장 경제학에서 '시장 가격'은 구매자와 판매자 간에 합의가 이뤄졌음을 공개적으로 알리는 일종의 신호다. 그래서 모두가 같은 시장 가격을 추구하게 된다. 하지만 개인의 은밀한 데이터를 보유한 기관들이 사적인 이익을 위해서 기획하고 형성한 거품 속에서 시장 가격은 무너지기 시작한다.

각종 자동화시스템은 사람들의 일거수일투족을 관찰하고 점점 더 많은 데이터를 수집하고 있다. 우리는 그들에게서 자유로울 수 없다. 그들은 데이터로 우리의 주변 환경을 조작한다. 이뿐만 아니라 물가나 (자동대출이 잘못되었을 때) 채권추심시스템의 음성까지도 바꾼다.[79]

철학자 손에 이러한 데이터가 들어간다면, 그들은 인간의 변화무쌍한 본질을 탐구하는 데 이를 사용할 것이다. 하지만 숨겨진 의도가 있는 민간기관들은 오직 하나의 목표를 향해서 새로운 데이터를 계속 축적해나갈 것이다. 그리고 그 데이터들은 주위를 유령처럼 맴돌며 우리 앞을 가로막거나 어딘가로 밀어붙일 것이다. 물론 데이터가 적법하게 사용될 때도 있다. 그러나 데이터 유령이 빠르게 확산되면, 우리는 그들의 존재에 불안을 느낄 수밖에 없다. 아주 사적인 영역까지 침범해서 수집한 역동적인 데이터로 금융서비스에 대한 접근 여부가 결정되는 상황은 파놉티콘에서 살아가는 것과 같다. 당신이 무엇을 샀는지, 누구와 어울려 노는지, 또는 얼마나 빨리 걷는지 등에서 어떤 새로운 데이터가 생성될까? 머지않아 즉흥적으로 휴가를 내고 해변에 앉아 쉬기로 한 결정이 결국에 신용점수 하락으로 이어질 수도 있다. 그때가 되어서야 우리는 복잡한 거미줄에 걸려 한낱 데이터 조각으로 전락할까 봐 애태우게 될지도 모른다.

10장

리바이어던들의
충돌

자본주의는 평범한 사람들이 시장에서 재화와 서비스를 두고 협상을 벌이는 경제시스템이다. 그런데 자본주의가 진기하고 시대에 뒤쳐진 듯이 느껴지기 시작했다. 심지어 로맨틱한 소리처럼 들리기까지 한다. 잭 케루악Jack Kerouac의 1957년 소설 《노상》과 같은 고전을 생각해보자. 이 소설의 배경은 20세기 중반의 산업화 사회로, 소외된 대도시 사람들이 위태로운 일을 하면 살아간다. 그들은 시장경제에서 힘들게 번 돈으로 낡아빠진 자동차를 사서 미국의 고속도로를 내달린다. 그리고 길 위에서 친밀감을 나눌 찰나의 순간을 갈구하는 타인들을 만났다가 헤어지고 다시 길을 떠난다.

이 소설 속의 세상은 오늘의 현실과 전혀 관련이 없다. 잭 케루악이 그린 사회에서는 중고차 딜러에게 현금을 주고 녹슨 폰티악 차를 구매할 수 있다. 폰티악과 멀리 떨어진 세상을 이어주는 것은 라디오 수신기뿐이다. 거대한 조직들이 존재하지만, 그들은 개인의 일상을 구석구석 침해하지 않는다. 등장인물들은 자동차를 어떻게 고치는지 알고, 자신들의 행동이 소셜미디어에서 '좋아요'를 받지 못할지라도 괘념치 않는다. 그들의 모험은 자기 머릿속에 추억으로만 기록될 뿐이다. 환경을 개인화하거나 신용의 가격에 영향을 미치는 데 사용될 데이터 유령을 만들어내지 않는다.

우리의 현재 상황을 찬찬히 살펴보면, 미래의 자본주의 경제시스템은 우리가 어딘가에서 현금을 사용하거나 어딘가로 훌쩍 떠나버리도록 허락하지 않을 것 같다. 오늘날 자동차는 클라우드에 우리의 동선을 보고하고, 거대한 조직들은 우리의 사적 영역을 침범할 수 있게 되었다. 2030년을 배경으로 《노상》이 쓰였다면 등장인물들은 어디에나 존재하는 데이터시장에 연결된 자동차를 몰면서 자동으로 통행료를 지불하고, 길을 잘못 들면 자동으로 경로를 조정할 것이다. 자동차가 과속하면 자동으로 감속되고 운전자의 보험료를 인상시킬 것이다. 이 세상에 예기치 못한 경로는 없고, 인생이란 여정에 무작위로 일어나는 사건 또한 없다.

주인공은 자신이 타고 다니는 자동차를 담보로 자동은행대출을 받을지도 모른다. 그리고 그의 은행 잔고가 지나치게 소진되면, 원격 킬 스위치가 작동하여 대출담보인 자동차는 움직이지 못하게 될지도 모른다. 세부내용이야 어떠하든지, 현대의 자본주의는 자동조정모드로 운영되는 시스템을 구축하는 데 박차를 가하고 있다. 이

시스템 속에서 사람들은 수동적인 관찰자처럼 행동하게 된다.

이러한 미래의 도래를 앞당기는 혁신들이 매일 벤처캐피탈들에게 피칭되고, 자금을 조달받는다. 투자자들의 역할은 전체 제어시스템을 구성하는 작은 부분들을 개발하는 데 자금을 조달하는 것이다. 10년 동안 나는 매일 메일링리스트서비스를 통해 핀테크산업에서 일어나고 있는 최신뉴스를 받아왔다. 메일 수신함은 수천 개의 스타트업에 대한 이야기들로 가득 찬다. 최신 뉴스를 따라가기가 힘들 정도로 핀테크산업의 혁신은 빠르게 전개되고 있다.

하지만 몇 년이란 시간이 흐르면서 이야기의 전개 양상이 명확해졌다. 어느 스타트업이 시드머니를 조달받았다는 이야기는 투자자인 은행에 인수되거나 비자나 아마존과 같은 대기업들과 파트너십을 맺었다는 이야기로 이어진다. 이렇게 기업자본주의에 융화되지 못한 스타트업은 사라진다. 그들의 이야기는 메일함에 아카이빙되어 있지만 머릿속에서는 천천히 잊힌다.

이러한 변화를 이끄는 행위자들 사이에서 상대적 권력의 균형은 때때로 재조정된다. 스퀘어·스트라이프와 같은 새로운 행위자들이 부상하기도 한다. 하지만 기억하기 쉬운 이름과 그들의 제품 설명을 찬찬히 살펴보고 분석하면, 어떤 패턴이 존재한다는 것을 알게 된다. 대형 금융회사는 핵심부가 수익을 추구하는 AI로 대체되는 동안 겉으로는 혁신의 옷을 새로 입는다. 이 과정이 전개될수록 공상과학소설에서 나올법한 일들이 현실에서도 일어난다. 기업가들은 사회의 수용 한계를 끊임없이 밀어붙여 확장시킨다. 끊임없이 팽창하는 경제시스템에서 그들은 차세대 혁신을 찾는 데 필사적인 투자자의 의지를 숙명적으로 실어 나르는 존재이기 때문이다. 그들은 수익을 창출할 수만 있다면 자동차 운전석에서 운전자를 내쫓아 버리기도 할 것이다.

위에서 살펴본 트렌드는 실제로 일어나고 있다. 하지만 전 세계에서 동일하게 벌어지는 일은 아니다. 나는 미국 개척시대의 황량한 서부와 같은 남아프리카의 낙후된 시골에서 일했다. 전기 공급은 밥 먹듯이 중단되고, 휴대폰 신호는 잡히지 않고, 국가는 멀게 느껴지고, 부족의 어른들과 친족집단이 현지 치안판사들보다 더 강력한 권력을 행사한다. 이런 곳에는 벤처캐피탈이 신용카드단말기가 설치된 체인점이 없다. 손때가 묻고 종이가 닳은 현금이 드문드문 늘어선 상점에서 유통되고, 현지인들은 생계를 위해서 영세 농업과 소몰이에 의지한다. 사실상 남아프리카의 시골에는 잭 케루악이 그린 1950년대 풍경이 펼쳐진다. 인터넷이 잡히지 않아 아무런 정보도 얻을 수 없는 허물어지는 고속도로 한쪽에서 과열된 자동차를 고쳐야 한다.

하지만 남아프리카의 시골마저 서서히 초국가적인 감시자본주의에 흡수되고 있다. 완전한 흡수까지는 시간이 걸리겠지만, 이는 잭 케루악이 그리던 세계의 종말로 이어질 것이다. 이것은 자본주의시스템이 확장하며 반복적으로 허물을 벗는 주기 속에서 계속 일어나고 있는 현상이다. 식민시대에도 이런 일이 반복됐다. 유럽 열강들은 식민지를 흡수하고 강제로 세계 경제에 편입시켰다. 그래서 고르지 못하게 중첩되는 영역이 생겨났고, 그 영향이 유산인 양 오늘까지 계속 이어지고 있다. 예를 들어서 남아프리카에서 유일신을 믿는 유럽의 기독교와 여러 신을 모시는 호사족의 신앙이 만나면서 두 종교가 융합된 하이브리드 종교들이 탄생했다. 이와 유사하게 세계 경제의 팽창은 오래되고 비공식적이고 현지화된 경제시스템이 초국가적인 경제시스템과 뒤섞이는 '경제적 혼합주의'를 유산으로 남겼다.

덴마크 여행자는 아마존 푸카이파의 시끄러운 재래시장을 거닐면서 경제적 혼합주의를 몸소 경험하게 된다. 글로벌 브랜드의 모조품이 어지럽게 좌판에 전시되어 있다. 그 곁에서 사람들은 약초와 화덕에서 요리한 악어 스테이크를 판다. 이것은 '개발도상국'에서 전통과 현대가 혼합되며 나타나는 전형적인 모습이다. 개발도상국에는 공식적인 기관들이 거의 존재하지 않는다. 그래서 경제 참여자들을 대면으로 상대해야 하고 슈퍼마켓 책임자가 가격을 정하는 것이 아니라 판매자와 구매자가 직접 물건이나 서비스값을 협상해야 한다. 혼합주의가 사라진다는 것은 이 개발도상국이 완전히 '발전한다는 것'을 시사한다. 재래시장은 세계적인 브랜드를 파는 쇼핑몰로 완전히 대체될 것이다.

여기에는 중요한 메시지가 담겨 있다. 우리는 지금까지 확장만을 추구하는 대기업의 행보를 집중적으로 살펴봤다. 자본주의시장은 식민시대와 그 이전까지 거슬러 올라가는 복잡한 지정학적 관계망에 얽혀있는 국가라는 시스템 위에 존재한다. 이제 한 걸음 물러나서 세계적 차원에서 국가와 시장 사이에서 일어나는 상호작용을 찬찬히 살펴보자. 이 힘의 상호작용은 암호화폐가 진두지휘하는 새로운 초국가적인 반란이 일어난 배경이 된다.

21세기의
리바이어던

국가와 시장은 지역적으로 그리고 국제적으로 복잡하고 모순된 관계를 형성한다. 그러니 둘의 관계를 몇 가지 주요 사항을 중심으로 조심스럽게 살펴보도록 하자. 첫 번째, **비공식적인 시장**은 공식적인 시장들과 함께 현금시스템과 같은 국가인프라를 기반으로 국가의 통제 속에서 혼합주의적으로 운영될 수 있다. 내가 앞서 설명한 재래시장에서 제대로 관리·규제되지 않는 상품을 파는 시끄러운 상인들을 떠올려보면 비공식적인 시장이 무엇인지 그리고 이 말이 무슨 뜻인지를 이해하기가 쉬울 것이다.

두 번째, 공식적인 국가기관들은 비공식적인 시장에 침투하여 이를 보다 현대적이고 공식적인 시장으로 변모시키기 시작했다. 예를 들어서 런던의 브릭스톤 마켓은 역사적으로 소수민족들이 비밀스럽게 생계를 꾸리던 곳이었다. 하지만 이제 이곳에서 장사를 하는 자메이카 출신 상인은 주류판매 허가증을 갖고 있고, 그의 가게

벽면에는 위생기준준수 확인서가 걸려 있다. 브릭스톤 마켓에 대한 국가의 단속과 규제가 갈수록 엄격해지고 있기 때문이다. 그런데 오히려 이런 추세는 비공식적인 시장을 활성화시킬 수 있다. 국가가 비공식적인 시장을 규제하고 단속하면서, 비공식적인 시장에서 상거래를 방해하는, 낮은 신뢰도나 품질 보증의 위험 요소들이 제거되거나 무력해진다. 브릭스톤 마켓에서 상인이 내게 이상한 물건을 팔고자 한다면, 나는 국가의 사법시스템을 이용해서 그를 고소할 수 있다. 반대로 내가 돈을 지불하지 않고 도망가면, 그는 나를 경찰에 신고할 수 있다.

결과적으로 국가와 같은 공식적인 조직이 비공식적인 시장에서 일어나는 활동에 개입하면서, 비공식적인 시장에서 낯선 사람들끼리 서로를 두려워하지 않고 안전하게 상거래를 할 수 있게 된다. 이로써 비공식적인 시장이 이전보다 더 크게 **성장할 수 있는 기회**를 맞는다. **더 큰 시장**으로의 성장을 촉진하는 공식적인 국가조직들에 관한 힌트를 토마스 홉스의 1651년작 《리바이어던》에서 찾을 수 있다. 토마스 홉스는 공식적인 국가조직들을 리바이어던이라고 불렀다. 리바이어던은 당신이 재산권을 침해하거나 계약을 파기한다면 당신을 가차 없이 단죄하는 조직들의 집합체라 할 수 있다. 이는 많은 사람들의 분쟁을 해소할 때 중추적인 역할을 한다. 대규모 기업 시장들은 회사법·계약법·사유재산제도와 같은 광범위하고 강력한 시스템을 바탕으로 움직이며 이런 법률은 오히려 기업자본주의를 개방시킨다.

세 번째, 국가권력은 기업권력을 낳는다. 강력한 국가조직들은 국경을 넘어 전 세계적으로 영향력을 행사하는 **조직들의 집합체**를 뒷받침한다. 현대 사회에서 사람들은 은행업계가 운영하는 공통의 공적이고 사적인 통화시스템에 종속된다. 그리고 2군 리바이어던처럼 행동하는 통신회사·유틸리티회사 또는 아마존·우버처럼 거대조직으로 성장하고 있는 대기업들에게도 종속된다. 이러한 조직들은 당신과 나 사이에 중재자 역할을 맡고, 우리의 상호작용을 촉진하고 규제한다.

국가라는 조직과 완전히 분리해서 그것들을 이해할 수는 없다. 2군 리바이어던을 형성하는 대형 조직들은 어떤 통치 연합체의 서로 다른 부분으로 이해되는 것이 가장 좋다. 현대 정치는 국가조직이 2군 리바이어던에 속하는 기업조직들을 얼마나 지원하고 제재하고 통제해야 하는가에 관심이 있다. 예를 들어서 중국의 국가조직은 기업조직을 엄격하게 감시하고 통제하지만, 미국의 국가조직은 기업조직에게 중국보다 더 많은 자율권을 부여한다.

네 번째, 기업 확장과 국제적 지정학을 따로 떼어두고 살펴보는 것은 불가능하다. 이 둘의 관계는 이미 오래전에 성립됐다. 예를 들어서 식민주의는 영국 동인도회사와 같은 기업조직을 중심으로 움직였다. 당시에 기업조직들은 새로운 시장을 개척하기 원했고 국가의 힘을 빌려 이익을 추구했으며 국가도 그것들을 지지했다. 이와 비슷하게 디지털결제부터 핀테크기술과 AI기술까지 이 책에 등장하는 모든 혁신은 강력한 국가시스템에 뿌리를 내린 거대한 금융회사와 기술회사의 손에 의해 만들어지고 발전한다. 미국·유럽·중국의 대형 상업조직들은 자국 정부의 지원을 받으면서 성장하고 시장을 확대해나간다. 그리고 국가는 거대한 기업조직들이 초국가적인 공급망과 세계화된 시장에 접근할 수 있도록 지원한다. 이는 국가가 '시장'과 힘겨루기를 한다는 관점과 완전히 대조된다. 포괄적인 국가시스템과 포괄적인 시장시스템 사이에는 긴장관계가 형성되지 않는다. 하지만 예를 들어 미국과 케냐의 비공식적인 시장 사이에는 긴장관계가 형성된다. 전자(미국)의 눈에 후자(케냐의 비공식적인 시장)가 마스터카드 사용을 거부하는 것은 자칫 중국 결제회사가 케냐시장을 장악할 수 있는 위험 요인으로 보일 수 있다. 미국 개발기구인 USAID는 경제디지털화를 추진하기 위해서 비자·구글과 기꺼이 손을 잡았다. 하지만 USAID가 알리바바·텐센트·화웨이·바이두 등 중국 기업과 손을 잡고 경제디지털화를 추구할 리는 없다.

이제 마지막 사항이다. 1장에서 나는 월가가 어떻게 대기업에 출자하는지를 간단하게 살펴봤다. 대기업은 월가로부터 자본을 조달받아 국제 결제시스템을 통해서 신경 자극처럼 돈을 시장 구석구석으로 흘려보낸다. 세계 시장에서 활동하는 기업은 세계 공급망과 세계 시장에 도달하기 위해 노력하지만, 전도성이 낮은 현금이 사용되는 비공식적인 시장영역과 대치한다. 그래서 나이로비시장에 진출하기 위해서 우버는 케냐의 우버 운전자들에게 현금결제를 허용해야만 했다. 케냐의 현금시스템은 전 세계를 자신의 시장으로 만들겠다는 우버의 야심과 충돌한다. 우버는 미국이 통제하는 마스터카드 송금방식으로 결제수단을 바꿀 수만 있다면, 망설이지 않고 그렇게 했을 것이다. 우버는 나이로비 거리에서도 디지털결제업체를 통해서 결제가 샌프란시스코 거리로 물 흐르듯이 자연스럽게 이어지길 바란다. 결국에 미국은 USAID를 통해서 케냐의 비공식적인 시장과 힘겨루기를 하게 된다.

무엇보다 중국 정부도 상업적인 이유로 민간조직들과 수많은 파트너십을 형성했다. 기업조직과 손을 잡은 국가조직은 모두 개인과 개인이 형성하는 비공식적인 관계를 끊어내는 데 관심 있고, 그 목적을 달성하기 위해서 때때로 입법활동에도 관여한다. 예를 들어서 현지 이슬람 상인들은 하왈라^{hawala}시스템을 통해서 국제 송금업무를 처리한다. 그것은 구두로 형성된 신뢰 관계를 바탕으로 운영되는 일종의 비공식적 국제 결제시스템이다. 영국 런던에 거주하는 소말리아 사람들은 스트레텀의 하왈라 브로커에게 현금을 보내고, 돈을 받은 하왈라 중개인은 케냐 몸바사에 있는 제휴 사업자에게 전화를 걸어 그곳의 수취인에게 실링으로 현금을 전달해달라고 요청한다. 전통적으로 이러한 송금방식은 사법체계가 아닌 명예법으로 관리됐다. 하지만 지금 하왈라시스템은 미국 애국자법과 같은 법률의 압박을 받고 있다.[80] 하왈라시스템을 불법화하거나, 하왈라시스템을 사용하는 사람들을 공식적인 은행시스템으로 끌어들이려는 시도가 벌어진다.

대기업은 해외시장 진출 등 외연 확장을 위해 국가와 손을 잡지만 그들도 국가와의 연대를 상실할 수도 있다. 그래서 늙은 리바이어던과 어린 '테크노 리바이어던' 사이에는 복잡한 긴장관계가 형성된다. 막스 베버는 늙은 리바이어던을 대변하는 칙칙한 사무실이 즐비한 낡은 정부 건물과 산더미처럼 쌓인 서류 캐비닛이 배치된 대기업을 넌지시 언급하며 '관료제의 강철 우리'란 용어를 사용했다. 하지만 21세기의 리바이어던은 강철 우리의 봉을 멋진 초국가적 디지털망으로 바꾸길 바란다. 우리는 지금 소름 끼치는 자동감시자본주의의 영향을 받으면서 이러한 변화를 몸소 경험하고 있다. 이러한 변화는 장소에 따라서 여러 가지 이름으로 불린다. 도시에서는 '스마트시티', 가정에서는 '스마트홈', 신체의 차원에서는 '자가 측정', 개발도상국에서는 '디지털포용'이라 불린다.

결국 그는
빅브라더를 사랑했다

우리를 둘러싼 디지털망은 계속 커지고 있다. 그렇다면 우리는 이러한 디지털망을 뒷받침하는 복잡한 관계망을 어떻게 받아들여야 할까? 많은 사람들이 흐름에 몸을 맡긴 채 진보의 원천인 테크노 리바이어던의 부상을 지켜보는 데 심리적으로 안정감을 느낀다. 확실히 서로 연결된 디지털기술은 여러 가지 다양한 혜택을 우리에게 선사한다. 예를 들어서 화상 채팅을 통해서 멀리 떨어진 사랑하는 사람과 얼굴을 보면서 대화를 하고, 샤잠 앱으로 좋아하는 노래를 수집할 수 있다. 그리고 인터넷 회사는 이러한 유토피아적 상상을 자극한다. 그들은 1990년대 인터넷의 등장으로 연결된 세상을 계속 긍정적인 모습으로 그려낸다. 당시에 인터넷은 미래의 초국가·초사회·**사이버공간**으로 불리는 초시장에 관한 비전을 제시했다. 여기서 소위 '캘리포니아 이념California Ideology'과 같은 낙관적인 이념들에 관한 배경지식을 얻을 수 있었다. 캘리포니아 이념은 실리콘밸리와 연관된 자유시장의 기술 유토피아주의다. 우리가 9장에서 살펴본 특이점이 트랜스휴머니즘과 결합된 정신 말이다. 트랜스휴머니즘은 인류가 세계 기술망과 결합하고 융합되면 한계를 초월할 것이란 믿음이다.

현대의 인터넷은 1990년대 인터넷이 아니다. 지금 인터넷은 권력과 감시의 집중화를 촉진할지 모른다는 불안감을 준다. 사람들은 불안감과 양극화가 심화될 뿐만 아니라 자신들이 정보 과다로 방향 감각을 잃어가고 있다는 사실을 서서히 깨닫기 시작했다. 코로나19 팬데믹으로 더 많은 사람들이 이 사실을 눈치채기 시작했다. 우리는 마지못해 초국가적 디지털영역으로 더 깊이 들어가게 됐다. 아마존 택배 상자가 쌓일수록, 안면인식시스템에 관한 디스토피아적 이야기가 빠르게 확산되고 있으며, 많은 사람들이 디지털망에서 벗어날 수 없다는 공허함과 공포에 빠진다.

한편 사람들은 자신들이 사용하는 새로운 기술이 실패할까 봐 두려워한다. 그래서 새로운 기술에 대해서 비판적으로 사고하는 데 애를 먹는다. 담배가 흡연자의 몸에서 일어나는 화학반응을 중독 상태로 재조정하면, 흡연자는 담배를 '갈구하게' 된다. 이처럼 많은 새로운 기술에 대한 '갈망'은 그것들이 우리의 환경을 바꿔놓으면서 생겨난다. 나도 예전에 담배를 피웠다. 그래서 중독자가 단지 쾌락을 위해 담배에 불을 붙이는 것이 아니란 사실을 증명할 수 있다. 그들은 금단현상의 고통을 피하고자 담배를 피운다.

이와 비슷하게 기술이 발전하면 사람들이 더 큰 행복을 얻게 된다는 가정을 전제로 기술을 분석하는 것은 헛된 시도다. 기업은 제품을 마케팅하려고 이런 이야기를 만들어서 소비자에게 전달한다. 이때 그런 얘기들은 무시하고 새로운 기술을 받아들일 때의 기회비용에 대해 성찰해보는 것이 더 안전하다. 현대 디지털감시자본주의의 트레이드오프는 우리가 기술에 중독될수록 강력한 기업과 정부에 영원히 그리고 직접적으로 연결된다는 것이다.

사람들은 플랫폼과 디지털화폐시스템에 묶인다. 이런 상황에서 시장의 핵심 조직에 반하여 통제받길 거부하는 사람들의 삶은 그야말로 고달파질 수 있다. '은행서비스를 이용하지 못하는 사람'이 되어 구제가 필요한 존재로 취급되고, 시대의 흐름을 거부한 대가로 사회와 상호작용하지 못할 수도 있다. 어쩌면 마침내 그들은 은행업계에 포용되는 순간에 고마움을 느끼게 될지도 모른다. 연결이 확장될수록, 우리는 초국가적 디지털경제에 점점 의지하게 된다.

이런 상황을 주도하는 것이 바로 초대형 조직들이다. 이 조직들을 그토록 유용하게 만든 것은 그들을 강력하고 위험하게도 만든다. 규모의 측면에서 5,000개의 소형 은행보다 5개의 대형 은행이 국가의 결제시스템을 관리하고 통제하는 것이 더 효율적이다. 이와 마찬가지로 국가의 결제시스템을 지배하는 대형 은행들이 모여 클러스터를 형성하면, 미국의 달러시스템이나 중국의 위안시스템처럼 한두 개의 국제 허브를 통해 금융업무를 처리하는 것이 각자가 수백 개의 직접적인 네트워크를 형성하는 것보다 더 효율적일 것이다. 네트워크의 규모가 커질수록, 조직도 더욱 번영하며 규모를 키운다. 그들의 힘은 개인의 힘과는 비교할 수조차 없어진다.

각각의 은행은 수천만 명의 사람들이 초국가적 금융시스템에 접속하기 위한 접점이 되고, 은행의 힘과 책임도 비대해진다. 어떤 은행은 6,000만 개의 디지털기기를 통제하고 3,000만 명의 고객을 관리한다. 계좌 소유자들이 중앙 서버를 변경하려고 매일 보내는 변경 메시지를 합치면, 족히 수백만 건에 이를 것이다. 하나의 기관이 처리하기에는 어마어마한 양이다. 그래서 은행은 군인이나 다름없는 AI기술에 요청자들을 조사하는 임무를 준다. 여기에는 전송된 메시지가 유출되거나 오염되거나 오인되거나 빼돌려지거나 훼손되지 않도록 탄탄한 인프라가 뒷받침되어야 한다. 은행은 요청자가 진짜 계좌 소유자인지를 확인해야 한다. 이를 위해서 신원을 확인하고 그의 특성을 분석하여 프로필을 작성한다. 은행은 그의 사생활에 접근할 권한을 위임받는다.

여기서 다음과 같은 딜레마가 발생할 수 있다. 내가 은행계좌에 1,000파운드를 갖고 있다고 가정해보자. 나는 이 돈을 어떻게 굴릴지 고민했고, 거래은행을 속이기 위해서 정교한 계획을 세운다. 나는 2개의 스마트폰에 각기 다른 전자상거래 앱을 각각 설치하고, 1,000파운드 상품을 장바구니에 각각 담는다. 결제요청이 동시에 거래은행의 데이터센터에 도달해서 결제승인이 나기를 바라며 동시에 '구매' 버튼을 누른다. 하지만 이러한 '이중지급' 시도를 막기 위해서, 거래은행은 제일 먼저 도착한 결제요청만 승인하고 다음 요청 건은 거절할 것이다. 내가 일시적으로 거래은행을 속일 수 있더라도, 거래은행은 전용 데이터베이스를 통제하고 있어서 소급적으로 결제승인을 '취소'하고 두 번째 판매자에게 배송을 중단시키라고 알릴 수 있다. 전체 구조는 중앙집권 시스템에 기반을 둔다. 은행은 시스템의 보호자 역할을 맡는다. 거래은행이 권한을 사용해서 당신에게 부정적인 영향을 미칠 금융사기를 막아낸다면 좋은 일이다. 하지만 이것은 감시·검열·배제·힘의 중앙집권화에 관한 모든 우려를 낳는다.

이런 모순점을 해소하고 힘의 중앙집권화를 규제하는 방법이 있을까? 전통적인 방법은 로비단체가 정부기관에 금융기관과 대기업을 규제하라고 요구하는 것이다. 하지만 정부기관을 믿을 수 없다면 어떻게 될까? 여기서 사이퍼펑크cypherpunk에 대해 생각해볼 필요가 있다. 지금 사이퍼펑크가 개발한 기술들이 통화시스템을 재편할 매혹적인 새로운 가능성들을 만들어내고 있다.

사이버
저항

　　　　　　　　　인터넷이 등장한 초기에 기업
조직과 국가조직이 서로 손을 잡고 거대한 복합체를 형성할 것이
란 공포가 대두됐다. 이로 인해서 소위 사이퍼펑크와 암호 무정부
주의자가 등장했다. 1990년대 초반부터 그들은 디지털감시의 확산
을 예견했고, 비밀 메시지를 보내고 확인하는 군사기술인 **암호학**을
사용해서 자율적인 인터넷 공동체를 형성하자고 촉구했다. 사이퍼
펑크는 한술 더 떠서 일탈운동을 주도했고(위키리크스의 줄리안 어산
지도 동참했다), 익명의 디지털화폐를 최초로 개발했다. 예를 들어서
데이비드 차움은 미래의 현금 없는 사회가 디스토피아적 잠재력을
갖고 있다고 봤고 일반적인 뱅킹시스템에 접목하는 민간 금융시스
템으로 디지캐시를 제안했다.

　사이퍼펑크는 다양한 정치적인 전통들에 의지했다. 그것은 과격
한 해커문화의 파생물이었다. 말하자면 사이퍼펑크는 대규모 관료
주의와 연관된 기술이나 시스템에 반항하는 사람들을 지칭하는 대
략적으로 용어다. 해커는 이런 시스템의 사용자 인터페이스 뒤에
숨어서 꽁꽁 숨겨진 코드를 탐색하다가 시스템을 뒤엎어버린다. 최
근에 방영한 TV프로그램 '미스터 로봇'은 이러한 해커문화를 잘 보
여준다.

　젊은 해커가 이블 코프라고 불리는 대기업을 무너뜨리기 위해서

시스템을 해킹한다. 여기 등장하는 해커들은 역사적으로 좌익 무정부주의와 관련된 반기업적이고 반국가적인 성향을 갖고 있다. 많은 해커집단들이 무정부주의적 이념에 영향을 받았고, 그들은 현재의 인터넷에 대안이 될 반기업적 인터넷을 만들고자 한다. 하지만 우익 성향의 해커문화를 지닌 해커들도 있다. 그들은 반국가적 정서를 기술시장적 유토피아주의와 결합시켜 디지털자유시장의 '무정부자본주의' 비전을 제시한다.

무정부자본주의는 보수적인 자유지상주의의 극단적인 형태로, 주류 정치적 보수주의의 성질 급한 어린 남동생이라 할 수 있다. 그것은 시끄럽고 구제불능이다. 그리고 더 극단적인 반국가적 자세를 취할 것을 요구한다. 자유지상주의자들은 재산을 보호하는 최소한의 국가권력이 존재하는 자유시장을 원한다. 골수 무정부자본주의자들은 대규모 자본주의시장은 경찰과 법원과 같은 국가조직으로부터 완전히 독립할 수 있다고 믿는다. 이러한 철학들에서 사이퍼펑크 운동과 공통된 대의명분을 찾아볼 수 있다. 모두 사이버공간에서 '자유의 땅'을 만들자는 목표를 갖고 있다.

그래서 사이퍼펑크운동은 정치적 이념이 뒤섞여 있지만 기술적으로 선구적이다. 결국에 디지캐시와 같은 프로젝트는 실패했다. 데이비드 차움과 같은 사람들이 개척해낸 다양한 요소기술들은 일종의 퍼즐 조각이었다. 만약 누군가가 그 퍼즐조각들을 제대로 맞출 수만 있다면, 강력한 무언가가 나올 수 있었다. 그런데 바로 그 누군가가 2008년에 등장했다. 사토시 나카모토라는 가명으로 활동하는 그들은 사이퍼펑크 메일링 리스트에 PDF파일 하나를 올렸다. 당시는 전 세계를 휩쓴 금융위기가 수많은 대형 은행을 뿌리째 뒤흔들던 시기였다.

사토시 나카모토가 올린 문서는 짧고 명료했다. 완성하는 데 오랜 시간이 걸리지만 일단 다 맞추고 나면 간단한 그림이 나오는 퍼즐처럼, 거기에는 수십 년의 기술적 혁신들이 하나의 방안에 따라서 결합되어 있었다. 그 문서의 제목은 〈비트코인: P2P 전자화폐시스템〉이었다. 이후로 그 문서는 간단하게 비트코인 백서로 알려지게 된다. 그것은 블록체인 기술의 기본서가 됐다. 블록체인운동은 단순한 의도에서 시작됐다. 그것은 통화시스템을 지배하는 리바이어던들은 물론이고 모든 공식적인 리바이어던들을 대체하는 것이었다. 그들을 쫓아낸 자리에는 그 누구의 통제를 받지 않는, 하지만 모두가 사용할 수 있는 새로운 암호화된 조직들이 자리할 것이다. 이러한 세상은 일부 사람들에게는 유토피아였다. 하지만 항상 그렇듯이 이 새로운 세상에는 모순이 차고 넘쳤다. 지금부터 사토시 나카모토가 촉발시킨 말도 많고 탈도 많은 '암호화 혁명'을 살펴보자.

11장

비트코인과
암호화폐

비트코인 백서는 2008년 인터넷에 공개된 9장의 문서로, 사토시 나카모토라는 정체를 알 수 없는 인물이 작성했다. 비트코인 백서는 전 세계의 낯선 사람들이 서로 힘을 합쳐야 작동하는 디지털화폐의 발행시스템을 소개했다. 한마디로 그것은 암호화폐의 청사진을 제시했다. 언뜻 보면 그것은 통화시스템을 설계하는 설계도처럼 보일 수 있지만, 엄밀히 말해서 이는 **토큰시스템**이다. '토큰'은 '화폐'보다 훨씬 더 포괄적인 개념이다. 그리고 비트코인을 토큰시스템에서 통화시스템으로 바꾸려고 시도하는 사람들이 있다. 하지만 비트코인을 본격적으로 살펴보기에 앞서, 사전 지식이 필요하다. 근거 없는 믿음·과대선전·낙인 때문 에 비트코인을 이해하는 여정은 잘못된 방향으로 빠지기 쉽다. 비트코인에 관한 사전 지식을 쌓기 위해서, 극소수만이 즐거울 '수의 영역'을 잠깐 탐험해보자.

숫자는 이상하다. 우리는 숫자를 형용사와 명사로 동시에 사용한다. 일상에서 대부분 사람들은 '15분 뒤에 거기 도착할 것이다', '이것은 6kg이다', '파이 2조각 주세요', '나는 이미 네게 경고를 3번 했어' 등과 같이 숫자를 형용사로 사용한다. 위 사례에서 숫자는 그저 숫자가 아니라 **그 뒤의 무언가**(분·kg·조각·번)를 꾸미는 수식어다. 이와 대조적으로 수학자들은 독특하게 '수량 명사'를 사용한다. '15는 6보다 크고, 6을 2로 나누면 3이 된다'라는 문장을 살펴보자. 여기서 숫자는 독립적인 대상물이다. 이 문장에서 숫자는 무언가를 돋보이게 만들기 위한 조연이 아니라 주연이다.

그렇다면 통화시스템에 사용되는 숫자는 형용사와 명사 중에서 어느 범주에 속할까? 3장에서 산속의 거인 우화를 살펴봤다. 그 우화에서 거인은 사람들에게 표를 구해야 하는 이유를 제공한다. 이후에 거인이 발행하는 표는 보다 폭넓은 교환시스템의 기초가 된다. 표는 움직이는 토큰이다. 구체적으로 말하면 그 토큰은 차용증이라고 칭할 수 있다. 여기서 차용증은 단순하게 숫자 '1'이 쓰인 둥근 물체의 형태를 하고 있을 수 있다. 하지만 여기서 숫자 '1'은 산속 깊이 있는 1회분의 마법의 샘물로 교환해주겠다는 보증의 증표다. 그러니 여기서 '1'은 '그저 한낱 숫자'가 아니다. 이와 비슷하게 현대의 돈은 숫자가 적힌 휴대 가능한 물체나 화면에 뜬 숫자의 모습을 하고 있다. 그 숫자들은 우선 국가·은행·기업이 발행한 차용증의 양을 나타내는 **형용사**의 역할을 한다.

이것이 이해하기 어려울 수 있다. 통화시스템에서 수량 형용사로 사용된 숫자는 수량 **명사**로 오해되기 쉽다. 우리는 3마리의 개를 '그냥 숫자'라고 절대 말하지 않는다. 하지만 많은 사람들이 돈의 양을 나타내는 숫자는 '그냥 숫자'일 뿐이라고 말한다. 이는 마치 그 숫자들을 법적으로 강제집행할 수 있는 회계기록이라기보다 허구라고 생각하는 것 같다.

표면적으로 수량 형용사와 수량 명사는 비슷해 보인다. 그래서 숫자를 보고 '돈'을 떠올리기 쉽다. 초등학생들에게 화폐시스템을 만들어보라고 지시하면, 그들은 종이를 직사각형이나 동그라미 모양으로 자르고 그 위에 숫자를 적을 것이다. 이는 어른도 마찬가지다. 병뚜껑에 숫자 '1'을 새기고, 농담 삼아 '내가 화폐를 만들었어'라고 말할 수 있다. 하지만 거기 새겨진 숫자는 그저 숫자일 뿐이다. 다른 무언가를 의미하지 않는다. 그것이 병뚜껑 아래에 있는 병을 뜻한다거나 그 물체의 무게를 나타낸다고 주장할 수도 있지만, 현실적으로 난 그저 병뚜껑에 숫자를 적었을 뿐이다.

그렇다면 이것이 비트코인과 무슨 상관이 있을까? 비트코인에는 믿기 힘든 이야기가 담겨 있다. 거의 수천만 명에 달하는 많은 사람들이 정교한 시스템을 이용해서 숫자가 적힌 디지털물체를 마구 쏟아낸다. 병뚜껑에 숫자 '1'을 새기고 그것이 돈이라고 주장하는 나처럼 그들은 디지털토큰에 숫자 '1'을 정성스럽게 적고 그것이 통화라고 우긴다. 이제 그들이 해결해야 할 문제는 이렇게 만든 디지털토큰을 진짜 통화시스템으로 바꾸는 방법을 찾는 것이다. 이것은 대단히 중요하다. 디지털토큰이 진짜 통화시스템이 되면, 10년이 넘는 시간 동안 우리를 감시하고 통제하던 은행업계로부터 벗어날 수 있을지도 모르기 때문이다.

수학이 지지하는
디지털골드

2010년에 비트코인을 논의하는 모임에 참석하면, 유령을 봤다고 주장하는 사람들로 가득한 방에서 초자연적인 현상을 쫓는 수사관이 된 것 같은 느낌을 받을 것이다. 하지만 그 방에 모인 사람들이 봤다고 주장하는 유령의 모습은 서로 미묘하게 달랐다. 수사관은 사람들의 이야기를 수첩에 기록하고, 그곳에서 반복적으로 떠오르는 단어를 잡아내려고 애썼다. 사람들의 진술에서 **'분산된·분산화된·디지털·데이터베이스'**라는 4개의 단어가 가장 많이 등장했다.

'분산된'은 '공유된'이란 단어로 가끔 바뀐다. 반면에 '분산화'는 '쉽게 변경할 수 없는'·'검열이 어려운'·'불멸의'·'오염시킬 수 없는'이란 단어와 짝을 이룬다. 비트코인에서 '암호화된'이란 단어가 중요하고, '데이터베이스'는 '원장'이나 '데이터 구조'와 혼합된다. 비트코인이란 유령을 목격한 사람들은 이런 단어들을 복합적으로 내뱉는다. 예를 들어서 '암호화되어 안전한 분산 데이터베이스'·'변경할 수 없는 공유 원장'·'검열이 어려운 분산 암호 데이터 구조' 등이다. '무허가'·'무신용'과 같은 모호한 단어들이 '해싱'·'작업 증명'·'해시 트리'·'채굴자'·'개인키와 공개키 암호화'·'디지털서명'·'합의 알고리즘' 등과 같은 전문용어와 함께 마구잡이로 사용된다.

이 모든 단어들이 모여서 하나의 메타용어가 만들어진다. 그것이 바로 '블록체인'이다. 비트코인은 블록체인을 이용해서 만들어진 토큰시스템이다. 수사관의 수첩에 블록체인은 분산되고, 공유되며, 분산화되고, 쉽게 조작할 수 없고, 검열에 강하고, 오염시킬 수 없고, 암호화되고, 거래를 위한 제3의 승인기관이 필요 없는 데이터베이스 원장이라고 적혀 있다. 다른 전문용어들도 군데군데 보인다.

기술적으로 사고하는 비트코인의 증언자들은 비트코인의 블록체인에 대해 '이해하기 어려운 오리무중의 시스템'이라는 것 이외의 다른 설명을 하려고 애쓴다. 하지만 대부분 사람들은 '이 유령이 자유와 혁신이라는 기반 위에 세워져 있다'는 정치적 슬로건에 끌린다. 이 슬로건은 심지어 기억하기도 이해하기도 쉽다. 정치적 슬로건으로 비트코인을 설명하는 사람들은 비트코인의 블록체인을 중앙집권 데이터베이스·은행·부채·조잡한 정치시스템·서류 캐비닛에 보관된 더러운 기록물·정부·마스터카드·제3의 기관·정실자본주의·사회주의 독재자·인플레이션·과세·약탈과 대립하는 개념으로 여긴다.

그중에서 하나의 슬로건이 가장 두드러진다. **비트코인은 수학이 지지하는 디지털골드다.** 이 슬로건은 인상적으로 들리지만, 수사관으로

서 다시 생각해보면 이것으로 비트코인에 관한 정보를 그렇게 많이 획득할 수는 없다. 수학은 추상적인 언어를 사용한다. 내가 중력을 모형화하는 방정식을 수립할 수 있을지도 모르지만 중력 자체는 인류가 만들어낸 **숫자가 존재해야만 작동하는 건 아니다**. 그래서 이 슬로건은 글자 그대로의 의미라기보다는 다소 시적인 표현이다. 비트코인 목격자는 비트코인이 컴퓨터 네트워크에 내장된 깨지기 어려운 규칙을 따른다고 진술한다.

지금까지 약간의 농담을 섞어가면서 비트코인을 간략하게 설명했다. 많은 사람들이 이런 식으로 비트코인과 처음 조우한다. 하지만 이내 사람들은 사이버공간에서 '채굴되는', '돈'이기도 한 토큰과 관련된 수많은 기술적 전문용어와 정치적 주장의 늪에 빠져 허우적댄다. 거기서부터는 비트코인에 대한 이해가 깊어지기보다 오히려 더 혼란스러워질 수 있다. 하지만 지난 10년 동안 암호 초자연주의자로 살아오면서 배운 것이 한 가지 있다면, 비트코인을 낳은 블록체인이라는 유령을 이해할 때는 머릿속에 루빅큐브를 하나 떠올려보는 것이 좋다는 것이다. 그것의 실체를 제대로 그리고 완전히 이해하려면 거듭 당황하면서 큐브 조각을 이리저리 돌려봐야 한다. 이렇게 하다 보면 경험이 쌓이고 큐브 맞추는 법을 깨닫게 된다. 블록체인을 이해하는 과정은 루빅큐브를 맞추는 과정과 비슷하다.

양면
공격

루빅큐브를 이리저리 돌려보기 전에, 우리 모두가 어디로 가고자 하는지를 직관적으로 이해하고 있어야 한다. 앞선 장에서 우리는 클라우드머니시스템의 2가지 특징을 살폈다. 첫 번째는 클라우드머니시스템은 은행 과점에 의해 운영된다는 것이었다. 그리고 두 번째는 은행 과점이 **변동하는** 통화 공급량을 관리하고 감독한다는 것이었다. 비트코인은 이 2가지 특징에 대한 대안으로 이해될 수 있다. 비트코인은 통화시스템의 중앙집권성과 가변성을 동시에 공격한다.

비트코인은 사람들에게 은행업계의 개입 없이 숫자가 적힌 토큰을 직접 이동시킬 수단을 제공하기로 약속했다. 그래서 비트코인이 분권 통화시스템의 등장을 앞당길 것이라는 기대를 받았다(여기에는 숫자를 매긴 대상물이 실제로 통화시스템으로 변할 수 있고, 그렇게 될 것이란 가정이 존재한다). 하지만 이 토큰의 **공급량은 정해져 있었다.** 사토시 나카모토는 은행과 정부가 자신들의 중앙집권시스템을 사용해서 디지털칩을 마구잡이로 무한 발행하는 것이 싫었던 것 같다(참고로 사토시 나카모토는 비트코인의 창립자가 사용하는 가명이다). 그래서 공급량이 제한된 디지털토큰을 서서히 예측 가능한 방법으로 발행하는 분산시스템을 만들고자 했다.

이 특징으로 인해 당사자들 간의 긴장관계가 형성된다. **분산화**는 역사적으로 좌익 성향의 무정부주의자와 히피 공동체부터 자유주의 목장 주인과 파푸아뉴기니 부족 사람들까지 다양한 정치적 집단들이 요구해온 것이다. 2008년 금융위기 이후에 좌익세력에게 매력적으로 다가온 개념이 바로 이 분산화였다. 그들은 은행을 사람들을 지배하려 드는 민간 대형 조직으로 봤다. 은행을 국가 패거리로 보는 우익 성향의 사람들도 분산화를 매력적으로 받아들였다. 두 집단 모두 은행을 우회하는 시스템이 필요하다고 생각했다. 하지만 **고정된 통화공급량**은 훨씬 더 정치적으로 논란이 됐다. 왜냐하면 전통적으로 주류 보수 정치세력들이 통화량 통제를 요구해왔기 때문이었다. 역사적으로 여윳돈이 많은 채권자는 통화공급량을 단단히 조이는 것을 자연의 미덕으로 봤다. 인구가 증가하거나 경제가 끊임없이 팽창하는 환경에서 통화공급량을 통제하여 희소한 통화를 독점한다는 건, 가령 학자금대출을 받으려는 학생에 비해서 더 큰 권력을 지니게 된다는 의미이기 때문이다(디플레이션은 모든 취약한 채무자들에게 두려운 경험이다).

많은 통화 보수주의자들은 명목통화시스템 안에서 권력을 독점한다. **돈이 원자재**라는 주장은 그들에게 정치적으로 유용하다. 이는 마치 돈을 꼼꼼하게 할당돼야 하는 희귀한 자원인 것처럼 생각하게 만든다. 이러한 논리는 보수주의자들의 뇌리에 깊이 박혀있다. 우리는 모두 정치적 발언을 내밀한 인간적 본성과 일직선상에 놓으려는 경향이 있다. 인간은 본능적으로 불을 응시하고 모여서 춤을 추는 것을 좋아한다고 주장할 수도 있을 것이다. 하지만 보수적인 경제학자들은 다르게 주장한다. 인간은 **본래** 개인주의적인 이윤추구자라는 것이다. 이들은 방해받지만 않는다면 '자연스러운 시장질서'를 실현할 것이다. 시장질서를 유지하려면 거래수단이 되는 통화가 필요하다. 이 역할은 금에게 주어졌다. 금은 수많은 조직들이 힘을 합쳐서 '무에서 만들어내야 하는 자연스럽지 않은 돈'과는 달랐다.

금은 태고의 항성 폭발로 만들어졌다. 이 반짝반짝 빛나는 항성 잔해는 보석으로 분류되어 대대로 사용되었다. 어떤 상황에서든 금이 '돈'이나 '돈과 같은 것'으로 여겨졌던 시기도 있었다. 물론 금이 항상 이렇게 가치 있는 것으로 여겨졌던 것은 아니었다. 하지만 금은 귀중하게 여겨지던 시기에 국가에 의해 **발행됐고** 원자재가 아닌 돈과 동일선상에 놓았다. 이러한 미묘한 차이에도 불구하고 금은 너무나 희귀해서 실용적이지 않았다. 이 지구상의 77억 명의 사람들이 금을 사용하려면 금을 아주 미세하게 먼지 크기로 으스러트려야 한다(눈에 보이지도 않는 작디작은 금 파편이 돈 역할을 하게 되면, 이미 엄청난 양의 금을 보유한 사람들은 무소불위의 권력을 갖게 될 것이다).

보수적인 경제학에서 금은 사용되기보다 모방되기 위해서 보관된다. 여기서 금은 정신적 이상을 대변하는 상징으로 사용된다. 심지어 소위 금본위제가 도입된 시기에도 마찬가지였다. 이 시기에 각국의 중앙은행들은 서로 의례적으로 금을 주고받았다. 금은 통화량을 조절하는 기관으로서 중앙은행이 지니는 권위에 더 큰 힘을 실어줬으며 동시에 인간이 만든 제도적 권력을 제한할 일종의 최후의 방어선으로 작용하기도 했다.

'디지털골드'로 간주되는 비트코인은 이런 맥락에서 살펴봐야 한다. 2008년부터 계속 비트코인 모임에 참석했다면 당신은 비트코인이 통화시스템을 구원할 것이라는 이야기를 들었을 것이다. 이 이야기에서는 과거의 금과 '오직 정치적 힘에만 의존해서 존재하는' 현재의 부패한 명목화폐가 대비됐다. 이어서 강하고 순수한 수학이 뒷받침하는 암호학이 구원자로 등장하는 미래가 그려졌다.

이러한 초기 비트코인 모임에 통화보수주의자들만 참석한 것은 아니었다. 뼛속 깊이 기술만 아는 기술전문가들과 오픈소스 소프트웨어 옹호자들, 소수의 반자본주의 무정부주의자들과 뉴에이지 대가들도 그 모임에 참석했다. 그들은 모두 분산 통화시스템을 만들려면 반드시 필요한 매혹적인 신기술에 끌려 모임에 참석했다. 하지만 그곳에서 논의된 참신한 신기술은 통화시스템에 관한 배경지식을 액면 그대로 받아들이게 만들기도 했다. 안 그래도 통화에 관한 보수적인 사고는 사람들에게 쉽게 받아들여진다. 왜냐하면 그것이 많은 사람들이 갖고 있는 '화폐 사용자'의 사고방식에 기반을 두고 전개되기 때문이다. 소액 저축자에게는 통화공급량을 통제하는 것이 많은 사람들에게 이롭다고 설득하는 것은 간단하다. 설령 이것이 사실이 아니더라도 말이다. 이는 마가렛 대처와 같은 정치인들이 1980년대에 유권자들에게 긴축정책을 홍보할 때 일반 가정에서 생활비를 절약하기 위해서 흔히 사용하는 방법인 것처럼 호소한 것과 비슷하다. 비트코인도 이와 같은 긴축적 사고방식을 따르지만, 독창적인 설계에 힘입어 그 적용 규모가 초국가·비국가적 단위까지 확장된다는 것은 명확한 차이점이다.

비트코인
설계도

비트코인의 분산화적 특성이 왜 매력적일까? 이를 이해하기 위해서 먼저 생판 모르는 남들끼리 서로 디지털토큰을 주고받을 수 있는 시스템을 만든다면 어떨지 생각해보자. 당신은 이상금융거래와 '이중지급'을 어떻게 막아낼 생각인가? 일반적으로 은행업계는 중앙집중시스템을 활용해서 접근을 통제한다. 누가 계좌를 관리할 것인가? 누가 계좌의 잔고를 확인하고 금융거래를 허가할 것인가? 계좌를 관리하고 잔액을 확인하는 사람들은 급여를 받게 될까?

획기적인 비트코인 '설계도'를 살펴보면서 위 난제들에 대한 답을 찾아보자. 비트코인 설계도에 담긴 시스템 구성요소와 그것들의 배열 순서를 설명하는 것은 어려운 일이다. 그러니 설계도를 따라서 만든 조악한 최종 결과물부터 살펴보도록 하자. 전반부에서 살펴본 은행과 중앙은행이 운영하는 데이터센터를 생각해보자. 은행 데이터센터는 사적인 조직이고, 은행은 고객이 요청하면 데이터센터에 저장된 고객의 계좌 정보를 변경한다. 이제 누구든지 볼 수 있는 거대한 공개 데이터베이스가 있다고 상상해보자. 그런데 이것은 하나의 데이터센터에서 관리되지 않는다. 전 세계의 기술자들이 함께 글로벌 네트워크를 형성하여 이를 관리한다. 그들은 마치 용병처럼 움직인다. 변경요청이 발생하면, 그 요청에 따라서 공개 데이터베이스를 수정한다. 이것이 비트코인인프라의 기본적인 골자다. 그렇다면 몇몇 특징들을 중심으로 비트코인을 더 자세히 살펴보도록 하자.

이 오픈 데이터베이스에도 우리가 은행에 개설하는 '계좌'와 비슷한 '퍼블릭 어드레스'란 것이 존재한다. 퍼블릭 어드레스는 일종의 가명이다. 누구나 퍼블릭 어드레스를 볼 수 있지만, 그것의 소유자를 특정할 수는 없다. 그리고 비트코인시스템에 존재하는 사람은 누구나 퍼블릭 어드레스로 디지털토큰을 보낼 수 있다.

누군가에게 디지털토큰을 보내려면, 기술자들에게 나의 디지털토큰을 누군가에게 이체시켜 달라고 요청해야 한다. 이는 마치 디지털토큰을 이체시켜달라고 디지털편지를 쓰고, 그 편지를 디지털봉투에 넣고 동봉해서 기술자에게 보내는 것과 비슷하다. 하지만 이를 기술자에게 보내기 전에 디지털편지에 서명을 해야 한다. 당신은 디지털토큰이 보관된 퍼블릭 어드레스의 합법적 소유자라는 것을 증명하는 개인키를 소유하고 있어야 디지털편지에 서명할 수 있다.

일반 사용자는 디지털편지를 작성하고 기술자에게 보내기 위해서 '월렛'을 다운로드하게 된다. 지갑을 의미하는 '월렛'이란 단어는 오해를 불러일으킬 수 있다. 월렛은 디지털편지가 동봉된 디지털봉투를 사이버공간으로 내보내기 위해서 개설된 일종의 이메일 클라이언트다. 월렛은 P2P 네트워크를 통해서 디지털봉투를 전송한다. 디지털봉투가 네트워크를 통해 수많은 개인들의 '손과 손을 거쳐'(보다 정확하게 말하면 컴퓨터와 컴퓨터를 거쳐) 인터넷을 건너 목적지에 도착한다.

전 세계에 흩어진 기술자들은 이렇게 디지털봉투를 수신한다. 일단 디지털봉투를 받으면, 그들은 거대한 공개 데이터베이스에서 변경 미결 대기열에 있는 디지털봉투에 담긴 디지털편지에 내용을 추가한다. 그들의 임무는 요청 사항이 합법성을 검증하는 것이다. 검증을 마친 기술자들은 그것을 실체화하기 위해서 공개 데이터베이스를 업데이트한다. 그러면 디지털토큰이 이체대상의 퍼블릭 어드레스로 이동된다. 이 과정이 성공적으로 진행되면, 기술자에게 보상이 제공된다.

이러한 설명이 비트코인을 대략적으로 이해하는 데 도움은 되겠지만 정확하지는 않다. 내가 대략적으로 비트코인이 어떻게 움직이는지 설명하려고 했던 이유는 비트코인의 기본적인 정신을 설명하기 위해서였다. 지금쯤 그게 무엇인지 어느 정도 이해했으리라 믿는다. 하지만 이와 같은 설명은 비트코인의 단순한 은유에 지나지 않는다. 비트코인에 대한 이해를 높이기 위해서 개념적으로 구분된 5개의 단계를 거쳐 보다 깊이 파고들 필요가 있다. 첫 번째로 동기화, 두 번째로 '블록체인'을 차례대로 살펴볼 것이다. 나는 이 두 개념을 독립적인 용어들을 사용해서 설명할 것이다. 동기화와 블록체인은 완전히 구별되는 개념이기 때문이다. 마치 루빅큐브에서 서로의 존재를 알지 못하는 각자 나름의 논리를 지닌 색깔이 다른 2개의 면과 같다. 세 번째는 두 개념을 비틀어서 멋지게 결합할 것이다. 마지막 2번의 비틀기가 그림을 완성할 것이다.

　이어지는 설명은 비전문가를 위한 것이다. 그러므로 비트코인시스템의 미묘한 세부적 특징들은 설명하지 않을 것이다. 최대한 간략하게 비트코인을 설명하겠지만, 비트코인은 많은 지적 에너지를 쏟아부어야 겨우 이해할 수 있는 어려운 개념이다. 어려움을 겪는 이들을 위해 한마디 하자면, 비트코인시스템의 통화적 역학관계를 살펴볼 337쪽에서 비트코인을 이해하는 것이 조금 더 수월해질 것이다.

첫 번째,
동기화

　　　　1,000명의 관중이 옥외극장에 모여서 댄서의 공연을 관람한다고 생각해보자. 모든 관객은 랩톱을 갖고 있고 화면에 엑셀 스프레드시트가 띄워져 있다. 관객들은 댄서의 춤 동작 하나하나를 스프레드시트 셀에 기록한다. 예를 들어서 '왼쪽으로 한 발짝 이동'과 같은 식이다. **조화롭게** 동작 하나하나를 설명하는 것이 쉽지 않을 것이다. 댄서가 천천히 움직인다면, 관객은 설명의 일관성을 유지할 수 있을지도 모른다. 하지만 댄서가

열정적으로 춤을 추면, 놓치는 동작이 생기고 동작과 동작 사이에 단절이 생긴다. 관객들은 똑같은 댄서의 공연에 대해 1,000개의 완전히 다른 결과물을 내놓을 것이다.

이것은 '분산' 디지털시스템에서 주로 발생하는 문제다. 비트코인 기술자는 위의 옥외극장에서 춤 공연을 보는 관객과 같다. 한 명은 튀르키예에 있고, 다른 한 명은 미국 워싱턴에 살고 있을지도 모른다. 하지만 그들은 세계라는 공연장의 각자의 자리에서 비트코인 공연을 실시간으로 시청한다. 이곳은 다른 말로 사이버공간이다. 그들은 디지털토큰의 움직임을 일관적이고 조화롭게 기록하려고 노력한다.

디지털시스템의 동기화는 많은 사람들에게 친숙한 개념이다. 하지만 사람들은 아주 낮은 개인적인 수준의 동기화에만 익숙할 뿐이다. 예를 들어보자. 나는 컴퓨터와 스마트폰에 에버노트라는 유명한 메모장 프로그램을 설치했다. 컴퓨터에서 에버노트를 실행시켜서 메모를 작성하고, '동기화'를 클릭하면 스마트폰에서도 같은 내용의 메모를 확인할 수 있다. 에버노트는 프로그램에 기록된 메모를 컴퓨터가 통제하는 중앙서버에 저장시킨다. 중앙서버에 연결된 모든 전자기기 중 어느 한 곳에서 메모가 수정되면, 다른 전자기기에서도 메모가 똑같이 수정된다. 나는 스마트폰에서 메모를 계속 수정할 수 있고, '동기화'를 누르면 같은 내용을 컴퓨터에 저장된 원본에서도 확인할 수 있다. 하지만 컴퓨터에서 메모작업을 하고 스마트폰에서 작업하기 전에 동기화를 하지 않으면, 시스템은 작동하지 않는다. 두 전자기기가 동기화 기기를 업데이트하고자 중앙시스템을 변경하려고 경쟁하기 때문이다. 이런 경우에 중앙 시스템은 경고음을 울리고 **분기**를 만들어낸다. 분기에는 서로 다른 2개의 버전의 변경사항이 있다. 이런 일이 발생하면, 에버노트는 동기화를 위해서 수작업으로 '상충하는 변경사항을 수정하라'고 내게 요청한다.

　에버노트에서 발생한 이러한 문제는 상대적으로 해결이 간단하다. 나라는 단일 사용자가 컴퓨터와 스마트폰을 모두 통제하고 있기 때문이다. 기본적으로 단일 사용자인 내가 중앙시스템에 저장된 기록과 충돌을 일으켜서 이러한 문제가 발생한 것이다. 이와 대조적으로 조직적으로 통제되지 않는 전 세계 수백만 관찰자들의 힘을 빌려 수정요청을 기록하는 시스템이 있다고 생각해보자. 이런 시스템에서 에버노트와 같은 문제가 발생한다면, 그 문제를 해결하기가 **쉽지 않을 것이다.** 다시 말해서 시스템동기화가 쉽지 않다. 분산시스템인 블록체인의 최대 장점은 이를 해낼 방법을 갖고 있다는 것이다.

　비트코인과 같은 시스템은 서로 분리된 관찰자들이 소유한 분리된 데이터베이스를 **조화롭게 동기화하도록** 설계된다. 앞에서는 '기술자'라고 불렀지만, 블록체인에서 '채굴자'라고 불리는 관찰자들은 서로를 알지 못한 채로 같은 계정을 유지한다. 이 프로토콜은 그들을 **합의**에 이르게 한다. 그리고 이 분리된 데이터베이스들이 겹쳐지면, 처음부터 **하나의 데이터베이스**를 갖고 있었던 것처럼 분리 현상은 나타나지 않는다. 옥외극장으로 되돌아가보자. 관중들이 독립된 스프레드시트를 동기화한다고 생각해보자. 관중들의 스프레드시트가 동기화되면, 무대 중앙에는 단 하나의 스프레드시트 환영이 유령처럼 어른거리게 된다. 그것은 공공성을 갖게 되고, 별개의 개인 컴퓨터에서 수정되더라도 임의대로 변경되지 않는다.

두 번째, 블록체인

'다수의 동기화된 스프레드시트'는 비트코인을 이해하는 데 유용한 비유지만, 어떤 면에서 정확하지 않은 비유다. 비트코인에서 공개 데이터베이스가 각각의 관찰자에 의해서 통일성 있게 동기화되는 것은 사실상 스프레드시트보다 더 복잡하고 어려운 작업이다. 각각의 관찰자들이 복잡하고 섬세한 디지털조각을 만들고, 그것들을 동기화하려고 시도한다. 여기서 동기화작업은 디지털조각을 한 땀 한 땀 엮는 것과 비슷하다. 블록체인이란 개념을 설명하는 데 새로운 비유가 필요하다. 그래서 이번에 사용할 비유는 **타임라인**이다.

오늘날 우리는 타임라인으로 둘러싸여 있다. 페이스북·인스타그램·트위터 페이지를 스크롤해보면 '타임라인'에 그동안의 활동내역이 시간 순서로 포스팅된 것을 확인할 수 있다. 이와 비슷하게 왓츠앱 메시지를 훑어보면 다른 사람들과 소통한 타임라인을 볼 수 있다. 우리는 다양한 물건을 시간 순서에 따라 배치하기도 한다. 예를 들어서 오래된 아기 사진을 앨범에 정리하고 폴더에 시간 순서대로 학교 성적표를 정리해서 보관한다.

개인의 인생사를 거대한 타임라인으로 정리한다고 생각해보자. 출생증명서부터 시작해서 시간 순서대로 개인적인 문서들을 배열하여 정리하고, 살면서 다른 사람들과 나눴던 대화·참석했던 행사·블로그에 포스팅한 글도 시간 순서대로 정리한다. 이렇게 정리한 모든 문서·문자 메시지·사진 등을 스프레드시트에 시간 순서대로 추가하는 것이다.

내가 이 책을 쓸 때, 내 나이는 1만 3,989일이었다. 나는 출생증명서부터 아기 때 사진까지 섭렵했고, 오늘 보낸 왓츠앱 메시지로 정리를 끝냈다. 나의 스프레드시트에는 수십만 개의 항목이 입력됐다. 제대로 마무리된다면, 이 '브렛–시트Brett-sheet'는 내가 그동안 살아온 삶을 보여주는 디지털조각에 상응하는 무언가가 될 것이다. 아주 작은 배아 시절부터 성인이 된 지금까지 시간 순서대로 스프레드시트에 항목이 정리되어 있다. 그런데 어느 날 밤에 지친 나는 십 대 때 쓴 낯 뜨거운 시를 읽다가 오글거려서 충동적으로 브렛–시트에서 그 시를 **삭제한다**. 빈칸도 삭제하고 앞뒤 항목은 손대지 않고 그대로 둔다. 그저 과거의 사소한 일 하나가 삭제됐을 뿐이다.

하지만 이런 일을 예방하기 위한 규칙이 존재한다면 어떨까? 그 규칙 때문에 브렛–시트는 소위 브렛–체인이 된다. 브렛–체인에 새로운 항목을 추가할 때마다, 이전 기록을 축약하여 섬네일을 만들고, 그 섬네일을 새롭게 다른 항목에 추가해야 한다고 가정하자. 위

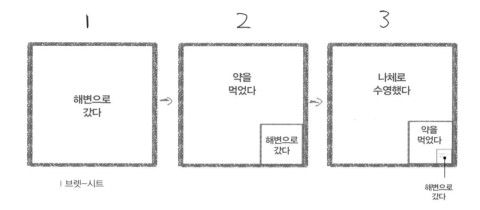

| 브렛–시트

의 이미지는 이를 간단하게 시각적으로 표현한 것이다. 첫 번째 항목에 '해변으로 갔다'라고 적는다. 그리고 나서 두 번째 항목으로 '약을 먹었다'를 추가하고 싶다. 두 번째 항목을 추가하기 전에 나는 하단에 이전 항목의 섬네일을 추가해야 한다. 이와 비슷하게 세 번째로 '나체로 수영했다'를 추가하기 전에는 이미 섬네일이 포함된 이전 시트의 섬네일을 만들어 하단에 추가한다.

이것은 단순한 사례지만, 섬네일 안의 섬네일은 시작점으로 되돌아가는 무한한 이정표가 된다. 새로운 항목을 입력할 때마다 그 항목으로 이어지는 모든 항목에 관한 섬네일이 브렛–체인에 삽입된다.

이 작업은 새로운 특성을 만들어낸다. 예를 들어서 몇 년 뒤에 나는 두 번째 항목인 '약을 먹었다'를 삭제하고 '해변으로 갔다' 그리고 '나체로 수영했다'로 바로 이어지게 만드는 것이 논리적이라고 생각했다. 그래서 그렇게 변경하려고 했더니 갑자기 원본 브렛–체인에서는 발생하지 않았던 문제가 발생한다. '나체로 수영했다'라는 항목에 내가 삭제하려고 하는 항목의 흔적이 남아 있었다. 아래에 '약을 먹었다'는 항목이 삽입된 섬네일이 있었던 것이다. 이를 통해서 브렛-체인을 검사하는 사람은 일종의 **단절**을 찾아낼 수 있을 것이다. 과거의 항목을 변경하려는 시도는 연쇄적으로 앞선 체인과의 단절을 만들어낸다. 블록체인에서는 영화 '빽 투 더 퓨처'처럼 현재를 그대로 두고 과거를 바꿀 수는 없다.

'브렛-체인'은 상상 속에나 존재하는 것이다. 왜냐하면 그것은 내 인생의 타임라인을 기록하는 것이기 때문이다. 하지만 브렛-체인은 **블록-체인**의 정신을 그대로 담고 있다. 블록체인은 내가 아닌 관찰자가 내 개인적인 사건을 기록하는 것이다. 사람들이 보낸 디지털봉투를 꾸러미로 만들어 거대한 타임라인 안에 끼워 넣으면, 새로운 디지털봉투 꾸러미에는 이전에 끼워 넣은 꾸러미의 간단한 섬네일이 삽입된다. 이렇게 관찰자는 디지털토큰을 옮기기 위해서 사람들의 요청 사항들로 디지털조각, 즉 블록을 만든다.

세 번째, 블록의 동기화

앞서 살펴본 브렛-체인은 내가 개인적으로 만든 일종의 블록체인이다. 과거 기록을 변경하려면 모든 섬네일에 일일이 변경사항을 반영해야 한다(말하자면 '나체로 수영했다'는 블록에서 '약을 먹었다'는 섬네일을 삭제하고 '해변으로 갔다'는 새로운 섬네일을 만드는 것이다). 그런데 어떤 사건이 일어나고 몇 년이 흐른 뒤에 해당 기록을 변경하려고 한다면, 상당히 많은 시간이 소요될 것이다. 더 많은 섬네일을 수정하고 다시 작성해야 하기 때문이다. 하지만 그렇다고 이것이 아예 불가능한 일은 아니다.

새로운 브렛-체인 규칙이 생겼다. 항목을 추가할 때마다, 그 내용을 친구 100명에게 보내야 한다. 그러면 친구들은 나와 함께 작성하던 브렛-체인 복사본에 그 내용을 삽입하게 된다. 이제 몇 년전에 추가한 기록을 소급 수정하려면, 내 브렛-체인만 수정해선 안 된다. 친구들이 가진 복사본도 같이 수정해야 한다. 여기서 친구들 몰래 내용을 변경하려고 시도한다면, 친구들은 이 은밀한 시도를 금방 알아차릴 것이다.

블록체인시스템에서도 이런 방식으로 개별적으로 제작된 디지털 타임라인 조각들이 집단적으로 한꺼번에 동기화된다. 옥외극장 사례에서 관람객들은 스프레드시트의 차원에서만 합의에 이르렀다. 하지만 암호시스템의 본질은 관찰자들이 각자가 동시에 제작한 섬세하게 연결된 타임라인 체인에서 합의에 이르는 것이다. 실제로 '블록체인'이란 단어가 단수명사로 취급되는 경우가 많아서 사람들을 혼란스럽게 만든다. 그것은 **복수명사**blockchains여야 한다. 블록체인 시스템은 **분산시스템**이다. 그러나 이것은 '하나의 디지털조각이 여러 조각으로 쪼개져서 각각 다른 장소에 저장된다'는 뜻은 아니다. 블록체인에서 '분산'은 '다른 장소에서 동시에 제작된 수많은 디지털조각들이 집합적으로 동기화되고 통합된다'는 의미다. 이러한 동기화 과정은 디지털토큰을 발행하고 이동시키는 살아 있는 단일 시스템을 만든다는 환상을 낳는다. 다시 말해서 동기화 과정을 통해서 (최소한 이론적으로는) 이미 합의에 이른 사안에 대한 변경이 불가능한 시스템이 존재한다는 환상에 빠지게 된다.

네 번째,
디지털토큰의 발행과 이체

그래서 극장 장면은 한 번 더 수정할 필요가 있다. 옥외극장에서 댄서가 먼저 춤을 추고, 관객들은 그 모습을 보고 각자의 타임라인 조각에 동작을 기록한다. 하지만 비트코인과 같은 시스템은 순서가 반대다. 이것은 디지털토큰을 발행하는 모든 시스템에 해당된다. **변화의 원인이 되는 사건은 우선적으로 기록된다.** 옥외극장에 댄서가 마네킹처럼 가만히 서 있다고 상상하자. 하지만 댄서는 관객들에게 뭔가를 요청할 수 있고, 그의 요청에 대해서 관객들이 합의에 이르면 그는 귀신에 씐 것마냥 갑자기 움직인다. 그가 먼저 '빙글빙글 돌아도 될까요?'라고 묻는다. 그러면 관객들은 이 요청 사항을 자신들의 새로운 타임라인 조각에 기록하고, 기록이 완료되는 순간에 모든 관객이 일제히 '그는 빙글빙글 돈다'라고 외친다. 이제 댄서는 무대 위에서 빙글빙글 돈다.

이쯤에서 디지털봉투로 되돌아가보자. 비트코인시스템에서 일반적인 사용자는 옥외극장에서 춤을 추는 댄서에 가깝다. 그는 디지털봉투에 요청 사항이 적힌 디지털편지를 동봉하고 P2P 네트워크를 통해서 이를 관찰자들에게 보낸다. 그 즉시 요청 사항이 반영되지는 않는다. 모든 관찰자들이 디지털봉투에 담긴 요청 사항을 각자의 시스템에 반영할 때 퍼블릭 어드레스는 그대로 유지된다. 그러다 갑자기 어느 순간 요청 사항이 반영되어 디지털토큰이 원하는 곳으로 이동한다.

다섯 번째,
한정된 디지털토큰과 작업증명

지금까지 살펴본 내용을 바탕으로 유령 같은 비트코인을 정리하면, 그것은 사람들 사이에서 이동하는 토큰의 흔적을 기록하기 위해서 기술자라 불리는 관찰자들이 개별적으로 디지털타임라인 조각을 만들고 동기화하는 시스템인 것 같다. 아직까지 남은 의문은 관찰자들이 왜 개인적인 시간을 들여서 이런 일을 하느냐다. 앞에서도 말했지만, 비트코인은 뱅킹시스템의 양면에서 공격을 가하고 있다. 지금까지는 분산화라는 하나의 전선만을 살폈다. 이제 마지막 퍼즐 조각인 다른 하나의 전선을 살펴보자. 비트코인과 같은 디지털토큰시스템은 정해진 양의 디지털토큰만을 발행한다.

뱅킹시스템에서 **돈을 만드는 것**과 **돈을 이동시키는 것**은 개념적으로 별개의 영역이다. 128~132쪽에서 봤듯이, 대출부서가 신용을 늘리기로 결정하면 은행은 디지털칩을 발행한다. 은행이 발행한 디지털칩은 지급부서를 통해서 계좌들 사이에서 재조정된다. 지급부서는 대출부서와는 다른 직원들로 구성된 독립된 조직이다. 하지만 비트코인에서는 단일 조직이 디지털토큰을 발행하고 이동시킨다. 다시 말해서 디지털토큰의 발행과 이동은 융합된 하나의 작업영역이다. 이것은 비트코인과 같은 디지털토큰 발행시스템이 다음의 규칙을 갖고 있기 때문이다.

기술자들이 어떤 퍼블릭 어드레스로 디지털토큰을 이동시켜달라는 요청 사항이 담긴 디지털봉투를 받고, 그 요청 사항에 따라서 자신들의 디지털타임라인 조각을 수정한다. 그러면 그들에게 **제한된 양 안에서 새로운 디지털토큰을 발행할 수 있는 권리가 부여되고**, 이 권리는 그들의 디지털타임라인 조각에 반영된다(원칙적으로 총 50개의 토큰을 발행할 수 있고, 시간이 지나면서 그들이 발행할 수 있는 디지털토큰의 양은 서서히 줄어든다). 비트코인시스템 안에 있는 모든 사람들이 새롭게 업데이트된 디지털타임라인 조각을 받아들이겠다고 합의하면, 그들은 새로운 디지털토큰을 보상으로 받게 된다.

여기서 새로운 문제가 발생한다. 이러한 규칙에 따르면 비트코인시스템은 기술자들이 자신의 디지털타임라인 조각을 자주 업데이트하도록 만들기 위해서 인센티브를 만들어낸다. 이로 인해서 그들이 이 작업을 수행한 보상으로 받는 디지털토큰은 무제한으로 급증하게 될 것이다. 비트코인시스템은 보상으로 주어지는 디지털토큰이 너무 많이 발행되어 균형이 깨지는 것을 방지하고자 의도적으로 디지털타임라인 조각을 업데이트하는 것을 어렵게 만들었다. 여기서 비트코인의 악명 높은 '작업증명'시스템이 등장한다.

나는 한때 지메일의 '드렁크 필터' 기능을 사용했다(지금은 더 이상이 기능을 사용하지 않는다). 드렁크 필터가 설정된 상태에서 '보내기'를 클릭하면, 수학 퍼즐이 화면에 뜬다. 그 퍼즐을 풀어야 이메일을 전송할 수 있다. 이것은 술에 취한 사람이 이메일을 보내고 나중에 후회하는 것을 막기 위해서 개발된 기능이었다. 퍼즐을 풀면서 정신이 돌아오면 이메일을 보내도 되는지 다시 생각하고 전송을 취소할 수도 있다. 수학 퍼즐은 그렇게 어렵지 않아서 대략 10초면 풀어낼 수 있었다. 예를 들어서 1만 명의 사람들에게 스팸메일을 보낼 계획이라고 가정하자. 드렁크 필터 때문에 나는 대략 26시간 동안 수학 퍼즐을 풀어야만 스팸메일을 모두 보낼 수 있다. 이렇게 '작업증명'이란 장애물을 만드는 것은 스팸메일을 방지하는 최고의 방법이다.

비트코인 작업증명시스템은 기술자가 자신의 디지털타임라인 조각을 변경하여 새로운 디지털토큰을 발행하기 위해 넘어야 하는 매우 어려운 장애물이다. 비트코인은 작업증명에 SHA-256 해시 알고리즘을 사용한다. 이것은 지메일의 드렁크 필터보다 훨씬 더 어려운 퍼즐을 만들어낸다. 실제로 이 퍼즐을 푸는 유일한 방법은 '억지기법'을 사용하는 것이다. 답이 맞기를 바라면서 무작위로 수천 개의 숫자를 마구 입력하는 것이다. 이것의 부작용은 기술자들이 작업증명에 엄청난 에너지를 쏟아 부어야 한다는 것이다.

그런데 비트코인시스템에서 이것은 자동적으로 처리된다. 기술 자들은 '채굴기'를 작동시켜서 자동적으로 복잡한 퍼즐을 푼다(채굴 기는 그런 연산에 특화된 컴퓨터 서버들을 모아놓은 장치다). 사람에 비유 하자면, 기술자들은 디지털봉투 꾸러미를 수집해서 각자의 디지털 타임라인 조각에 삽입하고, 자신들을 막으려는 어떤 힘이 존재하 는 것처럼 '업데이트' 버튼을 누르면서 땀을 뻘뻘 흘린다. 마침내 한 명의 기술자가 그 장벽을 뚫고 안으로 침투하여 승리의 함성을 지 르면서 자신의 업데이트된 디지털타임라인 조각을 비트코인시스템 안에 있는 나머지 모든 기술자들에게 전송한다. 나머지 기술자들은 업데이트된 디지털타임라인 조각을 비트코인시스템에 삽입하려는 시도를 중단하고, 승자의 업데이트된 디지털타임라인 조각을 동기 화한 뒤에 처음부터 다시 작업증명을 시작해야 한다.

이렇게 업데이트 속도를 늦춰서 보상으로 새로운 디지털토큰이 발행되는 속도는 점점 정지 상태나 다름없을 정도로 더뎌진다. 이 것 때문에 디지털토큰은 사이버공간에서 빼내거나 '채굴하는' 물체 처럼 느껴진다. 이러한 몹시 고된 과정은 새로운 디지털토큰을 만 들어내고 이미 발행된 디지털토큰은 그동안의 일들이 기록된 긴 블 록체인을 따라서 이동하도록 만든다.

초기 비트코인 옹호자들이 '우리가 믿는 것은 수학뿐In Mathematics

We Trust'이라는 슬로건이 적힌 티셔츠를 입은 이유가 이것이다. 언어가 언어의 사용자들에 의해서 생명력을 얻는 것처럼 비트코인시스템도 공통된 프로토콜을 사용하는 수많은 사람들에 의해서 생명력을 얻었다. 비트코인시스템이 일단 실행되면, 그 누구의 통제력도 닿지 않는 세상이 새로 생겨난 것처럼 느껴진다. 이것은 권력으로 현실을 뒤틀 수 있을 것 같은 거대 기관들에게 겁먹거나 배신당하거나 환멸을 느낀 사람들에게 매력적이다. 초기 비트코인 모임은 바로 이렇게 기록행위를 거듭할수록 더 견고해질 비트코인에 대한 믿음으로 열광했다. 새로운 '암호 리바이어던'은 명예롭지 않더라도 어길 수 없는 명예법으로 사람들을 하나로 묶는다. 과거의 모든 행동이 현재에 문신처럼 새겨지고, 모든 것은 족보를 갖게 된다. 그 무엇도 '명령에 의해' 만들어지지 않는다.

돈이 된
병뚜껑

비트코인시스템의 구조는 많은 철학적·정치적 의문들을 낳는다. 그중에서 이 책의 목적에 맞는 의문이 있다. 지금부터 그 의문을 해소해보도록 하자. 도대체 이토록 정교한 프로세스를 통해서 발행되고 움직이는 디지털토큰의 **정체는 무엇일까?** 비트코인 백서의 부제는 'P2P 전자화폐시스템'이다. 그래서 사토시 나카모토는 디지털토큰이 '디지털화폐'라고 믿었고, '암호화폐'란 용어를 곧장 사용했다. 나는 비트코인의 초기 사용자였고, 비트코인을 사용하면서 그것에 관한 용어가 제대로 정립되지 않았다고 느꼈다. 무명의 영화감독이 인정받지 못한 자신의 영화를 (언젠가는 그렇게 되기를 바라며) **지상 최대의 쇼**라고 부르는 것 같았다. 비트코인 예찬론자들도 그것이 어엿한 통화시스템이 되기를 바라면서 통화용어들을 마구잡이로 사용했다. 그들은 디지털토큰이 돈이 되는 순간을 손꼽아 기다렸고, 언론은 미래의 일을 현재시제로 보도했다. 그리고 기자와 소셜미디어 인플루언서는 비트코인을 '새로운 디지털화폐'라고 불렀다.

이것은 이번 장 전반부에 언급했던 핵심으로 다시 이어진다. 우리는 숫자가 적힌 휴대성 있는 물체를 '돈'이라고 생각하기 쉽다. 왜냐하면 현 통화시스템은 우리가 숫자에 표면적으로 집착하게 만들기 때문이다. 하지만 우리는 숫자가 매겨진 물체라고 해서 전부 돈이 아니라는 것을 안다. 예를 들어서 마치 돈처럼 보이게 숫자 '1'을 포장지에 새겨놓은 초콜릿 동전을 생각해봐라. 모두가 이것이 그저 초콜릿을 돈처럼 포장해서 판매하려는 재미있는 마케팅 전략임을 안다. 하지만 숫자를 매겨서 돈처럼 보이도록 포장한 **디지털오브젝트**를 선물로 받는다면 어떨까? 손에 잡히는 실체는 없다. 눈에 보이는 것은 브랜딩과 숫자가 전부다.

여기에 흥미로운 점이 있다. 브랜딩을 무시하고 비트코인의 디지털타임라인 조각에 새겨진 숫자에만 집중해보자. 예를 들어서 다음의 숫자 '1'을 보고 있다고 상상해보자.

1

이 숫자는 무엇인가? 이것이 무언가를 의미하나? 컴퓨터 화면에 나타난 숫자 '1'이 은행계좌에 찍힌 수많은 숫자와 뭔가 비슷하게 보일지도 모른다. 하지만 은행계좌가 '계좌'라고 불리는 데는 그만한 이유가 있다. 은행계좌에 찍힌 숫자들은 다른 무엇의 일부가 아니라 독립된 수리적 가치를 지닌다. 그것은 은행이 당신에게 발행한 합법적으로 보증된 차용증의 회계기록이다. 그러므로 은행이 계좌에 '숫자를 기입하면', 그 계좌 소유자는 그 숫자에 상응하는 액수의 잔고에 **접근할 권리를 얻게 된다**. 그리고 그 숫자는 은행이 계좌 소유자에게 **법적 의무**를 지게 만든다. 은행에게 숫자는 자산이 아닌 부채를 의미한다(이것은 커피 쿠폰과 커피숍의 관계와 비슷하다. 커피숍은 쿠폰을 가져온 손님에게 쿠폰에 적힌 커피를 제공해야 할 의무가 있다. 커피 쿠폰은 커피숍의 채무가 기록된 차용증이다). 그 숫자들을 차용증(은행계좌)과 분리하는 유일한 방법은 은행과 전체 사법체계를 파괴할 대재난과 같은 극단적인 사고를 일으키거나 그런 일이 일어나도록 비는 것이다. 이런 사고가 터지면 은행계좌에 찍힌 숫자들은 아무런 힘이 없는 한낱 숫자에 불과해진다.

하지만 비트코인에서 숫자는 은행계좌의 숫자와는 다른 의미를 지닌다. 그것들은 겉으로 봤을 때 은행계좌에 찍힌 숫자와 비슷하게 보이지만, 비트코인을 발행하는 기술자들은 숫자와 관련해서 **그 어떤 책임도 지지 않는다**. 다시 말해서 그들에게 비트코인에 찍힌 숫자는 나중에 갚아야 하는 채무가 아니다. 기술자는 에너지를 쏟아부어서 비트코인을 발행한다. 이것은 내가 많은 에너지를 들여서 병뚜껑에 숫자 '1'을 새기고 '이건 내가 만든 돈이야'라고 말하는 것과 같다. 하지만 분명히 주요한 차이가 존재한다. 병뚜껑은 내가 새겨 넣은 숫자와 구분될 수 있는 물체이지만, 비트코인시스템에는 병뚜껑과 같은 물체가 없다. 한마디로 물체와 숫자는 일심동체라 할 수 있다.

다르게 말하면 비트코인 '토큰들'은 블록체인시스템에 기록된 숫자일 뿐이다. 이것은 계산할 것 없는 회계시스템과 비슷하다. 비트코인은 디지털토큰에 적을 수 있는 숫자의 개수를 제한한다. 그리고 사용자들이 시스템을 **직접 운영하는 것**을 허락한다. 예를 들어 '50'이라는 디지털토큰의 채굴자는 이를 잘게 분할해서 작은 조각으로 만들고, 사방팔방으로 퍼뜨려 결국에 비트코인시스템에서 각각 다른 퍼블릭 어드레스에 위치하게 할 수 있다.

하지만 이런 예시가 암시하는 것은 이런 것이다. 비트코인을 중심으로 형성된 공동체는 사실상 완전히 독립된 **심리적 층위**를 만들어냈다. 그것들은 비트코인시스템을 지탱하는 현실 위에 겹겹이 쌓인다. 그들은 자신이 양이 정해진 디지털토큰을 그저 옮기고만 있다고 생각하지 않는다. 비트코인 사용자들은 자신이 일종의 '디지털

원자재'를 이동시키는 일에 관여한다고 믿는다. 비트코인 커뮤니티는 비트코인에 적힌 숫자를 금속과 연관 지으려고 애쓴다. 그래서 그들은 비트코인을 시각적으로 **브랜딩**하는 데 최선을 다한다. 숫자들이 미래의 금속처럼 생긴 '동전' 위에 새겨지고, 이러한 이미지는 '비트코인'이라는 브랜드명으로 강화된다. 이것이 비트코인이 등장한 초기에 비트코인 기사에 삽입할 물리적인 이미지를 찾아 헤매던 사진기자들이 너도나도 비트코인 로고가 찍힌 금속 물체의 사진을 찍었던 이유다.

하지만 그 무엇보다 중요한 점이 있다. 비트코인 예찬론자들은 이 상상 속의 '동전'에 대하여 **이야기**를 만들어내는 데 혈안이 되어 있다. 비트코인 자체는 숫자일지도 모르나 어떤 관점에서 비트코인은 '노력의 산물'이라고 할 수 있다. 작업증명은 에너지를 쏟아야 하는 노동집약적 작업이다. 작업증명 프로세스는 (고된 노동 끝에 서서히 금이 채굴되는) 금광을 연상시킨다. 이것은 '무에서 돈을 만들어내는 마법사'인 국가와 대치된다. 비트코인에 숫자 '50'을 쓰는 데에는 큰 노력이 들고 이 숫자를 쓸 수 있는 횟수가 정해져 있기까지 한다면, **머릿속에 '디지털골드' 이미지가 떠오를 수밖에 없다**. 하지만 이것은 불안전한 이미지다. 올림픽 선수에게 힘들여서 따낸 금메달을 '디지털금메달'과 교환하겠냐고 물어봐라. 그가 비트코인에 적힌 숫자에 관한 신화를 믿는다 할지라도, 이 상상 속의 물체를 손에 쥐었다고 상상하며 기쁨을 느끼기는 힘들 것이다.

금과 명목화폐를 기반으로 한 차용증은 비트코인과 달리 숫자 그 이상의 의미를 지닌다. 그러니 비트코인은 그저 숫자가 아니라 숫자 이상의 의미를 지닌 금이나 명목화폐와 같은 존재가 되기 위해서 더 노력해야 한다. 하지만 여기서 새로운 의문이 든다. 현대의 금이라 불리는 것들은 그 자체가 돈이라기보다는 우리가 돈으로 사고 되팔아서 **돈을 만들 수 있는 것들**이지 않은가? 과연 (보잘것없는) 황금 이미지에 기반을 둔 디지털토큰이 대안적 통화시스템의 역할을 할 수 있을까? 그것은 그저 황금처럼 값이 매겨진 수집품 신세가 되지 않을까?

돈인가
수집품인가

국가 경제는 거대한 상호의존망이다. 다양한 사람이 생산한 다양한 상품이 공통의 통화시스템에서 움직인다. 이런 구조를 완전히 이해하기 쉽지 않지만, 슈퍼마켓에 상품진열대 사이 통로를 보면 어렴풋하게나마 이해가 될 것이다. 슈퍼마켓에는 다양한 기업들의 상품이 진열되어 있다. 상품의 가격은 같은 통화 단위로 표시된다.

어린아이는 슈퍼마켓에서 **돈**이 곧 **가격이 매겨진 상품**과 같지는 않다는 것을 배우게 된다. 하지만 돈은 가격표가 붙은 상품을 떠오르게 하는 특징을 지닌다. 예를 들어서 9살짜리 아이에게 용돈으로

20파운드를 주면, 그는 슈퍼마켓 선반에 진열된 사탕이나 작은 장난감을 떠올릴 것이다. 그 아이의 엄마는 은행계좌에 찍힌 숫자를 보면서 가스나 오트밀 또는 보육과 같은 서비스를 떠올릴지도 모른다. 그녀는 상품을 보고 그것이 얼마나 유용한지('차로 이동할 수 있다.'), 그것을 팔면 얼마나 벌 수 있을지('이걸 얼마에 팔 수 있을까?') 등을 고민할 수도 있다. 하지만 오트밀의 가격을 기준으로 차의 가격을 평가하지는 않는다. 파운드시스템을 쓰는 영국에서 국경을 넘어 란드rand시스템을 사용해서 상거래가 이뤄지는 남아프리카 지역으로, 다시 말해서 란드화로만 오트밀을 살 수 있는 곳으로 가지 않는 이상, 그녀는 자신이 소유한 통화의 가치를 다른 통화 단위로 평가하지 않을 것이다.

이와 같이 비트코인도 몇 가지 뚜렷한 특징을 지닌다. 이러한 특징을 기준으로 비트코인과 우리가 일상에서 사용하는 통화를 분류할 수 있다. 첫 번째, 세상에 그 어떤 슈퍼마켓에서도 비트코인으로 값을 매긴 오트밀을 팔지 않는다(바로 몇 페이지 뒤에 나올 엘살바도르의 예시를 보자). 이것은 비트코인이 **외환시장**에서 거래되지 않는다는 뜻이기도 한다. 두 번째, 비트코인에도 값이 매겨진다. 그래서 누군가가 비트코인을 가지려면 그에 상응하는 값을 치러야 한다(매우 많은 양의 비트코인이 거래되고 있고, 비트코인의 가격은 몇 년 동안 언론과 소셜미디어에서 뜨거운 화젯거리가 되었다). 비트코인이 외환시장에서 거래되지 않는다는 것을 고려해볼 때, 비트코인은 말하자면 디지털슈퍼마켓에서 판매되는 물건과 다를 바 없는 상품이다. 사람들이 일반적으로 비트코인을 보고 다른 상품을 떠올리기 보다, 그것을 **되팔았을 때 얼마를 받을 수 있는지**를 떠올린다. 비트코인은 일반적인 돈이 아니라 돈을 주고 사는 상품에 가깝다.

세 번째, 비트코인을 생각하면 원자재가 떠오른다. 이런 점에서 비트코인은 황금부적처럼 전시될 수는 없더라도 일종의 한정판 **수집품**처럼 느껴진다. 네 번째, 비트코인은 눈에 보이는 실체가 없고 디지털로 주고받을 수 있다는 것을 생각해볼 때, 슈퍼마켓에서 구입할 수 있는 일반적인 상품보다 훨씬 더 **이동시키기가 쉽다**. 비트코인은 돈의 이미지와 동시에, 거래가 가능한 숫자가 적힌 물건과 같은 이미지도 갖는다. 심지어 비트코인은 통화 단위로 값을 매길 수 있는 수집품이기도 하다. 이런 특성들은 직접적으로 기존의 통화시스템을 공격하진 않는다. 하지만 비트코인이 가진 돈의 이미지 때문에 **상계거래**를 통해서 통화시스템과 통합될 수는 있다.

쉽게 말하면 상계거래는 돈으로 값이 매겨진 상품을 교환하는 행위다. 내가 슈퍼마켓에 물건을 반품하려고 한다고 치자. 그러면 나는 슈퍼마켓에 환불을 요구하거나(환불을 요구하면 슈퍼마켓은 내게 돈을 돌려준다), 같은 값의 다른 상품으로 **교환**을 요구할 수도 있다. 이 상황에서 나는 오래된 것을 넘겨주고 새로운 것을 넘겨받는다. 이런 행위는 피상적으로 말하면 내가 반품한 물건으로 새로운 것을 '사는 것'처럼 보일 수도 있다.

하지만 이것은 착각이다. 물론 나는 계산원에게 환불을 요구하고, 환불받은 돈으로 새로운 물건을 살 수도 있다. 하지만 그 대신에 그와 나 사이에 돈이 오고 가는 과정은 생략되고, 오래된 물건을 새로운 물건으로 한 번에 교환했다. 돈으로 값이 매겨진 물건을 교환하는 것으로 서로의 값을 지불하는 과정은 ('피장파장이다' 등) 여러 가지로 표현된다. 하지만 전문적으로 표현하면 이것은 '상계거래'다.

한 국가의 경제를 거대한 '슈퍼마켓'이라고 생각하면, 상계거래는 보다 복잡한 형태로 진행된다. 여기 금을 가진 사람이 있다. 그는 금을 팔아서 받은 돈으로 새로운 물건을 사는 대신에, 금과 사려고 했던 물건을 맞교환한다. 이 행위에서는 2개의 값을 기준으로 거래가 진행된다(하나는 금값이고, 다른 하나는 물건값이다). 비트코인으로 물건을 '사는' 모든 행위는 상계거래에 해당된다. 누군가는 움직이는 디지털물건(비트코인)을 그것의 값에 상응하는 가치를 지닌 다른 물건과 맞교환한다.

지금 이 순간에 달러를 법정화폐로 사용하는 엘살바도르에서 이런 일이 일어나고 있다. 비트코인을 열렬히 지지하는 엘살바도르 대통령이 2021년 비트코인을 결제수단으로 인정하는 법안을 밀어붙였다. 법안이 통과되면서 일부 사람들은 엘살바도르에서는 상품값이 비트코인으로 매겨진다고 믿었다. 실상 엘살바도르에서 오트밀 한 상자에도 미친 듯이 요동치는 비트코인 가격은 달러 가격이다. 비트코인의 달러 가격이 변동함에 따라 상계거래율도 변동하기 때문에 오트밀 가격의 극심한 변동은 비트코인을 경유한 달러 가격이 왜곡되어 벌어진 현상이다. 당신이 엘살바도르의 어느 식당에서 식사를 마칠 때쯤에는 식사의 원래 '비트코인 가격'이 40배로 뛰거나 폭락했을 수도 있었다. 식당에서 당신이 먹은 식사의 실제 달러 가격은 변함이 없는데 말이다.

하지만 투명한 유리로 만든 거울이 눈에 보이지 않을지 몰라도 그 거울에 비친 이미지는 눈에 보인다. 달러로 가격이 결정되지만, 돈의 이미지를 지닌 눈에 보이지 않는 비트코인은 쉽게 '돈처럼' 느껴질 수 있다. 그래서 사람들은 자신이 비트코인으로 다른 무언가를 '구매한다'는 착각에 빠지게 된다(실제로 구매행위를 가능하게 하는 것은 달러로 매겨진 비트코인의 가격이다).

물론 슈퍼마켓에서 물건을 맞교환하는 행위가 통화시스템에 맞서는 행위는 아니다. 이와 비슷하게 사이버수집품을 상계거래하는 행위는 세계 통화 질서를 무너뜨리려는 시도인 것도 아니다. 그럼에도 불구하고 비트코인의 상계거래가 빈번해지면, 기존의 통화시스템에는 새로운 층이 생긴다. 결국 통화시스템이 운영되는 일반적인 방식과 비트코인의 상계거래는 충돌할 것이다. 6장에서 현금사용을 단속하는 과도한 움직임이 새롭고 은밀한 결제수단의 탄생으로 이어지는 것을 봤다. 높은 상계성 때문에 비트코인은 변동성에도 불구하고 은밀하게 결제수단이 될 수 있다.

12장

사이버 구룡성채의 정치집단

2015년 나는 '비트코인 복음'이란 제목의 네덜란드 다큐멘터리에서 인터뷰를 했다. 그 다큐멘터리는 암호화폐운동이 어떻게 시작되었는지를 시간 순서대로 되짚었다. 제작진은 템스강에서 보트를 타고 있는 나를 촬영했다. 우리가 탄 보트는 대형 은행이 소유한 런던 카나리워프의 고층 건물을 지나치고 있었다. 제작진은 그 아래 서 있는 내 모습을 찍고 싶어 했다. 하지만 그 지역 전체는 사유지여서 민간 경비원들이 관리하고 있었고, 사유지 주인은 촬영을 허락하지 않았다. 그래서 제작진은 그 장면을 촬영하지 못했다.

　고층 건물을 배경으로 제작진은 내게 비트코인이 '월가를 점령하라'의 새로운 버전인지 또 이것이 새로운 열린 금융시스템의 탄생으로 이어지리라 생각하는지 물었다. 어쨌든 2012년 월가를 점령하라 운동의 열기는 사그라들었고, 비트코인이 전폭적인 인기를 끌기 시작했다. 나는 '그렇다'고 대답했다. 하지만 내 대답이 옳은지 나 자신도 의문이었다. 월가를 점령하라고 외쳤던 사람들은 다양한 집단이었다. 그들은 국가가 기업의 이익에 사로잡혔으며, 대중이 힘을 합쳐서 국가를 되찾고 더 평등한 사회를 만들어야 한다고 믿었다. 이와 대조적으로 비트코인 예찬론자들은 남성이 절대다수이다. 그들은 국가보다 기업에 훨씬 관대하고, 대다수가 경쟁적 개인으로 구성된 세상을 들먹이며 '사회'라는 개념을 신뢰하지 않는다.

단도직입적으로 말하자면 비트코인운동은 월가를 점령하라 운동보다 우익 색채가 짙고, 시장 친화적인 자유지상주의의 영향을 많이 받았다. 가장 강경한 자유시장지상주의자는 자본주의와 시장을 거의 신성한 것으로 여긴다. 그것은 누군가에게는 보상을, 다른 누군가에게는 벌을 내린다. 자유지상주의적 비트코인 예찬론자들은 정부와 은행이라는 거대한 조직이 시장의 의지를 왜곡하고 성스러운 이윤에 대한 접근을 조정하려는 부패한 가톨릭주의와 비슷한 것으로 기존 금융시스템을 그리곤 한다. 이러한 시나리오에서 비트코인운동은 시장과의 직접적인 교감을 추구하는 개신교의 종교개혁과 같다. 이윤에 회의적인 월가를 점령하라 운동의 좌익 세력에게 이러한 개혁자들은 다른 이름의 기업자본주의자처럼 보일 수 있다. 두 집단 모두 시장 프로세스의 역전을 요구한다. 그렇다고 두 집단이 비슷하다고 생각하는 것은 마틴 루터와 교황 사이에 차이점보다 공통점이 더 많다고 말하는 것과 같다.

나는 여기서 의도적으로 종교적 이미지를 사용했다. 비트코인을 둘러싸고 천년지복설이 등장했기 때문이다. 이것은 머지않아 세계가 근본적으로 재편될 것이란 믿음이다. 나와 함께 네덜란드 다큐멘터리에 출연했던 자유지상주의 기업가인 로저 버^{Roger Ver}는 비트코인에 대한 뜨거운 믿음 때문에 심지어 '비트코인 예수'라는 별명을 얻었다. 로저 버는 비트코인에 대해서 열정적으로 일장연설을 늘어놨다. '명백한 운명'에 관한 이야기도 언뜻 내비쳤다. 이 이야기에서 새로운 암호화폐가 지배하는 세상을 여는 데 헌신한 사람들은 옛 세상을 뒤로하고 보상을 받게 된다.

　이와 같은 메시지는 심지어 비트코인의 수량체계에서도 발견된다. 비트코인의 원래 코딩은 기술자들이 2,100만 개의 비트코인만 발행할 수 있도록 설계됐다(실질적으로 기술자들이 채굴할 수 있는 비트코인의 수가 5만 개나 1억 개일 수도 있기 때문에 이 숫자도 임의적인 수에 지나지 않는다). 2,100만 개의 비트코인을 이 세상의 75억 명의 사람들에게 고르게 배분하면, 한 개인은 0.0027개의 비트코인을 갖게 된다. 하지만 초기에 비트코인 시스템은 (고르게 배분됐을 때 한 사람이 가질 수 있는 양의 1만 8,333배인) 50개의 비트코인 덩어리를 만들어냈고, 기술자들은 적기에 비트코인을 채굴할 적절한 도구를 갖고 있었다. 2018년 일론 머스크는 2만 8,000달러로 살 수 있는 양보다 1만 8,333배 많은 비트코인을 얻었다. 하지만 그는 그만큼의 비트코인을 확보하기 위해 대기업을 만들어야 했다. 초기 비트코인 채굴자들은 집에서 컴퓨터를 돌려서 채굴할 수 있는 양보다 훨씬 더 많은 비트코인이 존재한다고 주장했다.

이와 같은 비유에는 오해의 소지가 있다. 지금까지 살펴봤듯이, 비트코인은 한정판 수집품에 가깝다. 이 수집품은 평등주의를 고취하기 위해서 존재하는 것이 아니다. 수집품은 사람들이 쉽게 가질 수 없다고 여겨야 가치가 있다. 동시에 이러한 수집품은 돈의 이미지를 갖고 있어서 돈으로 **간주된다**. 하지만 수집품을 사고팔아서 얻게 되는 투기이익이 커지면서, 많은 비트코이너들은 비트코인이 '화폐'라는 생각을 버리기 시작했다(비트코이너는 열렬한 비트코인 예찬론자를 가리키는 말이다). 또한 그것을 되팔아서 수익을 얻을 수 있는 투자대상으로 보기 시작했다.

그리고 큰 혼란이 생겼다(그 혼란은 지금까지 계속된다). 고유의 통화언어가 투자언어와 충돌하기 시작했다. 수집품값이 오르는 현상을 누군가는 '디플레이션'이라고 불렀고, 다른 누군가는 '달러 수익'이라 불렀다(이해를 돕기 위해서 값이 오르는 희귀한 예술작품을 갖고 있고, 그것을 '디플레이션'이라고 부르기로 하자). 혹자는 2가지 유형의 언어를 동시에 사용해서 이러한 인지적 불협화음을 무시했다. 하지만 비트코인이 일반적인 통화시스템 안에서 거래되는 상품군으로 흡수되고 있는 것은 확실했다.

그럼에도 불구하고 비트코인은 '디지털화폐'라는 인식은 수집품인 비트코인을 끈질기게 따라다녔다. 현실 세계에서 손에 쥘 수 있는 실물 화폐의 사용을 지지하는 내게도 이와 같은 생각이 문제가 되기 시작했다. 현금시스템을 보호해야 한다는 취지로 글을 쓸 때마다, 암호화폐 지지자들은 비트코인이 문제를 해결할 것이라는 내 의견에 반박했다. 은행업계와 핀테크업계는 물리적인 현금시스템을 무참히 짓밟았고, 그에 대한 저항 세력은 슈퍼마켓에서 물건을 살 때 그 누구도 사용하지 않는 디지털토큰에 희망을 걸었다(11장에서 잠깐 살펴봤듯이, 디지털토큰은 상계거래에서 사용될 수 있다). 하지만 이런 상황은 **디지털토큰이 미래에 돈이 될 것**이라는 천년지복설로 이어졌다.

그리하여 비트코인은 투기수단이 됐고, 비트코인시스템에서 거래 요청을 주고받는 사람들의 수가 급격히 증가했다. 이것은 비트코인이 시스템 안에서 원활하게 흐르지 않는다는 뜻이었다. 비트코인이 돈의 역할을 할 것이라고 믿는 사람들에게 이는 그다지 좋은 징조가 아니었다. 비트코인 프로토콜에는 핵심 개발자들이 존재한다. 그들은 비트코인 프로토콜을 업데이트한다. 그래서 '비트코인 예수' 로저 버는 비트코인시스템이 처리할 수 있는 거래 요청 건수를 증가시키려고 그들이 비트코인 프로토콜을 업데이트해야 한다고 주장했다. 핵심 개발자들은 이를 거부했고, 로저 버는 2017년 자신의 추종자들과 함께 비트코인에서 '포크'라는 분리작업을 거쳐서 비트코인캐시를 만들어냈다. 이로써 그는 '비트코인캐시 유다'가 됐다.

'포킹'은 오픈소스 소프트웨어 개발자들 사이에서 새로운 소프트웨어를 만들어내는 주된 방식으로 통한다. 예를 들어 당신은 십 대 청소년이고, 눈앞에 수많은 가능성이 존재한다. 어느 길로 나아갈지 우물쭈물하다가 2개의 성인 버전으로 쪼개진다. 각각의 버전은 같은 어린 시절을 공유하지만, 어느 시점에 완전히 둘로 나뉘면서 서로 다른 길을 걸어가게 된다. 이것이 암호포킹이다. 비트코인캐시는 비트코인과 기본적인 코딩이 동일하며 비트코인 블록체인과 같은 형성기를 보냈다. 하지만 이후 비트코인캐시는 비트코인과 이렇게 분리되었고 새로운 이름을 달고 서로 다른 길을 걷기 시작했다.

극과 극의
이상한 만남

로저 버와 그의 추종자들은 비트코인캐시가 '진정한' 비트코인이라고 주장했다. 이는 마치 하나의 종파에서 분리되어 나온 종파가 본래의 종파가 길을 잃었다고 비난하면서 선지자의 정신을 유지해야 한다고 주장하는 것과 같았다. 초기 비트코인은 디지털골드·디지털화폐·상거래·예금과 동일시됐다. 하지만 둘로 나뉜 집단은 이러한 표현을 두고 다투기 시작했다. 비트코인은 디지털골드와 예금('비트코인은 비축용 디지털골드다')이라는 표현을 차지했고, 비트코인캐시는 현금과 상거래('비트코인캐시는 상거래를 위한 현금이다')란 표현을 차지했다.

3장에서 밝혔듯이, 정부가 발행한 지폐와 동전이 우리가 일상에서 손으로 만지면서 실제 사용할 수 있는 유일한 화폐이고, 일반적인 디지털화폐는 민간에서 발행한 뱅크칩이다. 이 사실은 자유지상주의자들을 난처하게 만든다. 그들은 현금의 익명성을 환영하지만 현금을 발행하는 주체를 신뢰하지 않는다. 이런 이유로 국가가 발행하지 않는 '디지털화폐'의 탄생은 많은 관심을 받게 됐다. 나 역시 이에 관해서 연구했고, 그 덕분에 비트코인캐시에 관련하여 전 세계에서 개최되는 여러 행사에 초대됐다.

그중에 로저 버가 도쿄에서 개최한 '사토시의 비전'이란 행사도 있었다. 하지만 그곳에서 나는 이념적으로 외부인이었다. 현금에 대한 나의 입장은 금융자본주의에 대한 비판에서 비롯됐다. 하지만 자유지상주의자들은 감시와 통제에 관한 우려를 '금융사회주의자'의 비판으로 취급했다. 화장실 벽면에 '누가 존 골트인가?'라는 문구가 새겨져 있었다. 이것은 보수적인 자유지상주의자들의 필독서인 아인 랜드Ayn Rand의 《아틀라스》를 가리키는 것이었다. 소설에서 존 골트는 영민하고 기업가정신이 투철한 발명가다. 그는 발명품 설계도를 정부의 입맛에 맞게 수정하기를 거부한다. 아인 랜드는 소설에서 존 골트를 집산주의적 사회주의 폭군에 맞서면서 빛을 발하는 세력으로 묘사했다.

말발굽이론은 쉽게 말하면 극과 극은 결국 만나게 된다는 것이다.[81] 말발굽이론에 따르면 좌익세력과 우익세력은 극단으로 갈수록 서로 닮게 된다. 이것이 내가 다큐멘터리 제작진으로부터 비트코인운동과 월가를 점령하라 운동에 관한 질문을 받았을 때 불확실하게 답했던 이유이기도 하다. 월가를 점령하라 운동에 뜻을 같이

한 많은 사람은 좌익 무정부주의적 색채가 짙었다. 그리고 좌익 무정부주의는 국가 이전의 그리고 자본주의 이전의 공동체의식 색채를 강하게 띤다(무정부주의적 단체의 정원 가꾸기 프로젝트, 원예 도구 공유 이니셔티브, 독립 커뮤니티를 생각해봐라). 정치 중심에서 벗어난 암호토큰은 이러한 좌익 성향 반국가주의자들의 관심을 끌었다. 그들은 때때로 암호화폐 모임에서 시장친화적인 자유지상주의자들과 어울렸다. 그런데 시장친화적인 자유지상주의자들은 반국가주의적 신념에 따라 행동한다. 10장에서 우리는 국가적 리바이어던들이 공동체의 결속을 어떻게 무너뜨리는지를 살펴봤다. 아이러니하게 그들은 낯선 사람들이 서로 소통하게 만들어서 공동체적 결속을 무너뜨렸다. 속 썩이는 십 대 자녀를 둔 부모인 양, 국가적 리바이어던들은 개인주의적 세계관을 권장한다. 그런데 결국 이것은 후에 분통을 터뜨리는 일이 되기도 한다. 암호 자유지상주의자들에게서 나타나는 반국가주의적 색채는 탄탄하게 짜인 공동 정원 가꾸기 프로젝트가 아닌, '스스로 해내는' 기업가들의 세상을 그린다.

하루라도 빨리 부모의 품에서 벗어난 독립적인 삶에 환상을 품은 십 대 청소년들처럼 자유지상주의자들은 국가라는 틀에 얽매이지 않은 시장에 대한 환상을 품고 있다. 그리고 일부 자유지상주의자들은 심지어 이러한 환상이 현실인 양 행동한다. 예를 들어서 미국 비트코인 트레이더인 차드 엘와토프스키Chad Elwartowski는 태국 해안가에서 23km 떨어진 곳에 바다 위의 인공도시 '시스테딩'을 급히 만들었다.[82] 이후 태국 정부가 그를 자주권을 침해한 혐의로 기소하

| 홍콩의 구룡성채

기 전에 급히 그곳으로 몸을 피했다. 그는 자신의 페이스북에 '나는 지금 이 순간 자유롭다. 아마도 이 세상에서 가장 자유로운 사람일 것이다'라는 메시지를 올렸다.

시스테딩은 사토시의 비전에서 다뤄진 주제이기도 했다. 비트코인캐시를 지지하는 어떤 사람이 내게 자신이 설계한 연안 숙소의 사진을 자랑스럽게 보여줬다. 그는 홍콩 교외에서 그 어느 국가의 통치도 받지 않았던 구룡성채 이야기도 들려줬다. 규제가 없는 구룡성채의 건물들은 복잡한 미로를 만들며 제멋대로 자란 콘크리트 정맥처럼 빽빽하게 들어서 있었다. 구룡성채는 1994년에 철거됐지만, 그는 그것을 지역의 주변부에서 그 무엇의 규제와 통제도 받지 않는 인간 행동의 상징이라고 봤다.

암호화폐 예찬론자들이 사이버공간에서 '자유의 땅'을 꿈꿀 때, 구룡성채의 이미지를 머릿속에 떠올린다. 우리가 스르륵 들어갈 수 있는 디지털평행세계, '사이버 구룡성채'는 과연 탄생할 수 있을까? 자유지상주의 운동가 코디 윌슨Cody Wilson은 '비트코인은 그들이 진정 두려워하는 것이고, 내가 선택한 것을 위해 … 떠나는 길이다.[83] 시스템은 더더욱 완벽에 가까워지고 있다. 우리가 사라질 때에 맞춰 어둠이 내리게 하라'라고 선언했다. 이때 그는 비트코인을 정확하게 '사이버 구룡성채'로 가는 열쇠로 묘사했다.

코디 윌슨은 어두운 그물망과 연관된 '어두운 시장' 이미지를 이용하고 있다. (이제 사라진) 다크 월렛이라는 비트코인 프로젝트를 진행하면서 위와 같은 발언을 했다. 사이퍼펑크가 추구하는 목표는 인터넷인프라를 끌어들여 그림자 네트워크를 만들어내는 것이었다. 그리고 (심지어 비트코인이 비트코인캐시와 같은 반목세력과 분리되는 순간에도) 암호화폐 예찬론자들이 지하 반군이 된다는 생각에 이끌려 이와 같은 '어둠'의 이미지를 많이 사용했다. 암호토큰은 실제 암시장에서 상계거래된다. 그래서 이 그림자 사이버경제는 한편으로 실재하지만, 다른 한편으로 신화다. 이러한 모순 때문에 기업자본주의 사회의 구성원은 수집품으로서 암호토큰에 더 관심을 갖고 열광한다.

이 마지막 요소가 비트코인 커뮤니티에 남성 비율이 높은 이유를 설명할 수 있을지도 모른다. 단호하고 용감무쌍하게 거래해야 하는 개인주의는 일상에서 특별할 것 없는 일을 해야 하는 남성에게 매력적으로 다가온다. 이런 심리를 이용해서 디지털수집품을 출시하는 것은 매우 수익성이 좋을 수 있다. 이는 파벌주의가 정치뿐 아니라 상업의 영역에도 발생한다는 것을 의미한다.

비트코인이 등장한 이후에, 수백 개의 '알트코인'이 등장했다. 알트코인은 새롭게 브랜딩된 비트코인의 복제품이라고 할 수 있다. 라이트코인·피어코인·도지코인 등의 암호토큰은 비트코인과 같이 기본적으로 수집품체계를 유지한다. 정해진 수의 토큰이 한정판처럼 발행된다. 하지만 그것들은 로고·수량·메커니즘·독립성을 조작한다. 사이버공간은 이제 거래소에서 미국 달러로 교환되어 팔리는 무수한 암호토큰들로 어질러졌다. 1세대 비트코인시스템의 대다수는 개념증명 이니셔티브로 봐야 한다(비록 그것들이 암호토큰 예찬론자들을 엄청난 부자로 만들었지만 말이다). 하지만 그것들은 보다 정교한 반복의 기틀을 닦았다. 지금부터 이 부분에 대해서 살펴볼 것이다.

장난감 탱크를
진짜 탱크로 만들기

어린아이들이 형형색색의 플라스틱 토큰이 담긴 상자를 뒤지고 있다. 잠시 동안은 다양한 색깔에 정신이 팔리지만, 끝내 아이들은 '이건 전쟁터의 탱크야'라고 상상의 나래를 펼쳐서 그것을 더 매력적으로 만들어버린다. 암호화폐 커뮤니티가 암호토큰시스템을 정교하게 만들기 위해서 한 첫 번째 시도는 이와 비슷했다. 혁신가들은 암호토큰을 현실 세계에 존재하는 것들과 융합할 수 있는지가 궁금했다. 말하자면 명사로서 숫자에서 벗어나 형용사로서 숫자로 나아가고자 하는 욕망이었다. 사이버공간을 넘어서 실제로 존재하는 **무언가와 교환할 수 있다는 약속**으로서의 암호토큰을 그들은 만들고 싶었다. 예를 들어서 암호토큰을 시장에서 거래되는 상품과 바꿀 수 있는 상품권이나 미래 보상을 약속하는 증권으로 만든다면, 암호토큰은 구체성을 지닐 수 있었다.

아이들은 상상력에서 나온 한마디 말로 토큰을 탱크로 만들어버렸지만, 어른들의 세계에서 상상과 현실을 단단히 연결하려면 절대 끊어지지 않는 탄탄한 무언가가 필요했다. '이 토큰은 1t의 백금이다'라고 말할 때 법원이 그 주장을 인정하지 않는다면 그 말은 아무 의미가 없다. 암호화폐의 경우에도 현실 세계와 결속시킬 쉽게 변경할 수 없는 연결고리가 반드시 필요하다. 백금으로 가득한 저장고를 열 수 있는 **열쇠**가 있다고 상상해보자. 그 열쇠가 무언가를 저장하진 않더라도 그것은 백금과 연결되어 있다. 열쇠가 없으면 굳게 잠긴 저장고 안의 백금을 꺼낼 수 없기 때문이다. 열쇠를 누군가에게 건넨다는 것은 저장고 속 백금에 대한 접근성을 양도하는 것이다. 그래서 혹자는 그것을 '백금이 보증하는' 열쇠라고 부를지도 모른다. 그래서 암호화폐 엔지니어들에게 주어진 새로운 도전과제는 자신들이 개발한 암호토큰을 현실 세계의 물건에 접근할 수 있도록 하는, 디지털열쇠에 상응하는 무언가로 바꾸는 것이었다.

　분산 금융시스템이 주류 뱅킹시스템을 대체하리라는 희망을 계속 품고 싶다면, 암호화폐시스템은 일방향으로 토큰을 거래할 수 있는 장점 이상의 효용가치를 보여주어야 할 것이다. 이 거래에는 협상에서 각자 맡은 역할을 이행할 2명의 당사자가 필요하다. 우리의 전통적인 리바이어던들은 이 테이블에서 승승장구한다. 내가 가게 주인에게 돈을 지불하지 않고 물건을 들고 도망가면, 그는 나를 체포하기 위해 경찰을 부를 것이다. 심지어 옛 구룡성채에서 갱단의 보호를 받는 누군가에게 해를 끼치면 총을 맞을 수 있었다.

　이와 비슷하게 아마존과 같은 인터넷 리바이어던들은 원활한 거래를 위한 중개시스템을 갖고 있다. 하지만 암호화폐 세계에는 암호토큰 이동 시 제 역할을 하지 않는 사람이 있을 때 도움을 청할 '암호 경찰(또는 갱단원)'이 없다. 암호토큰시스템에는 '디지털토큰을 보내고 상품을 받는다'거나 '작업이 완료되면 디지털토큰을 보낸다'거나 '화폐 토큰을 보낸 사람에게 백금 토큰을 준다' 등과 같은 여러 단계를 거치는 프로세스를 처리할 방법이 필요하다.

　비트코인의 왕좌를 노리는 또 다른 인물에게서 지금까지 중 가장 매혹적인 비트코인 비전이 등장했다. 나는 2014년 후반에 런던의 고급 연립주택에서 이더리움의 배후세력과 처음 조우했고, 그로부터 6개월 뒤에 이더리움이 출시됐다. 나는 엔지니어 2명이 식당 여기저기에 설치된 화이트보드에 휘갈겨 쓴 수학 방정식을 뚫어지게 바라보고 있었다. 그중 한 명이 무심코 정부를 '시대에 뒤진 운영시스템'이라고 말했다. 블록체인기술은 문제해결에 대한 엔지니어의 공학적 열망 해소와 정치적 목적 달성을 약속한다. 이더리움을 만들고 있던 그들은 세상을 결함 있는 부품과 어긋난 경제적 유인책 때문에 제대로 작동하지 않는 거대한 사회적 기계로 봤다. 옳은 보상이 제공되도록 제대로 코드화된 계약이 있으면 정교한 '사이버 구룡성채'가 등장할 수도 있었다. 그들은 지저분한 다크웹을 원하지 않았다. 대신에 '암호 경제학'이 길잡이가 되는 질서 있는 유토피아를 추구했다. 암호 경제학에서는 법을 어기거나 비행을 저지르면 이로울 것이 없는 시스템을 설계할 때 게임이론을 적용한다.

이더리움은 **디지털자판기**에 큰 희망을 건다. 동전을 넣었더니 '속았지, 멍청이'라고 소리치며 달아나는 자판기는 없다. 자판기는 시장 계약을 준수하여 작동하도록 수학적으로 프로그래밍된다. 무법천지에서 가게는 도둑맞을 수 있지만, 무정한 자판기는 계속 영업할 수 있다. 사람들은 이더리움시스템으로 무장한 디지털자판기에 상응하는 시스템 코드를 설계하고 자판기를 배포할 수 있다. 각각의 디지털자판기는 고유 주소를 부여받고 시스템에서 사람들과 거래하는 대리인으로 행동할 수도 있다. 이것이 이더리움시스템의 핵심적인 혁신이다.

이더리움시스템에서 이것은 '스마트계약'이라고 불리는데, 이 이름이 혼란을 야기하기도 한다. 1994년 암호해독 전문가인 닉 자보 Nick Szabo가 이 용어를 제일 처음 사용했다.[84] 그는 스마트계약을 자판기에 비유하면서 설명했다. 일반적인 자판기가 기계 부품으로 만들어진다면, 디지털자판기는 코드로 작성된다. 이더리움은 **이더**라는 토큰을 갖고 있다. 이더는 이러한 디지털자판기를 작동시키는 데 사용된다. 놀이공원 관리기관이 발행한 토큰만 사용할 수 있는 놀이공원을 떠올려봐라. 이더리움 네트워크는 토종 토큰인 이더만 받는 놀이기구가 즐비한 디지털놀이공원과 같다. 음료수 자판기에 '동전 구멍에 1파운드가 들어오면 코카콜라를 준다'와 같은 지시 사항이 코드로 입력되어 있다고 치면, 디지털자판기에는 '1개의 이더 토큰이 암호 주소로 들어오면 그것을 보낸 주소로 5개의 쉐어 토큰을 보낸다'와 같은 명령을 코드로 입력할 수 있다.

비트코인처럼 이더리움에도 기술자 네트워크가 있다. 그들은 (자판기와 같은) 주소를 가진 사람들로부터 어떤 요청을 받고, 그것을 실행에 옮긴다. 이것은 비트코인시스템보다 더 정교한 프로세스다. 왜냐하면 실행되자마자 많은 디지털기계들에 연산작업을 수행하라는 명령이 전달되기 때문이다. 그것들은 네트워크에서 실행되기만을 기다리는 작은 프로그램 같다.

러시아계 캐나다 사람인 비탈릭 부테린Vitalik Buterin은 딴 세상에 사는 사람 같다. 그는 이더리움을 처음부터 이끈 사람이다. 이더리움 팀은 이더 토큰을 예약판매해서 상당한 자금을 끌어들였다. 이것은 완공되지 않은 테마파크가 테마파크에서 사용할 수 있는 토큰을 미리 파는 꼴이었다. 그리고 그들은 그 수익금으로 사람들을 고용해서 기초 인프라를 만들었다. 이더리움 팀이 2015년에 공개한 새로운 시스템은 사람들 각자가 나름대로 자신만의 미래 사이버경제 비전을 투영할 수 있는 빈 슬레이트 같았다. 열렬한 지지자들은 더 복잡한 '탈중앙화자율조직'을 만들어내는 자동연결 스마트계약 집합체를 상상했다. 이어서 탈중앙화자율조직은 실리콘밸리에서 개발된 플랫폼에 대한 대안 플랫폼이 될 수 있었고, 그것들은 사이버공간의 시민들이 보낸 이더 토큰으로 작동했다.

실제로 실리콘밸리에서 나온 많은 소름 끼치는 아이디어들은 탈중앙화자율조직으로 흘러들어갔다. 디지털자판기에서 디지털열쇠를 구입하지 않으면 시동을 걸 수 없는 자동차를 상상하는 사람들이 있었다. 멀리 떨어진 곳에서 사이버공간을 통해 신호를 보내고 자동차를 멈출 수 있을지도 모른다(이것은 옛날 공중전화기가 신용이 바닥나면 통화가 끊기는 것과 같다). 탈중앙화자율조직을 통해서 사이버토큰을 벌어들이기 위해 고속도로를 달리는 자율주행차 군단을 상상하는 사람들도 있었다.

더 현실적인 비전은 이런 것이다. 블록체인 기반의 플랫폼들을 두고 사람들은 '신용이 없다'고 말한다. 이것은 사람들이 서로를 신뢰하지 않아도 시스템은 작동한다는 뜻이다. 기술 전문가에게 이것은 이념적인 문제라기보다 실질적인 문제였다. 설령 그들이 99%의 인류를 믿더라도, 1,000만 명에 달하는 정체불명의 사람들이 활동하는 인터넷망에서는 악의적인 1명이 전체 시스템을 무너뜨릴 수 있다. 의심스럽거나 무능한 행위자들이 있건 없건 제대로 작동하는 시스템을 설계하는 것은 그들에게 매력적인 일이었다. 중앙집권인프라보다 분산인프라가 보다 탄력적으로 작동하는 세상은 험한 환경에서 일하는 개발 전문가들에게도 매력적인 생각이었다. 그리고 인도적인 구호활동에 참여하는 사람들도 블록체인시스템에 관심을 기울이고 연구하기 시작했다. 나는 유엔인도주의업무조정국·유엔사회개발연구소·국제사면위원회·유엔환경프로그램의 블록체인시스템 조사에 도움을 줬다.

곧 거의 모든 주요 NGO가 블록체인시스템에 관심을 갖게 됐다. 기후변화에 맞서는 단체들은 블록체인 해커톤을 열었고, 구호단체들은 블록체인기술이 식품 할인권을 배포하는 데 사용될 수 있을지 고민했다. 공급망에서 상품 이동을 추적하는 것부터 블러드 다이아몬드에 반대하고 탄소배출권을 기록하는 영역까지 다양한 분야에서 사람들은 블록체인의 사용 가능 유무를 따져보았다. 이런 유형의 단체들은 암호시스템의 핵심부에서 유포되는 비주류 정치철학에는 관심이 없었다. 그들은 자신들의 목표를 달성하는 데 도움이 될 새로운 방법을 찾는 실용적인 정치적 중도주의자였다. 이로써 극과 극이 만나 말발굽은 완전한 원이 됐다.

이더리움
종파 분열

이더리움 커뮤니티는 2016년에 이더 토큰을 투기하고 축적하는 사람들과 기업가정신을 갖고 이더 토큰이 사용될 수 있는 가상의 프로젝트를 추진하는 기술전문가나 연구자로 쪼개졌다. 이더리움 커뮤니티가 투기세력과 활동적인 기업가세력으로 나뉘자 **금융산업**은 완벽한 기회를 포착했다. 2016년 5월 '더다오The DAO' 이니셔티브가 이더리움 네트워크의 디지털금융자판기로 출범했다. 이것의 목적은 투자자들로부터 이더 토큰을 모으고 기부자들에게 투자할 기업을 결정할 수 있는 투표권을 주는 것이다(이것은 분산 뮤추얼펀드와 거의 비슷하다). 하지만 이것은 헷갈리는 이름이었다. 다오, 즉 탈중앙화자율조직은 암호업계에서 포괄적인 개념이다. 이니셔티브를 '더 다오'라고 부르는 것은 투자펀드를 (예를들어서 블랙록BlackRock이라고 부르는 대신에) '투자대상기업'이라고 부르는 것과 같다. 그럼에도 불구하고 더 다오의 설립자들은 비탈릭 부테린과 이더리움 커뮤니티의 주요 인사들을 영입했다. 이런 전략을 효과적이었고, 더 다오는 겨우 15일 만에 1만 명의 기부자들로부터 1억 달러의 이더 토큰을 모았다.

더 다오의 설계자들은 오만해졌다. 그들은 자신들의 창조물은 '그 어디에도 존재하지 않으면서 어디에나 존재한다'라고 주장했다. 그리고 그것은 '멈추는 법이 없고 변하지 않는 철석같은 코드의 의지만으로' 움직인다고 주장했다. 첫 번째 주장은 암시장을 생각하면 이해가 쉬울 것이다. 하지만 두 번째 주장을 이해하려면, 암호 경제학을 믿는 암호 엔지니어들이 설계한 코드화된 스마트계약시스템의 기반을 알아야 한다. 이 시스템은 '코드가 법이다'라는 믿음에서 권위를 얻는다(정확하게 말하면 그들을 지지할 사법시스템이 없기 때문이다).

사법당국이 합법적인 경계 안팎을 감독하는 세계에서 합법적으로 가능한 것을 구분하는 것은 어렵지 않다. 하지만 '속도 제한'이란 용어를 생각해보자. 이것은 법적 의미와 물리적 의미를 모두 갖고 있다. 합법적인 속도 제한이 시속 110km/h여도, 세계에서 가장 빠른 자동차의 물리적인 속도 제한은 시속 500km/h일 수 있다. 첫 번째 속도 제한을 어기면 인간의 법을 어기는 것이지만, 두 번째 속도 제한을 어기는 것은 자연의 법을 어기는 것이다. 암호시스템을 어기는 것은 후자에 가깝고, 이 시스템은 '깨부술 수 없는' 힘의 지배를 받을 것을 요구한다. 멈출 수 없는 코드는 물리학과 같고, 그 자체가 법과 경찰의 역할을 하기 때문에 사이버 구룡성채에서 사람 경찰관은 필요가 없어진다.

하지만 한 달 뒤에 나는 이 물리학이 무너지는 것을 목격했다. 벨기에 브뤼셀의 어느 레스토랑에서 유명한 이더리움 개발자 뒤에 서 있던 나는 그가 종이에 다이어그램을 끄적이는 것을 봤다. 그는 이제 막 발생한 대규모 해킹 사건을 바로잡기 위해서 이더리움의 코드를 수정하는 비상 계획을 면밀하게 수립하고 있었다. 해커는 이더리움시스템에 혼란을 줘서 수천만 달러의 이더 토큰을 빼내는 방법을 찾아냈다. 이것이 범죄자의 손에 넘어가면, 그는 엄청난 양의 이더 토큰을 손에 넣을 수 있었다. 하지만 이더리움 개발자들이 이를 저지하려고 시도하면, 이더리움시스템이 멈출 수 없는 코드에 의해서만 운영된다는 환상이 무너지게 된다. 더 다오에 참여한 수천 명의 투자자는 자신들의 투자금이 사라지는 것은 넋 놓고 지켜

봤다. 이제 대다수가 '코드가 법이다'라고 말할 기분이 아니었고, 능숙하게 이더리움시스템의 코드를 조작해서 이더 토큰을 빼낸 해커는 합법적인 행위자가 됐다.

그들은 이 '법의 조문'(코드)이 '법의 정신'을 섬기지 않는다는 것을 감지했다. 그리고 법의 조문을 법의 정신과 일치시킬 필요가 있다는 것도 깨달았다. 하지만 이것은 부패한 정치인들의 통제로부터 탈출하기 위해서 설계된 암호플랫폼의 정치적 이데올로기에 어긋나는 것이었다. 그들은 원래 법을 바꾸려고 선봉에 선 사람들이었으니까.

결국에 멈출 수 없을 것처럼 보였던 코드가 요지부동 인간 정치라는 현실 세계에 막혀버렸다. 이더리움 팀은 이더리움 역사에서 이 굴욕적인 순간을 도려내기 위해 시스템을 업데이트했다. 해킹이 처음부터 일어나지 않았던 것처럼 만들려고 한 것이다. 이렇게 '시간을 되돌리려면' 변화를 받아들이도록 기술자들을 설득해야만 했다.

여기에 분산된 사이버 국정운영술이 실행됐지만, 저항세력이 등장했다. 저항세력은 이더리움에서 분기하여 이더리움 클래식이라는 새로운 버전의 시스템을 만들었다. 거기서는 여전히 해킹이 일어났고 멈출 수 없는 힘을 지닌 코드가 시스템을 장악했다. 이더리움과 이더리움 클래식은 지금 종파싸움을 벌이고 있다. 이것은 비트코인과 비트코인캐시에 나타나는 갈등 양상과 매우 유사하다. 내가 이런 이야기를 하는 까닭은 이런 일들로 인해 블록체인의 기발함이 많이 퇴색됐기 때문이다. 하지만 **분산 거버넌스**에 관한 연구도 시작되었다. 이 연구는 명확한 중앙권력이 없더라도 절박한 사람들끼리 모이면 중대한 의사결정을 내릴 수 있음을 증명하려 한다. 이 영역에서는 많은 실험이 진행되고 있다.

정치와 경제의
용광로

　　　　　　　　　내가 들려준 이야기들은 블록체인 운동권 내부에서 비롯되었지만, 지금까지 대부분 대중도 암호토큰시장과 언론이 영향을 주고받으며 블록체인에 관한 이슈를 공회전시키면서 생성하는 풍문에 노출되어왔다. 예를 들어서 2017년에는 암호화폐공개Initial Coin Offering, ICO가 성행했다. 이 용어는 '기업공개Initial Public Offering, IPO'에서 영감을 받았다. IPO는 비상장 기업이 주식시장에 주식을 발행해서 자금을 조달하는 프로세스를 의미하는 금융용어다. 반면에 ICO는 기회주의적인 암호 기업가들이 디지털자판기를 많이 만들어서 아직 만들어지지도 않은 미래의 시스템에서 사용할 암호토큰으로 자금을 조달하는 프로세스를 의미한다. 덕분에 이더리움은 주식으로 가장했지만 집행할 수 없는 암호토큰이 거래되는 무법천지의 시장이 되었다. 나 역시 아직 현실화되지 않은 것으로 수백만 달러의 자금을 조달한 사람들을 많이 알고 있다. 수많은 ICO 암호화폐가 엄청난 수익이 날 것처럼 과장된 선전을 통해 거품을 만들어내고 자금을 조달하고 1년 남짓 프로젝트를 진행하다가 쥐도 새도 모르게 사라졌다(ICO된 암호화폐에 관한 트위터 피드가 활성화되다가 그 속도가 서서히 줄어들고 잠잠해졌다).

하지만 사기와 스캔들 틈에서 눈을 돌릴 수 없는 운동이 벌어지고 있다. 비트코인과 이더리움은 이제 개선되어야 할 기존 기술로 간주된다. 무정부 상태에서 새로운 암호화폐기술들이 싹을 틔우기 시작했고, 이와 함께 다양한 정치적 비전이 확산했다. 여러모로 이러한 플랫폼들은 정치적 스펙트럼의 극단에 위치한 사람들에게 편안한 집이 되어준다. 예를 들어서 데이비드 골럼비아David Golumbia 교수는 학술논문 〈비트코인의 정치: 우익 극단주의로서 소프트웨어〉에서 비트코인기술이 자유지상주의 경제학과 극우 포퓰리즘을 결합시킨다고 주장한다.

실제로 도널드 트럼프 전 미국 대통령의 자문역이었던 스티브 배넌Steve Bannon은 비트코인을 '세계 포퓰리즘 봉기'의 추진력으로 본다.[85] 비트코인업계 저 아래 보이지 않는 곳은 반유대주의와 반페미니즘으로 가득하다. 오스트리아 빈에서 열린 암호화폐 행사에서 나는 노골적인 신나치주의자를 만났다. 그는 몇몇 사람들 앞에서 공개적으로 우생학을 옹호했고 인종차별적 발언을 쏟아냈으며, 그의 발언에 반발한 비트코인캐시 핵심 개발자와 싸우기도 했다. 변두리에서는 극단적 보수 '신반동' 이론가이자 컴퓨터 과학자인 커티스 야빈Curtis Yarvin이 어르빗이라 불리는 암호화폐 운영시스템 프로젝트를 시작했다.

일부 극우세력은 (9장에 나온) 블록체인기술로 인해 도달할 '특이점' 이야기를 (영화 '매트릭스'에서처럼) 인류를 멸망시킬 기계 디스토피아의 허무주의로 왜곡했다. 소수지만 더 부드럽고 생물학적인 '가이아로서 블록체인'을 그려내는 이야기도 있다. 이것은 항상 환각에 취한 듯한 신샤머니즘 커뮤니티에서 비롯되었다. 뉴욕의 '아상블라쥬'는 달변가인 뉴에이지 사회적 기업가들이 모여서 매일 제공되는 채식 뷔페를 먹으며 의식과 영성에 관해서 논하는 곳이다. 여기서 나는 민족의상을 입고 요가 자세로 앉아 있는 금융 트레이더를 만났다. 그는 더없이 행복한 미소를 지으며 블록체인이 영적인 금융혁명이 될 수 있다고 말했다. 정치적 말발굽이론에 따르면 극우세력이 히피 아이디어를 받아들이면서 양극단이 만나게 됐다. (페이팔과 팔란티어의) 피터 틸은 어르빗 프로젝트에 투자하는 펀드, 실로시빈이라는 환각물질을 만드는 기업, 비트코인이 막대한 에너지 소비를 통해서 기후변화를 해결하는 데 도움이 될 것이라고 주장하는 비트코인 채굴기업 등을 갖고 있다. 놀랍지 않은가.

자신들만의 사이버 구룡성채를 상상하는 단체는 많다. 지금까지 우리의 관심을 피해온 단체도 있다. 은행업계의 관심을 끈 단체가 있다면, 그건 그 단체에 속한 사람들이 부유해졌기 때문일 것이다. 은행원들은 암호화폐 기업가들이 서로 다른 커뮤니티의 이상적인 상상력을 활용해서 **많은 돈을 벌어들였다는 것**을 눈치채고 그것에 주목한다. 은행업계의 주목을 받은 그들은 자신이 만든 사이버 구룡성채를 은행에 판매하려 들지도 모른다.

13장

회유당하는
반란군들

카자흐스탄의 수도인 아스타나는 카자흐
스텝 지대에 위치한다(최근에 이름이 누르술탄으로 바뀌었다). 카자흐
스텝 지대는 카자흐스탄 북부의 거대한 초원이다. 스텝 지대는 옛
실크로드를 거침없이 달렸던 유목민족인 스키타이족·카자크족·몽
골족과 아주 밀접한 관련이 있다. 그런데 아스타나는 이러한 적막
한 평지와는 어울리지 않는 듯하다. 1990년대 초반에 처음부터 계
획도시로 개발된 아스타나는 뭔가를 조립해서 만든 듯한 느낌을 준
다. 모두 해체해서 말 등에 실어서 나를 수 있을 것 같다.

아스타나는 당시에 카자흐스탄의 독재자였던 누르술탄 나자르바
예프Nursultan Nazarbayev 대통령의 개인적인 프로젝트에서 탄생했다.
그는 석유를 팔아서 벌어들인 돈을 아스타나를 건설하는 데 쏟아부
었다. 카자흐스탄 정부가 가장 최근에 진행한 프로젝트는 새로운

아스타나 국제금융센터의 설립이었다. 그것은 세계적인 대형 금융 회사와 핀테크 스타트업의 허브 역할을 할 것이다. 누르술탄 나자르바예프는 지금 아스타나 국제금융센터의 회장이다. 그는 J. P. 모건·시티그룹·러시아의 스베르방크 출신 금융가들이 참여하는 관리이사회를 주관한다. 그러므로 아스타나 국제금융센터는 국가권력과 세계 금융의 교차점을 보여주는 완벽한 상징이다.

나는 아스타나를 전 세계에 선보이는 자리인 아스타나 엑스포 2017에 참석했다. 그 행사에서 자신들이 아스타나 국제금융센터의 자문이라는 것을 선전하고 싶었던 도시 관계자 몇몇이 나를 행사에 초대했던 것이었다. 나는 아스타나로 가는 비행기에서 카자흐스탄 코미디 영화를 봤다. 그 영화는 한 도시의 불행한 호텔 매니저가 말을 타고 다니는 망나니 사촌들을 외국 사업가들이 주로 머무르는 자신의 호텔에 직원으로 일하게 만들면서 일어나는 사건들을 재밌게 그렸다. 카자흐스탄은 마지막 남은 거대 무정부 지역 중 하나였고, 이 영화는 유구하고 자유로운 유목주의의 세계와 국영정유회사, 거대 금융회사로 구성된 새로운 세계의 결전을 희극적으로 풀어냈다.

안정적인 국가주의와 역동적인 유목주의 사이에 흐르는 긴장감은 이미 오래된 것이다. 이는 전 세계적인 것이기도 하다. 예를 들어서 제임스 C. 스콧 James C. Scott은 《조미아, 지배받지 않는 사람들》에서 국가주의와 유목주의의 전투를 그렸다. 국가주의는 계곡에서 발견됐다. 정착생활에 기반한 농업은 부의 축적과 상거래를 가능케 했고, 안정된 도시들로 구성된 계급적 국가들을 등장시켰다. 유목

| 카자흐스탄 아스타나 전경

주의는 더 척박한 환경에서 비롯됐다. 산과 사막과 같은 지형으로 둘러싸인 곳이 아닌 탁 트인 평원에 등장했고, 비계급적·반유목적 사람들이 집단을 형성했다. 국가주의와 유목주의가 나란히 존재하면서, **정치적 출구**가 만들어졌다. 국가중심적인 삶을 좋아하지 않는 사람이라면 비국가주의적인 지역으로 떠날 수 있었다. 그들은 가끔 국가적 지역을 급습하기도 했다.

아스타나의 외곽지역에 있으면, 정치적 출구가 존재했던 시절을 상상할 수 있다. 아스타나를 벗어나면, 끝없이 펼쳐진 평원이 나타난다. 암호화폐 예찬론자들은 국가주의에서 벗어나 블록체인이 만든 '디지털평원'으로 떠나자고 이야기할 때 사람들이 이와 같은 느낌을 받기를 원한다. 가장 악명 높은 암시장 웹사이트 중 하나는 드넓게 펼쳐진 평원의 이미지가 떠오르는 실크로드라고 불렸고, 그것의 후신이 오픈바자다.

국가주의와 유목주의는 서로의 영역을 급습할 수 있다. 과거에 국가는 사람이 살기 힘든 비국가 지역으로 원정대를 보냈고, 그곳에서 노예를 잡아들였다. 그렇지 않으면 그들은 비국가 지역에 사는 사람들을 매수해서 그 지역을 급습하게 만들거나 용병으로 이용했다. 그다지 중요하지 않은 지위를 부여해서 해적들을 달랠 수도 있었다. 최근 몇 년 동안 암호화폐 세계에서도 이렇게 '해적들을 달래는 일'이 자행됐다. 엑스포에 참관하려면 거대한 아스타나 전시센터로 들어가야 했다. 거기서 나는 카자흐스탄 정유회사 임원들을 대상으로 블록체인을 설파하는 텍사스 출신 블록체인 컨설턴트를 봤다. 그는 은행과 다른 기업을 위해서 '비공개 블록체인' 시스템을 만드는 뉴욕의 컨센서스에서 일했다. 여기에 '해적들'이 있었다. 이 해적들은 블록체인을 민영화해서 적들에게 팔았다. 지금부터 대기업이 어떻게 암호화폐 세계를 서서히 장악하고 있는지, 블록체인이 어떻게 과점세력의 권력을 오히려 강화시키고 있는지를 살펴보자.

사냥을 개시하는 호랑이

초기 블록체인 커뮤니티에서는 반체제적 기류가 흘렀다. 하지만 12장에서 자세히 살펴봤듯이, 많은 암호화폐 예찬론자들도 정치적으로 보수적이었고 대체로 기업친화적이었다. 아주 처음에 암호화폐 컨퍼런스는 정치 집회보다 기업들의 교류행사에 더 가까웠다. 2016년까지 그것들은 상업화됐고, 입장권과 스폰서십을 확보하는 데 막대한 비용을 쏟았다. 암호토큰 거래가 성황 중이었고, 골드만삭스와 같은 투자은행들은 이것을 위협으로 보지 않았으며 고객이 암호토큰을 사고팔 수 있도록 돕는 암호화폐 트레이딩 부서를 신설했다.[86] 주류 투자펀드들도 암호토큰을 주식·채권·부동산·예술작품·금 등과 함께 투자 포트폴리오에 담을 새로운 상품으로 봤다.

빅파이낸스가 블록체인에 관심을 갖기 시작하면서 암호화폐산업은 이념적으로 불안정해졌다. 초기 몇 년 동안 암호화폐 기업가들은 자신들이 대기업에 적대적이라고 주장했다. 하지만 자유시장에서는 이윤추구가 정치적 이상이었다. 그들은 대기업이 수익성 있는 협력 기회를 제안한다면 신념을 '버려야 할지' 고민할 수밖에 없었다. 나는 주요 영국은행이 개최한 블록체인 브레인스토밍 세션에 참여하면서 이를 살짝 엿볼 기회를 가질 수 있었다. 다수의 블록체인 기업가들이 초청됐고, 그들은 그곳에 참석한 은행원들에게 자신들의 블록체인 이니셔티브를 알렸다.

하지만 언뜻 그들의 말은 대체로 이해가 되지 않았다. 어떤 '협업 기회'가 은행과 암호화폐 반란세력 사이에 존재할 수 있을까? 그리고 암호화폐 기업가들이 뱅킹시스템을 우회하는 것이 목적인 블록체인을 그들에게 설명하는 이유는 무엇일까? 블록체인은 중앙집권화가 아닌 '분산화'를 촉진하는 기술이지 않나?

무슨 일이 일어나고 있는지, 그리고 앞으로 어떤 일이 계속될지를 이해하기 위해서, 은행들은 과점을 형성하며, 과점은 준중앙집권시스템이란 것을 기억해야 한다. 이것은 은행 과점 또한 일종의 분산시스템이란 뜻이기도 하다. 예를 들어서 영국에는 금융시장을 장악하는 5개의 주요 은행이 있고 이들은 시장을 두고 서로 경쟁한다. 옛 왕족들은 공동전선을 유지하기 위해 근친결혼을 하면서 뒤에서는 서로를 헐뜯고 비난했다. 이와 비슷하게 은행들도 반은 경쟁하고 반은 협력한다. 그들은 공동의 과점인프라를 유지하기 위해서 서로 손을 잡고, 그 속에서 우위를 차지하기 위해서 경쟁한다. 이것은 프리미어리그와 크게 다르지 않다. 프리미어리그는 리그 안에서 경쟁하는 20개 축구구단의 협동으로 운영된다. 이것은 한편으로 중앙집권시스템이고, 다른 한편으로 분산시스템이다. 서로 의견이 완전히 일치하지 않는 무수한 조직들이 프리미어리그의 운영에 관여한다.

축구구단들은 프리미어리그에 모여 시합 일정을 조율하고 (선수이적 등) 리그 운영에 관한 여러 사항에 대한 합의에 도달하기 위해서 치열하게 대화한다. 이처럼 은행들도 대규모 거래를 비공개로 조율하고 처리하기 위해서 '은행 간 시장'에 모인다. 은행들은 자사기록과 거래은행 기록의 일치 여부를 확인하는 부서를 두고 있다. 이런 부서들은 일반 고객을 직접 상대하지 않고, 아직 처리되지 않은 요청 사항을 확인하여 처리한다. 은행 간 시장은 은행들이 독자적으로 운영하는 많은 독립된 IT시스템에 의해 움직인다. 은행이

고용한 기술직원들이 그러한 IT시스템들을 동기화한다.

이것이 블록체인과 무슨 관련이 있을까? 11장에서 블록체인시스템이 개별시스템을 동기화하여 통일성을 확보한다는 것을 확인했다. 그래서 전용 블록체인시스템은 몇몇 코드만 변경해서 은행 IT시스템의 통일성을 유지하는 데 사용할 수 있다. 프리미어리그가 아마추어 리그가 사용하는 구단관리기술을 적용한다고 생각해보라. 대기업은 자신들의 카르텔·신디케이트·과점을 조직화하기 위해서 블록체인의 기술적 발판을 습격하고 목적에 맞게 코드를 수정할 수 있다.

이것은 '전용 블록체인'·'기업 블록체인'·'컨소시엄 블록체인'의 폭발적인 증가로 이어졌다. 기업에서는 블록체인시스템을 사용할 때 불필요하거나 부적절하다고 여겨지는 오픈 블록체인시스템의 다양한 특징들을 제거했다. 그리고 여러 특징이 사라진 블록체인시스템은 '분산원장기술'이라 불리기 시작했다. 이것은 주류 핀테크 세계에서 유행어가 됐다. 우리는 앞에서 은행창구에서 고객을 상대하는 직원들이 어떻게 디지털앱으로 대체됐는지를 살펴봤다. 그리고 고객을 상대하지 않는 금융인들이 어떻게 AI로 대체되거나 보강되는지도 살펴봤다. 블록체인이라는 새로운 영역에서는 분산원장기술이 은행 간 시장의 거래직무를 자동화하는 데 사용된다. 금융기관 입장에서 은행 간 시장 거래업무만 처리하는 직원은 이윤 없이 비용만 발생시키기 때문이다.

분산원장기술은 은행업계가 자동화를 확산하기 위해서 밟게 되는 다음 단계다. 이 단계에서 은행들은 은행 간 협업 프로세스를 자동화하는 데 관심이 있다. 금융산업 내부자들은 금융증권화부터 신디케이트론까지 은행 간 협업이 원활하게 이뤄지도록 '블록체인' 솔루션을 고안하려 한다(신디케이트론은 다수의 은행으로 구성된 차관단이 공통의 조건으로 일정 금액을 융자해주는 것이다).[87] 몇몇 은행들은 이러한 인프라를 마련하기 위해서 R3라는 이니셔티브를 지지했다. 하지만 대다수는 하이퍼레저와 같은 공동 프로젝트를 따랐다. J. P. 모건 출신 트레이더인 블라이스 마스터스Blythe Masters가 하이퍼레저 프로젝트를 이끈다. 그는 (2008년 세계 금융위기를 증폭시킨) 신용부도스와프시장의 개척자로 악명이 높다. J. P. 모건은 이더리움 소스코드를 바탕으로 쿼럼이라는 독자적인 분산원장시스템을 개발했다.[88]

많은 암호화폐 개발자들이 부업으로 이러한 프로젝트에 컨설턴트로 참여한다. 은행원들이 블록체인 행사를 후원하거나 초대되는 것도 흔한 풍경이 됐다. (12장에서 소개됐던) 강경한 무정부주의적 자본주의자들은 블라이스 마스터스가 블록체인 행사에 연사로 무대에 오르면 투덜댈지도 모른다. 하지만 길고양이들이 지나가는 호랑이에 이빨을 드러내지만 속으로 경외심을 갖는 것처럼, 많은 사람들이 J. P. 모건에 상당한 수익을 안겨줬던 이 유명한 트레이더를 존경한다. 이런 슈퍼스타의 관심은 블록체인이 대세라는 것을 확인시켜준다.

언론은 가끔 이 쿠데타를 암호화폐 반군세력의 승리이고, 은행업계는 분산시스템으로 움직이는 새로운 세계를 진입하는 대신에 받아들이기로 결심한 것처럼 그린다. 오히려 은행업계는 이런 보도를 공짜 홍보 기회로 여기고 언론보도에 기꺼이 장단을 맞춰준다. 이런 상황은 거의 모든 대기업으로 확산됐다. 대기업들은 1장에서 살펴본 복잡한 네트워크에 속해 있다. 그들은 합동과 협력이 필요한 초국가적인 공급망을 보유하고 과점을 형성하여 네트워크를 장악한다. 마이크로소프트의 애저 클라우드 컴퓨팅 부서는 지금 대기업들에게 마이크로소프트 데이터센터 **내부에서** 독자적인 '컨소시엄 블록체인'시스템을 운영할 수 있는 서비스를 제공한다. 마이크로소프트는 기업친화적인 무정부주의적 블록체인 프로토콜을 개발하기 위해서 설립된 엔터프라이즈 이더리움 기업연합의 일원이다. 카자흐스탄에서 정유회사 임원들에게 블록체인기술을 소개했던 우리의 텍사스 친구도 이 연합의 일원이다.

수익을 창출할 기회가 쏟아지자, 블록체인을 둘러싼 풍경이 복잡해지고 파편화됐다. 그리고 누가 누구를 습격하는지가 분명하지 않은 경우가 발생했다. 대기업들이 암호화폐기술을 '점령하고 있는 것'일까? 아니면 암호화폐기술이 대기업을 점령하고 있는 것일까? 일반 대중에게 이 둘의 구분은 모호하다. 예를 들어서 주요 암호토큰 트레이딩플랫폼인 코인베이스는 분산형 수집품들을 거래한다고 선전하면서 중앙집권시스템으로 운영되는 나스닥 증권거래소에 상장됐다. 동시에 나스닥은 분산원장기술인프라 개발로 파트너 기업에 대한 서비스를 개선하기 위해서 기업 블록체인 민간 컨소시엄인 R3와의 파트너십을 선언했다.[89]

하이브리드화가 진행되고 있는 애매한 영역들 중에 가장 애매한 영역은 이제 막 등장한 '스테이블코인'이다. 스테이블코인은 통화시스템의 미래에 관한 논의에서 매우 중요한 요소가 되고 있고, 예상하지 못한 방향으로 통화시스템을 와해시킬 태세다.

스테이블코인

4장에서 은행들이 국가화폐를 받고 디지털칩을 발행하는 과정을 살펴봤다. 하지만 페이팔은 뱅크칩을 가져가서 소위 '페이팔 칩'을 발행한다. 다른 모든 디지털결제업체들도 마찬가지다. 페이팔 계정에 있는 '달러'로 표시된 숫자들은 일종의 3군 칩이다. 그것은 당신이 2군 칩인 뱅크칩을 보유하고 있다는 사실을 보증해준다. 그리고 뱅크칩은 연방준비위원회가 발행한 국가화폐를 당신이 보유하고 있음을 보증하는 수단이다. 여기서 국가화폐는 1군 칩이다. 주목할 점은 페이팔 칩이 '달러'라고 불린다는 점이다. 페이팔 칩을 발행하는 페이팔이 그것을 '영향력이 큰' 미국 달러로 교환해주겠다고 약속했기 때문이다. 페이팔은 이 약속으로 페이팔 칩을 달러시스템의 중심부에 단단히 옭아맨다.

그런데 블록체인 네트워크가 페이팔 칩과 같은 3군 칩을 발행하지 못할 이유는 없다. 테더Tether는 2014년 출범한 암호화폐기업으로 블록체인 네트워크에서 페이팔 칩과 같은 3군 칩을 발행한다. 테더는 페이팔처럼 사람들에게서 2군 칩인 뱅크칩을 받고, 암시장 암호토큰의 형태로 3군 칩을 발행해준다(테더가 취급하는 2군 칩은 미국의 웰스파고가 보증하는 대만 은행계좌에 사람들이 넣어둔 달러 뱅크칩이었다). 테더가 발행하는 테더 토큰은 연방준비위원회가 발행한 1군 칩인 국가화폐가 부분적으로 보증하는 일종의 '달러 암호화폐'였다.

분산시스템인 블록체인 네트워크가 뱅크칩을 담보로 발행하는 암호화폐는 '스테이블코인'으로 알려진다. 테더 토큰이 대표적인 스테이블코인이다. 비트코인을 연상시키며 분산화를 강조하는 '코인coin'과 안전하다는 뜻의 '스테이블stable'이 만나서 '스테이블코인'이란 용어가 만들어졌다. 스테이블코인이 다른 암호화폐보다 안전한 이유는 그것이 일반적인 통화시스템의 연장선상에 있기 때문이다. 우리가 돈이라고 부르는 것들은 대체로 은행이 발행하거나 기업이 발행한 차용증이라고 할 수 있다. 테더 토큰도 이와 같은 원리로 발행되고 거래되는 암호화폐인 것이다.

테더는 카리스마 있는 연쇄 창업가인 브록 피어스Brock Pierce의 손에서 탄생했다(그는 '마이티 덕' 시리즈에 출연한 아역 스타다). 브록 피어스는 월드 오브 워크래프트와 같은 온라인 게임에서 게임 화폐를 거래하여 수백만 달러를 벌어들였다. (그리고 스티브 배넌과 게임 화폐를 개발하고 거래했다). 그 이후에 그는 히피 자유지상주의적 암호화폐 대가로 변신했다. 2017년 그는 '푸에르토피아', 즉 푸에르토리코의 '암호화폐 유토피아'를 개발하기 시작했다. 그는 그곳을 암호화폐 기업가들이 전용비행기를 타고 다니는, 세율이 낮은 미래의 놀이터로 우아하게 포장했다.

하지만 테더는 논란에 휩싸이게 됐다. 테더 경영진이 유명한 해킹 사건으로 수백만 달러의 손실을 낸 암호화폐 회사를 운영했고, 그 손실을 상쇄하기 위해서 테더의 은행계좌에 손을 댔다는 소문이 돌았다. 이것은 테더 토큰이 부분적으로 은행의 **보증을 못 받거나** 뱅킹시스템에서 **떨어져 나갈 수 있다**는 방증이었다.[90] 2017년 웰스파고는 이 사건을 계기로 대만 은행들에 압력을 행사해서 테더와의 파트너십을 중단하게 만들었다. 그래서 브록 피어스는 테더의 달러 보유액을 옮겨둘 백업시스템으로 푸에르토리코에 은행을 설립했다.[91] 이 사건은 많은 사람들의 입을 통해서 회자되고 있지만, 테더 토큰을 보증하는 달러 보유액이 푸에르토리코의 은행으로 이체되면서 테더 토큰은 이전과 다름없이 자유롭게 거래되고 있다. 내가 이 글을 쓸 시점에 690억 달러 상당의 테더 토큰이 전 세계에서 거래됐다. 이것은 테더의 은행계좌에 (예상컨대) 690억 달러가 예치되어 있다는 뜻이다.

초기에 스테이블코인은 암호화폐 해적이 명목화폐를 습격하는 것쯤으로 여겨졌다. 하지만 2018년까지 많은 회사들이 스테이블코인을 발행하면서, 스테이블코인시장은 주류시장이 됐다. 예를 들어서 주요 암호화폐회사인 서클도 페이팔에서 물려받은 비즈니스모델을 이용하고, 이더리움 스마트계약을 통해서 사람들에게서 은행 예금을 받아서 USD 코인이라는 달러가 보증하는 암호화폐를 발행한다(서클은 은행이자에 대해서도 USD 코인을 발행한다).[92] DAI와 같은 다른 스테이블코인들은 달러와 암호토큰을 연동시키는 보다 진화된 메커니즘을 갖고 있다. 그것들은 **페깅**pegging**기법**을 이용해서 은행의 직접적인 개입 없이 암호토큰이 달러를 모방하게 만든다. 스테이블코인 발행회사들은 현금과의 전쟁이 벌어지는 배경에 주목했다. 비트코인과 달리 그들이 발행하는 스테이블코인은 돈처럼 사용될 수 있었다. 그리고 익명성이 거의 보장된다는 점을 고려하면 스테이블코인은 '디지털화폐'라고 불릴 자격을 그 어떤 디지털수집품보다 갖추고 있었다.

하지만 스테이블코인의 개념 자체도 누군가에게 습격당할 수 있다. 앞에서 대기업이 블록체인 기술영역을 흡수하여 전용분산원장기술시스템이 등장하게 된 과정을 살폈다. 분산원장기술은 면밀하게 통제된 준중앙집권기업 스테이블코인을 발행하는 데 사용될 수 있다. 이것은 중앙집권화된 페이팔과 비슷하다. 그런데 정확하게 이런 일이 2019년에 일어났다. 이것은 그해에 떠도는 돈에 관한 이야기 중에서 가장 거대한 이야기였고, 지금도 여전히 우리에게 영향을 주고 있다.

페이스북의 야심작
리브라

스테이블코인은 달러의 보증을 받는다는 이미지를 지닌 암호화폐다. 그런데 이런 이미지는 다른 이미지로 쇄신될 수 있다. 많은 대기업들이 독자적으로 이미지를 개발하여 수많은 가상화폐를 출시했다. '시저스 팰리스 카지노'라는 카지노 칩은 달러의 지급보증을 받는 일종의 이미지를 쇄신한 암호화폐다. 머지않아 당신이 미국 달러를 아마존 계좌로 송금하면, 그 대가로 아마존 코인을 받게 되는 날이 올지도 모른다. 아마존 코인은 디지털화폐 교환권처럼 아마존플랫폼에서 사용된다. 보다 진보한 기술은 **다수의 기저통화**를 받고 디지털화폐로 교환권을 발행하는 것이다. 아마존이 10개의 국가에서 10개의 아마존 은행계좌로 10개의 통화를 10명의 사람으로부터 송금받고, 이들에게 각자의 몫에 합당한 교환권을 디지털화폐로 발행한다고 가정해보자. 그 교환권은 10개의 통화로부터 지급보증을 받는다. 하지만 실제 통화의 지급보증을 받는 디지털화폐라고 설명하는 대신에 아마존은 그것을 '글로벌도미네이션코인'이라고 명명해서 독립된 통화라는 이미지를 만들어낼 수도 있을 것이다.

사실 아마존이 아직 벌이지 않은 이 일을 페이스북은 시도했다. 2019년 페이스북은 DECODE 프로젝트에 공습을 개시했다. DE-CODE 프로젝트는 유럽연합이 자금을 조달하는 이니셔티브로 대형 기술회사에 대한 대안으로 시민이 소유한 디지털플랫폼을 만들고자 시작된 프로젝트였고, 나 역시 이 프로젝트에 참여했다. 심지어 페이스북은 DECODE 프로젝트의 핵심적인 기술팀 중 하나를 고용해서 '리브라Libra'를 설계했다. 리브라는 페이스북이 설계한 스테이블코인이다. 페이스북은 리브라를 세상을 구할 세계적인 '암호화폐'로 선전했다.

리브라는 이 책에 등장하는 모든 트렌드를 집대성한 암호화폐다. 페이스북은 노골적으로 현금과의 전쟁에 참전했다. 실제 세상에 통용되는 명목화폐를 진보를 막는 시대에 뒤처진 악마적 유물로 그렸고, 금융포용이라는 메시지를 적극 활용하면서 자신들이 내놓은 새로운 시스템(리브라)이 전 세계적으로 은행서비스를 누리지 못하는 사람들을 도울 것이라고 주장했다. 핀테크산업처럼 페이스북은 자동화를 낭만적으로 묘사했지만, 동시에 리브라가 '암호화폐'가 될 것이라고 주장하면서 암호화폐운동의 세련된 해적 미학에 거머리처럼 찰싹 달라붙었다. 현실적으로 말하면 페이스북의 리브라는 전용분산원장기술시스템이었다. 그것은 스위스의 비영리 단체를 통해서 운영됐다. 대기업들의 신디케이트가 통제하는 이 단체는 다양한 통화가 예치된 다양한 은행계좌를 보유하고 있다. 전 세계 사람들은 돈을 송금할 때 그에 상응하는 액수의 리브라를 대기업 회원이 통제하는 전용 컨소시엄 블록체인에 기록할 수 있다. 리브라는 다양한 세계의 뱅크칩들이 지급보증을 하는 기업의 '스테이블코인'이었다.

리브라 프로젝트에는 우버와 같은 실리콘밸리의 슈퍼스타급 기술기업들도 참여했다. 그들의 역할은 새로운 리브라 토큰을 결제수단으로 사용하는 데 동의하는 것이었다. 이것은 서비스 사용자들에게 리브라를 사용해야 하는 이유가 됐고, 그야말로 리브라에 날개를 달아주는 셈이었다. 이러한 암호토큰을 거대한 대기업들이 지급보증하는 교환권이라고 생각해보자. 우버는 리브라를 **직접적으로 사용하지 않지만**(주주들에게 이윤을 나눠주려면 우버에게는 실제 미국 달러가 필요하다), 서비스 사용자에게서 받은 리브라를 협회에 보내 뱅크칩으로 교환해준다. 이렇게 되면 뱅크칩의 값어치에 상응하는 리브라는 더 이상 블록체인시스템에서 거래되지 않거나 '소각'될 것이다.

데이비드 마커스David Marcus가 이러한 노력들을 조율하고 조직화했다. 그는 페이팔 사장 출신으로 페이스북의 메신저 사업부로 이적했다. 사람들은 페이스북 메신저가 비공식적으로 친구들에게 메시지를 전송하는 플랫폼이라고만 생각한다. 그런데 디지털결제에도 메시지 전송이 필요하다. 일반적으로 우리는 페이스북 메신저를 통해서 '저녁 같이 먹을까?'와 같은 일상적인 메시지를 보낸다. 하지만 동일한 메시지전송시스템이 '상대에게 리브라 150개 송금'과 같은 구체적인 금융메시지 전송을 조정하는 데 사용될 수 있다는 것이다. 페이스북이 일방적으로 리브라를 통제하는 것은 아니지만, 왓츠앱이나 메신저와 같은 세계 최대 메시지전송시스템 중 일부를 통제하고 있다고 페이스북은 스스로 판단했다. 그들은 왓츠앱에 '리브라 송금'이란 탭을 추가한다면, 수억 명의 사람들을 리브라 암호화폐시스템으로 유인할 수 있을 것이라고 예상했다.

페이스북은 상업적인 목적을 위해서 암호화폐시스템을 개발했다는 의심에서 좀 더 벗어나기 위해서 처음부터 키바Kiva와 같은 마이크로파이낸스나 NGO를 영입하여 리브라를 은행서비스로부터 소외된 사람들에게 필요한 인도주의적 구명뗏목으로 보이게 만들었다. 리브라 대변인 단테 데스파르테Dante Desparte는 금융포용을 통해 수백만 명의 사람들에게 힘이 되어줄 것이라는 개인적 꿈을 유창하게 이야기했다. 그는 '전 세계가 작은 시스템들을 하나로 묶어둔 네트워크가 아닌 하나의 거대한 시스템에 승선할 수 있다면, 우리는 시스템 간 마찰 위협을 완전히 없앨 수 있을 것이다'라고 말했다.

언론은 한술 더 떴다. 리브라가 '은행과 중앙은행을 파괴할 것'이라거나 '세계 중앙은행이 될 것'이라는 헤드라인이 쏟아졌다.[93] 후자는 현실과 반대되는 주장이었다. 중앙은행은 은행들이 지급준비금으로 뱅크칩에 대해 지급보증할 화폐를 발행하는 기관이다. 하지만 리브라는 뱅크칩이 지급보증하는 디지털화폐였다. 리브라시스템은 중앙은행이 아닌 은행의 뱅킹시스템 위에 설계되어 3군 칩인 암호화폐를 발행했다. 리브라가 중앙은행이 되려면, 통화시스템의 무게중심이 되어야만 했다. 다시 말해서 은행들이 지급보증을 위해서 리브라를 사용해야 했다. 이렇게 하려면 세계 통화시스템을 완전히 뒤집어야만 한다. 하지만 이런 일이 가까운 시일 안에 일어날 가능성은 없다.

그럼에도 불구하고 페이스북은 모든 통화에 대한 지급보증 수단으로 푸른빛 리브라를 성공적으로 선전했다. 이로써 리브라는 최소한 심리상 일종의 통화력을 지닌 디지털화폐로 여겨졌다. 리브라가 국가통화의 지급보증을 받는 것은 사실이지만, 어느 통화가 얼마의 비율로 보증하는지는 명확하지 않았다. 예를 들어서 대규모 인도 사용자들이 루피rupee를 리브라 제휴업체의 인도은행계좌로 송금한다면, 그 제휴업체는 송금받은 루피를 달러로 교환할 것이다. 하지만 인도 사용자는 계좌에 리브라가 찍힌 것을 확인하게 될 것이다. 배후에서 그의 자국 통화는 스위스 재단에 의해 외환시장에서 거래된다.

이전에 식민지였던 사회는 미국 달러·중국 위안·유럽 유로가 지배하는 불안한 세계에서 이미 통화주권을 유지하는 데 애를 먹고 있다. 리브라는 표준 클라우드머니의 지급보증을 받게 될 것이 확실했고, 클라우드머니는 아마도 막대한 통화력을 지닌 국가들의 은행이 발행할 터였다. 리브라는 이를 좋은 일로 포장했다. 리브라가 은행서비스로부터 소외된 사람들을 현금으로부터 구제할 뿐 아니라, 그들을 부실한 자국 통화시스템에서도 구제할 것이라고 선전했다. 리브라는 짐바브웨에서 발생한 초인플레이션 같은 상황을 개별 통화가 야기하지 못하게 맞설 포괄적이고 안정된 메타통화로 그려졌다. 내게는 바로 이 부분에서 리브라를 둘러싼 이야기가 훨씬 더 개인적으로 다가오기 시작했다.

저커버그의
무심함

앞에서도 말했지만 나의 부모님은 짐바브웨 출신이다. 그래서 나는 유년의 많은 시간을 짐바브웨에서 보냈다. 부모님이 어렸을 때, 짐바브웨는 영국 식민지였고 로디지아라 불렸다. 1965년 로디지아 백인들은 대영제국에서 독립하여 백인이 이끄는 정착민 국가를 세웠다. 그리고 그들은 반항심에 파운드에 로디지아 달러라는 새로운 이미지를 부여했다. 이와 같은 시기에 정부는 로버트 무가베라는 학교 선생을 반정부 시위를 주도한 혐의로 투옥시켰다. 10년 동안 감옥 생활을 한 뒤에 그는 석방됐고, 잔인한 로디지아−부시 전쟁에서 나의 아버지 같은 백인들과 첨예하게 대립하게 될 흑인 저항세력을 결집시키기 시작했다. 로버트 무가베의 저항세력이 1980년 국가권력을 장악했고, 무가베는 로디지아 달러를 짐바브웨 달러로 다시 명명했다. 그런데 2000년대 무가베가 독재적 망상에 빠지면서 짐바브웨 달러는 자멸했다.

실패한 짐바브웨의 통화정책은 명목화폐의 운명에 대한 경고로 자주 언급된다. 하지만 이런 이야기는 국가 간 지정학적 불평등을 간과한다. 식민지시대 이후의 짐바브웨는 원자재 수출에 의존하던 나라였다. 짐바브웨 인구의 대부분이 농장에서 일하는 가난한 흑인들이었고, 소수만이 부유한 백인 농장주였다. 두 집단 사이에 당연히 긴장관계가 형성됐고, 기회주의적 지도자들이 부유한 백인과 가난한 흑인 사이의 긴장관계를 정치에 이용했다. 그리하여 짐바브웨의 농업부문은 정치환경이 불안하던 시기에 무너졌다. 이런 상황에서 나약한 정부는 더 많은 돈을 푸는 통화개혁을 통해서 이 불평등을 마법처럼 순식간에 타계하려고 했다. 1장에서처럼 신경계에 비유해서 이야기하자면, 활성자극을 절뚝거리는 팔에 보낸 셈이었다.

하지만 한 나라의 기본적인 생산시스템이 무너지고 있다면, 통화개입에 앞서 시스템을 안정화시키는 것이 효과적일 것이다.

이런 상황에서 짐바브웨 통화시스템은 무너지기 시작했고, 2009년 짐바브웨 정부는 통화 네트워크를 포기하고 미국 달러시스템으로 갈아타는 비상 계획을 세웠다. 미국 달러시스템을 유지하는 네트워크는 매우 강력하다. 미국의 국내 인구는 3억 명이 넘고, 그들은 첨단기술을 이용하여 거대한 지정학적 힘을 행사한다. 엄청난 군사적 영향력과 문화적 영향력도 이를 뒷받침한다.

무가베는 서양에서 권위주의적 독재자로 매도될지도 모른다. 하지만 그 누구도 그가 이식한 통화시스템이 짐바브웨에 깊이 뿌리내렸음을 부정할 수 없다. 식민지였던 국가가 자국의 통화시스템을 포기하고 제국주의적 통화시스템을 강제로 사용하는 것은 굴욕적인 일일 수 있다. 짐바브웨 사람들은 미국 연방준비위원회의 신하가 되길 바라지 않고, 미국 달러 지폐에 찍힌 건국의 아버지들에게 친밀감을 느끼지 않는다. 에콰도르처럼 자국 통화를 버리고 미국 달러를 법정통화로 사용하는 나라에서 보이는 반미 감정도 비슷한 것이다. 이러한 나라에서 민주주의 운동가들이 제일 걱정하는 일은 겉만 번지르르한 모바일 앱들을 사용해서 송금을 할 수 있느냐 없느냐가 아니다. 그들에게는 자신들의 정부가 강대국의 고객이 되느냐 마느냐보다 어느 정도 정치적 자기결정권을 지킬 수 있느냐가 중요하다.

리브라가 외부에 선전되는 방법을 보면, 페이스북은 이러한 열망에 대해 무지하거나 몰관심하다는 것이 드러난다. 페이스북은 가난한 짐바브웨 사람들에게 정치적 환경과 무관하면서 금융편의성을 제공하는 통화시스템을 제시했다. 중도주의적 사상가들은 이런 설명을 듣고 금방 혹했다. 페이스북 과두체제 집권층 구성원들은 로버트 무가베와 같은 근엄한 투자자보다 근사하게 말할 줄 아는 기술 엘리트에 가깝기 때문이다. 하지만 민주적인 시스템이라 할 수 없는 기업 컨소시엄이 리브라 뒤에 버티고 있었다. 그들은 달러화와 같은 강력한 통화로 리브라 토큰의 지급을 보증했다. 그들은 짐바브웨 민주주의 운동가의 민주주의시스템 재건을 도울 생각이 전혀 없었다. 그저 초국가적 기업인프라에 그들을 의존하게 만드는 것이 목표였다.

리브라의 매혹적인 단순함이 의심의 싹을 틔웠다. 리브라 토큰은 '아주 매끄럽게' 국경을 넘나들 수 있었지만, 리브라를 지탱하는 은행들의 금융프로세스는 은폐되어 있었다. 이러한 불투명함이 세계 규제당국의 반발을 샀다. 미국 의회는 페이스북에 공식적으로 리브라 개발을 중단할 것을 촉구하는 서한을 보냈고, 데이비드 마커스는 증인으로 소환됐다. 그는 재빨리 지정학적으로 타당한 이유를 들면서 리브라가 중국 디지털결제플랫폼에 대한 미국의 대항마가 될 것이라고 주장했다[94](마크 저커버그도 이와 같은 주장을 펼쳤다[95]). 리브라는 달러 헤게모니가 국제 무역의 영역을 넘어 외국 시민들 사이에서 일어나는 평범한 소매 거래에까지 확장될 수 있도록 돕는 일종의 금융무기가 될 수 있었다.

하지만 페이스북은 리브라플랫폼에 대한 반발 때문에 한발 물러

나서 계획을 다시 세웠다. 2021년 페이스북은 리브라를 '디엠^{Diem}'
이란 이름으로 새롭게 선보였다. 페이스북은 테더처럼 미국 달러가
지급을 보증하는 암호토큰을 표준 기업용 스테이블코인으로 발행
할 계획이었다. 하지만 미국 정부는 스테이블코인 사업에 뛰어드는
실버게이트 은행에 해당 기술을 팔라고 압박하면서 디엠의 추가적
인 개발을 막았다.

중앙은행이 일으킬 대홍수

지금까지 은행이 블록체인을 회
유하고 그것을 이용하여 자신들의 과점을 조직화하는 과정을 지켜
봤다. 그리고 암호화폐 기업가들이 테더 기술을 훔쳐서 소위 스테
이블코인을 만들어내는 과정도 살펴봤다. 페이스북과 같은 대기업
이 결국 이 모든 걸 활용하여 과점이 이끄는 기업 스테이블코인을
만들어내는 과정도 지켜봤다. 이제 디지털화폐를 덮치고자 하는 중
앙은행을 만나볼 차례다.

많은 디지털화폐시스템들은 스스로를 '디지털화폐'라고 칭하면서
현금이라는 인상을 사람들에게 주려고 애썼다. 하지만 모두가 여러
모로 현금을 완전히 복제하는 데 실패했다. 비트코인은 움직일 수
있는 익명 토큰을 남겼지만, 돈의 기능을 온전히 해내지는 못했다.

반면에 스테이블코인은 돈에 가까워지고 있지만, 은행에 의존하는 3군 칩의 신세를 면치 못하고 있다.

현금이라 불리는 것은 국가가 발행하는 익명성이 보장된 물리적인 법정통화다. 이것은 국가기관들이 현금의 디지털버전을 발행하는 데 가장 유리한 위치에 있다는 것을 시사한다. 3장에서 은행에는 일종의 디지털국가통화가 존재한다는 것을 확인했다. 은행들은 모여서 (미국 재무부와 같은) 국가기관들과 함께 그것을 중앙은행에서 사용한다. 이러한 국가통화의 디지털버전(지급준비금)은 회원제 전용 클럽 안에서 사용되는 통화와 비슷하다. 클럽의 회원이 아닌 우리는 공공에서 통용되는 현금을 사용한다.

하지만 중앙은행이 회원제 전용 클럽을 개방한다면 어떤 일이 벌어질까? 누구나 영국 중앙은행인 런던의 잉글랜드은행, 미국중앙은행인 뉴욕의 준비제도위원회, 독일 중앙은행인 프랑크푸르트의 ECB 또는 중국 중앙은행인 베이징의 중국인민은행으로 걸어 들어가서 은행계좌를 개설할 수 있다고 상상해보자. 중앙은행에 계좌를 개설한 뒤에 은행처럼 중앙은행의 인터넷뱅킹플랫폼과 모바일결제 앱을 설치했다고 상상해보자. 이런 상상을 그렇게 오랜 시간 동안 할 필요는 없을지도 모른다. 왜냐하면 중앙은행들이 이것의 현실화를 고민하고 있기 때문이다.

회원제 민간클럽과 유사하게 운영되는 디지털국가통화는 지급준비금으로 불리지만, 공공클럽처럼 일반 대중에게 개방되면 중앙은행이 일반 대중들에게 발행하는 디지털화폐는 'CBDC Central Bank

Digital Currency(중앙은행 디지털화폐)'로 불리게 된다. 각국의 중앙은행들이 이런 아이디어를 떠올리게 된 배경에는 현금과의 전쟁이 있다. 예를 들어서 스웨덴 정부는 지나치게 디지털화된 자국의 통화시스템의 회복탄력성에 대해 우려했고, '전자 크로나e-Krona'란 이름의 CBDC 발행을 검토하기 시작했다. 그들은 현금이 사라진다면 많은 사람들이 위험에 처할 수 있다는 것을 깨달았다. 이윤 추구를 중요하게 생각하는 은행부문이 가난한 사회구성원들에게 적절한 은행서비스를 제공할 것이라는 주장을 완전히 신뢰할 수 없기 때문이다.

게다가 스웨덴 정부는 물리적인 현금시스템의 몰락이 언론 주목도가 높은 디지털화폐 이니셔티브(리브라)나 디지털화폐인프라에 기대는 거대 플랫폼기업 디지털은행시스템(아마존)의 부상을 암시한다는 것을 인지하고 있다. 중앙은행들은 이러한 행위자들의 힘이 커지는 데 불안감을 느끼기 시작했고, 핀테크산업의 움직임과 보조를 맞춰서 '그들을 따라잡아야 한다'는 압박에 시달리고 있다. 지난 3년 동안 CBDC 콘셉트가 중앙은행권으로 스며들었고, 여러 나라에서 중앙은행이 디지털화폐를 발행하는 시스템이 실현될 수 있는지 또는 바람직한지를 연구하는 전담팀들을 꾸렸다.

그렇다면 CBDC는 페이팔이나 벤모와 같은 핀테크 결제 앱을 사용해서 송금하는 디지털화폐 단위와 어떤 점이 다를까? 벤모로 송금하는 디지털화폐 단위는 3군 칩이다. 하지만 영국중앙은행인 잉글랜드은행의 디지털앱은 1군 칩을 송금하게 될 것이다. 이것은 현금을 건네는 것과 거의 비슷하다. 벤모는 파산할 수 있다. 벤모가 파산하면, 디지털화폐에 대한 벤모의 지급보증은 무용지물이 된다. 반면에 중앙은행은 대체로 파산위험이 매우 낮다.

하지만 이것은 다른 문제를 야기할 수 있다. 무위험의 CBDC를 손에 넣을 수 있다는 전망 때문에 수천만 명의 사람들이 계좌를 개설하기 위해서 중앙은행 앞에 길게 늘어설지도 모른다. 이것은 과도한 행정업무를 한꺼번에 처리해야 하는 악몽과 같은 상황일 뿐만 아니라, 은행계좌에서 대거 돈을 인출하는 '디지털뱅크런' 사태를 촉발하여 은행의 수익성을 크게 훼손할 수 있다. 사람들이 공황상태에 빠져서 자신의 은행계좌에 예치된 뱅크칩을 ATM이나 은행창구에서 빠르게 현금으로 바꾸는 경우에 우리가 알고 있는 일반적인 뱅크런 사태가 발생한다. 디지털뱅크런은 사람들이 자신들이 거래하는 은행에 중앙은행계좌로 잔액을 모두 송금하라고 지시할 때 발생할 것이다. 이제 은행의 준비금은 크게 줄어들게 된다.

주요 중앙은행 싱크탱크가 23개의 중앙은행을 대상으로 한 조사에서[96] 19개의 중앙은행이 CBDC가 디지털뱅크런을 야기할지도 모른다며 우려를 표했다. 같은 조사에서 일부 가난한 나라의 중앙은행은 리브라와 같은 미국 달러가 지급을 보증하는 중량급 도전자들에 맞서기 위해서 CBDC 발행이 필요하다고 제안했다. 리브라는 이미 그들의 통화주권과 국내 뱅킹시스템에 위협이 되고 있다. 예를 들어 당신이 작은 나라의 중앙은행 총재라면, 시민들이 (우버 앱이나) 왓츠앱을 통해서 어영부영 디엠을 받아들이게 될까 봐 걱정해야 할지도 모른다. 이렇게 미국 달러화에 기초한 기업 스테이블코인에 대응하는 유일한 대안은 시민들에게 중앙은행에 대한 직접적인 접근성을 제공하는 것이다. 설령 이것이 국내 은행업계에 부정적인 영향을 미치더라도 말이다.

전통적인 현금은 촉감이 있고 익명성이 보장된다. 이와 반대로 CBDC는 일반적으로 디지털화폐가 야기하는 모든 문제를 품고 있다. 바로 감시·검열·소름 끼치는 기업자본주의의 존속이다(아마존은 현금보다 CBDC를 더 잘 받아들일 것이다). 하지만 중앙은행이 암호화폐 세계에서 재료를 얻는다면 앞서 언급한 문제 중 일부는 해결될 수 있다. 익명의 주소에 국가화폐를 보유하는 전용 블록체인시스템을 이용해서 CBDC를 발행하고 운영하는 것이다. 이렇게 되면, CBDC는 진짜 '디지털현금'에 가까워질 것이다. 이런 맥락에서 CBDC는 심지어 자국의 대형 은행업계의 힘을 무너뜨릴지도 모른다.

그런데 이는 새로운 모순을 발생시킨다. 전통적으로 중앙은행과 은행은 힘을 공유하는 데 합의한다. 중앙은행은 오프라인에서 유통되는 탄력적이고 포괄적인 공공화폐를 발행하고, 은행은 사람들을 염탐하는 전용 디지털화폐를 발행한다. 적은 액수의 현금이 범죄시장으로 흘러들 수 있지만, 초국가적인 암시장에서 현금을 사용하면 일의 진행이 더뎌지고 손이 많이 가기 때문에 이러한 힘의 균형은 효과적일 수 있다. 중앙은행이 어쩔 수 없이 익명의 CBDC를 발행하게 된다면, 국제적인 사이버범죄자들은 현금보다 훨씬 더 빠르게 움직이는 초국가적인 국가통화를 얻게 될 것이다.

하지만 익명성이 보장되지 않는 디지털화폐는 감시라는 악몽을 꾸게 한다. 이것이 현재 중국에서 벌어지고 있는 일이다. 중국은 사회신용시스템으로 편입될 수 있는 CBDC시스템 설립을 시도하고 있다. 곳곳에 안면인식 카메라가 설치된 거리를 상상해봐라. 그것은 팬데믹 시기에 통행금지 시간을 어기는 사람들을 찾아내서 그 사람의 은행계좌에서 자동적으로 벌금을 인출하라는 메시지를 거래은행에 보낼 수 있다. 과연 이것이 기술적으로 실행 가능할까? 그렇다. 그렇다면 정치적으로 가능한 일일까? 가능성이 점점 커지고 있다. 그렇다면 이것이 바람직할까? 글쎄, 이 질문에 대한 답은 당신이 누구냐에 따라 달라질 것이다.

이 역시 전 세계적인 파장을 일으킨다. 위안화 CBDC 지갑 공식 앱을 구글 플레이에서 다운로드해서 스마트폰에 설치하면 짐바브웨에서도 디지털위안화를 사용할 수 있다고 상상해보자. 이것은 페이스북이 미국 의회에서 리브라에 대해 증언할 때 언급한 위협이다. USAID가 인도의 통화시스템을 디지털화하기 위해 비자와 같은 대기업들과 손을 잡는 이유이기도 하다. 미국과 중국은 지정학적으로 막강한 힘을 지닌 강대국이고 세계적으로 영향력을 행사하는 대기업들을 보유한다. 그런데 중국과 달리 미국은 때때로 민간 기업들을 통해서 외교정책을 펼치는 것은 선호한다. 아마도 미국 정부는 미국 달러화에 기초한 페이스북의 스테이블코인이 나의 동포인 짐바브웨 사람들에게 적극적으로 홍보되어야 한다는 주장에 마음이 흔들리게 됐는지도 모른다. 그렇지 않으면 그들이 위안화 디지털화폐를 사용하기 시작할지도 모르기 때문이다.

우리가
도착한 곳

　　블록체인은 분명히 기존 통화시스템을 둘러싼 대중적인 서사를 와해시켰고, 새로운 용어와 논의를 촉발했다. 하지만 근본적으로 블록체인이 우리를 새로운 곳으로 이끌었을까? 비트코인은 다른 투자물과 같이 사고파는 투자상품으로 간주된다. 하지만 비트코인의 기반이 되는 기술인 블록체인은 과점 카르텔 형성의 수단으로 동원됐다. 이것은 자본주의 역사에서 그렇게 신선하고 새로운 책략은 아니다. 스테이블코인과 CBDC는 확실히 통화시스템에 파장을 일으키고 있다. 하지만 이런 차이점에도 불구하고, 모든 디지털화폐에는 공통점이 하나 있다. 빅테크에 통합될 수 있고, 심지어 대형 기술플랫폼들을 통해서 발행되고 총괄될 수 있다는 것이다.

　이러한 디지털화폐와 완전히 반대되는 특징을 지닌 유형의 화폐는 가장 단순하고 가장 인기가 없는 화폐인지도 모른다. 그것은 바로 현금이다. 하지만 현금은 통화시스템에서 바로잡아야 할 오류로 간주된다. 현금이 금융과 기술의 융합을 방해한다고 혹자는 주장한다. 정확하게 바로 이 점이 현금이 우리에게 남은 마지막 희망인 이유다.

결론

현금이
대변하는 것

나는 남아프리카에서 몇 년 동안 순환정
전사태를 경험했다. 그곳에서는 전력인프라에 문제가 생기면 정전이
단계적으로 발생했다. 전력은 현대 생활의 많은 부분에 활력을 불어
넣는다. 전기가 나가면 마을이 어둠에 휩싸였고, 텔레비전은 저절로
꺼졌으며, 모든 가전기기가 무용지물이 됐다. 이것은 큰 불편을 야기
했지만, 다른 효과도 있었다. 벌레 우는 소리가 들려오고 칠흑 같은
어둠이 밤하늘의 별들을 더욱 선명하게 만들었다. 이와 마찬가지로
인터넷이 안 되면, 사이버공간은 현실 세계에 길을 내줘야 한다.
　우리는 24시간 속보와 소셜미디어에 정신이 팔려 한 가지 일에
쉽게 집중하지 못한다. 하지만 정전이 되면 우리가 존재하는 데 반
드시 필요한 것들에 대해서 생각하지 않을 수 없게 된다. 시장시스
템이 마련되기 수만 년 전 사람들은 작은 집단을 이루고 별빛에 의

지해서 살았다. 지금과는 완전히 다른 생존 법칙에 따라 목숨을 부지했다. 통화시스템이 우리 일상에 깊이 뿌리내리기 시작한 것은 불과 몇천 년 전이었다. 그리고 그것들이 런던과 샌프란시스코부터 아마존 열대우림과 카자흐스탄 시골 지역까지 상호 연결된 디지털 네트워크를 형성하며 커지게 된 지도 불과 몇십 년밖에 안 됐다. 하지만 앞으로의 10년은 더 촘촘하고 **빽빽해져서** 그 누구도 **빠져나가**려야 나갈 수 없는 거대한 통화 네트워크가 형성될 것이다.

나는 초반부에 돈을 경제라는 혈관을 타고 흐르는 피에 비유하길 거부했다. 그 대신에 통화시스템을 커뮤니티에 내장된 신경계와 유사하다고 말했다. 이 덕분에 우리 모두가 서로의 움직임을 유도하는 자극이 되지만, 권력은 거대한 행위자들에게 집중된다. 통화시스템은 세계적인 차원에서 우리의 신경계와 비슷하게 작동한다. 신경계는 중추 신경계와 말초 신경계로 갈린다. 중추 신경계는 뇌의 영역이다. 생각을 행동으로 바꾸는 운동피질도 중추 신경계에 존재한다. 운동피질은 팔과 다리를 움직이게 만드는 자극을 내보낸다. 세계 경제를 노동자와 천연자원이 상호 연결된 조직으로 본다면, (런던·뉴욕·싱가포르·상하이·도쿄·프랑크푸르트·두바이 등) 금융중심지들은 초국가적인 '운동피질'을 형성한다. 그것들은 대중행동을 유도할 집합적 힘이 있다.

하지만 2008년 금융위기가 닥치면서, 이 '운동피질'이 우리를 얼마나 잘못된 방향으로 이끌 수 있는지가 분명해졌다. 수만 명의 노동자가 주택 건설에 동원됐지만, 그들이 건설한 주택들은 주인을 맞이하지 못했다. 가난한 사람들이 주택을 산다고 엄청난 빚을 떠안게 됐다. 그리고 그들이 갚을 길 없는 대출상품은 하나로 묶여서 전 세계의 거대한 펀드회사에 투자상품으로 팔렸다. 결국 금융산업은 세계 경제를 몸을 제대로 가누지 못하는 취객으로 만들었다. 하지만 금융산업이 정상적으로 움직이는 것처럼 보이던 순간에도, 사실 금융산업은 멍한 상태로 차를 절벽 끝으로 몰고 가듯 세계 경제를 잘못된 방향으로 이끌었다. 우리는 팽창과 이윤을 위해서 단기간에 엄청난 양의 천연자원을 이용했다. 하지만 힘은 중앙으로 편중되고 불평등은 심화했다. 모든 주요 대기업들은 이러한 상황을 둔화하는 대신에 심화하고 가속하려고 한다.

돈의 중추 신경계는 주요 기관에 모여 있지만, 말초 신경계에서 돈은 현금의 형태로 중추 신경계와 거리를 벌린다. 현금은 부분적으로 중추 신경계와 단절된 말초 신경계를 형성한다. 현금 '자극'이 ATM에서 내보내지면, 그것들은 지정학적 공간에서 사람이라는 매개체를 통해 움직인다. 어두운 밤에 전기가 나가더라도 아마존 푸카이파의 사람들은 작은 동전을 주고받는다. 자극이 전달되면서 작은 경제시스템이 움직이게 된다.

하지만 이러한 개인 간 인간 '전도성'은 경제시스템 핵심부에 위치한 가속 페달을 밟는 데 방해가 된다. 기업자본주의는 태생적으로 팽창만을 끝없이 추구한다. 이를 위해서 전 세계를 초국가적인 네트워크로 밀어 넣어야만 한다. 기업자본주의는 중앙집권적 대기업형 데이터센터 안에 존재하는 돈(디지털화폐)을 위해서 현금이라는 말초 신경계를 파괴해야만 한다. 우리는 디지털금융인프라를 통해서 이러한 데이터센터에 접근하게 된다. 대형 기술회사의 조력으로 대형 금융회사들은 우리를 자신들의 데이터센터에 단단히 묶어두고 있다. 빅테크와 빅파이낸스는 세계라는 두뇌의 좌뇌와 우뇌가 되어가고 있는 것 같다. 두 영역은 자연스러운 시너지 효과를 내며 융합하고 있다.

나는 이 책을 2021년 중반에 썼다. 빅테크와 빅파이낸스의 융합이 그 어느 때보다 뚜렷한 시기였다. 전 세계가 거의 1년이 넘는 시간 동안 팬데믹에 시달렸고, 핀테크산업은 팬데믹을 무기 삼아서 현금을 느리고 더러운 악마로 몰아갔다. 이로 인해서 대부분의 소매업계가 현금결제 대신에 디지털결제를 이용할 것을 쇼핑객들에게 요구하기 시작했다. 영국에서는 이것이 효과적이었다. 현금사용이 2020년 50% 이상 곤두박질쳤다.[97] 이것은 자동화된 금융산업에게 노다지나 다름없었다. 금융산업은 조력자들과 함께 현금을 더 몰아붙였다. 2020년 아마존은 초당 거의 1만 4,000달러를 디지털화폐로 벌어들이면서 40% 이상의 매출 신장을 기록했다.[98] 다른 대형 기술회사들도 아마존처럼 디지털결제 덕분에 매출이 크게 상승했다.

인간이 노동을 통해서 초당 1만 4,000달러를 벌어들이는 것은 물리적으로 불가능한 일이다. 하지만 대형 기술회사들의 디지털결제 플랫폼은 인간이 아니기에 이것이 가능하다. 그것들은 사람들의 상호작용에 스며든 기업인프라로, 인간이 노동을 통해 벌어들일 수 없는 수준의 수익을 끌어모아서 소수의 주주에게 보낸다. 그리하여

1921년에 출생한 아이들과 달리 2021년 출생한 아이들은 '아마존' 을 열대우림이 아니라 대량 소비재를 유통하는 거대한 디지털물류 제국으로 제일 먼저 마주했다.

내가 이 책을 통해서 제일 우선적으로 달성하고자 하는 목표는 빅테크와 빅파이낸스가 이제 그 어느 때보다도 유독한 기업자본주의라는 경제시스템으로 우리를 몰아가기 위해서 손을 잡았다는 사실을 알리는 것이었다. 지금은 과거보다 더 빠르고 더 편리하게 상호작용할 수 있는 시대다. 내가 두 번째로 달성코자 하는 목표는 보다 많은 사람이 관심을 갖도록 상황의 위험성을 강조하는 것이었다. 그리고 세 번째 목표는 이런 상황에서 나타나는 모순점과 그에 대해서 우리가 느끼는 모순된 감정들에 대하여 논의하는 것이었다. 세 번째 목표는 앞선 2개의 목표보다 더 포괄적이고 미묘하다. 이러한 모순점들은 해소되지 않은 채 남게 될 것이다. 이 책의 마지막 부분에서는 그것들을 좀 더 자세히 다루고, 우리가 앞으로 나아갈 길에 대해서 논의하고자 한다.

기술특이점의
민낯

자동화된 감시자본주의의 부상에 대해 논할 때, 그것이 내포하고 있는 다양한 위험을 논하는 것은 쉽다. 하지만 좀 더 미묘한 무언가가 나를 불편하게 한다. 그것은 스스로의 진정성이 의심스러울 때 드는 느낌이다. 이러한 느낌은 생활의 구석구석 스며들어 있다. 그것은 감정적 갈등에서 오는 미약한 떨림이다. 아마존이 세상을 어떻게 장악하려 하는지 완전히 이해하고 있는 상태에서 그것에 저항하는 것이 의미 없는 행동임을 인지하고 무의식적으로 '구매' 버튼을 누르고 있는 자신을 발견할 때, 사람들은 이러한 느낌을 받을 것이다.

대부분의 공공담론은 이러한 내적 갈등을 해소하는 데 실패한다. 그 대신에 우리는 2개의 이야기를 듣게 된다. 하나는 주체성을, 다른 하나는 강제성을 다룬다. 많은 주류 미래주의자들과 경제학자들은 공공담론의 방향을 주체성 쪽으로 튼다. 거대한 디지털기업의 번영은 편의성을 욕망하는 힘 있는 소비자들의 욕구에서 동력을 얻는다고 설명한다. 이와 반대로 기술 비평가들이나 음모론자들은 빅테크와 빅파이낸스가 강압적으로 우리를 디지털플랫폼 쪽으로 몰아가고 있다고 주장한다. 완전히 만족스럽지는 않지만 나는 후자에 좀 더 끌린다. 나는 주체성과 강제성의 모순된 **동시성**을 밝히는 데 진짜 관심이 있다. 나는 '현금 없는 사회'의 역학관계에 주목한다. 그것은 숙명적 필연으로 보이는 무언가를 자신이 선택했다고, 구체적으로는 디지털결제를 스스로 '선택했다'고 착각하는 대표적인 사례다.

이러한 긴장관계를 이해하는 열쇠는 대규모 상호의존적 시장 안에서 주체성과 강압성은 떼려야 뗄 수 없다고 생각하는 것이다.

18세기 이후로 경제학자들을 '시장의 지혜'에 관해 이야기할 때 이를 넌지시 내비쳤다. 시장의 지혜란 말을 들으면, 사람들의 손에 의해 만들어졌지만, 창조주를 뛰어넘어버린 초월적인 독립체가 떠오른다. 여기서 애덤 스미스의 '보이지 않는 손'이 등장한다. 교환망 안에서 사람들은 그것을 유지시키는 통화시스템을 통해 교환망을 구성하는 다른 사람을 상대로 소위 '밀당'을 한다. 이를 자유로운 개인성의 화신으로 볼 수는 없다. 비록 교환망은 개인이 경험하는 것일지라도, 결국 집단적으로 복잡하게 얽히고설킨 관계를 의미하게 된다.

애덤 스미스와 같은 경제학자들은 국가가 자본주의시대 이전에 형성된 소규모 커뮤니티를 해체하고 공통의 통화시스템으로 유지되는 낯선 사람들의 거대한 네트워크를 구축하던 시기에 글을 썼다. 한편으로 돈은 사람들을 단절시켰다. 큰 시장에서 사람들은 서로를 알지 못한다. 다른 한편으로 돈은 결코 교류할 일이 없는 사람들 사이에 추상적인 관계를 형성했다. 이것은 특유의 사고방식을 낳는다. 볼 수 없는 멀리 떨어진 다른 누군가에게 의존하게 되면, 사람들인 자신이 사용하는 상품과 서비스가 만들어지는 곳에서 분리된다. 자본주의시대 이전의 사회에서 개인은 자신들이 뿌리내리고 의존하는 생태계에 대해 알고 있었다. 하지만 우리는 이러한 인지에서 멀어질수록 맥락을 벗어나서 모든 것을 상품으로 환원하는 사고방식을 채택한다. 이제 대상의 가치는 시장을 조정하는 데 쓰이는 돈과 융합된다.

금융산업을 신경계에 비유하면서 우리는 널리 뻗은 통화시스템이 멀리 떨어진 사람들을 연결하는 모습을 떠올렸을지도 모른다. 하지만 호혜나 생태적 인지와 같은 더 오래된 자본주의시대 이전의 힘들이야말로 시장의 유독한 면을 통제하고 관리한다(이는 거의 통증 수용기 같다). 그런데 통화시스템이 열어 놓은 거대한 시장시스템도 그것들을 지탱하는 커뮤니티나 생태계와 분리되어 무감각하고 침습한 영역이 될 수 있다. 실제로 현대 거대 자본주의의 핵심적인 특징은 정신없이 바쁘게 돌아가는 통화교환행위들이 그 자체로 어떤 정신인 양 추구된다는 것이다. 거대한 자본주의가 인간의 모든 활동에 영향을 미치고 인간을 지배한다. 무감각하게 금융거래를 극대화하는 데 매달릴수록 실존주의적 공허감은 커진다.

우리는 결국에 장기적인 욕망을 해치는 단기적인 욕망을 이용하는 시스템에 맹목적으로 빠져들어왔다. 그것들은 우리가 물러서려고 하면 우리의 삶을 **부수고 와해한다.** 유토피아를 향해 성큼성큼 다가가기 보다, 대규모 시장은 이윤만을 추구하는 집단에 생산활동과 소비활동을 서서히 집중시키고 있다. 이런 모습은 초국가적인 대기업들에게서 가장 확실하게 보여진다. 이러한 집단 내부에서 일하는 개인은 많은 것들을 느낄 수 있다. 하지만 거대한 복합체를 형성하는 금융산업과 대기업들은 수익을 제외하고 그 무엇도 '느낄' 수 없다. 우리의 금융시스템이 그 어느 때보다 더 빨리 돌아가는 원심분리기처럼 우리를 순식간에 휩쓸고 있다.

이는 거대한 기술적 '특이점'이란 환영으로 이어진다. 구글의 최고 미래책임자 레이 커즈와일은 계몽주의적 전통을 들먹이며 여기에 신비로운 이미지를 덧씌우려고 한다. 계몽주의적 전통은 역사를 인간이 자연을 초월하는 길고 긴 여정으로 본다. 정신은 신체를 장악할 수 있다. 그가 제시한 이미지는 선사시대 야생에서 벌거벗은 채로 웅크리고 있는 인류의 모습에서 시작된다. 인류는 영생하는 존재나 기계적으로 융합된 하이브리드로 변한다. 인류는 순수하고 초월적이며 합리적인 사고력을 지닌 AI '초지능'을 이용해서 공간을 식민지로 만들고 환경을 의지대로 통제한다. 학제간연구대학의 화장실 변기 위에는 레이 커즈와일의 설교를 소재로 그린 만화가 걸려 있다. 그 만화에는 다음의 인용문이 나온다.

> 진화는 영적인 과정이다. 기술적 진화는 생물적 진화와 같다. 미래에 인간은 생물적 지능과 비생물적 지능이 혼합된 존재가 될 것이다. … 인간의 뇌는 클라우드에 연결되고 신피질은 사실상 팽창될 것이다. 우리의 이상은 신에 가까운 존재가 되는 것이다. AI와 결합한 인간은 신이 될 것이다.

솔직해지자. 레이 커즈와일과 그의 동료들이 언급한 초월적인 영적 AI 클라우드는 내가 앞서 설명한 금융산업과 대기업이 결합한 복합체다. 이 복합체의 '정신'은 내가 1장에서 보여준 우뚝 솟은 고층 건물에 둥지를 마련한 법인들의 차가운 이윤추구와 같다. 이는 매끈하게 작동하는 효용성을 추구하며 조정·과장된 논리이다. 이것은 미지의 야생·개인과 개인의 관계·질감·즉흥성·길잡이 없는 여정 등 우리가 사랑하는 보다 심오한 가치를 지닌 것들을 손상시킨다. 기업자본주의가 완전히 본색을 드러낸다면, 우리의 뇌파에까지 접근할 수 있는 권리를 요구할 것이다. 그러면 다른 사람들의 뇌에 접속해서 텔레파시로 결제를 할 수 있을지도 모른다. 우리 삶에 깊이 파고든 초연결시장이 이 시대를 정의하는 특징일 것이다.

멕시칸 스탠드오프

처음부터 나는 이 책에서 소소한 흐름들에 초점을 맞추기 보다는, 세계 경제의 판 이동을 살피겠다고 약속했다. 레이 커즈와일과 같은 부류가 신화적으로 해석한 초연결시장의 움직임, 그리고 그것이 느리지만 원활하게 움직이도록 돕는 빅파이낸스와 빅테크의 융합은 앞으로의 미래를 정의할 근본적인 힘이 될 것이다. 이것은 지극히 당연한 일이라서 일상에서 거의 언급되지 않는다. 그저 이러한 전반적인 추세 속에서 목격되는 심리적인 동요에 관한 공공논의가 진행될 뿐이다. 확실히 상업적이고 지정학적인 힘들이 서로 격돌하면서 엄청난 소용돌이가 생겨나고 있다. 다양한 거물급 행위자들이 국제 결제인프라시장에서 상대적인 우위를 차지하기 위해서 서로 경쟁한다. 이런 과정에서 서반구와 동반구에서 각각 거대한 영향력을 행사하는 존재들이 등장하고 있다. 미국의 기술-금융 복합체는 중국의 기술-금융 복합체와는 분명한 차이가 있다(유럽연합은 그 사이에서 제3세력을 형성하려고 고군분투한다).

이렇게 현재 진행형인 긴장관계에서 흥미롭게도 예기치 못한 변화의 가능성들이 적절한 순간에 탄생했다. 예를 들어서 디지털금융은 코로나19 팬데믹 시기에 커다란 날개를 달았지만, 디지털금융의 기초가 되는 디지털화폐를 제공하는 은행들에게는 자신들의 입지가 약해진 것을 확인할 기회가 됐다. 코로나19 팬데믹 시기에 디지털금융은 너무 빨리 성공을 거뒀는지도 모른다. 이것이 각국의 중앙은행들을 초조하게 만들었다. 중앙은행은 현금이 사라진다면 은행이 경제시스템을 지배하게 될 것이란 사실을 알고 있다. 하지만 그 대안으로 CBDC를 발행한다면 은행을 위태롭게 만들 수 있다는 것도 중앙은행은 인지하고 있다. 중앙은행의 역할은 은행을 위태롭게 만들어 금융시장에서 퇴출시키는 것이 아니다. 하지만 중앙은행들이 CBDC와 같은 일종의 '디지털현금'을 제공하지 않으면, 테더와 같은 스테이블코인이 제공하는 암시장과 다를 바 없는 대안에 대한 대중수요가 형성될 위험이 있다.

앞으로 몇 년 안에 거물급 행위자들이 '멕시칸 스탠드오프'에 휘말릴 것이다(멕시칸 스탠드오프는 둘 또는 그 이상의 사람이 서로 총을 겨누고 있는데, 이때 누군가 먼저 총을 쏘았다가는 자신이 총에 맞아 죽을 수 있어 누구도 총을 쏘지 못하는 상황이다). 대형 금융회사들은 현금의 기반을 약화시켰다. 하지만 이것은 중앙은행들이 디지털화폐 분야에 뛰어들거나 스테이블코인업체들이 부상할 계기가 됐다. 이러한 대치 상태를 해소하는 방법은 중앙은행이 소매를 걷어붙이고 현금을 지지하는 것이다. 하지만 현금을 지지하는 것은 개별 국가의 힘을 초월하는 초국가적인 기업자본주의의 거대한 힘에 맞서는 일이다. 아마존이 현금사용 촉진 법안 통과를 막아내기 위해서 어떤 식으로 로비활동을 펼쳤는지를 떠올려보자.

이 모든 것들은 자국의 초국가적 대기업이 세계에서 경쟁 우위를 차지할 수 있도록 개별 국가가 치열한 힘겨루기를 하는 지정학적 영역에까지 영향을 미치기 시작한다. 중국정부는 자국의 대형 기술 회사들의 해외 진출을 돕기 위한 정책을 노골적으로 펼치고, 동시에 CBDC 발행을 밀어붙이고 있다. 대기업들과 국가 사이에 보잘 것없는 경계선을 그어놓은 미국과 달리, 중국에서 CBDC는 이념 갈등을 일으킬 가능성이 낮다. 국가가 이미 은행업계를 단단히 통제하고 있기 때문이다. 하지만 세계 경제가 초국가적이란 것을 감안하면 중국의 CBDC는 미국의 이권에 위협이 된다. 미국은 이념적으로 자유시장을 대변하는 가치를 고수한다. 그래서 비자와 페이스북과 같은 대기업을 통해서 세계에 영향력을 행사하고자 한다. 미국정부는 왓츠앱으로 인도와 같은 국가를 잠식해 들어갈 수도 있다. 하지만 이러한 초국가적인 대기업들은 자신들의 본거지인 국가를 초월하는 정신을 세계에 퍼트리고, 호시탐탐 이익을 얻을 기회만을 노리는 기회주의자들이다. 예를 들어서 페이스북이 이윤을 위해서 인도의 왓츠앱 사용자들이 중국 CBDC와 연동된 스테이블코인으로 결제할 수 있게 허용해야 한다고 판단했다고 치자. 누가 페이스북이 그런 정책을 사용하지 않을 거라고 장담할 수 있을까?

상업적 의도를 지닌 행위자들의 지저분한 지정학적 힘겨루기는 앞으로 10년 동안 거대한 기술과 금융의 융합 속에 전개될 것이다. 대부분의 시민은 융합의 전개 양상을 정의하는 데 주체적으로 참여하지 않는다. 하지만 초연결 감시자본주의를 막아야 한다는 본능이 많은 이들을 점점 기술과 금융의 융합에 반발하게 할 것이다. 이러한 상황에서 우리의 암호화폐 '프로테스탄트'들은 사이버공간이라는 비국가영역으로의 탈출을 계속 꿈꿀 것이다. 이런 움직임은 자주 오해받고 갈등을 낳지만, 그 속에는 실낱같은 희망의 빛이 존재한다. 지금부터 그것을 살펴보도록 하자.

헛된 희망이 필요한 사람들

20세기 초반에 인류학자들은 오스트레일리아 멜라네시아에서 이상한 현상을 관측했다. 섬 주민들이 나무로 비행기모형을 만들어서 하늘에서 화물비행기가 나타나게 해달라고 비는 의식을 치른 것이다. 인류학자들은 이것을 **화물숭배**라고 불렀다.

일부 학자들은 화물숭배를 식민지시대의 스트레스에 대한 대응이라고 해석했다. 그들에게 외국 비행기는 곧 화물이었다. 인과관계와 상관관계를 이해하지 못하는 섬 주민들에게 비행기모형을 만들어서 화물이 빨리 도착하길 비는 것은 논리적인 행위였다. 화물숭배주의에 따르면 소망(풍부한 화물)을 실현시키기 위한 시도로 문맥에 맞지 않는 인공물(나무 비행기모형)을 제작하게 된다. 화물숭배주의가 **그 자체로** 비이성적이지는 않다. 그저 인과관계와 상관관계를 혼동하여 사건이 잘못된 순서대로 발생했을 뿐이다.

화물숭배주의는 내용물 없이 소위 껍데기만 만드는 행위라고 볼 수 있다. 이는 비트코인운동 등 많은 이상주의 커뮤니티에서 빈번히 나타난다. 비트코인 운동가들은 한정판 사이버수집품에 지나지 않는 암호화폐가 세계 통화시스템에 정면으로 도전할 것이라고 계속 주장한다. 하지만 암호화폐는 시장에서 일상적으로 거래되는 상품으로 전락하고 있다. 실제로 암호화폐가 '돈처럼' 보이는 이유는 유일하다. 투기시장에서 그것들의 달러 가치에 상응하는 다른 무언가와 **맞교환**(상계거래)되기 때문이다. 달러값를 제거하면, 암호화폐의 교환력은 사라진다. 다르게 말하면 암호화폐가 돈과 같은 성질을 지닐 수 있는 까닭은 그것들의 가치가 달러로 표시되기 때문이다.

강경한 비트코이너들은 비트코인에 대한 이러한 평가를 비판으로 받아들인다. 하지만 비트코인의 교환력은 **상계거래의 새 시대**를 열 것이다. 돈 자체를 사용하는 것이 아니라 가치를 지닌 현물을 맞교환하는 상계거래는 역사적으로 제한적이었다. 하지만 비트코인은 (그리고 그것과 유사한 다른 암호화폐들은) 상계거래행위에 엄청난 동력을 제공할 수 있다. 이것은 억압적인 정치시스템 속에 사는 사람들이나 주류 통화시스템의 작은 틈바구니에서 움직이는 사람들에게는 실제로 유용할지도 모른다. 하지만 상계거래가 가능한 수집품에 의존하는 자들은 일론 머스크와 같은 억만장자 산업가들이 날린 트윗 한 번에 수집품 가격이 요동치는 위험에 항상 노출된다. 이는 암호화폐를 사용하는 취약계층의 삶에 아주 파괴적인 영향을 미친다.

비트코인의 현실과 그것을 둘러싼 산업의 마케팅 서사 사이에는 계속 충돌이 발생한다. 암호화폐산업은 비트코인을 기존 통화시스템과 경쟁할 새로운 통화시스템으로 포장한다. 그러면서도 한편으로는 비트코인이 달러로 얼마로 표시되는지에 집착한다. 인지부조화를 해소하기 위해서 암호화폐산업의 '치어리더'들은 비트코인값이 미래 변곡점에서 정점에 이르고, 통화시스템이 완전히 뒤집히면 모든 것들의 가격이 비트코인으로 매겨질 것이라고 주장한다. 하지만 이것은 일종의 범주 오류다. 그 누구도 땅값·아마존 주식·희귀우표, 심지어 금값이 오른다고 그것들로 다른 물건이나 서비스의 값을 책정하거나 지불하게 되리라 생각하지 않는다. 그 반대로 무언가의 값이 오르면 사람들은 오히려 미래 수익을 기대하여 그것을 꼭 쥐고 놓지 않으려고 할 것이다. 그리고 그것을 돈 자체로 생각할 것이다. 그럼에도 불구하고 암호화폐를 '돈'으로 광고하는 관행은 지금도 여전하고, 많은 사람들에게 헛된 희망을 심어줘서 길을 잃게 만든다.

하지만 사람들에게는 이런 헛된 희망이 **필요한지도** 모르겠다. 이런 현상을 이해하는 데 필요한 혜안을 제공하는 인류학적 연구가 있는데, 카니발에 대한 조사다. 인류학자들은 고대와 현대의 카니발이 사람들을 일시적인 환상 속으로 초대하고 억눌렀던 울분의 감정을 표출할 해방구를 제공하면서 어떻게 일시적인 사회 질서의 격변을 만들어냈는지 연구해왔다. 그런데 비트코인 투기현상은 카니발과 유사하다. 기업자본주의에 수반되는 존재론적 공허감은 가난한 현실에서 탈출하여 빨리 부자가 되고픈 갈망과 기업자본주의에 대한 반발심을 동시에 만들어낸다. 비트코인은 사람들을 이러한 갈망에 따라서 행동하게 만든다. 사람들은 비트코인을 통해서 경제 질서를 뒤엎는 자신을 상상하는 동시에, 비트코인에 투자해서 막대한 수익을 얻기를 바란다.

비트코인운동은 불안한 꿈을 꾸면서 기술로 그것을 현실화하려는 사람들만의 전유물이 아니다. 이더리움 커뮤니티와 포괄적인 블록체인운동은 스마트계약시스템과 자동화된 탈중앙화 자율조직Dec-centralized Autonomous Organization, DAO을 개발해나가고 있다. 우리는 블록체인을 습격한 은행 과점이 이 둘을 손쉽게 자신들의 것으로 만드는 과정을 지켜봤다. '블록체인'이라고 불리는 것은 이제 이질적인 어젠다가 뒤섞인 혼란스러운 것이 됐다. 지금도 블록체인을 논하는 자리에서는 흥미로운 하이브리드들이 계속 등장하고 있다. 핀테크 지지자들처럼 많은 블록체인 혁신가들이 디지털자동화에 친

420

화적이고 현금에는 공개적으로 적대감을 드러내는 세력으로 그려진다. 하지만 그들은 세계를 휩쓸고 있는 금융산업과 기술산업의 융합이 와해되기를 갈망한다. 만약 클라우드머니가 거대한 데이터센터에 존재하는 디지털화폐라면, 블록체인 혁신가들은 '클라우드(구름)'을 흩트려서 (옅은 안개와 같은 무언가로 만들어) 보다 분산화된 형태의 디지털화폐인프라를 창조하는 상상을 한다.

이것은 부분적으로 공상에 지나지 않는다. 이더리움 커뮤니티는 (그리고 다른 암호화폐 커뮤니티들은) 스테이블코인이 이것을 현실로 만들리라 생각하며 가장 큰 희망을 걸고 있다. 하지만 스테이블코인은 일반적인 통화시스템에 묶여 있거나 연동되어 있다. 스테이블코인은 지금 소위 '디파이DeFi' 또는 '분산화된 금융플랫폼'을 만드는데 사용되고 있다. 일반적인 핀테크업체들이 디지털은행화폐에 의지하는 것처럼, 디파이플랫폼에도 디지털스테이블코인을 운영하거나 빌려주거나 전송할 스마트계약시스템을 구축할 필요가 있다. 그래서 보다 분산된 형태로 주류 핀테크산업이 지지하는 금융자동화와 동일한 과정을 밟는다. 예를 들어서 DeFi 플랫폼은 부분적으로 분산화된 핀테크플랫폼을 제공하여 스테이블코인 대출을 적극 권장할지도 모른다.

블록체인산업에서 '분산화'라는 용어는 주로 '특정 누군가의 통제를 받지 않는 거대하고 분산된 인프라'를 의미한다. 포괄적으로 말하면 블록체인운동은 모두가 사용할 수 있지만 그 누구도 통제할 수 없는 초국가적인 디지털인프라를 만드는 것이 추구할 가치가 있는 목표라는 가정 아래에서 전개된다. 하지만 이것은 '분산화'가 거대한 인프라를 부숴서 국지적으로 관리할 수 있는 더 작은 인프라를 만드는 과정으로 이해되는 전통적인 사고방식과 충돌한다. 이것은 예를 들어서 소규모 영속농업 프로젝트·공동체 신용조합·현지 협동조합이 커뮤니티 통화를 만들어서 생활 경제의 재현지화를 꾀하는 많은 대안적인 경제 프로젝트들의 배경이 된다. 그리고 그 이면에는 무수한 커뮤니티 이니셔티브들이 조화롭게 연합하여 운영되는 세상에 대한 열망이 존재한다. 이러한 정신은 암호화폐를 뒷받침하는 정신과는 다르다. 암호화폐는 기관이나 상대방을 신뢰하지 않고 직접 만나지 않고도 거래가 이뤄지는 소위 '얼굴 없는 초국가적 암시장'의 탄생을 촉진한다.

그렇다면 이렇게 이질적인 분산화 비전들을 조화롭게 어우러지게 만드는 방법이 있을까? 그리고 각각의 비전에서 강점들만 모아서 하나의 비전보다 더 강력하고 효과적인 새로운 비전을 만들어낼 방도가 있을까?

약속은 돈이라는 것이 등장하기 전에 거래를 가능케 하는 가장 원시적인 수단이었다. 나중에 되돌려줄 것이란 암묵적인 약속이나 그것과 유사한 무언가를 믿고 친구는 당신에게 물건을 건넨다. 당신이 그 친구의 환대에 기댈 때, 그는 당신이 **화답할 필요나 욕구**를 느낄 것이란 의미를 내포하는 양의 '수지收支'를 만들어낸다. 반면 당신이 친구의 호의, 선의 또는 지지에 기댈 때, 그는 비공식적이고 측정할 수는 없지만 암묵적으로 존재하는 '신용'을 갖게 된다. 당신은 예전처럼 수지를 맞추거나 그것을 '0'의 상태로 되돌리려고 애쓸 것이다. 이러한 호혜시스템이 공동체를 유지시킨다. 이렇게 단순한 인간관계의 사례에서도 '사람이 동력이 되는' 통화시스템의 숨겨진 특징들이 나타난다.

가까운 친구들이 주고받는 약속은 비공식적이고, 기록되지 않으며, 측정할 수 없다. 하지만 좀 더 먼 곳에 있는 지인과 무언가에 기록된 공식적인 약속을 한다면, 그 약속을 근거로 뭔가를 받을 수 있을 것이라고 추정하는 것은 어렵지 않다. '약속으로 지불하는 것'은 '값은 나중에 치르기로 하고 물건이나 서비스를 사는 외상 행위'라고 할 수 있다. 가장 잘 정립된 외상 행위가 바로 **상호신용**이다. 이탈리아 사르데냐의 사르덱스시스템처럼 상호신용시스템은 서로에게 약속을 하고 상품과 서비스를 사고파는 사람들의 네트워크다. 하지만 중앙은행 관계자들은 기준을 만들고 분쟁을 해소하고 각자가 한 약속을 기록한다. 개개인의 '약속 수지'는 약속을 얼마나 했고 얼마나 갚았는지를 기준으로 확장되거나 축소된다.

수억 명의 사람이 아닌 수백 명의 사람을 서로 연결하는 상호신용시스템들은 '미니' 신경계와 비슷하다. 하지만 이러한 '약속으로 지불하는' 시스템은 암호화폐기술의 목적을 다시 설정해서 확장될 수 있다. 비트코인과 같은 추상적인 사이버수집품을 거래하기 위해서 암호화폐 네트워크를 사용하는 대신에, 유기적으로 개인과 개인이 약속을 통해서 암호화폐를 주고받는 것이다. '6단계 분리'이론은 친구 6명만 거치면 전 세계 모두와 아는 사이가 된다는 이론이다.

내가 당신을 알고 당신이 다른 누군가를 안다면, 나는 당신을 통해서 그 사람에게 나중에 무언가를 되돌려주겠다는 약속을 하고 현물을 획득할 수 있다. 이것은 소위 **잔물결 신용**이라 불린다. 약속들이 서로를 신뢰하는 사람들 사이에 잔물결을 일으킬 수 있기 때문이다. 완전히 평행한 통화시스템을 만들 수 있다는 모든 개념 중에서 이것이 가장 깊이가 있는 개념일 것이다. 이 책이 출판될 무렵에 이미 트러스트라인즈Trustlines · 서클즈Circles · 시코바Sikoba · 그래스루츠 이코노믹스Grassroots Economics 등과 같은 단체들이 이 책에 등장하는 개념을 모두 실험하고 있을 것이다. 그들은 블록체인 아키텍처를 사용해서 이러한 개념들을 실행했다. 이상적이지만 실용적인 통화혁신에 동참하길 바라는 사람에게는 이렇게 하이브리드화가 진행되는 영역이 통화혁신에 참여하기에 적당한 곳이리라 생각된다.

현금은 우리의
정신과 닮아 있다

여기서 새로운 통화시스템을 만들어야 한다는 그릇된 인식을 심어주고 싶지 않다. 그것이 우리를 집어삼키고 있는 기술과 금융의 소용돌이를 막아낼 힘이 되리라는 것은 희망 사항에 불과하다. 현금시스템을 보호하는 것이 그 무엇보다 중요한 이유가 바로 여기에 있다.

우리는 자동항해모드로 움직이는 것 같은 세계 경제 속에 갇혀 있다. 우리 욕구에 상관없이 우리 사회는 더 자동화되고 자연 세계로부터 더 분리될 것 같은 불가피한 미래에 대한 느낌을 준다. 이러한 느낌은 많은 감정을 촉발하는데, 그중에는 불안감이 있다. 나는 현금에 관하여 다양한 활동을 하면서 세계 경제가 자동항해모드로 움직인다는 느낌에 경악을 금치 못하는 사람들과 자주 만났다. 그들은 아무것도 하지 못하는 무력함에 분노했다. 어느 남성이 내게 비자가 어떻게 코로나19 팬데믹을 이용해서 '현금 없는 슈퍼볼'을 널리 알리고 있는지에 관한 CNBC 기사 링크가 담긴 메일을 보냈다. 그 기사에 따르면 비자는 사람들이 현금을 디지털화폐로 바꿀 수 있도록 '리버스 ATM'과 같은 다양한 장치들을 미식축구 경기장에 설치했다. 이 링크와 함께 메일에는 '브렛, 너무 무섭군요. 이걸 막고 우리의 현금을 지켜줘요'라는 단 한 줄의 메시지가 적혀 있었다.

나는 그 메일을 보낸 남자를 모른다. 그는 '트럼프지지자아론$^{Aar-}$ ^{onForTrump}'이란 이름을 사용하고 있었다. 말도 많고 탈도 많았던 전직 미국 대통령의 지지자로부터 현금 옹호활동에 대한 응원의 메시지를 받은 것이 처음은 아니었다. 나는 이미 오류가 증명된 음모론에 가까운 이론을 고집스럽게 믿는 사람들에게서도 이메일을 받는다. 대기업이 자신들의 권력을 훨씬 더 확장하기 위해서 코로나19 팬데믹을 이용하고 있다는 것이다. 이러한 상황에서 음모론자들의 눈에는 코로나19와 기업자본주의가 융합하고 있는 것처럼 보일 것이다. 예를 들어서 빌 게이츠가 모두를 '오웰적인 새로운 세계 질서'에 종속시키고 5G 통신망과 현금 없는 사회를 널리 퍼트리고자 코로나19 팬데믹을 조정하고 있다고 주장하는 다큐멘터리에도 내 콘텐츠가 인용됐다. 해당 다큐멘터리 제작진은 현금과의 전쟁에 대해서 이야기하는 내 영상을 발견했다. 그 영상에서 나는 무감각하게 팽창하는 자본주의시스템이 어떻게 현금 없는 사회를 이끌고 있는지를 설명했다. 하지만 내가 전달하고자 했던 메시지는 그들이 이해하기에 너무나 미묘했다. 그리고 그들은 전체 영상에서 자신들이 필요한 부분만 편집해서 빌 게이츠가 개인적으로 현금에 적대적인 정책들을 펼치고 있다고 주장했다.

그 다큐멘터리에서 나는 세계 엘리트집단이 진두지휘하는 사악한 계략에 광분하는 극우 괴짜·복음주의 전도사와 나란히 등장했다. 남아프리카에 살고 있는 내 어머니의 친구가 왓츠앱으로 그 영상을 내게 보냈다. 메시지는 그녀의 소셜미디어 계정을 통해서 여기저기로 확산됐고, 유튜브가 해당 영상을 내리기도 전에 수백만 명의 사람들이 내가 등장하는 영상을 봤다. 거대한 시스템이 나머지 모든 것들을 혼란스럽게 만드는 원인이 빌 게이츠와 같은 한 개인에게 있다는 식의 분석은 매우 대중적이다(어떤 사건이 '유대인'·'공산주의자'·'엘리트계층' 등과 같은 한 집단의 소행이라는 분석도 마찬가지다). 세계 경제는 대규모로 움직인다. 그 규모가 너무나 엄청나서 그것을 이해할 시간은 물론 그것을 이해할 수 있도록 제대로 교육받은 사람은 거의 없다. 하지만 사람들은 그럼에도 불구하고 세계 경제에서 느껴지는 불안감과 불안정한 떨림을 설명할 서사를 반드시 찾아야만 한다(그리고 더 나아가 그 서사를 설명해낼 또 다른 서사를 찾아내야 한다). 당연히 세계 경제가 자동항해모드로 움직이고 있는 듯한 느낌을 설명해낼 서사도 필요하다. 그런데 지금 음모론자들이 나서서 그러한 서사들을 만들어내고 있다. 그 과정에서 그들의 서사는 자주 극단적인 보수주의와 결을 같이 한다.

이러한 서사에는 현금도 등장한다. 하지만 주류 기관에 속한 사람 중에서 이를 인지하고 있는 사람은 많지 않다. 코로나19 팬데믹이 선포되고 몇 달 뒤에, 나는 우연히 '현금 있는 영국을 지키자'라는 민간 페이스북 단체의 행사에 초청됐다. 불과 몇 주 만에 이 단체의 회원 수는 3만 명을 넘어섰다. 회원의 면면들도 아주 다양했다. 그들은 격렬하게 현금을 사회에서 몰아내려는 대기업에 맞섰고, 최신 음모론을 주기적으로 퍼트렸다.

이 단체가 지지하는 음모론은 대체로 조악했지만, 확실히 현금 없는 사회에 대해서 사람들이 품고 있는 직관적인 우려를 이해하고 있는 듯했다. 그들은 빌 게이츠와 같은 개인들이 단독으로 현금과의 전쟁을 진두지휘하고 있다는 잘못된 음모론을 퍼트렸다. 하지만 이 음모론자들은 현금시스템이 일반인들의 이익에는 전혀 관심이 없는 디지털기업들의 네트워크가 더 이상 커지지 않도록 막을 것이라고 믿었다. 그들의 믿음은 옳다. 주류 기관은 이러한 음모론을 진지하게 받아들이기를 거부한다. 이는 맹렬한 극우 포퓰리즘이 뿌리내리도록 돕는다. 대형 기관들은 이미 존재하는 현금인프라를 보호하고 홍보하는 것보다 디지털금융포용을 널리 홍보하기 위해 비자와 구글에게 손을 내밀 가능성이 더 크다. 정치적 성향에 상관없이 금융과 기술의 융합으로 생성된 소용돌이의 영향을 가장 많이 받는 이들은 다름 아닌 우리다. 그래서 이에 맞선 투쟁은 과격한 보수주의의 영향을 받을 위험이 크다.

그렇다면 우리는 무엇을 해야 할까? 우선 현금을 사용할 권리를 강력하게 주장해야 한다. 그리고 현금사용을 정치적인 행위로 정의할 권리 역시 강하게 주장해야 한다. 핀테크산업은 현금사용을 금융 발전을 고집스럽게 거부하는 태도라 여긴다. 하지만 나는 그것을 기업자본주의와는 함께 가지 않겠다는 고집스러운 거부라고 생각한다. 그 무엇보다도 우리는 우리가 구성원들에게 무관심한 시스템의 팽창논리로 움직이는 아바타가 아니라는 사실을 스스로에게 증명하기 위해서라도 현금을 보호해야 한다. 현금친화적인 운동은 잠식적인 중추 디지털금융시스템에 맞서 기존의 말초 현금시스템을 유지하고자 하는 간단한 목적을 지닌다. 현금사용은 우리를 유토피아로 이끌진 않겠지만, 적어도 디스토피아와 같은 사회의 등장을 막을 수 있을 것이다.

현금을 보호하기 위해서 내가 펼쳤던 주장들은 실용적이고 정치적인 것들이었다. 하지만 깊이 들여다보면 나는 개인적인 것과 싸우고 있었다. 바로 (현금처럼) 때론 더럽기도 한 실체를 가질 권리 말이다. 우리는 AI 클라우드센터에 접속된 뇌를 지닌 초인적인 불멸 존재가 아니다. 이런 존재가 되고 싶지도 않다. 우리는 엉망진창이고 모순덩어리다. 돈의 실제적인 화신인 현금이 이런 우리의 정신을 더 잘 보호한다.

현금은 대형 기관들이 탄생시킨 몸체가 있는 신용통화이고, 그저 사람이 좋아서 여기저기 기웃거리는 친구처럼 우리 주변을 어슬렁거린다. 현금은 자본주의의 팽창을 막는 동시에 자본주의적이기도 하다. 한마디로 현금은 혼합주의적인 존재다. 현금을 사용하려는 사람은 그것의 더딤과 모순을 인정하고 받아들여야 한다. 이것은 정신없이 바쁘게 돌아가는 양극화된 세계에서 마음을 가다듬고 조용히 명상에 잠기는 것과 같다.

감사의 말

마가렛 할튼Margaret Halton, 존 애쉬John Ash와 함께 믿을 수 없을 정도로 유능한 나의 에이전트, 퓨 리터러리PEW Literary의 패트릭 월쉬Patrick Walsh에 고마움을 전한다. 기적을 일으키는 그대들을 보는 것은 내게 큰 기쁨이었다.

이 책을 편집하느라 고생한 영웅들에게도 감사하다. 더 보들리 헤드The Bodley Head의 스튜어트 윌리엄스Stuart Williams와 로렌 하워드Lauren Howard, 하퍼 비즈니스Harper Business의 할리스 하임바우치Hollis Heimbouch, 그리고 애나 플레처Ana Fletcher에게 고맙다고 말하고 싶다. 그대들은 거친 다이아몬드를 윤이 나게 다듬었을 뿐만 아니라 광산에서 채굴한 장본인이다. 그리고 이 책의 비전을 믿어준 다니엘 할펀Daniel Halpern에게도 고맙다. 보이지 않는 곳에서 도움을 준 펭귄 랜덤 하우스Penguin Random House와 하퍼 비즈니스Harper Business의 직

430

원들에게 깊은 감사의 마음을 전한다.

편집과 관련한 제안과 기술적 조언을 아끼지 않고 잘못된 것을 수정하기 위해서 원고를 읽어준 사람들에게 정말 감사하다. 그들은 로한 그레이Rohan Grey, 사라 자페Sarah Jaffe, 피비 브레이스웨이트 Phoebe Braithwaite, 빅토르 플뢰로Victor Fleurot, 프레데릭 칼소너Frederike Kaltheuner, 아이린 클레이즈Irene Claeys, 줄스 포터Jules Porter, 탄 로저스 존Tarn Rodgers John이다. 따뜻한 격려로 내가 계속 글을 쓸 수 있게 힘을 줘서 고마움을 전하고픈 사람이 있다. 데이터를 제공해준 기욤 르펙Guillaume Lepecq에게도 고맙다고 말하고 싶다.

길고 긴 암울한 시간을 잘 통과할 수 있게 도와준 친구들에게도 너무나 고맙다. 플로덴티스Floddenites 가족, 훌리오 리나레스Julio Linares, 케이 크루틀러Kei Kreutler, 엘리 고트힐Eli Gothill, 자야 클라라 브렉케Jaya Klara Brekke, 매튜 로이드Matthew Lloyd, 댄 닉슨Dan Nixon, 린 데이비스Lynne Davis, 아드리안 블로운트Adrian Blount, J.P. 크로J.P. Crowe, 샘 길Sam Gill, 리타 잇사Rita Issa, 알리스테어 알렉산더Alistair Alexander, 제임스 잭슨James Jackson, 사아라 레이Saara Rei, 줄스 뮬러Jules Mueller, 숀 체임벌린Shaun Chamberlin, 앨리스 드와이트Alice Thwaite, 맥스 해이븐Max Haiven, 캐시 손튼Cassie Thornton, 피비 틱켈Phoebe Tickell, 유타 슈타이너Jutta Steiner, 모니카 비엘스카이트Monika Bielskyte, 스타코 마리아Stacco Maria와 앤 마리아Ann Maria, 나다니엘 칼훈Nathaniel Calhoun, 스티브 그룸바인Steve Grumbine, 시몬 유엘Simon Youel, 조엘 벤자민Joel Benjamin, 심카Simka와 마누Manu, 그리고 스콧Scott에게 감사하다.

지금까지 도와준 나의 가족에게 특별한 감사의 마음을 전한다.

글을 쓰는 동안에 내 건강을 잘 챙겨준 스콧 라이Scott Lye와 제프 까발리에레Jeff Cavaliere, 그리고 내 영혼의 건강을 챙겨준 위르겐 카를로 슈미트Jürgen Carlo Schmidt에게 매우 고맙다고 말하고 싶다.

이 책을 쓰도록 영감을 준 소피아Sophia에게 특별한 감사의 마음을 전한다.

이 책의 추천사를 부탁하기도 전에 하늘로 떠난 데이비드 그레이버David Graeber에게 존경하는 마음을 전한다. 우리 모두에게 영감을 줘서 감사하다.

마지막으로 눈부신 해를 향해 계속 회전하면서 우리 모두에게 편히 쉴 집이 되어준 지구에 특별한 감사의 마음을 전한다.

1. 신경계

1 https://blog.opencorporates.com/2014/09/03/how-complex-is-bp-1180-companies-across-84-jurisdictions-going-12-layers-deep/

2 Pawel Folfas, 'Intra-firm trade and non-trade intercompany transactions: changes in volume and structure during 1990 - 2007', p.3, https://www.etsg.org/ETSG2009/papers/folfas.pdf

2. 현금과의 전쟁

3 세부내용은 2018년 6월 15일 비자 영국이 영국 의회에 제출한 설명 자료에서 확인할 수 있다. https://www.parliament.uk/globalassets/documents/commons-committees/treasury/Correspondence/2017-19/visa-response-150618.pdf

4 https://en.wikipedia.org/wiki/Bangladesh_Bank_robbery

5 'Cash in the time of Covid', Quarterly Bulletin 2020 Q4, 24 Nov. 2020, https://www.bankofengland.co.uk/quarterly-bulletin/2020/2020-q4/cash-in-the-time-of-covid

6 Federal Reserve Bank of San Francisco, 20 Nov. 2017, https://www.frbsf.org/our-district/about/sf-fed-blog/reports-death-of-cash-greatly-exaggerated/

7 'Cash still king in times of COVID-19' by the ECB's Fabio Panetta https://www.ecb.europa.eu/press/key/date/2021/html/ecb.sp210615~05b32c4e55.en.html, the Bank of England's 'Cash in the time of Covid', https://www.bankofengland.co.uk/quarterly-bulletin/2020/2020-q4/cash- in-the-time-of-covid and the Federal Reserve's

'2021 findings from the Diary of Consumer Payment Choice' https://www.
frbsf.org/cash/publications/fed-notes/2021/may/ 2021-findings-from-
the-diary-of-consumer-payment-choice/

8   Morten Bech, Umar Faruqui, Frederik Ougaard & Cristina Picillo, 'Payments
     are a-changin' but cash still rules', BIS Quarterly Review, March 2018,
     https://www.bis.org/publ/qtrpdf/r_qt1803g.pdf

9   2019년 2월 연방준비위원회 현금상품국의 Alex Bau가 'Understanding Cash
     Usage: Rethinking Volume Forecasting'란 제목으로 진행한 프레젠테이션에 언
     급한 내용이다.

10   '2018 Findings from the Diary of Consumer Payment Choice' 15 Nov.
     2018, https://www.frbsf.org/cash/files/federal-reserve-cpo-2018-dia-
     ry-of-consumer- payment-choice-110118.pdf

11   Javier E. David, 'Bank of America CEO: "We want a cashless society"
     ', Yahoo!Finance, 19 June 2019, https://finance.yahoo.com/news/
     bank-of-america-brian-moynihan-cashless-society-210717673.html

12   Risen Jayaseelan, 'The joys and sufferings of going cashless', The
     Star, 7 Jan. 2019, https://www.thestar.com.my/business/business-
     news/2019/01/07/the-joys-and-sufferings-of-going-cashless/

13   https://www.visa.com.bz/visa-everywhere/global-impact/cash-
     less-man-of-india.html and https://www.campaignindia.in/video/
     visa-looks-to-spread-goodness-and-education-with-kindnessiscash-
     less/434240

14   비자 영국은 웹사이트에서 이 내용을 삭제했지만, 인터넷 아카이브에는 아직 남
     아 있다. https://web.archive.org/web/20171016092002/https://www.
     visa.co.uk/newsroom/ visa-europe-launches-cashfree-and-proud-
     campaign-1386958?returnUrl=%2fnewsroom%2fcash-free-and-proud-
     video-female-22806.aspx

15   'Meet the Cashless Challenge winners' at https://usa.visa.com/visa-every-
     where/innovation/visa-cashless-challenge-winners.html

16   'Why Going Cashless Is Better for the Environment', written by digital
     payments company Pomelo Pay https://www.pomelopay.com/blog/cash-
     less-better-for-environment

17   'Amazon warns it may rethink plans to open a Philly store if the city bans

cashless retailers', 15 Feb. 2019, https://www.inquirer.com/business/retail/amazon-go-philadelphia-cashless- store-ban-20190215.html, and 'Emails show how Philly officials tried to help Amazon escape proposed cashless store ban', 26 Feb. 2019, https://www.inquirer.com/news/amazon-go-cashless-store-philadelphia-lobbying-20190226.html

18   Peter Sands, Haylea Campbell, Tom Keatinge and Ben Weisman, 'Limiting the Use of Cash for Big Purchases: Assessing the Case for Uniform Cash Thresholds', M-RCBG Associate Working Paper Series No. 80, Sept. 2017, https://www.hks.harvard.edu/sites/default/files/centers/mrcbg/files/80_limiting.cash.pdf

19   Guillaume Lepecq, 'ECB calls for Greece to drop Cash Payment Limitations. But what about the other Countries?', CashEssentials, 3 Dec. 2019, https://cashessentials.org/ecb-calls-for-greece-to-drop-cash-payment-limitations-but-what-about-the-other-countries/

20   The index can be found here https://www.transparency.org/en/cpi/2020

21   이와 관련된 사례는 많다. 하지만 가장 대표적인 사례는 독일의 노르베르트 헤링이 공영 라디오 방송 허가증 발급 수수료를 현금으로 지불하기 위해 벌인 캠페인이다. 그의 캠페인 이후에 유럽재판소도 현금과의 전쟁에 개입하게 된다. https://norberthaering.de/en/my-ecj-courtcase-on-cash/timeline/

22   'E-commerce companies are bombarding us with front page ads after demonetisation', The News Minute, 10 Nov. 2016, https://www.thenewsminute.com/article/e-commerce-companies-are-bombarding-us-front-page-ads-after-demonetisation-52670

23   이 소문은 말레이시아 총리 나집 라작이 모디 총리가 2016년 현금의 통화 자격을 박탈하려 한 것에 그를 '훌륭한 개혁가'라고 칭찬한 이후 퍼지기 시작했다.

24   일반적으로 중앙은행 은행원들은 노골적으로 현금사용을 촉진하지 않도록 권고받는다. 하지만 독일중앙은행은 현금에 관해서 우호적인 관점의 보고서를 자주 공개한다. 그중에는 현금이 그림자 경제에 주로 활용된다는 의견에 이의를 제기하거나('Cash demand in the shadow economy', Deutsche Bundesbank Monthly Report March 2019, https://www.bundesbank.de/resource/blob/793190/466691b-ce4f27f76407b35f8429441ae/mL/2019-03-bargeld-data.pdf) 현금이 느리고 불편한 결제수단이라는 의견에 반박하는 연구('Study finds that cash payments are quick and cheap', 12 Feb. 2019, https://www.bundesbank.de/en/tasks/topics/study-

finds-that-cash-payments-are-quick-and-cheap-776688)도 있다. 현금이 코로
나19를 퍼트린다는 의견에 이의를 제일 먼저 제기했던 기관 중 하나가 독일중앙은
행이다('Cash poses no particular risk of infection for public', 18 March 2020, https://
www.bundes-bank.de/en/tasks/topics/cash- poses-no-particular-risk-of-infec-
tion-for-public-828762).

25 Katrin Assenmacher & Signe Krogstrup, 'Monetary Policy with Negative
Interest Rates: Decoupling Cash from Electronic Money', IMF Working Pa-
per No. 18/191, 27 Aug. 2018, https://www.imf.org/en/Publications/WP/
Issues/2018/08/27/Monetary-Policy- with-Negative-Interest-Rates-De-
coupling-Cash-from-Electronic-Money-46076

26 'Dutch central bank concerned about decreasing use of cash', NL Times,
29 Oct. 2018, https://nltimes.nl/2018/10/29/dutch-central-bank-con-
cerned-decreasing-use-cash and 'Cash is still king: central bank calls for
action to keep notes and coins', DutchNews, 7 July 2021, https://www.
dutchnews.nl/news/2021/07/cash-is-still-king-central-bank-calls-for-
action-to-keep-notes-and-coins/

27 The Swedish information booklet can be found here https://www.dinsa-
kerhet.se/siteassets/dinsakerhet.se/broschyren-om-krisen-eller-kriget-
kommer/om-krisen-eller-kriget-kommer---engelska.pdf

3. 산속의 거인

28 Karl Rhodes, 'The Counterfeiting Weapon', Econ Focus, Federal Reserve
Bank of Richmond, vol. 16(1Q), pages 34-37, https://www.richmondfed.
org/-/media/richmondfedorg/publications/research/econ_focus/2012/q1/
pdf/economic_history.pdf

29 Shiban Khaibri 'Fighting economic terrorism', Daily Excelsior, 19 Oct. 2013,
https://www.dailyexcelsior.com/fighting-economic-terrorism/

4. 디지털칩

30 'Statistics show gap between Romanians' card ownership and usage',
Romania Insider, 24 June 2019, https://www.romania-insider.com/lidl-
card-usage-2019

31 Tony Kontzer, 'Inside Visa's Data Center', Network Computing, 29 May

2013, https://www.networkcomputing.com/networking/inside-visas-data-center

32 European Central Bank, 'ECB and the People's Bank of China establish a bilateral currency swap agreement', 10 Oct. 2013 https://www.ecb.europa.eu/press/pr/date/2013/html/pr131010.en.html

5. 뱅크칩 사회

33 UK Parliament, 'Statistics on access to cash, bank branches and ATMs', 12 Oct. 2021 https://commonslibrary.parliament.uk/research-briefings/cbp-8570/

34 https://trends.google.com/trends/explore?date=all&q=cashless

35 Jessika Toothman & Kathryn Whitbourne, 'How Cyber Monday Works', HowStuffWorks, 2 Dec. 2019, https://money.howstuffworks.com/personal-finance/budgeting/cyber-monday1.htm

36 John Bagnall, David Bounie, Kim P. Huynh, Anneke Kosse, Tobias Schmidt, Scott Schuh & Helmut Stix, 'Consumer Cash Usage: A Cross-Country Comparison with Payment Diary Survey Data', European Central Bank Working Paper Series, No. 1685, June 2014, pp.18-19, https://www.ecb.europa.eu/pub/pdf/scpwps/ecbwp1685.pdf

37 On 8 November 2018 Thaler의 트윗, '이것이야말로 내가 오랫동안 지지해온 정책이다. 현금 없는 사회로 나아갈 첫 번째 발걸음이고 부패를 줄일 좋은 시작이다', https://twitter.com/r_thaler/status/796007237458206720

6. 빅브라더·빅바운서·빅버틀러

38 Wolfie Christl, 'Corporate surveillance in everyday life: How companies collect, combine, analyze, trade, and use personal data on billions', Cracked Labs report, June 2017, p.21

39 Sridhar Ramaswamy, 'Powering ads and analytics innovations with machine learning', Google Inside AdWords, 23 May 2017, https://adwords.googleblog.com/2017/05/powering-ads-and-analytics-innovations.html

40 Mark Bergen & Jennifer Surane, Bloomberg, 'Google and Mastercard Cut a Secret Ad Deal to Track Retail Sales', 30 Aug. 2018, https://www.bloomberg.com/news/articles/2018-08-30/google- and-mastercard-

cut−a−secret−ad−deal−to−track−retail−sales

41   Blake Ellis, 'The banks' billion−dollar idea', CNN Money, 8 July 2011,
      https://money.cnn.com/2011/07/06/pf/banks_sell_shopping_data/

42   https://assets.publishing.service.gov.uk/government/uploads/system/
      uploads/attachment_data/file/627671/good−work−taylor−review−mod-
      ern−working−practices−rg.pdf. See also Vanessa Holder, 'Crackdown pro-
      posed on cash−in−hand payments', Financial Times, 12 July 2017, https://
      www.ft.com/content/c215174a−6640−11e7−9a66−93fb352ba1fe

43   IMF Surveillance factsheet https://www.imf.org/en/About/Factsheets/
      IMF−Surveillance

44   FinCEN's 314(a) Fact Sheet https://www.fincen.gov/sites/default/files/
      shared/314afactsheet.pdf

45   Ryan Singel, 'Feds Warrantlessly Tracking Americans' Credit Cards in Real
      Time', Wired, 2 Dec. 2010

46   독일 일간지 〈슈피겔〉은 '미국국가안전보장국의 돈을 추적하라'라는 제목의 기획
      을 독점적으로 보도했다: 'NSA Spies on International Payments', Der Spiegel,
      15 Sept. 2013 https://www.spiegel.de/international/world/spiegel−exclu-
      sive−nsa−spies−on−international−bank−transactions−a−922276.html

47   Johannes Köppel, The SWIFT Affair: Swiss Banking Secrecy and the
      Fight against Terrorist Financing. New edition [online]. Genève: Gradu-
      ate Institute Publications, 2011 (generated 03 Nov. 2021). DOI: https://doi.
      org/10.4000/books.iheid.225

48   Nathalie Maréchal, 'First They Came for the Poor: Surveillance of Welfare
      Recipients as an Uncontested Practice', Media and Communication, Vol. 3,
      No. 3, 20 Oct. 2015 https://doi.org/10.17645/mac.v3i3.268

49   GoHenry app https://www.gohenry.com/uk/benefits−for−parents/

50   Harry Cockburn, 'China blacklists millions of people from booking flights
      as "social credit" system introduced', Independent, 22 Nov. 2018. See also
      Ed Jefferson, 'No, China isn't Black Mirror − social credit scores are more
      complex and sinister than that', New Statesman, 27 April 2018

51   See Dahabshiil's press release about the injunction here https://www.da-
      habshiil.com/blog/dahabshiilwins−injunction−against−barclays−1/

7. 억지 진보

52   Josh Robbins, 'Bank and ATM closures: what the UK can learn from Swe-den', Which?, 20 Dec. 2019, https://www.which.co.uk/news/2019/12/bank−and−atm−closures−what− the−uk−can−learn−from−sweden/

53   Deutsche Bundesbank, 'Payment behaviour in Germany in 2017', https://www.bundesbank.de/resource/blob/737278/458ccd8a8367fe8b36bb-fb501b5404c9/mL/zahlungsverhalten−in−deutschland−2017−data.pdf and Chris Jennings, 'Survey: It's a Card−Obsessed World, but Cash Is Still King—Here's Why', GoBankingRates, 1 Nov. 2019 https://www.gobank−ingrates.com/ credit− cards/advice/survey−americans−pre-fer−cash−to−credit/

54   Martina Eschelbach, 'Pay cash, buy less trash? – Evidence from German payment diary data', International Cash Conference 2017, https://www.econstor.eu/handle/10419/162908 and Drazen Prelec & Duncan Simester, 'Always Leave Home Without It: A Further Investigation of the Credit−Card Effect on Willingness to Pay', Marketing Letters, Vol. 12, 2001, pp.5 – 12 https://link.springer.com/article/10.1023/A:1008196717017. For a shorter overview, see Hal E. Hershfield, 'The Way We Spend Impacts How We Spend', Psychology Today, 10 July 2012, https://www.psychologytoday.com/us/blog/the−edge−choice/201207/the−way−we−spend−impacts−how−we−spend

55   See 'Are cashless payments good for business?' https://usa.visa.com/vi-sa−everywhere/innovation/benefits−of−going−cashless.html

56   USAID는 이 문서를 웹사이트에서 삭제했지만, 아카이브 버전으로는 남아 있다. https://web.archive.org/web/20201016190208/https://www.usaid.gov/sites/default/files/documents/15396/Lab−Fact−Sheet.pdf

57   이 매뉴얼의 본래 제목은 '현금을 넘어서(Beyond Cash)'였고, 인터넷에서 삭제됐지만, 아카이브 버전은 찾을 수 있다. https://web.archive.org/web/20210731050518/https://www.digitaldevelopment.org/ beyond-cash.
     USAID가 전 세계적으로 디지털결제를 확산시키기 위해서 채택한 전략은 아래 브리핑에서 확인할 수 있다. 'Mission Critical: Enabling Digital Payments for Development' briefing, https://www.usaid.gov/sites/default/files/docu-

ments/15396/USAID−DFS−OpportunityBrief.pdf

58 'Amazon warns it may rethink plans to open a Philly store if the city bans cashless retailers', 15 Feb. 2019, https://www.inquirer.com/business/retail/amazon−go−philadelphia−cashless−store−ban−20190215.html and 'Emails show how Philly officials tried to help Amazon escape proposed cashless store ban', 26 Feb. 2019, https://www.inquirer.com/news/amazon−go−cashless−store−philadelphia−lobbying−20190226.html

59 Scott Calvert, 'Philadelphia Is First U.S. City to Ban Cashless Stores', Wall Street Journal, 7 March 2019, https://www.wsj.com/articles/philadelphia−is−first−u−s−city−to−ban−cashless−stores−11551967201

8. 낡은 허물을 벗고 새로운 껍질을 뒤집어쓴 은행업계

60 Commerzbank's description https://www.commerzbank.de/en/nachhaltigkeit/markt___kunden/mittelstand/main_incubator/main_incubator.html

61 Mel Evans, Artwash: Big Oil and the Arts (Pluto Press, 2015)

62 The video can be seen here https://www.youtube.com/watch?v=IEfU-jg5viGk

63 https://promotions.bankofamerica.com/digital−banking/mobilebanking/erica

64 https://youtu.be/lqnZVXCRhZM?t=1620

65 Chinese shoppers turn to facial payment technology', Guardian, 4 Sept. 2019, https://www.theguardian.com/world/2019/sep/04/smile−to−pay−chinese−shoppers−turn−to−facial−payment−technology

9. 셜록 홈즈를 대신할 유령

66 Meghan O'Gieblyn, 'God in the machine: my strange journey into transhumanism', Guardian, 18 April 2017, https://www.theguardian.com/technology/2017/apr/18/god−in−the−machine−my−strange−journey−into−transhumanism

67 See Peter Waldman, Lizette Chapman & Jordan Robertson, 'Palantir Knows Everything About You', Bloomberg Businessweek, 19 April 2018, https://www.bloomberg.com/features/2018−palantir−peter−thiel/

68 Waldman et al (see above)

69 https://youtu.be/boxy3llT-00?t=423

70 https://www.rbccm.com/en/insights/story.page?dcr=templatedata/article/insights/data/2019/04/pushing_the_boundaries_of_science_with_ai

71 https://youtu.be/lqnZVXCRhZM?t=749

72 Sray Agrawal, 'Fair AI: How to Detect and Remove Bias from Financial Services AI Models', Finextra, 11 Sept. 2019, https://www.finextra.com/blogposting/17864/fair-ai-how-to-detect-and-remove-bia-from-financial-services-ai-models

73 Privacy International, For God and My President: State Surveillance In Uganda, Oct. 2015, https://privacyinternational.org/sites/default/files/2017-12/Uganda_Report_1.pdf

74 Isabelle Guérin, Solène Morvant-Roux, Magdalena Villarreal (editors), Microfinance, Debt and Over-Indebtedness Juggling with Money (Routledge, 2014)

75 Privacy International, 'Fintech's dirty little secret? Lenddo, Facebook and the challenge of identity', 23 Oct. 2018, https://privacyinternational.org/long-read/2323/fintechs-dirty-little-secret-lenddo-facebook-and-challenge-identity. See also María Óskarsdóttir, Cristián Bravo, Carlos Sarraute, Bart Baesens & Jan Vanthienen, 'Credit Scoring for Good: Enhancing Financial Inclusion with Smartphone-Based Microlending', Thirty Ninth International Conference on Information Systems, San Francisco, 2018, https://eprints.soton.ac.uk/425943/1/Credit_Scoring_for_Good_Enhancing_Financial_Inclusion_with_Smart.pdf.

76 the Omidyar Network's YouTube channel https://www.youtube.com/watch?v=0bEJO4Twgu4

77 Kate Douglas, 'How calling your mother can help you get a micro-loan in Kenya', How we made it in Africa, 1 Nov. 2016, https://www.howwemadeitinafrica.com/calling-mother-can-help-get-micro-loan-kenya/56525/

78 http://www.neener-analytics.com/what-we-do.html, and https://finovate.com/videos/finovatespring-2019-neener-analytics/

79 Voca.ai (지금은 스냅에 인수되었다)가 해당 서비스를 제공한다. https://www.youtube.com/watch?v=FBcaCp8CObA

10. 리바이어던들의 충돌

80 Eric J. Gouvin, 'Bringing Out the Big Guns: The USA PATRIOT Act, Money Laundering, and the War on Terrorism', 55 Baylor L. Rev. 955, 2003, and Fletcher N. Baldwin, 'Money laundering countermeasures with primary focus upon terrorism and the USA Patriot Act 2001', Journal of Money Laundering Control, Vol. 6 No. 2, 2002, pp.105-136

12. 사이버 구룡성채의 정치집단

81 https://en.wikipedia.org/wiki/Horseshoe_theory. 해당 이론의 일부 버전은 극우파와 극좌파의 공통점으로 권위주의를 꼽는다. 더불어 정치의 핵심부에 있는 주체들로부터 배척된다는 점에서 반국가통제주의도 그들의 공통된 특징으로 볼 수 있다.

82 Adam Forrest, 'US Bitcoin trader faces death penalty after Thai navy seizes floating home of fugitive "seasteaders"', 20 April 2019, https://www.independent.co.uk/news/world/asia/bitcoin-chad-elwartowski-thai-navy-floating-home-seasteading-phuket-a8878981.html

83 Dark Wallet 프로모션 영상에 나온 성명. https://www.youtube.com/watch?v=Ouo7Q6Cf_yc

84 Nick Szabo, 'The Idea of Smart Contracts', 1997, http://www.fon.hum.uva.nl/rob/Courses/InformationInSpeech/CDROM/Literature/LOTwinterschool2006/szabo.best.vwh.net/idea.html

85 Billy Bambrough, 'Donald Trump And Steve Bannon In Surprise Bitcoin Split', 5 Aug. 2019, https://www.forbes.com/sites/billybambrough/2019/08/05/donald-trump-and-steve-bannon-in-surprise-bitcoin-split/

13. 회유당하는 반란군들

86 https://www.wsj.com/articles/goldman-sachs-explores-a-new-world-trading-bitcoin-1506959128 and https://www.bloomberg.com/news/articles/2017-10-02/goldman-sachs-said-to-explore-starting-bitcoin-trading-venture

87 William Suberg, 'Blockchain Meets Securitization Market In New Chamber Of Digital Commerce Partnership', Cointelegraph, 1 March 2017, https://cointelegraph.com/news/blockchain-meets-securitization-mar-

ket-in-new-chamber-of-digital-commerce-partnership

88   Quorum은 ConsenSys에 인수되었다. https://consensys.net/quorum/

89   'Nasdaq to collaborate with R3 on institutional grade offerings for digital
      assets exchanges', 29 April 2020, https://www.r3.com/press-media/nas-
      daq-to-collaborate-with-r3-on-institutional-grade-offerings-for-digi-
      tal-assets-exchanges/

90   Nikhilesh De, 'Tether Says Its Stablecoin Is "Fully Backed" Again' Coindesk,
      8 Nov. 2019, https://www.coindesk.com/tether-says-its-stablecoin-is-
      fully-backed-again

91   Amy Castor, 'The curious case of Tether: a complete timeline of events', 17
      Jan. 2019, https://amycastor.com/2019/01/17/the-curious-case-of-teth-
      er-a-complete-timeline-of-events/

92   The FAQ on USD Coin here https://help.coinbase.com/en/coinbase/get-
      ting-started/crypto-education/usd-coin-usdc-faq

93   Robert Johnson, 'BitMEX CEO: "Libra Will Destroy Commercial & Central
      Banks"', 2 July 2019, https://cryptodaily.co.uk/2019/07/bitmex-ceo-li-
      bra-will-destroy-commercial-central-banks

94   https://financialservices.house.gov/uploadedfiles/hhrg-116-ba00-
      wstate-marcusd-20190717.pdf

95   Josh Constine, 'Facebook's regulation dodge: Let us, or China will',
      TechCrunch, 17 July 2019, https://techcrunch.com/2019/07/17/face-
      book-or-china/

96   OMFIF, Retail CBDCs: The next payments frontier, https://www.omfif.
      org/ibm19/

결론 | 현금이 대변하는 것

97   이 수치는 Enryo research에 기초한다. https://enryo.org/news-%26-media/
      f/cash-usage-falls-by-over-50%25-but-will-remain-stable-until-2030

98   Tom Huddleston Jr., 'How much revenue tech giants like Amazon
      and Apple make per minute', CNBC, 1 May 2021, https://www.cnbc.
      com/2021/05/01/how-much-revenue-tech-giants-like-amazon-and-
      apple-make-per-minute.html

지은이   브렛 스콧 Brett Scott

영국 최고의 금융 저널리스트. 영국 금융혁신연구소의 선임 연구
원이자 독일 사회은행협회의 회원이며 영국 브릭스턴 파운드 지역
통화의 자문 그룹, 비트코인캐시 협회의 의원이다. 실리콘밸리의
학제간연구대학에서 가르치고 있다.

30개국의 250개가 넘는 행사에서 각종 금융계 현안에 대해 연
설하였다. UNRISD·UNPRI에는 블록체인기술에 대한 보고서를,
UNEP·UNOCHA에는 지속가능한 핀테크산업에 대한 보고서를
제출하였으며 EU의회·EU위원회·IMF 등에서 금융포용에 관해 연
설했다. 〈가디언〉·〈뉴사이언티스트〉·〈허핑턴포스트〉·〈와이어드

매거진〉·〈CNN.com〉 등에 글을 기고하며 다양한 뉴스채널·TV 쇼·라디오채널·다큐멘터리에 출연하였다.

남아프리카공화국에서 인류학을 전공하였으며 영국 케임브리지 대학교에서 국제개발학 석사 학위를 받았다. 금융상품 브로커로 활동하다가 2008년 금융위기 이후 글로벌 금융개혁 캠페인과 대안금융 프로젝트에 참여하며 화폐시스템과 디지털기술 사이의 교차점을 탐구하는 저널리스트가 되었다. 2013년에는 저서《이단자의 글로벌 금융 가이드》를 통해 금융계의 실체와 대안금융·대안통화의 가능성을 소개했다.

옮긴이 　　　　　　　　　　　　　　　　　　　　　　　　　**장진영**

　경북대학교 영어영문학과와 경영학을 복수전공하였으며, 서울외국어대학원대학교 통번역대학원 한영번역과를 졸업하였다. 홈페이지 영문화 번역 등 다년간 기업체 번역을 하였으며, 현재 번역에이전시 엔터스코리아에서 출판 기획 및 전문 번역가로 활동하고 있다.

　주요 역서로는《게임 체인저: 혁신으로 세상을 바꾸는 10가지 비밀》,《어떤 브랜드가 마음을 파고드는가: 브랜드와 심리학의 만남》,《행복한 노후를 사는 88가지 방법: 우아한 은퇴생활, 준비부터 적응까지》,《퓨처 스마트: 2025 대담하고 똑똑한 미래가 온다》 등이 있다.

감수자   이진우

이진우는 1999년부터 2016년까지 경제신문 기자로 일했고 현재
는 MBC라디오 〈이진우의 손에 잡히는 경제〉를 진행하고 있다. 경
제 유튜브 채널 〈삼프로TV〉와 〈언더스탠딩〉을 운영하는 이브로드
캐스팅㈜을 공동창업하고 진행자로 일하고 있다.

클라우드머니

2022년 10월 20일 초판 1쇄 발행

지은이 브렛 스콧 **옮긴이** 장진영 **감수자** 이진우
펴낸이 박시형, 최세현

책임편집 강동욱 **디자인** 임동렬
마케팅 권금숙, 양근모, 양봉호, 이주형 **온라인마케팅** 신하은, 정문희, 현나래
디지털콘텐츠 김명래, 최은정, 김혜정 **해외기획** 우정민, 배혜림
경영지원 홍성택, 이진영, 임지윤, 김현우, 강신우
펴낸곳 (주)쌤앤파커스 **출판신고** 2006년 9월 25일 제406-2006-000210호
주소 서울시 마포구 월드컵북로 396 누리꿈스퀘어 비즈니스타워 18층
전화 02-6712-9800 **팩스** 02-6712-9810 **이메일** info@smpk.kr

ⓒ 브렛 스콧 (저작권자와 맺은 특약에 따라 검인을 생략합니다)
ISBN 979-11-6534-473-3 (03320)

쌤앤파커스(Sam&Parkers)는 독자 여러분의 책에 관한 아이디어와 원고 투고를 설레는 마음으로 기다리고 있습니다. 책으로 엮기를 원하는 아이디어가 있으신 분은 이메일 book@smpk.kr로 간단한 개요와 취지, 연락처 등을 보내주세요. 머뭇거리지 말고 문을 두드리세요. 길이 열립니다.